DIVES AND PAUPER

VOLUME I · PART 2

EARLY ENGLISH TEXT SOCIETY

No. 280

1980

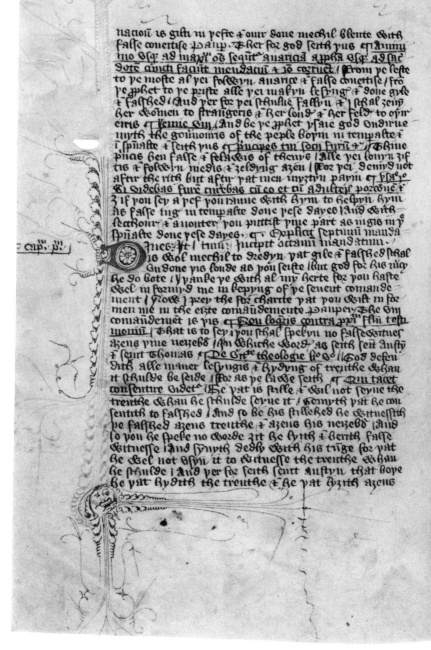

Bodley MS. Douce 295, fol. 180ᵛ

DIVES AND PAUPER

EDITED BY

PRISCILLA HEATH BARNUM

VOLUME I · PART 2 (v. 1, pt. 1 is o.s. 275)

Published for

THE EARLY ENGLISH TEXT SOCIETY

by the

OXFORD UNIVERSITY PRESS

1980

(v. 1, pt. 1 → v. 275)

Oxford University Press, Walton Street, Oxford OX2 6DP

OXFORD LONDON GLASGOW
NEW YORK TORONTO MELBOURNE WELLINGTON
KUALA LUMPUR SINGAPORE HONG KONG TOKYO
DELHI BOMBAY CALCUTTA MADRAS KARACHI
NAIROBI DAR ES SALAAM CAPE TOWN

© *Early English Text Society, 1980*

British Library Cataloguing in Publication Data
Dives and Pauper. – (Early English Text Society
  Original series; no. 280)
  [Vol. I. Part 2]
  1. Commandments, Ten – Criticism,
interpretation, etc.
  I. Barnum, Priscilla Heath   II. Series
  222'.16'06   BS1285
  ISBN 0-19-722282-X

*Printed in Great Britain
at the University Press, Oxford
by Eric Buckley
Printer to the University*

CONTENTS

PLATES

FIFTH PRECEPT

Cap. i

DIUES. As me þinkyth, þu hast enformyd me wol wel in
þese foure comandementis. Now Y preye þe, pur charite, þat þu
wilt enformyn me in þe fyuete. PAUPER. þe fyuete comandement
is þis: Non occides [Ex. 20: 13], þat is to seye, þu schalt nout
slen; in whiche precept God defendith us al maner manslauthe 5
vnleful, boþin bodyly & gostlyche. He byddith us þat we slen
no man ne woman vnry3thfulyche a3en þe lawe, neyþer with
herte consentynge to his deth ne be wretthe & hate. For as Sent
Ion seith: Qui odit fratrem suum homicida est [1 Io. 3: 15], He
þat hatith his broþir is a mansleer, for of wretth & hate comyth 10
manslaute. Also be þis precept he defendith betynge, fy3tyng,
maynynge, prisonynge, banchynge, outlawynge, for þese and
swiche oþir ben a maner of deth & disposicion to dethward, &
þerfor it schuldyn nout ben don to no man ne woman with / outyn f. 134ᵛ
gret gilt. Also he defendith us þat we slen no man ne woman with 15
our tunge, hym hynderynge & procurynge his deth, ne fauour-
3euyng, ne be fals witnesse-berynge, ne lesyngis-makynge, ne be
diffamynge, ne bacbytynge, for bacbyteris & wyckyd spe[ke]rys
ben manquelleris. And þerfor Salomon seith þat mychil folc
han fallyn be þe swerd but nout so manye as han ben slayn be 20
þe tunge, Ecclesiastici xxviii [22], & þerfor he seith, Prouer.
xviii [21], þat lyf & deth ben in þe hondis of þe tunge, þat is to
seye, in þe my3th of þe tunge. For be hondis in holy writ is
vndirstondyn my3t & power. And þerfor Dauyd seith: Lingua

---

1 wol] om. al.   2 þese . . . comandementis] þis oon comaundement Y
4 þis] þus corrected to þis G   5 defendith] forbediþ BYL   us] om. L
manslauthe] many- H   6 boþin] om. L   7 ne] nor H   vnry3th-
fulyche] after lawe R   8 ne] neiþer BYL   9 seith] before Sent al.
11 defendith] forbediþ BYL   12 maynynge] maym- corrected to mayn- G
prisonynge] om. H   banchynge] and add. L   13 disposicion] disposyn
al.   14 no] om. BYL   ne] nor H   16 &] or H   ne] nor H
16–17 ne fauour- . . . makynge] om. D   17 be¹] om. BYLH   lesyngis]
-syng H   18 diffamynge ne] illeg. R   spekerys] sperys corrected
to spekeris marg. in later hand G   19 mychil] illeg. H   20 han²]
has Y   22 þe¹] om. DH   22–3 þat is . . . tunge] om. H   23 þe
my3th] myght Y   be] the add. H   in²] of RD   in holy writ] after power H

25 eorum gladius acutus [Ps. 56: 5], þe tunge of þe Iewys & of
oþir wickyd spekerys is a scharp swerd, for þe Iewys slowyn
Crist with her tungis nout with her hondis, for þey procuredyn
his deth be fals witnesse & be excitynge of þe peple, but paynymys
slowyn hym with her hondis & dedyn hym on þe cros. And
30 þouȝ, as seith Sent Austyn, þe Iewys wern mor gilty of Cristis
deth þan Pylat þat dampnyd hym to þe deth or þe knyȝtys þat
dedyn hym on þe cros, for with her tungis þe Iewys slowyn hym
& wern cause of his deth; & þerfor seith þe lawe þat he þat slet[h]
his broþir with his hond & he þat hatyth his broþir & he þat
35 bacbytith his broþir, alle thre been mansleeris, De pen., d. i,
Homicidiorum. þe bacbytere sleth þre at onys: he sleth hymself
be his owyn malyce & hym þat herith hym & hat lykyng in his
false talys & hym þat he bacbytith, for he makyth hym to lesyn
his goode name & perauentur his lyf. He makyth hym also to
40 lesyn charite whan he knowith his wickyd speche þat he hat seyd
behyndyn hym, & so be lesyng of charite he lesith God þat is lyf
of his soule. And þerfor Salomon lykenyth þe bacbyter to þe
neddere þat bytith & styngith in stilhed, Ecclesiastes x [11]:
a schrewyd neddere is þe bacbyter þat sleth þre with o breyth.
45 Therfor Salomon seith: Kepith ȝou fro bacbytynge of þe partyd
tunge for wickyd word seyd in pryue schal nout pasyn in veyn &
withoutyn wo, for þe mouth, seith he, þat lyhyt sleth þe soule,
Sap. i [11].

Cap. ii

DIUES. Is flaterie ony gostly manslaute? PAUPER. Inasmychil
f. 135ʳ as it sleth þe soule boþe of hym þat / flatryth & of hym þat is
flatr[yd], in so mychil it is gostly manslaute. DIUES. Is euery
flatrye gostly manslaute & dedly synne? PAUPER. Nay, for
5 flatrye is a speche of veyn preysynge seyd to man or woman with

28 witnesse] -nessis BYL   30 þouȝ] ȝit BYL   32 for] om. H
her] om. H   33 sleth] slet G   35 mansleeris] sleerys H
36 Homicidiorum] -arum DBYLH   37 &²] him þat add. BY; þat
add. L   40 lesyn] his add. H   wickyd] om. T   41 be] so add. H
is] his add. BL   42 Salomon] þe wyse man al.   43 bytith] bak- Y
bytith . . . styngith] trs. H   styngith] stynk- D   stilhed] -nesse BYL
45 seith] om. D   Kepith] ȝe add. BYL   46 for] a add. H   &] om. L
47 he] ho H

1 flaterie] -ring BYL   2 boþe] om. H   3 flatryd] -trith G   4 flatrye]
-ring BYL   5 flatrye] -ryng BYL   seyd] om. H   to] a add. H   or]
a add. H

entencion for to plesyn hem and þat may be don in thre maner,
or preysynge man or woman in goodnesse & in good þat he
hat, or ellys preysinge hem in goodnesse & good þat þey han
nout, or ellys preysinge hem in schrewydnesse & falsnesse, of
whiche maner flatrye spekith Dauyd & seith: Quoniam laudatur 10
peccator in desideriis anime sue et iniquus benedicitur [Ps.
9 B: 3]. Forsoþe, seith he, þe synnere is preysyd in desyrys of his
soule & þe wyckyd man is blyssyd of folys. For whan schrewys
han forth her wil in her schrewydnesse þan þe world preysith
hem & worchepith hem. The firste maner of preysynge ȝif it be 15
don only to plesyn man & nout God it is synne and in cas dedly
synne, and þerfor Sent Powil seith þat ȝif he wolde only plesyn
men & nout God he wer nout Cristis seruant [Gal. 1: 10]. But
ȝif it be don to plesyn God & for a good ende it is comendable
& medful, for in good folc vertue þat is preysyd waxsy[th]; 20
virtus laudata crescit. But þis maner preysynge is no flatrie.
The secunde maner of preysing ȝif it be don for God & for a
good ende it is suffrable & in caas commendable & medful, but
ȝif it be don wittyngly only to plesyn man & nout God it is
dedly synne. þe þredde maner of preysynge ȝif it be don wilynge 25
& wytynge it is dedly synne, and þerfor Dauyd seyde: Oleum
peccatoris non impinguet caput meum [Ps. 140: 5]. Lord God,
seith he, let nout þe olee of þe synnere inoyntyn myn hefd,
þat is to seye, leet myn herte neuere han lykynge ne ioye in
fals flatrye, for, as Sent Austyn seith, þe tunge of þe flaterere 30
doth more harm þan þe swerd of þe enmy pursuynge; & þerfor
Salomon seith þat it is betere to ben vndirnomyn of þe wise man
þan ben deceyuyd be þe flaterye of folys, Ecclesiastes vii [6].
This synne of flaterie is so gret & greuous þat ȝif ony man of
holy chirche [wer] custumable þerynne he schulde ben disgradyd, 35
& also ȝif he were a tretour / or a tellere of schrifte, Di. xlvi, f. 135ᵛ

6 for] *om. al.*   maner] -eris BYL   7 or¹] as *al.*   man or woman] hem L
or²] & Y   8 &] in *add.* T; or in H   good] god Y   9 of] the *add.*
H   10 flatrye] -ryng BYLH   14 her²] *om.* BYL   17 þat] *om.* H
19 plesyn] plesyng of H   20 waxsyth] -syd G   21 maner] of *add.* H
flatrie] -ring BYL   22 of] *om.* L   23 it] *om.* RDTBYL   25 don]
in fals flateryng of synne *add.* L   26 &] or L   seyde] seith H   28 þe²]
om. RDTH   synnere] -eris TH   inoyntyn] make fatt BYL   30 flatrye]
-ryng BYLH   31 &] *om.* BYL   32 it] *om.* R   ben] of L; with
H   33 þe] *om. al.*   flaterye] -ryng BYL   34 flaterie] -ryng BYL
35 wer] where RDG   disgradyd] degradyd *al.*   36 &] *om.* BYLH
tellere] discurere H   of] *repeat* T

Clericus [qui adulat]. God ȝeuyth his curs to alle false flatererys, seyynge in þis wise: Ve qui consuunt puluillos sub omni cubit[o] manus et faciunt ceruicalia sub capite uniuerse etatis ad capiendum
40 animas, etc. [Ez. 13: 18], Wo be to hem þat souwyn smale softe pilwys vndir euery elbowe & makyn pylwys vndir þe hefd of euery age to takyn þe soulys of myn peple. þey qwykedyn soulys þat wer nout qwyke but depe in dedly synne & so defyledyn me aforn myn peple, for because of her flaterie þei ȝeuyn no tale of
45 me ne dreddyn me ne worchepyd me. For an handful of barlech, seith he, & for a gobet of bred þei slowyn soulys þat wern nout dede & quykedyn soulys þat lyuyn nout, makynge lesyngis to myn peple þat louyth lesyngis, & so ȝe confortedyn synnerys in her synne & in her falsnesse & disconfortedyn good folc in her
50 goodnesse & in her trewþe, Ezechielis xiii [18–19].

Cap. iii

DIUES. This vyce of flaterye regnyth wol mychil in þis lond, for þe peple is so blent with flatrie & lesingis þat þei sen nout þe myschef þat þei ben ynne & þerfor þei lyuyn forth in pryde & nout lowyn hem to God ne preyyn to God for helpe as þei schuldyn
5 don ȝif þei knewyn her myschef þat þei ben ynne. PAUPER. Therfor God seith: Popule meus qui te beatum dicunt ipsi te decipiunt, et uiam gressuum tuorum dissipant, My peple, þei þat seyn þat þu art blyssyd & in welþe þei deceyuyn þe & distryyn þe weye of þin goynge þat þu myȝt nout forth ne han non
10 spede in þin warkys for defaute of grace, Ysa. iii [12]. DIUES. What is vndirstondyn be þo pilwys þat God spekith of aȝenys flatereris? PAUPER. As Sent Gregory seith, Moralium xviii, super idem, Iob xxvii [5]: Donec deficiam non recedam, etc.,

38 cubito] -tu RDTHG   40 animas, etc.] om. H   smale softe] trs. TL; & smale repeat marg. T   41 euery . . . vndir] om. H   43 defyledyn] -fouliden BYL   44 aforn] bi- BYL   her] om. T   flaterie] -ryng BYL   ȝeuyn] ȝouyn RT   45 ne¹] om. L   worchepyd] -chipen TBYLH   For] And for T   46 he] om. H   47 &] þey add. al.   lyuyn] -uyd RDTBYH lesyngis] -syng H   48 ȝe] þei BYL

1 vyce] voyce L   flaterye] it add. DTH; -eryng BYL   wol] ful BYL 2 blent] blynde H   flatrie] -eryng BYL   4 nout] no Y   lowyn] lov- H   ne preyyn] in prayng L   God²] hym H   5 myschef] -euys TBYL   6 ipsi] om. T   8 þat seyn] repeat Y   9 þu] om. H non] no RDTBYH   11 þo] þe RDL   13 idem] illud BYLH xxvii] 19 H

He þat preysyth man or woman in his wyckyd wark he leyth a
pylwe vndir his elbowe, & he þat gladith þe herte of þe synnere 15
in his synne he leyth a pilwe vndir his hed, for be þe hed is
vndirstondyn þe herte, for whi be swyche flaterynge þei restyn
softely & slepyn in her synne & deyyn gostlyche withoutyn
peyne & nout perceyuyn her owyn / deth; & þerfor Salomon f. 136ʳ
seyth þat he þat iustyfyyth þe wyckyd man and dampny[th] 20
þe ryȝtful man, boþin þei ben abhominable to God, Prouer.
xvii [15]. þerfor God lykenyth flatereris to hem þat plastryn
& peyntyn wallys & wowys withoutyn, for þin[g] þat is foul
þei makyn to semyn fayr & makyn folc to han lykyng in her synnys.
Therfor God seith þat þe synnere makyth þe wal of synne atwexsyn 25
hym and God, but flatererys plastryn & peyntyn þe wal of synne,
Ezechielis xiii [10]. Also flatereris ben lykenyd to a neddere þat
is clepyd *dipsa*, whiche, as seith þe Maystir of Kende, libro xviii,
he is so lytil þat þou a man trede þeron he may nout sen it, but
his venym is so violent þat it sleth a man or he felyth it & he 30
deyyth withoutyn peyne. Rith so, flatrye semyth but a smal synne
& þouȝ it is wol venemous & sleth manys soule or he felyth it &
withoutyn peyne bryngith hym to endeles peyne. Flatereris ben
also lykenyd to a nedere þat is clepith *tyrus*, whiche is lest of
alle nederis & þou his venym is nout curable, as seith þe Maystir 35
of Kende in þat same place. Ryth so, flaterie semyth but a wol
lytyl synne & þou it is so venymous þat it may nout lytly ben
helyd, for whan man or woman hath lykynge in flaterie & reuly[th]
his lyf aftir flatrynge tungis it is wol hard to þat man or woman
to ben sauyd, for as longe as men preysyn hym in his synne, so 40

14 wark] -kis DTH   a] his BYL   15 his] *om.* H   þe²] a RLH
16 a] his Y   19 nout perceyuyn] *trs.* BYL   owyn] *om.* L   20 and]
he þat *add.* L   dampnyth] -nyd G   23 peyntyn] poynt- RY   þing]
RDTBYL; -gis H; þink G   25 atwexsyn] bitwene BYL   25–6 atwex-
syn . . . synne] *om.* D   26 hym . . . God] *trs.* H   but] and L
plastryn . . . peyntyn] *trs.* Y   peyntyn] poynt- R   28 *dipsa*] dispa H
seith] *after* Kende DTBYLH; *repeat marg.* T   Kende] -dis RDTBYL
29 þat] and L   it] hym H   30 is] *om.* D   31 flatrye] -ering BYL
32 þouȝ] ȝit BYLH   wol] ful TBYLH   &²] *om.* T   33 bryngith] *repeat*
H   34 also] *om.* BYL   to] *om.* T   clepith] -pyd RDBYLH   35 þou]
ȝit BYL   36 Kende] -des Y   þat] þe *al.*   flaterie] -ering BYL   but]
om. H   wol] ful BYL   37 þou] ȝit BYLH   may] wol *al.*   nout] be
add. Y   lytly ben] *trs.* RBL   ben] *om.* D   38 helyd] hol- R   whan]
a *add.* L   or] & Y   hath] a *add.* H   flaterie] -ering BYL   reulyth] -lyd
G   39 aftir] þe *add.* L   tungis] tonge DTBYLH   wol] wolde T; ful
BYLH   to . . . woman] to man or woman *after* tungis H   þat] *om.* T
40 as²] a D   hym] hem Y

longe he is bold in his synne, & ȝif men begynnyn to lackyn
hym he fallith in sorwe & despayr. Therfor Sent Iamys seith
þat þe tunge is but a litil menbre & reysith up gret dishese. It
is a wyckyd þing þat hath no reste, ful of dedly venym, Iacob.
45 iii [5]. And þe prophete Dauyd seith: Acuerunt linguas suas
sicut serpentes, venenum aspidum sub labiis eorum [Ps. 139: 4].
þei han scharpit her tungis as nederis; þe venym of nederis is
vndir þe lippys of flatereris & wickyd spekeris. And ȝif a man do
49 his dedis only for to ben preysyd & flatryd of þe peple, flatrie is
f. 136ᵛ his mede, & whan flatrie cesyth & þe wynd / turnyth aȝenys
hym he hat no lengir lykynge in goode dedis. And so, as þe
gospel seith, for þat he sekyth þank & preysynge only of man for
his goode dedis & nout of God þerfor alle swyche arn lykenyd to
þe fyue maydenys folys þat woldyn metyn with her housebond,
55 Crist Iesu, at þe doom with lampys withoutyn olee, þat is to seye,
with goode dedis withoutyn gostly merþe & ioye in conscience,
for þei haddyn no ioye in her goode dedis but in preysynge &
flatrye of þe peple, & þerfor, as Crist seith in þe gospel, þei
han takyn her mede in þis world & at þe doom þei schul ben schet
60 out of heuene blysse, from endeles mede, boþin flatererys &
þei þat han lykyng in flatrye & don her dedys only for flatrye
& preysyng of þe peple. But þe fyue wise maydenys, as seyth
þe gospel, haddyn olee in hir lampys, þat is to seye, gostly ioye
& lykynge in her goode dedis, & þerfor þei schul ben receyuyd
65 of hyr housebound, Crist, into blysse withoutyn ende. And as Sent
Austyn seyth in his sermon, be olee is vndirstondyn boþin gostly
preysing & wordely preysynge & merþe. Gostly preysynge &
gostly merthe is clepyd þe olee of þe holy gost, but wordely
preysinge & wordly merthe is clepyd þe olee of þe synnere.
70 And þerfor he seyth þat flatereris sellyn olee to þe maydenys
folys, þat is to seye, to synnerys, as oftyn as þei flatryn hem &

42 in] -to RDTBYL   43 þat] om. H   &] it add. H   44 þat] it H
reste] and add. L; but add. H   49 for] om. YL   to ben . . . flatryd] the
preisyng and flatering H   49/50 flatrie] -ering BYL   50 turnyth]
-nyd H   52 &] in DTBLH   53 & nout of God] om. D   54 wol-
dyn] wol not T   55 Crist Iesu] trs. H   -outyn] repeat G   58 flatrye]
-ering TBYLH   59 takyn] take BYL   schul] schulde DL   61 han
lykyng] lykyn TL   flatrye¹ flatrye²] -ering BYL   61–2 flatrye &] om. H
62–3 as . . . gospel] om. H   64 dedis] wythout desyre of wordly preys-
yng add. L   schul] schuld H   65 into] þe add. TBYL   66 seyth]
before Sent Y   his] a H   69 þe²] om. al.   synnere] -neris DBYLH
70 þe] om. H   71 to¹] om. T

preysyn hem in her folye & in her pride for to han mete or
drynke or mony or worchepe or ony temporil lucre & so bryngyn
hem in errour & folie & plesyn hem & preysyn hem in [her]
synne. But as Dauyd seith: Deus dissipauit ossa eorum qui 75
hominibus placent [Ps. 52: 6], God hat dystryyd & schal distryyn
þe bonys of hem þat plesyn men in dispyt of God & deceyuyn
men & women be flatrye. Wyckyd tungys don mychil harm &
slen menye soulys, but þe flatrynge tunge is werst of alle. And
þerfor Salomon seyth: Susurro et bilinguis erit maledictus a 80
Deo, etc. [Eccli. 28: 15], The mustrere & þe dubble tungyd
man schal ben acursyd of God, for he storblith mychil folc þat
han pes. þe thredde tunge, seith / he hat steryd & meuyd mychil f. 137ʳ
peple out of pes & disparplyyd hem from nacioun to nacioun.

Cap. iv

DIUES. What is *susurro* þat þu clepist a mustrere? PAUPER.
Susurro þat is clepyd a mustrere is a pryue rounere þat pryuelyche
tellyt false talys amongis þe peple for to makyn dissencion &
debate amongis þe peple & tellith talys pryuelyche whyche he dar
nout tellyn opynlyche ne may nout avohwyn is. Of swyche folc 5
Sent Powil seyth: Susurrones detractores Deo odibiles, ad
Romanos i [29–30], Swyche mustererys & bacbyterys, God hatith
hem. For *susurro* is a pryue bacbyter & a pryue lyer þat makyt
debat amongis frendis, and, as Salomon seith, God hatyth alle
þo þat sowyn discord amongis bretheryn & frendis, Prouer. 10
vi [19], and, as Salomon seith in anoþir place, swyche pryue
mustreris & rounerys defylyn her soule & þei schul ben hatyd
of alle, boþin of God & of alle þe court of heuene, Ecclesiastici xxi
[30–1]. And þerfor God seith: Non eris susurro nec criminator

72 han] her *add.* T   or] & TH   74 plesyn . . . preysyn] *trs.* R   hem²]
om. BYLH   her] hyr G   78 &¹] or H   be] in Y   flatrye] -eryng BYL
80 Salomon] þe wyse man *al.*   81 mustrere] rownere H   82 stor-
blith] disturblyth H   folc] peple H   þat] schulde *add.* H   83 thredde]
true H   84 peple] folke R   hem] *om.* H   to] in- BYL   nacioun²]
as holy wryth seithe *add.* H

1 þat . . . mustrere] *om.* H   þu clepist] is clepid BYL   a] *om.* Y
2 *Susurro* . . . mustrere] It *al.*   3 tellyt] fally3t *add.* R   3–4 amongis
. . . peple] *om.* H   4 whyche] sweche as H   5 ne may nout] nor may H
is] hem *al.*   swyche] whyche RDTBYL   6 seyth] spekyth L   odibiles]
odibibiles G   7 mustererys] id est rownerys *add.* H   9 and] *om.* H
Salomon] þe wyse man *al.*   11 Salomon] he *al.*   12 defylyn] -foulen
BYL   13 of¹] *om.* Y   of alle boþin] *om.* H

15 in populis, þu schalt ben non mustrere amongis þe peple, to
lettyn loue & pes, ne þu schal ben no tale-tellere, no labbe,
for diffamyn man or woman falslyche or of ony synne þat is
pryue, Leuitici xix [16]. Swyche pryue mustreris and bacbyterys
makyn dissencioun & heuynesse in euery comonte, in euery
20 houshold, in euery companye. And þerfor whan þei ben knowyn
for swyche þei schuldyn ben put out of companye or ellis chastysyd,
for Salomon seith: Whan þe wode is withdrawyn þe fer abatyth
& is quenchyd. Ry3th so, seith he, withdrawe swyche priue
mustereris & bacbiteris & put hem out of companye & chydyng
25 & debate schal cesyn, Prouer. xxvi [20]. DIUES. What is *bilinguis*
þat þu clepist a dubble tungyd man? PAUPER. *Bilinguis* & þe
dubble tungyd man is he þat seith on with his mouth & þinkit
anoþir in his herte & he þat spekyt good aforn a man & behyndyn
hym spekit hym euyl; he þat seith a trewþe on tyme & anoþir
30 tyme forsakith it; he þat is vnstable in speche & now seith on &
now anoþir. Of swiche God spekith & seith: Os bilingue detestor,
Prouer. viii [13], Y wlate & loþe þe mouth þat is dubble tungyd.
f. 137ᵛ DIUES. What clepith / Salomon þe þredde tunge þat doth so
mychyl wo? PAUPER. þe thredde tunge is þe flatrynge tunge,
35 þe whyche is worst of alle. For euery flaterer þat flaterith man &
woman in his synne he is a flaterer, he is a bacbiter, he is dubble
tungid, & so he may be clepit in Latyn *trilinguis*, þat is, treble-
tungyd in Englych. The flaterer blendith so folc þat þei takyn
non hed to hemself ne to God ne knowyn nout hemself & waxsyn
40 so proude þat þey 3euyn no tale of her euene cristene. Also þe
flaterer lackith & bacbytith alle þo þat he hatith, whom he flaterith
so to plesyn hym, & hynderith oþir menys name to haunsyn

15 non] no DBL   16 ne] nor H   no²] ne DTBL; nor H   labbe]
blabbe BYL   17 for] to RDTBLH; ne Y   or¹] nor Y   of] *om.* L
19 comonte] cuntre H   20 in] and in DH   21 ellis] ben H   22 Salo-
mon] þe wyse man *al.*   23 is quenchyd] quenchith Y   24–5 chydyng
&] *om.* H   26–7 & þe . . . man] *om.* H   28 in] with YL   aforn]
bi- BYL   29 hym] he *add.* DBYLH   euyl] ille H   30 tyme] he
add. BYL   &¹] that H   31 God] *om.* T   32 wlate] hate T; owt-
lawe H   33 clepith] -pyd R   Salomon] þe wyse man *al.*   34 þe]
om. H   tunge²] *om.* H   35 þe] *om.* BYL   is] þe *add.* Y   &] or
al.   36 he is²] *om.* H   he is³] a *add.* D; and H   37–8 & so . . .
-tungyd] *om.* H   38 in Englych] *om.* L   blendith] blynd- *al.*
folc] þat he flatry3 *add. al.*   39 ne²] nor to H   nout] *om.* H   40 no]
to H   Also] And so D   41 he¹] knowy3t þey *add.* R; þat he knowyt þey
add. marg. T   whom] who D   42 to plesyn hym] *after* hatith L   hym]
hem RT   42–3 to haunsyn . . . name] *om.* H   haunsyn] en- BYL

his name & so makith discord & dissencioun. Also flatereris ben
dubble tungyd, for as lythly as þei preysyn man or woman as
lythly þei wiln lackyn hem ȝif þei faylyn of her purpose & han non 45
lucre be her flatrye as þei wendyn an had. For comounly grete
preyseris ben grete lackeris, & as mychil as þei preysyn man or
woman out of mesure be flaterye, as mychil þei wiln lackyn
hym or anoþir be bacbytynge. Therfor Seneca seith: Lauda parce,
vitupera parcius, Preys sparunlyche but lacke mor sparunlyche. 50
For þese sckillys Salomon seith þat þe þredde tunge hat steryd
mychil folc into pride & so mad hem fallyn in schame and
[s]chenchepe & disparplyyd hem from nacioun to nacioun.
It hat distryyd wallyd townys & dolfyn up þe housis of gret lordis.
It hat cut awey þe myȝth & vertue of peplys þat wern wol stronge 55
& maad hem feble, for flatereris makyn townys, nacionys &
lordys bolde to begynnyn warris, pleyys & debat, be whyche
þei comyn to nouȝt for þei ben so blendit be flatrye & ouyr-
preysyng þat þey knowyn nout hemself but wenyn to ouyr-ledyn
alle men til at þe laste þei ben distryyd hemself. Also, as Salomon 60
seith, þe þredde tunge hat cast stronge women, þat is to seye
goode women, sykyr & vertuous, out of her vertue & pryuyd
hem & put hem from her trauaylys. For whan a good woman hat
trauaylyd mychil of her lyue to plesyn God & to han a good name, 64
comyth a fals flaterer in gyle & with / flatrynge wordis & fayr f. 138ʳ
behestis of matrimonye & of richesse bryngith her to synne &
doth hir lesyn hyr goode name and bryngith hyr to schame &
vylanye. And þerfor seith Salomon in þe same place, Ecclesiastici
xxviii [19-20], þat hoso take hede to þe flatrynge tunge, þat is
þe þredde tunge, to han lykynge þerynne he schal neuere han 70

43 his] owne add. RT   so] om. L   45 hem] him Y   non] no
RTBYLH   46 flatrye] -ering BYL   an] to have Y   48 flaterye] -ering
BYL   49 hym or anoþir] hem H   50 sparunlyche¹ sparunlyche²]
scarslich BYL   51 seith] nota maliciam lingue add. marg. T   steryd]
distroyed L   52 into] to H   hem] to add. LH   in] -to H   53 schen-
chepe] schreweschippe L; chenchepe G   disparplyyd] dispersite DT
54 dolfyn] dolu- RDTBYL   55 &] the add. RDTBYH; of þe L   of] the
add. H   wol] ful BYL   57 warris] werre T   pleyys] pleie H   de-
bat] -tis YH   be] the add. H   58 ben] bent Y   blendit] blynde H   be
flatrye] bi flatering BYL; to flateryn H   59-60 but . . . hemself] om. H
60 Salomon] þe wyse man al.   61 cast] down add. Y   62 of] om. D
her] om. Y   63 trauaylys] traveile H   64 of] in Y   65 flat-²] fat- Y
66 &¹] or RDTBYL; om. H   richesse] and add. L   68 Salomon] þe
wyse man al.   69 þat¹] repeat H   69-70 þat² . . . tunge] om. H
70 he] om. T

reste & he schal han no frend in whom he may restyn ne trostyn,
for flatereris ben non trewe frendis but blendyn so men þat
þey mon nout knowyn her frendis ne takyn hed to þe speche
of hyr frendis þat woldyn seyn hem þe sothe & warnyn hem of her
75 harm.

Cap. v

DIUES. þat many gode women ben deceyuyd & distryyd be
flatrye men knowyn wel, but þat flatrie distryyd cites, lordis
housis & naciouns & disparplyyt hem fro nacioun to nacioun
Y se nout. Y preye þe tel sum example. PAUPER. As we fyndyn
5 in þe ferde booc of Kyngis & in þe booc of Ieremye, for þe
childryn of Israel woldyn nout heryn þe wordis of Ieremye & of
oþre trewe prophetis ne don þeraftyr but haddyn lykyng in
flatrie of false prophetis whiche hy3tyn hem welþe & prosperite
for to plesyn þe peple, þerfor was þe cite of Ierusalem dystryyd
10 & ny3[h] al þe cites & castelys of þe lond. The kyng, Sedechye,
was takyn & his childryn slayn aforn hym, & aftir his eyne wern
put out. Alle þe lordis & þe gentylys [of þe londe] or þei wern
slayn or ellys led prisonerys into Babilonye. þe peple was slayn
with hongyr, moryn & swerd and alle þo þat leftyn on lyue
15 aftir þat þe cite of Ierusalem was takyn wern disparplyyd in
diuers nacionys & slayn in diuers maner, for þey trostydyn alwey
in flatrye of false prophetis & slowyn Ieremye & oþre goode
prophetis þat seydyn hem þe trewþe & woldyn han sauyd hem.
And Y dar seye þat flatrie of false prophetis & prechouris & of
20 oþir spekeris þat blendyn þe peple with plesant lesyngis ne wil
nout vndon to hem her wickydnesse is principal cause of distruc-
cioun of many rewmys & londis, peplys & cites into þis day, as

71 no] non H   ne] nor H   72 non] no RDBYLH   blendyn] blynd-
TBYL   so] om. T   73 ne] nor H   74 þe] om. Y

1 many] a add. BYL   women] woman TBYL   2 flatrye] -ering BYL
flatrie] -ering BYL   3 hem] om. H   fro] om. D   nacioun to] repeat
D   4 Y²] But Y BYL   sum] me L; me sum H   5 in²] om. RBY
8 flatrie] -ering BYL   whiche] the wheche H   hy3tyn] bi- BYL;
-tyd L   10 ny3h] ner H; ny3 G   al þe] repeat D   castelys] -telle R
11 aforn] bi- BYL   12 Alle] Also H   þe²] om. Y   of þe londe] om. G
or] eiþer BYL   13 or] eyþer B   14 hongyr] & add. Y   on]
a BYL   15 þat] om. H   takyn] they add. H   16 maner] -eris
H   17 flatrye] -ering BYL   goode] om. H   18 hem¹] to hem H
19 flatrie] -ering BYL   &¹] of H   of²] om. T   20 blendyn] blynd- al.
lesyngis] wordis add. can. G   ne] nor H   21 is] the add. H
22 many] om. D   &¹] of L   þis day] these dayes H

we myȝtyn sen at eye ȝif flatrie & lesyngis blentyn us nouȝt. /
DIUES. Men prechin þese dayys wol wel aȝenys synne. PAUPER. f. 138ᵛ
Summe don so, but aȝenys þe grete synne þat alle þe lond is 25
entrikyd ynne & al cristendam knowith & is opyn cause of our
myschef, aȝenys þat no man prechyth but nyhȝ alle ben aboutyn to
meynteþin it. DIUES. Which synne is þat? PAUPER. Oftyn haue
Y told it þe, & þu leuedist me nout. Go ouyr þe se & þer men
schul tellyn it þe ȝif þu aske. We fyndyn in þe þredde book of 30
Kyngys þat þe kyng of Israel wose name was Acab was sterd
for to besegyn þe cite of Ramot-galaad & so begynnyn werre
aȝenys þe kyng of Surye. This Acab sente aftir four hondryd
false, flatrynge prophetis of his lond which wer wone to plesyn
hym & to flatryn hym and askyd hem conseyl & how he schulde 35
spedyn. Thei flatrydyn hym alle & badyn hym gon & fyȝtyn and
teldyn hym þat he schulde spedyn riȝth wel & takyn þe cite &
distryyn al þe lond of Surye. Than at þe conseyl of Iosaphat þe
kyng of Iuda þat was comyn to helpyn hym he sente for Mychee,
Godis prophete, to wityn what he wolde seyn. And as he cam toward 40
þe kyng þe messager seyde to Mychee þe prophete, 'Alle oþir
prophetis with on mouth tellyn our lord þe kyng goode tydyngis
& seyn þat he schal spedyn ryȝt wel. Y preye þe, sey þu as þei
seyn.' Than þe prophete answerid, 'What myn lord God seith
to me, þat schal Y spekyn to our lord þe kyng.' And whan he cam 45
aforn þe kyng he seyde to þe kyng Acab, 'Y sawȝ be vision al þe
peple of Israel sperplyyd in þe hyllis and scateryd aboutyn as
schep withoutyn a schepherde.' Onon þe kyng was wroþ &
seyde þat he telde hym neuer good ne welþe. Than þe prophete
seyde, 'Here þe word of God. I sauȝ our lord God syttynge on his 50
sete & al þe host of heuene stondynge besydyn hym on þe ryȝt
syde & on þe left syde. Than seyde our lord God, "Ho schal

23 myȝtyn] mown H   flatrie] -ering BYL   24 wol] ful BYL
25 so] *om.* H   27 prechyth] wolle prechin H   28 meynteþin it]
mayntenyd T   Which] What H   29 it] *om.* L   leuedist] leuyst RBYLH
30 it þe] *after* schul H   32 for] *om.* RBYL   begynnyn] -gynnyng
DH; -ganne L   33 hondryd] of *add.* LH   34 flatrynge] *om.* Y
his] þis T   35 hym & to] and H   and] he *add.* H   hem] hym D   &²]
om. H   37 teldyn hym] seydyn *al.*   þat] *om.* H   38 þe³] *om.* Y
39 of] *om.* T   sente] *om.* T   40 Godis prophete] the prophete of God H
41 þe¹] to þe Y   Alle] the *add.* H   43 þat] *om.* T; *repeat* H   þu]
om. al.   44 What] That H   seith] seide DTH   45 schal Y] *trs.* Y
46 aforn] bi- BYL   kyng¹] Acab *add.* H   he seyde . . . kyng] *om.* T   þe
kyng Acab] hym H   47 sperplyyd] dis- BYL   48 Onon] And anon
TH   49 good] tydyngis *add.* H   50 on] in Y   51 on] in Y

deceyuyn Acab, kyng of Israel, to don hym gon & fyʒtyn in
Ramot-galaad & fallyn in fyʒt?" Onon a wyckyd spryt stod forth
55 & seyde, "Y schal deceyuyn hym." Than our lord God askyd
hym how he schulde deceyuyn hym. "I schal", seyde he, "gon
f. 139ʳ out & ben a spryt lyere in / þe mouth of alle his false prophetis."
Than our lord God seyde, "þu schalt deceyuyn hym & þu
schalt han þe maystry of hym. Go forth and do as þu hast seyd."'
60 Than þe kyng was mor wroth & comandyd hym to prisoun.
þe kyng lefte þe conseyl of þe prophete Mychee & folwyd þe
conseyl & þe flatrye of his false prophetis & wente to bataylye and
was slayn & his peple disconfyt. DIUES. Dauyd spekit mychil
in his book of þe gylous tunge þat is clepyd in Latyn *lingua*
65 *dolosa.* PAUPER. þe gylous tunge is þe flatrynge tunge, for comon-
lych euery gyle in speche is medlyd with flatrye. In gylous speche
ben to þingis, sleythe & flatrie, and þerfor gylous speche is lykenyd
to anglynge of fisch, for in þe angyl[yng] ben to þingis, þe hooc
& þe mete on þe hooc. þe hooc is þe sleythe in speche, þe mete on
70 þe hooc is flatrye þat drawyth man & woman to þe deuelys hooc.
þus Adam & Eue wern deseyuyd with þe fendis speche, for sleylych
he askyd Eue whi God bad þat þei schuldyn nout etyn of euery
tre in paradys, and whan he sayʒ hyr vnstable & dutynge he put
þerto þe mete of flatrye & seyde þat þei schuldyn nout deyen but
75 ben as God, connynge good & wycke, & so be flatrie þe fend les
al mankende. Figure of þis ha we in þe secunde book of Kyngis,
xx [8-9], wer we fyndyn þat Ioab gylouslyche slow þat noble
prynce, Amasam, with a knyf craftely maad lythlyche to gon out
of þe schede, & whan he schulde stekyn hym with þat knyf he
80 took hym be þe chyn & kyssyd hym & seyde to hym, 'Heyl,
myn broþir!' And for his flatrie & his fayre wordis Amasa took
non hede to þe knyf. And in þe same maner, whan Iudas trayhyd

55 God] *om.* R   askyd] *repeat can.* G   61 þe] Thus the H   62 &¹]
of DBYL   þe] *om.* H   flatrye] -ering BYLH   63 was] he was ther H
64 Latyn] litteris R   66 flatrye] -ering BYL   67 þingis] toungis H
sleythe] gile Y; sleyty speche H   flatrie] -ering BYLH   68 to¹] an *add.*
BY   fisch] fyshis H   þe¹] *om.* Y   angylyng] angyl RG   69 on
þe hooc] *om.* T   þe hooc] on þe hoke *written over in later hand* R   sleythe]
sleytynesse H   70 flatrye] -ering BYL   73 hyr] soo *add.* L   74 flatrye]
-ering BYL   75 God] -dis DTBYL   connynge] knowyng L; of conyng
knowyng H   flatrie] -ering BYL   les] lost BYLH   76 of þis] heroff
BYL; *om.* H   ha we] *trs.* BYL   77 Ioab] Iob D   þat²] þe BYLH
78 lythlyche] lyʒt L; *after* gon H   79 schede] scheþe BYL   þat] the
DBYLH   81 his¹ his²] *om.* BYL   82 whan] *om.* H   trayhyd]
bi- BYLH

Crist he seyde in flatrie & gyle, 'Aue, Rabi'—Heil be þu,
maystir.

Cap. vi

DIUES. þu hast wel declaryd þe myschef of flatrynge tungis.
Sey forth what þu wilt. PAUPER. Also God defendith us be
þis comandement þat we slen no man ne woman be our dede, hym
omys-doynge or hym hurtynge. / And so be þis comandemen[t]
he defendith us wretthe & wreche, chyding, dispisyng, smytynge,
scornyng & alle swyche menys & motyuys to manslaute. DIUES.
As þu wel seydyst, God defendith nout alle maner manslaute
but only manslaute vnry3tful & a3enys þe lawe, for God bad
þat men schuldyn nout suffryn wyckyd doerys lyuyn in dishese
of þe peple: Maleficos non pacieris viuere, Exodi xxii [18].
And also he bad þat we schuldyn slen no man ne woman ry3tful
& vngylty: Innocentem et iustum non occides, Exodi xxiii [7].
þerfor, Y preye þe, tel me in how many manerys a man is slayn
vnri3tfulliche? PAUPER. On þre maner a man is slayn vnri3t-
fullyche: first 3if he be slayn withoutyn gilt; also 3if he be slayn
withoutyn ordre & process of lawe; also 3if he be slayn withoutyn
lawful iustice ordeynyd of his lyche lord, to whom God hath 3ouyn
lyf & lyme & þe swerd to punchyn schrewys, as Sent Powil
schewith wel in his pystil, ad Romanos xiii [4]. Also 3if he be
slayn be enmyte & hate & cruelte, for to han venchance, nout
for sauacioun of þe trewþe & of þe peple.

f. 139^v

Cap. vii

DIUES. þi speche is sckylful. Sey forth. PAUPER. Also 3if
ony man or woman deye for defaute of helpe, þan al þat schulde

83 flatrie] -ering BYL; om. H   &] om. H   83-4 Heil . . . maystir] om. H
83 be] om. BYL

2 defendith] forbediþ BYL   3-4 þat we . . . comandement] repeat T
hym omys-] be mys- L   4 hym] om. H   comandement] comande-
men G   5 defendith] forbediþ BYL   chydyng] -dyn T   7 defendith]
forbediþ BYL   maner] of add. L   8 þe] om. H   9 men] man H
11 ne woman ry3tful] onrithfully H   13 in] om. H   how] who R
14 maner] -eris DBYL   14-15 a man . . . vnri3tfullyche] om. al.   15 also]
or H   16 &] of H   of] the add. H   also] and also H   18 Powil]
seith and add. H   19 wel] om. L   20 &¹] om. al.   &²] or Y

1 Also] om. H   2 or] ony add. RT   woman] or ony woman add. D   al]
thoo add. H

han holpyn hem & myȝtyn han holpyn hem & wystyn þerof &
woldyn noȝt helpyn hem ben gylty of manslaute, & þerfor seith
5 þe lawe: Pasce fame morientem; si non pasceris occideris, Di.
lxxxvi, Pasce; þat is to seye, fede hym þat is in poynt to deye
for hungir; ȝif þu wilt nout fedyn hym whan þu myȝt þu slest
hym. Mychil mor þan ben þey mansleeris þat be extorcionys &
raueyn & ouyr-ledyng, be myȝt, fraude & gyle, robbyn men of
10 her good or withholdyn men hyr good wherby þei schuldyn
lyuyn & bryngyn hem so in þouȝt, sorwe & care & so hastyn
her deth. Therfor God seith þat swyche maner folc, tyrantis,
extorcioneris & false men, deuouryn his peple as þe mete of
bred: deuorant plebem meam sicut escam panis [Ps. 13: 4].
15 And þerfor he vndirnemyth hem & seith to hem: Lystenyth
f. 140ʳ ȝe princis, lordis & lederis of þe peple, / to ȝou it longith to knowyn
ryȝthful doom to demyn what is good & what is wyckyd, what is
trewe & what is fals. But now ȝe hatyn good þing & louyn wyckyd
þing & loþin goodnesse & louyn schrewydnesse. Be violence and
20 myȝth ȝe flen men & takyn her skynnys from hem & takyn her
flesch from her bonys. He þese etyn þe flesch of my peple &
flen awey her skyn from abouyn hem & brekyn her bonys, Michee
iii [1–3]. And so alle swyche arn mansleeris in Godis syȝthe for
þei hastyn manys deth be myschef and sorwe & care þat þey
25 bryngyn hem ynne. DIUES. What is vndirstondyn here by þe
skyn, flesch & bonys? PAUPER. þre þingis ben nedful to euery
man & woman lyuynge: cloþinge, lyflod & helpe of frendis in
febylnesse & dishese. Be þe skyn þat wryhyt & cloþith þe flesch
is vndirstondyn cloþinge, housynge, armure be which man is
30 wryhyd & defendit from tempestis, cold & hete, from enmyys &
many dishesys. Be flesch is vndirstondyn mete & drynke, wherby
þe flesch is norchyd. Be þe bonys þat beryn up þe flesch & strengþin

3 hem¹ hem²] him Y   3–4 & myȝtyn . . . helpyn hem] om. H   4 þerfor]
ther H   5 pasceris occideris] pascis occidis RDBYLH   8 ben þey]
trs. RDTBYL   extorcionys] -cyon al.   &] om. al.   10 men] of add.
BYL; om. H   good²] from hem add. H   11 so¹] before bryngyn H
12 folc] as add. al.   13 his] the H   as] of add. H   14 meam] om. H
16 ȝe] al ȝe H   18 þing] -gis H   wyckyd] fals L   19 þing] -gis
H Be] But D   20 ȝe] hed add. Y   flen] hijlden BYL   21 her] the DL
He] om. BYL   22 flen] hijlden BYL   skyn] -nes BYL   24 and]
om. T   & care] om. H   25 here] þer RH   26 þingis] that add. H
27 cloþinge] helyng al.   28 wryhyt] hileþ BYL   cloþith] cloith T
29 be] þe add. H   man] om. D   30 wryhyd] hiled BYL   from²] & BYL
31 Be] þe add. L   drynke] dryng D   32 flesch¹] body L

þe flesch ben vndirstondyn a manys frendis whyche helpyn
hym at nede & beryn hym up and strencþin hym in febylnesse
& dishese. But þese tyrantis and extorcioneris & fals folc takyn 35
awey þe skyn of þe pore peple, for þey robbyn hem of her housynge
& of her cloþinge. And þei etyn awey her flesch, for þei takyn awey
her lyflode wherby hyr flesch schulde ben susteynyd, for þei pylyn
hem so and makyn hem so pore þat þei han neyþir hous ne hom
ne cloþinge to her body ne mete ne drynke to lyuyn by. Also þey 40
brekyn her bonys for þey pursuyn her frendis þat woldyn helpyn hem
& puttyn hem in swyche drede þat þei dorn nout helpyn hem & oftyn
tyme betyn hem & brekyn her bonys & maymyn hem. Example
of þis ha we in þe þredde book of Kyngis [3 Reg. 21], wher we
fyndyn þat þer was a pore man dwellyng besydyn þe paleys of 45
Acab, þat was kyng of Israel, & þe pore / man was clepyd Nabot. f. 140ᵛ
And for he wolde nout sellyn his gardyn to þe kyng at þe kyngis
wille þe kyng was wroth & be fals doom & fals wytnesse he dede
hym be stonyd to þe deth, & so be fraude & manslaute he chetyd
to hym þe pore manys gardyn. Wherfor aftirward þe kyng was 50
slayn, and þe qwen, Iesabel, for sche assentyd & halp to þe deth
of þe trewe man was slayn also, & houndys etyn her flesch &
hyr bonys & lykkedyn up hyr blood in venchaunce of þe deth of
Nabot. The kyng was slayn in warre; his wyf, Iesabel, was cast
out at hyr soler wyndowne & trodyn to dede with þe feet of hors; 55
& oþir two kyngis of her alyaunce and nyh₃ al her kenrede was
slayn aftirward in venchance of þe deth of Nabot. Acab hadde
sexty sonys & ten lyuynge aftir his deth, and alle þei wern hefdit
in venchaunce of þat deth, IV Regum x [7, and 4 Reg. 9: 24;
33–7].   60

33 þe flesch] it H   a] om. H   34 hym¹] hem H   35 &²] othir add.
H   36 peple] folke BYL   þey] to T   37 her²] the H   38 hyr]
þe R   39 ne] nor H   40 ne¹ ne³] nor H   42 drede] degre H   þei]
þar Y   43 tyme] om. al.   44 ha we] trs. BYL   45 pore] trewe
BYL   46 was kyng] trs. T   47 þe kyngis] his al.   49 þe] om. BYL
chetyd] es- BY; echid L   50 þe¹] ins. G   aftirward . . . þe kyng] trs.
al.   52 þe] pore add. H   was] she was H   55 at] of BYL   þe]
om. al.   feet] fote RDT   feet of hors] horse fete H   hors] -sis BY
56 nyh₃] ner H   58 sexty . . . ten] lxx L   his] her H   hefdit] biheedid
BYLH   59 þat deth] þe deth of Nabot al.   IV Regum x] iii Regum
xxi & iv Regum v L

Cap. viii

Also þey ben gylty of manslaute þat defraudyn seruans of
hyr hyrys. þerfor Salomon seith þat he þat takyth awey from þe
seruant his bred & his lyflode þat he hat getyn in swync & swet
is as wyckyd as he þat sleth his neyhebore. And he þat schadith
5 manys blod & he þat doth fraude to þe hyryd man ben bretheryn,
þat is to seye, þei ben lyk in synne & worþi a lyk peyne, Ecclesiastici
xxxiv [27]: Qui fundit sanguinem et qui fraudem facit mercenario
sunt fratres. And þerfor Sent Iamys seyth þus to þe false riche
couetous men: Seth hou þe hyre of ʒour warkmen & laboreris
10 þat han repyd ʒour feldys & is defraudit be ʒou & nout payyd
cryyth to God for venchance, & þe cry of hem is entrid into þe
erys of þe lord of hostis, Iac. v [4]. And Salomon seith þat hoso
offre sacrifice of þe pore manys good is lyk hym þat sleth þe
sone in þe syʒht of his fadir, & he þat defraudyth þe pore man of
15 his good is a mansleer: Homo sanguinis est, Ecclesiastici xxxiv
[25]. DIUES. þis poynt of manslaute touchit mychil men of holy
chirche, for, as þe lawe seith, þe typis of holy chirche arn tributis
of hem þat ben in nede to releuyn hem in her nede. And al þat
f. 141ʳ men of holy chirche han it is þe / pore menys goodis, & her housis
20 schuldyn ben comoun to alle men at nede. þey schuldyn ben
besy to receyuyn pylgrymys & kepyn hospitalite aftir her power,
xvi, q. i, Decime, et Quoniam quicquid. Wherfor, me þinkith,
ʒif ony pore folc perche be her defaute & for þat þei wiln nout
helpyn hem þei ben gylty of manslaute. PAUPER. þat is soth.
25 And þerfor God seyde þryys to Sent Petir: Pasce, þat is to seyyn:
Feed myn lambryn & myn schep, þat ben þo soulys þat Crist
bouʒte with his blood [Io. 21: 15–17]. For prelatis & curatis of
holy chirche must fedyn her sogetis be good techyng, be good
example-ʒeuynge & be helpe at nede. And þerfor Crist seyde

2 hyrys] hire TBYL   Salomon] þe wyse man al.   5 fraude] faute Y
ben] alle add. L   6 lyk¹] om. H   a] om. YL   7 fundit] effundit
BY   8 sunt] om. Y   þe] om. R   9 Seth] ʒe add. BYLH
10 &¹] om. al.   11 for] om. Y   into þe] to H   12 lord] -dis BH
Salomon] þe wyse man al.   þat hoso] who that H   13 good] -des L
hym] om. RDT; to hym YH   þe²] his T   14 his] the H   he] om. H
14–15 man of his] mannys H   16 mychil] full mych L   17 as] om. H
18 nede¹] mende D   in her] that ben in H   19 goodis] goode LH
20 at] of L   21 &] to add. L   23 wiln] wold BYL   25 God]
Cryst al.   þryys] iii tymes L   26 þat ben þo] tho ben the H   þo] þe L
Crist] God H   28 be good techyng] om. BYL   good²] om. T
29 þerfor] ther H

twyys to Sent Petir: Feed myn lambryn. But þe þredde tyme 30
he seyde: Fede myn schep, for lambryn as longe as þei ben
lambryn þei ȝeuyn neyþer mylk ne wolle, but whan þei ben woxsyn
schep þei ȝeuyn boþe mylc & wolle. And so Crist in his wordys
bad þat prelatis & curatis of holy chirche schuldyn han duble
cure of þe pore peple to fedyn hem gostlyche & also bodylyche, 35
with bodyly helpe at nede. But þei arn nout boundyn to fedyn
þe riche folc but gostlyche. But now þei don þe contrarie, for
þei fedyn þe riche folc & hem þat han non nede with holy chirche
goodys, & of þe pore folc ȝeuyn þei no tale but to pylyn hem &
han of hem & getyn of hem what þey mon be ypocrisye, be fraude, 40
be dred & violence. And þerfor God vndirnemyth hem be þe
prophete Ezechiel & seyth þus to hem: Ve, pastoribus Israel,
etc. [Ez. 34: 2], Wo be to þe schepherdys of Israel, þat is to seye,
to þe prelatis & curatis of holy chirche, whyche schuldyn ben
schepperdis of Goddis schep & of þo soulys þat he bouȝte so dere. 45
Wo be to þese chepherdis, for þei fedyn hemself & of þe pore
peple ȝeuyn þei no tale. Ȝe etyn, seyth he, þe mylc & claddyn
ȝou with þe wulle, & þat was fet ȝe slowyn to fedyn wel ȝour
wombe, but ȝe feddyn nout my floc of myn peple. þat was feble
ȝe holpyn it nout ne confortyn it nout, and þat was sor & sek 50
ȝe heledyn it nout, & þat was brokyn ȝe boundyn it nout aȝen,
and þat was cast awey & fordryfen ȝe fettyn it nout aȝen ne leddyn
it nout aȝen; and / þat was perchyd ȝe soutyn it nout, but with f. 141ᵛ
fyrshed & hardnesse & be power withoutyn pyte ȝe comandedyn
to hem many grete þingis & greuous & regnedyn amongis hem as 55
emperouris, & so myn schep ben discateryd, for þer is no schepperde

30 twyys] *after* Petir H   Petir] Iohannem ultimis *add.* T   But] And H
31 Fede] *om.* Y   lambryn] *om. al.*   32 þei¹] the H   ne] nor H
but] and L   33 mylc & wolle] *om.* H   36 bodyly] *om.* H   37 þe¹]
om. Y   37-8 But . . . folc] *om.* BY   But . . . & hem] which L
38 with] of L   chirche] -is BL   39 of] *om.* D   ȝeuyn þei] *trs.* H
hem] to han H   40 & getyn of hem] *om.* H   40-1 be ypocrisye
. . . violence And] *om.* Y   44 þe] *om.* H   45 schep . . . soulys] pepille
H   he] Cryst *al.*   46 be] *om.* H   þese] þe BYLH   47 ȝeuyn þei]
trs. H   claddyn] cloþe TYH; cloþiden BL   49 floc of myn] folk
of T; folke ne my Y; folke and myn H   þat was] and thoo that were H
50 holpyn] helpiden BYL   it¹] *om.* H   ne] nor H   confortyn] -fortydyn
RDTBYL   it²] *om.* YLH   nout²] *om.* H   and þat was sor] and tho that
wern sory H   51 heledyn] -dith D   it¹] *om.* D; hem H   52 cast]
om. D   fettyn] fecchiden BYL   52-3 ne leddyn . . . aȝen] *om.* L
53 and] *om. al.*   nout²] *om.* H   with] ȝowre *add.* H   54 fyrshed] fersfed
T; feersnesse BYL   hardnesse] hardy- H; hardy- *with* y *marked for omission*
G   56 dis-] *om.* DLH

þat ȝeuyt ony tale of hem, Ezechielis xxxiv [3–8]. And in anoþir place he seith þus: Wo be to þe schepperdys þat þus discateryn & forrendyn the floc of my lesue & of my pasture, Ieremie xxiii
60 [1]. And þerfor God acceptith nout þe preyere of swyche men of holy chirche, for þei ben withoutyn charite & ful of cruelte in pylynge of þe peple. And þerfor he seith to hem: Cum extenderitis manus uestras, etc., Whan ȝe schul leftyn up ȝour hondis to me Y schal turnyn myn eyne awey from ȝou, & whan ȝe schul mul-
65 typlyyn preyeris to me Y schal nout heryn ȝou, for ȝour hondis ben ful of blood, Ysa. i [15]. Vp whyche word þus seith þe grete clerke, Grosthed, Dicto. xiii: An vniust schader of manys blod hath bloody hondys, for blood schad out is in þe hondys of þe schader-out, as þe effect of þe wark is in þe cause, for þe hond
70 of þe schader is cause of bloodschad. So þan syth bodely foode is cause of blood of manys body, be whyche his lyf transytorie is susteynyd, he þat withdrawyd sustenance from þe pore man in myschef he withdrawith from þat pore man his blod wherby his lyf schulde ben susteynyd. And þerfor God seith þat þe
75 blood of pore folc is in þe hondys of hem in whos hondis þo þingis ben withholdyn vniustly, be whyche þingis, or be þe prys, þe nedy folc schulde ben susteynyd, and so alle þo þat withholdyn pore men hyr good eyþer be violence or fraude or þefte or ony deceyt, be whiche good þe pore folc schulde lyuyn,
80 þei han hyr hondis defylyd with blood of pore folc. And in þat þey faryn wel with þe pore manys good þei etyn and drynkyn þe blood of þe pore folc and hyr cloþinge is dyfylyd with blod of pore folc. And ȝif þei housyn & byl[d]yn with

57 ony] no H   59 forrendyn] -redyn D; mysredyn H   the floc] *repeat* R; the folk H   of¹] *repeat* G   60 preyere] -errys H   61 in] and L
63 etc.] non exaudiam vos que manus vestrae plene sunt sanguine *add.* H
64–5 multyplyyn] ȝowr *add.* H   66 Vp] -on TYH   word] -dis
DBYLH   66–7 þus . . . Grosthed] seith Lyncolniensis H   67 An] and D
69 as] and DH   in] *om.* H   70 of²] þe *add.* T   71 of²] in H
72 withdrawyd] -drawyt *al.*   þe] *om.* H   man] *om.* BYL   73 þat]
the DBYL   þat pore man] hym H   man his] mannes Y   his] her H
74 his] her H   þat] *om.* H   75 of¹] þe *add.* T   folc] man H   76 þingis²]
þing Y   76–7 þe prys] of þo *add.* BYL; prince [*sic*] H   77 þe] *om.*
BYL   and so] also *al.*   78 or¹ or²] be *add.* H   or²] *om.* R; be *add.*
DBYLH   79 þe] *om.* H   folc] peple H   80 with] the *add.* H
of] the *add.* H   And] *om.* T   80–3 in þat . . . folc] her clothyng
also H   81 þat] þat *add.* BYL   wel] delycatly RDTBYL   þe] *om.*
TBYL   82 blood . . . folc] poore folkys blode Y   folc] men L   83 of]
þe *add.* T   &] or H   byldyn] byllyn G   with²] *repeat* G

þe pore manys good þei grondyn hyr housynge in þe blod / of f. 142ʳ
pore men.   85

Cap. ix

Also euery man & woman, & namely men of holy chirche,
þat drawyn folc to synne be mysentysynge or be wyckyd example
or be fals lore þei ben gylty of manslaute gostly, & þerfor Sent
Gregory seith in his omelye þat men of holy chirche ben gylty of
as many dethis as þei drawyn soulys to dedly synne be hyr wyckyd 5
example & her wyckyd lyuynge. And þerfor God byddith in þe
gospel þat þer schulde no man slandryn þe lewyd symple folc,
for hoso do, seith he, it wer betere to [hym] þat he wer cast in
þe se with a mylle ston aboutyn his necke [Mc. 9: 41]; whiche
word, as seith þe glose, is seyd specialyche for men of holy chirche. 10
And þerfor Sent Powil seith to alle cristene peple, & namely to
men of holy chirche: Ne ponatis offendiculum fratribus vel
scandalum, þat is to seyn, as seith þe glose: Doth non þing þat
may ben cause of fallynge & perchynge to ȝour broþir ne cause of
sorwe & of heuynesse, ad Romanos xiv [13]. And þerfor þe 15
lawe byddith þat whan buschopys & her offyceris gon aboutyn
for to visityn þat þey schuldyn don non tyrantrye in takynge of her
costis but visityn with charite & lownesse, withoutyn pompe of
gret aray & of gret mene, besy for to amendyn defautis & to
prechyn Godys word & to wynnyn manys soule, nout to robbyn 20
folc of her good but takyn her costis in esy maner so þat þey
slaundryn nout her bretheryn ne her sogetis ne ben noȝt greuous
to hem, x, q. iii, Cauendum. Alle men, & namely men of holy
chirche, must besylyche flen slaundr[e] þat þei ȝeuyn no man ne
woman occasion of slaundre ne of synne but oftyntyme lyuyn þe 25
hardere & abstynyn hem fro many þingys leful to flen slaundre,
for, as seit[h] Sent Ierom, super Mycheam, alle þat ȝeuyn occasion
of slaundre ben gylty of alle þo þat perchyn be þat slandre, I,

84 þe¹] *om.* H   manys] mennys H

1 &¹] or L   2 wyckyd] ill H   4 ben gylty] *om.* T   6 God] Cryste
al.   7 lewyd] *om.* L   8 hoso] he that H   seith] *om.* B   seith he]
om. YL   hym] hem G   10 seyd specialyche] *trs.* BYL   men
of holy chirche] prestys and clerkys *al.*   14 to] of *al.*   broþir] briþren
DBYLH   15 & of] & RY; wyth L; and H   xiv] ix T   17 takynge]
-kyn DH   19 of] *om.* Y   for] *om. al.*   amendyn] þe *add.* BY
20 word] -dys T   22 ne²] nor H   noȝt] *om.* H   23 Alle] Also Y
&] an T   24 slaundre] slaundr G   no] *om.* D   26 þingys] synnys
can. but not corrected T   27 seith] seit G

q. i, Hii quoscumque, et nota pro vitando scandalo in rebus licitis,
30 ad Romanos xiv [21] et [I] ad Corinth. viii [9–13]. For þese
causis God seith to men of holy chirche be þe prophete Osee:
3e ben maad snare to lokynge afer and as a net spret abrode on þe
f. 142ᵛ hil of Thabor / and 3e han bowyd doun sacrifice into depnesse,
þat is to seye, 3e þat au3tyn ben war lokeris to warchyn wel &
35 warnyn men of peril of synne ben mad a snare & a net in holy
chirche, þat is þe hil of Thabor, to takyn folc in synne & drawyn
hem to folye, & so 3e han slayn soulys & bowyd hem doun into
þe depnesse of dampnacioun & so mad sacrifice to þe deuyl of
þo soulys þat God tok 3ou to kepyn, Osee v [1]. Also men of holy
40 chirche slen her sogetis gostly þat be myseggynge & mysconseyl
& mysinformacioun bryngyn hem in dedly synne & in heresye
or ellys lettyn hem from goode dedis þat þci woldyn don & so
slen goode purpos & goode willys þat man or woman is yn &
in maner slen her feith wherby þei schuldyn lyuyn. For þe prophete
45 seith: Iustus ex fide uiuit [Rom. 1 : 17], þe ry3tful man lyuyth be
feith. And Sent Iamys seith þat feith withoutyn goode warkys of
charite is but ded [Iac. 2 : 17]. And also preyere withoutyn deuocion
is but ded, as seyn þese clerkys. DIUES. þan ny3h alle þe preyeris
þat men makyn arn but ded, for comounly in our preyer we ben
50 distret & þinkyn of oþir þingis, & it is nout possible to us alwey
to þinkyn of þat we seyn, for þer is noþing so chanchable as
þout, and þou3 we þinkyn of þat we seyn 3it it is nout in our power
withoutyn special 3ifte of God to han deuocion þerynne. PAUPER.
Take it nout so streyte, for it is vnderstondyn þus: preyere with-
55 outyn deuocioun is but ded, þat is to seye, preyere maad a3enys
deuocion is but ded. DIUES. How a3enys deuocion? PAUPER.
As whan men preyyn a3enys þe sauacioun of her soulys or oþir
soulys & nout for þe worchep of God but for ypocrisye or only
for lucre, or whan men preyn a3enys charite, as for to han

29 scandalo] om. H   30 xiv] xiii RDTBLH   32 to] men add. BYL;
om. H   afer] afor D   33 sacrifice] -ces BYL   into] the add. D; in
the H   34 ben] to be YH   warchyn] werkyn H   35 in] of Y
36 folc] men L   39 þo] þe DBYL   40 &] om. BYLH   41 in¹]
-to H   in²] om. H   43 goode²] repeat R   willys] wyl al.   44 in
maner] om. T   45 be] his add. R   48 þese] this H   ny3h] ner H
50 distret] -tracte DTBYL; -trat H   þinkyn] þingyn T   of] on al.   &²]
for H   possible . . . to us] trs. H   51 of] on al.   þat] what BYL
51–2 for þer . . . seyn] om. Y   52 of] on al.   power] pore H   53 3ifte]
grace H   55 is¹] om. H   57 þe] om. H   her] oure BYL   57–8 or
oþir soulys] om. H   59 lucre] wordly lucre DTBYL

venchance of her enmyys, or for onyþing aȝenys Godis worchep, 60
& in her preyere nout submyttyn her wil to þe wil of God.
Euery preyere þat is mad to þe worchepe of God be weye of
charite & for a good ende with purpos to plesyn God, þat preyere
is maad with deuocioun þou he þat preyyth be distret & nout
þinkith of his wordis & perauenture vndirstondith is nout ne 65
hat but lytil lykyng / þerynne. Neuertheles, man & woman owyth f. 143ʳ
to don hys deuer to þinkyn of God & of þat he seyth in his
preyere.

Cap. x

DIUES. þy speche plesith me wel. Sey forth what þu wilt.
PAUPER. As Y seyde first, alle þat lettyn man or woman of her
goode dedis & goode purpos and eggyn hem to synne & folye
& bryngyn hem in errour and heresye be mystechynge arn man-
sleeris & lymys of þe fend, whiche, as Crist seith in þe gospel, 5
is a manqweller from þe begynnynge of þe world, for þorw his
myseggynge and his fondynge he slow al mankende boþin body-
lyche & gostlyche at þe begynnynge of þe world. Also he slow
hymself þorw pride and many þousant angelys þat assentydyn
to hym. And ȝit he cesyth nout to slen mannys soule be false 10
suggestiouns & temptacionys, and þat be hymself whan men sen
hym nout, and somtyme visibelyche in þe lyknesse of som visible
creature. And so he temptyd Crist, Eue & Sent Martyn & many
oþere. Somtyme he temptyth & slet manys soule be his lymys
þat ben wyckyd men & women. Also men of holy chirche slen 15
men & women gostlyche be withdrawynge & lettynge of Goddis
word & of good techynge, for, as Crist seith in þe gospel: Non in
solo pane uiuit homo sed in omni uerbo quod procedit de ore
Dei [Mt. 4: 4], Man and woman lyuyth nout only in bodyly

60 -þing] gruge T   61 nout submyttyn] *trs.* BYL   þe] *om.* T   þe
wil of] *om.* L   62 be] the *add.* H   64 distret] -tracte RDTBYL;
-trat H   64-5 nout þinkith] *trs.* BYL   65 þinkith] þingynge T
of] on *al.*   is] hem *al.*   67 of¹ of²] on *al.*   þat] þat *add.* BY

1 wel] *om.* BYL   2 of] or H   3 eggyn] -gith H   4 and] or
RDTBLH; or in Y   4-5 mansleeris] men- H   7 -eggynge] -counceyl
RDTBYL; -cellyng H   his] *om.* T   7-8 bodylyche ... gostlyche] *trs.*
RDBYLH   9 and] of Y   þousant] -tis B; -sands of H   angelys]
-gelle L   12 and] *marg.* G   þe] *om.* TH   14 temptyth &] *can.* H
his] *om.* T   16 be] *om.* Y   17 of] *om.* H   good] Goddys T   for]
om. H   in þe gospel] *om. al.*   18 de] ab H   19 Dei] Mt x *add.* R
and woman] *om. al.*   in] by Y

20 bred but mychil mor he lyuyth in euery word þat comyth of Godis
mout, þat is to seye, in þe wordys of þe trewe prechour, for euery
trewe prechour sent of God & of holy chirche is clepyd Godis
mouth. And þerfor God seyde to þe prophete: Si separaueris
pretiosum a uili, quasi os meum eris, Ieremie xv [19], 3if þu departe
25 precious þing fro þing þat is foul & of no prys þu schalt ben as
myn mouth, for it longyth to þe prechour of Godis word to comen-
dyn vertuys & dispysyn vicys, to chesyn trewþe & letyn falshed
& to commendyn heuene blysse & gostly þingis and reprouyn
pompe & pride of þis world & fleschly þingis; & þan is þe prechour
30 as Godis mouth & spekyth with Godis mouth & his word is
f. 143ᵛ Goddis / word, be whyche man & woman lyuyth gostlyche &
ascapith endeles deth. And þerfor Dauyd seith: Misit uerbum
suum et sanauit eos, et eripuit eos de intericionibus eorum
[Ps. 106: 20], God hat sent his word & hath helyd his peple from
35 gostly seknesse & delyueryd hem from her deyyngis whan þei
schuldyn han deyyd þorw synne & helle pyne, & þerfor he seith
in þe gospel þat hoso kepe his word he schal nout atastyn þe
deth withoutyn ende [Io. 8: 51]. Syth þanne Godys word is lif
& sauacion of manys soule, alle þo þat lettyn Godis word and lettyn
40 hem þat han autorite to prechyn & techyn þat þei mon nout
prechyn & techyn Godis word ne Godis lawe, þei ben mansleeris
gostlyche & gylty of as many soulys as perchyn & deyyn gostlyche
be swiche lettynge of Godis word, & namely þese proude couetous
prelatis & curatis þat neyþer connyn techyn ne wiln techin ne
45 suffryn oþir þat connyn techyn & woldyn techin & han auctorite to
techyn but lettyn hem for dred þat þei schuldyn han þe lesse of
her sogetis 3if ony of hem 3eue þe prechour ony elmesse. And

20 he lyuyth] om. H   in] be H   21 þe²] om. LH   prechour] -res L;
-ching H   22 & of holy chirche] om. al.   23 seyde] sey3t al.
25 þing¹ þing²] -gis H   fro þing] om. T   27 vertuys] vertue H   chesyn]
techin H   28 &¹] om. Y   heuene] -ynly D   blysse] om. H   29 þingis]
om. D   is] he add. H   30 as] of DH   & spekyth . . . mouth] om. H
word] -des L   31 word] -des L   35 her] he Y   36 &¹] in Y
he] Crist H   37 hoso] whoo þat L   atastyn] tast Y   38 þanne] þat
YL   39 alle] and alle H   40 autorite] of God and be ordre takyn
add. al.   41 prechyn . . . word ne] executyn it and techin H   word] -des
L   45 suffryn] suffyrtyn L   techyn] om. al.   woldyn] wolen B   techin]
om. al.   45–6 to techyn] of God (Goddis word H) and of þe byschop þat
3euyt hem her ordrys add. al.   46 lesse] worshep add. Y   47 3if . . .
elmesse And] or ellys þe lesse bene (bene om. T) set by, or ellys (ellys om.
H) þat her synnys schuld bene knowyn be prechyng of Goddys worde and
þerfor al.

leuere þei han to lesyn þo soulys þat Crist bou3te so dere & betooc
hem to kepyn þan to forberyn a peny or two þat þei han no ry3t
to. As seith Sent Austyn, Godis word owith to ben worchepyd 50
as mychil as Cristis body, and as mychil synne doth he þat lettyth
Godis word & dispysith Godis word or takith it rekeleslyche
as he þat dispysyth Cristis body or þorw his negligence letyth it
fallyn to gronde, I, q. i, Interrogo vos, & þer þe glose schewith
þat it is mor profitable to heryn Godis word in prechynge þan 55
to heryn ony messe. And rathere a man schulde forberyn his
messe þan his sermon, for be prechynge folc is steryd to contricioun
& to forsakyn synne & þe fend & to louyn God & goodnesse &
ben enlumynyd to knowyn her God, & vertu from vice, trewþe
from falshed, & to forsakyn errouris & heresie. Be þe messe ben 60
þei nout so, but 3if þei comyn to messe in synne þei gon awey in
synne. Schrewys þei comyn & schrewis þei wende. Netheles
þe messe profytith hem þat ben in grace to / getyn mor grace f. 144ʳ
& for3euenesse of venial synne & moryng of mede & lechinge &
lessynge of peyne in purgatorie. And þe preste may ben so good 65
þat his preyere for reuerence of þe sacrament schal getyn grace of
amendement of hym þat he preyyth for. Boþin ben goode, but
Godis word owith mor to ben chargyt & mor desyryt þan heryng
of messe, for whan þe peple dispysith Godis word & loþith Godis
word, whych is her gostly foode, þat peple is but ded & ny3h 70
þe 3atis of helle. And þerfor Dauid seith: Omnem escam

48 þo] þe RBYLH   bou3te . . . so dere] trs. DBYLH   48–50 &
betooc . . . ry3t to] þan to heryn her owyn synnys opynly reprouyd generaly
amongys oþer mennys synnys RDTBYL; þan to heryn her owyn synnys H
50 As seith] And BYL; As H   Austyn] seith add. BYLH; nota bene de verbo
dei audiendo add. marg. T   52 &] or H   Godis word²] yt H
53 Cristis] Godis DBYLH   it] om. T   54 to] the add. H   &] om. al.
56 ony] a H   57 þan] þat T   folc] -kis B   is] arn RDTH
58 synne] her synne H   59 enlumynyd] illumynyd L   vertu] -ues
BYLH   vice] -cis BYLH   60 to] for to H   heresie] -sies al.   Be]
ben D; but he H   ben] be D   61 synne] and add. al.   62 wende]
gon H; and also þe vertu of þe messe stant princypaly in þe (þe om. BYLH)
trewe beleue of þe (þe om. H) messe and specyal (-ly DTBYLH) of Criste þat
is þer sacrid in þe hoste but þat may man lerne be prechyng of Goddis worde
and not be heryng of messe and insomechyl heryng of Goddys word (-dys H)
trewly prechyd is better þan heryng of messe add. al.   63 mor] þe more L
64 synne] -nys H   moryng] encreesing BYL   mede] mende D   & lechinge]
om. al.   67 of hym] for hem H   68 word] -dis D   mor¹] after
ben al.   þan] for R   69 loþith] lothis Y   69–70 Godis word] om.
H   70 whych . . . foode] þat is gostly fode to man al.   þat] þe add. Y;
than the H   but] om. H   ded] in Goddys sy3t add. al.   ny3h] to add.
RDTBYL; neyhn to H

abhominata est anima eorum, et appropinquauerunt usque ad
portas mortis [Ps. 106: 18], Her soule hath loþit al gostly mete,
þat is to seye, al trewe prechyng & techyng of Godis word, &
75 so þei ben ny3hyd þe 3atis of deth.

Cap. xi

Also þe prelatis & curatis ben gylty of manslaute gostly þat
knowyn her sogetis in dedly synne & wiln nout vndirnemyn
hem ne spekyn a3enys her synne, Di. xliii, Ephesiis. And þerfor
God seith to euery curat & prelat of holy chirche & to þe prechour
5 of Godis word: I haue mad þe a [day]-wayte to þe peple of
Israel, þat is to seye to cristene peple, & þu schal heryn þe word
of my mouth & tellyn it hem in myn name. And 3if Y seye to
þe synful þat he schal deye & þu telle it hym nout ne speke nout
to hym þat he mon amendyn hym & turnyn hym from his wyckyd
10 weye & lyuyn, þat synful wreche for þin defaute schal deye in
his synne and Y schal sechyn þe blod & þe deth of hym of þin
hond & þu schalt a[n]sweryn for his deth, Ezechielis iii [17–18].
Also þey ben clepyd mansleeris þat defraudyn & takyn awey
holy chirche goodis, xii, q. ii, Qui Cristi, et Qui abstulerit. Also
15 þat prest is a mansleer gostlyche þat denyyth þe sacrament of
penance to man or woman in his laste ende & nout wil asolyyn
hem whan þei repentyn hem & askyn absolucioun, for so þei
puttyn folc in dispeyr a3enys þe goodnesse & þe mercy of God þat
is endeles & alwey redy to alle þat sekyn mercy, as longe as þe
20 soule & þe body ben knyt togedere. Example of þe þef þat heng
on þe ry3t syde of Crist, þe whyche for pyne knowlechid his
f. 144ᵛ synne & askyd grace & gat þe blysse of paradys / whan he seyde,
'Lord, haue þu mende on me whan þu comyst in þin kyngdam.'
And onon Crist, ry3tful iuge, þat best knew his herte, seyde to

73 soule] -lis BYL   hath] þat D   loþit] lost H   75 ben ny3hyd] ney-
gyn H   þe] to þe BYL

1 þe] þo RBYL   3 hem] him Y   And] om. Y   4 curat . . . prelat]
trs. RH   of holy chirche] om. H   to þe] to B; om. Y   prechour] -ris H
5 day] om. G   7 tellyn it] telled Y   8 hym nout] nout to hym H   nout²]
om. YH   9 he] þou DH   10 þin] om. T   11 his] om. T   12 answer-]
aswer- G   13 þat] þey þat L   de-] om. L   14 holy] om. H   15 þat¹]
þe Y   gostlyche] om. Y   19 nout wil] trs. BYL   19 &] after God L
19–20 alle . . . body] om. H   20 of] on YL   21 þe²] om. DH
knowlechid] -lechiche B   23 Lord] om. L   on] of al.   in] -to al.

hym, 'Y seye þe forsoþe, þis day þu schalt ben with me in paradys.'   25
xxvi, q. vi, Si presbiter, et c. Agnouimus, wher þe lawe seyth
þat he þo þat ben so harde upon men in her deyynge don nout
ellys but puttyn deth to deth, deth of soule to deth of body.
DIUES. Mychil folc presumyn so mychil of þe mercy of God
þat þey ȝeuyn no tale to lyn in her synne mychil of alle her lyf   30
in hope to han mercy in her laste ende. PAUPER. And þouȝ ȝif þei
askyn mercy in dew maner þei schul han mercy, as þe lawe seyth
wel in þe same place & holy writ in many place, for God seith be
þe prophete Ezechiel, xxxiii [12 et seq.], þat in what hour þe
synner syȝhe for his synne & aske mercy Y schal forȝeuyn hym   35
his synne & forȝetyn his synne. Netheles Y dar nout hotyn swyche
folc þat þei schul han grace, stede & tyme to askyn mercy as hem
nedith to askyn, for comounly swiche maner folc ben deceyuyd
be sodeyn deth, or ellys in her deyynge þei lesyn her hefdis &
her wittis & gynnyn to rauyn, or ellys þey han so mychil peyne in   40
her body & so mychil besynesse with þe world þat þei þinkyn
neyþer of God ne of hemself. And, as seith Sent Austyn, in
Sermone de innocentibus: Iusto Dei iudicio agitur ut moriens
obliuiscatur sui qui dum viueret oblitus est Dei, It is Godis
ryȝtful doom þat he forȝete hymself in his deyynge þat hat forȝetyn   45
his God in his lyuynge. As fel in Englond besydyn Oxsynford,
þer was a tyrant in þe contre þat dred nout God ne hadde pyte
of man. Oftyntyme men prechydyn hym & conseylydyn hym to
goode. He hadde despyt of her wordis & seyde þat ȝif he myȝte
han þre wordys aforn his deyynge he schulde ben sauyd as wel   50
as þe beste man lyuynge. At þe laste [it] fel þat as he rood be
þe weye to ben on a quest aforn þe iustice he gan to slepe. His
hors stumblyd & he fel doun & brak his necke, and in his fallyng
he seyde with gret herte, 'Ore auant a deblys!' þat is to seye in
Englich, 'Now forth to þe deuyl!' And so he hadde þre wordis   55

25 day] om. H   þu schalt] trs. H   27 he þo] þey al.   28 but] repeat H
29 of] on RDTBYL   30 lyn] lyue al.   31 her] om. B; þe Y   þouȝ]
ȝit BYL; om. H   33 place²] -cis DBYLH   34 þat] om. H   35 his
synne] it H   39 þei] þe T; he H   &] or H   40 gynnyn] bi-
BYL   42 ne] ner H   of²] on L   46 his¹] om. BYL   47 hadde]
no add. TL   48 -tyme] om. al.   49 goode] dedis add. H   þat]
om. H   50 aforn] bi- BYL   deyynge] ende H   51 it] om. G
fel] bi- BYL   as²] om. al.   52 aforn] bi- BYL   þe²] a al.   iustice]
and add. RDTBYL; and as he rode add. H   gan] bi- BYL   slepe] and
add. YH   54 he seyde] om. H   with] a add. LH   auant] uante
DBY

to hys dampnacioun nout to his sauacioun. Therfor Salomon
f. 145ʳ seith: / De propiciatu peccatorum noli esse sine metu, etc. [Eccli.
5: 5–9], Be nout withoutyn dred of forȝeuynesse of þy synnys
ne put nout synne to synne ne sey nout þat þe mercy of God is
60 gret. He schal han mercy on þe multitude of þin synnys, for mercy
& wretthe also hastlyche comyn from hym nyhȝ to mankende,
but his wretthe lokith to synnerys þat nout wiln amendyn hem
& his mercy to hem þat wiln amendyn hem. Non tardes conuerti
ad dominum, etc.: þerfor let nout to turnyn þe to God & delay
65 nout fro day to day, for ȝif þu do his wretthe schal comyn sodeyn-
lyche & distryyn þe, Ecclesiastici v [5–9]. For swyche folc þat ben
so bold in her synne in hope of þe mercy of God & don þe warse
because of his godnesse, þei scornyn God & sekyn venchance
& no mercy. Thei takyn hed to hys mercy & nout to his ryȝtful-
70 nesse. Dauid seith: Uniuerse uie domini misericordia et ueritas
[Ps. 24: 10], Alle þe wayys of God & alle his doomys ben mercy &
trewþe. Ȝif þu seke mercy it wer aȝenys his ryȝtfulnesse but he
schewyd mercy, and but þu seke mercy ryȝtfulnesse must dampne
þe. Seke mercy & his mercy & his ryȝtfulnesse wil sauyn þe,
75 ȝif þu seke it in dew maner.

Cap. xii

DIUES. þese wordis ben gode & confortable & resounable.
Sey forth what þu wilt. PAUPER. Also he is a mansleer gostlyche
þat wytyngly cachith ony man or woman to forsweryn hym, for
he slet hys owyn soule & his soule þat he doth so forswern hym,
5 xxii, q. v, Ille. Also men slen hemself as oftyn as þey assentyn
to wyckyd þouȝtis in herte & turnyn hem awey from God, in

56 his] om. H   Salomon] þe wyse man al.   58 of þy synnys] om.
H   59 nout¹] no DBL; om. H   ne²] nor H   is] so add. H   60 He
schal] þat he wolle suffryn no sowle to be lost thow he contynue in his synne
but forsake synne and aske mercy and thanne þou shalt H   on] of L
61 hastlyche] om. R   hastlyche comyn] trs. H   mankende] al man- Y
62 lokith] -kyn R   nout wiln] trs. BYLH   63 & his . . . amendyn
hem] om. L   mercy] comyth add. H   hem¹] therfor seith the wise man
add. H   Non] Ne H   64 let] tarie H   þe] om. TY   delay] it add. H
65 do] so add. H   67 þe¹] om. TH   69 no] not H   -ful-] -wis- YH
72 -ful-] -wis- YH   but] but if H   73 schewyd] the add. H   but] but
if H   mercy²] his add. H   -ful-] -wis- YH   74 & his mercy] om. H
-ful-] -wis- YH   wil] shuln T   75 in] du mene and add. H

3 wytyngly cachith] makyȝt al.   or woman] om. H   hym] hem RDTBY
4 & his soule] om. L   so] to add. Y   6 God] gag [sic] Y

whom is al our lyf. And þerfor Salamon seith: Auercio paruulorum
interficiet eos, Prouer. i [32], þat þe turnynge awey of þe lytele
childryn schal slen hem, for þey þat sone ben ouy[r]comyn in
temptacion & sone assentyn to þe fend ben lykenyd to ȝonge 10
childryn þat ben feynt & feble to withstondyn onyþing. Of swyche
childryn God seith þat þe child of an hondryd ȝer schal deye &
þe synner of on hondryd ȝer schal ben acursyd of God, Isa.
lxv [20]. Also he þo slen her soule þat gadryn / foule lustis & f. 145ᵛ
vnleful desyrys in here herte & wiln nout redely puttyn is oute. 15
Therfor Salomon seyth: Desideria occidunt pigrum, Prouer.
xxi [25], Wyckyd desyrys slen hym þat is slow to puttyn is oute.
And þerfor Dauid seith: Beatus qui tenebit et allidet paruulos
suos ad petram [Ps. 136: 9], Blessyd be he þat schal heldyn
hym with God & smytyn doun his smale, ȝonge þoutis & desyrys 20
to þe ston, þat is, Crist. Blessyd be he þat onon as he gynnyth to
han swyche wyckyd þoutis onon he gynnyth to þynkyn of Cristis
passioun & of Godis lawe, as seith Sent Ierom in his pystyl, ad
Paulam et Eustochium. DIUES. It folwith of þin wordis þat hoso
do ony dedly synne he is a mansleer, & so euery synne is defendyt 25
be þis precept, Non occides, þu schalt nout slen. Whi ȝaf þan
God ten preceptis, sith it ben alle comprehendyt in on? PAUPER.
For dulhed of manys wit it nedyde to ȝeuyn mo þan on for [to]
declaryn manys synne, þat he mon knowyn whan he synnyth &
how he may flen synne. Al þe lawe & al þe prophecie, as Crist 30
seith in þe gospel, hangyth in þe two preceptis of charite, whiche
techyn us to louyn our God abouyn alle þinge and our euene
cristene as ourself. But ȝit God wolde declaryn þo two preceptis
be ten preceptis þat man and woman schulde þe betere knowyn is
& þe betere plesyn God & þe mor flen his offens. DIUES. Why 35

7 whom] whan Y   And . . . seith] Salomon seith *after* Prouer. i Y   8 þat]
is *add* L   þe²] *om.* Y   9/10 sone] schullen L   sone ben] *trs.* Y   ouyr-]
ouy- G   12–13 deye . . . schal] *om. al.*   13 God] owr lorde H
14 he þo] þei *al.*   soule] -lys *al.*   15 nout] *om.* Y   is] hem *al.*
16 Salomon] þe wyse man *al.*   17 is²] hem RTBYLH; hym D
21 Crist] Iesus Crist H   be] is BYL   gynnyth] bi- BYL   22 he]
om. BYLH   gynnyth] bi- BYLH   of] on *al.*   23 of] on H   Sent]
om. T   his] a H   25 defendyt] forbodin BYL   26 þis] the H
ȝaf] *om.* Y   þan] *om.* H   27 it] þei BYLH   28 dulhed] -nesse BYL
it] *om.* H   for to] for G; to *al.*   29 declaryn] -claroun T   he¹ he²]
they H   30 he] thei H   31 in þe gospel] *marg.* G   þe²] *om.*
DTBYLH   32 þinge] -gis H   34 be] to ben H   be . . . preceptis]
om. L   is] hem *al.*   35 þe betere] *om. al.*   God] hym *al.*   þe²]
om. TH

declaryd he is mor be ten preceptis þan be twelue or be nyne,
for he my3te a 3ouyn many mo whan he 3af but ten? PAUPER.
To 3euyn ouyrdon manye was nout profytable, ne to 3euyn ouyrdon
fewe, and þerfor God 3af his hestis in þe numbre of ten, for as
40 ten is a numbre perfyth & contenynyth alle numbrys, so Godis
lawe is perfyth & al is comprehendit in ten hestys, þe whiche arn
so knyt togedere & of so gret acord þat hoso trespas in on he
trespasyth in alle. And þerfor Sent Iamys seith in his pystyl
þat þou3 a man kepe alle þe lawe & he offende in on he is gylty of
45 alle, for why, seith he, God þat bad þe don no lecherie he bad þe
nout slen, and þerfor, seith he, alþei þu do no lecherye & þu
f. 146ʳ sle þu brekyst þe lawe, / Iac. [2: 10–11]. For, as seith Sent Austyn,
in libro, De decem cordis, alle þe ten comandementis ben con-
teynyd in þe two preceptis of charite and þe two preceptis of
50 charite ben conteynyd & knyt in þis on precept of kende: Quod
tibi non vis fieri alteri ne facias, Tobie iv [16], þat þu wilt nout
ben don to þe, do it to non oþir. And so, as Sent Austyn seit[h]
þere, al þe lawe is conteynyd in þis on precept of kende: þat þu
wil nout ben don to þe, do þu it to non oþir; & so nedys he þat
55 offendyth in on he offendith in alle. And þerfor Dauid & Sent
Austyn also clepith Godis lawe a sauterye & an harpe of ten
cordis. And þerfor Dauyd byddyth us preysyn God in þe harpe
& in þe sauterye of ten cordis, þat is to seye, in þe goode kepyng
of þe ten comandementis: Confitemini domino in cithara,
60 in psalterio decem cordarum psallite illi [Ps. 32: 2]. And 3if it
be so þat on corde in þe sauterie or in þe harpe be brokyn or out
[of] toon or out of acord with oþir cordis, alle þe song þat is
pleyyd þerynne schal ben vnlykyng to alle þo þat heryn it &

36 is] hem RTBYLH   þan] that H   or] eiþer L   37 for] sith Y
mo] om. Y   38 ne] ner H   39 God] he H   his] om. H   þe]
perfite Y   40 a] om. RDTBYL   &] repeat G   alle] his add. H
41 hestys] comaundmentis H   þe whiche] þat al.   42 hoso] ho H
43 seith] before Sent DBYLH   44 of] in Y   45 seith he] þou3 þou
do no lechery and þou sle add. R   46 alþei] þou3 al.   &] if H
47 2] i all MSS   seith] after Austyn H   49 þe¹] om. L   þe¹ þe²] þo Y
49–50 and . . . conteynyd] om. H   49–50 of charite] om. T   51 ne] non
Y   nout] no D   52 to þe] om. H   to non oþir] not to anoþer BYLH   as]
om. H   seith] seit G   53 on] om. D   of] the lawe of add. H   54 þe]
om. H   it] not add. YH   55 he] om. BY   56 clepith] callyn H
57 Dauyd] he H   þe] an H   58 þe¹] a H   þe²] om. DBYLH
59 þe] om. D   in] et in RDT   60 psalterio] om. H   61 on] a Y
out] ony T   62 of¹] om. G   or out] om. BYLH   or . . . acord] om. H
63 pleyyd] pleyne R   þo] om. TBYL

nout plesant. Tellyt þe Mayster of Kende, lib. xviii, þat þouȝ þe
harpe be wel stryngyd with stryngis mad of a schep & þer be on   65
stryng þat is mad of a wolf set in þat harpe it schal makyn alle
oþere at discord, so þat þei schul nout mon acordyn whil it is
þere, & it schal fretyn on two alle þe oþre cordis. Ryȝt so, þey
man or woman kepe wel alle þe comandementis as to manys
syȝthe, ȝif he breke on he is gylty of alle in Godis syȝthe, as Sent   70
Iamys seith [Iac. 2: 10], & his lyf whil he is swyche is nout plesant
to God, & þe song of his harpe, þat is his lyuynge & his conuersa-
cioun, is at discord with God & alle þe court of heuene. And as
þe wolf is alwey contrarious to þe schep & enmy to þe schep, so is he
at discord & enmy to Godis schep, þat ben alle þo þat ben in þe   75
weye of sauacion. As longe as þu kepist wel þe ten hestis in lownesse
& meknesse, so longe þe stryngis of þin harpe ben in good acord
as þe stryngis þat ben mad of a schep, but ȝif þu folwe [þe]
manerys of þe wolf & breke ony of Godis comandementis be gyle,
be raueyn, be / malice & fals contr[i]uynge þan þu makist in   f. 146ᵛ
þin harpe a stryng of þe wolf whyche schal schendyn þe harpe of   81
þin lyuynge & distryȝyn it but þu do it away be sorwe of herte,
schrifte of mouþe & amendys-makynge.

Cap. xiii

DIUES. Y wolde sen mor opynlych how he þat synnyt in on
synnyt in alle ten comandementis. PAUPER. Ȝif þu trespace in
manslaute þu trespasist aȝenys alle ten hestis, for þu vnworchepist

64 Tellyt] As tellytȝ *al.*   65 on] a YH   66 þat²] the DBYLH   alle]
the *add.* YH   67 oþere] stryngis *add.* Y   at discord] to discordyn H
so . . . acordyn] *om.* Y   mon] *om.* H   68 on two] atwo BL; away Y; in
two H   þe] *om.* LH   69 man] a man DBLH   or] a *add.* YH   þe]
om. T   71 seith] Iacobi 2 *add.* T   &] in Y   whil . . . swyche]
om. H   is²] he is Y   72 is] of *add.* H   73 at] a H   &] with *add.*
YH   74 alwey contrarious] *trs.* Y   to þe schep¹] *om. al.*   74–6 to
þe schep¹ . . . weye] and hathe enuye H   74 &] an *add.* L   & enmy]
om. Y   is he] *trs.* BY   75 þe] *om.* DTBYL   76 As] And as BYLH
hestis] comaundmentis H   77 þin] the H   78 as] at D; and alle H
þat] þei D; *om.* H   folwe] *om.* D   þe²] *om.* G   79 þe] a T   80 &]
be H   fals] coueytyse be fals *add.* RDTBYL; coueytyse or be fals *add.* H
contriuynge] of onythyn *add.* H; contruynge G   81 þe¹] a H   82 but]
if *add.* H   do] *om.* D   83 schrifte] *om.* Y   amendys-] mendes- Y
-makynge] for thyn trespasse *add.* H

1 sen] heryn H   2 ten] *om.* L; þe ten YH   3 aȝenys] in H   alle]
þe *add.* YL   hestis] preceptis H   for] in that *add.* H   vn-] or- H

þin God in þat þu brekist his comandement & so defylyst his
5 ymage. Also þu takist his name in veyn, þat is Crist & cristene,
for þu dost nout as cristene man owyth to don. Also þu halwist
nout from synne as God bad þe be þe þredde comandement.
Also þu despysist & nout worchepist fadir & moodir, þat is to seye,
God & holy chirche & þin bodyly fadir & moodir, for þin wyckyde
10 techis ben schame & schenchype to þi fadir & moodir. Also þu
dost lecherye in þat þu louyst þin wyckyd wil & þin malyce mor
þan God, & for to han þin wickyd wil performyd þu forsakyst
God & takist þin soule to þe fend. For what þing man louyth
mor þan God, with þat þing he doth gostly lecherye & fornicacion.
15 Also þu berist fals witnesse & lyyst many a lesynge, or for to
meynteþin þi synne or ellis to hydyn it. Also þu stelyst þi soule, &
his soule whom þu slest, from God þat bouȝte it so dere. Also
whan þu slest þu dost aȝenys þe nynte & þe tente comandement,
for euery manslaute is don or for couetyse of venchanche or for
20 coueytyse of erdely good or for couetyse of fleshly lust, as of menys
wyfis or of her childryn or of her seruans, or for couetise of wor-
chepe. So ȝif þu sle þu forfetist aȝenys alle þe ten comandementis,
& so it may ben schewyt of ich of þe ten comandementis þat
he þat brekith on he brekyth alle, & he þat is gylty in on dedly
25 synne he is gylty in alle seuene & in alle þe ten comandementis.
And in tokene of þis, Sent Ion sawȝ a woman syttynge on a red
beste ful of namys of blasfemye, whiche beste hadde seuene hefdys
f. 147ʳ & ten hornys, Apoc. xvii [3]. Be þis woman / is vndirstondyn
pryde & vanyte of þis world. Be þe rede beste þat she sat on is

4 in] and in H   his¹] alle his H   comandement] -tis LH   so] þou
add. H   5 Also] And so H   his name . . . in veyn] trs. BL   6 as]
a add. al.   owyth to] schulde al.   Also] And H   7 nout] thyne haliday
add. H   be] in H   8 nout worchepist] trs. H   is to seye] arn RDTH;
ben BYL   9 God] good L   10 þi] om. H   fadir] om. T   11 þat]
þat add. H   louyst] dost H   &] lovist add. H   12 þan] that H
wickyd] om. RDTH   performyd] shamely add. H   13 fend] devel Y
þing] þat add. H   man] or womman add. Y   14 &] om. H   fornicacion]
and avoutry add. al.   15 a lesynge] lesingys H   or] om. al.   for] om.
BYL   16 it] þi synne add. marg. T   17 whom þu slest] whan thow
stelist H   from] for T   bouȝte it] he bowtȝ H   it] hem RDTBL;
him Y   dere] with his precious blood add. H   18 þe¹] om. T   comande-
ment] -mentis Y   19 or¹] om. al.   for³] om. T   20 lust] -tys H   as]
& Y   21 or³] of T   22 So] þat add. BYL   þe] om. RDTBYL   ten]
om. L   23 so] om. D   of¹] be H   þe] alle RDTBL; all þe Y; alle
add. H   comandementis] om. RDTBYH   24 he²] om. RDTBYL   he³]
om. T   he þat is] if he be H   on²] of add. can. G   25 he] om. RDTBYL
þe] om. DBYL   29 on] up- R

vndirstondyn þe fend & dedly synne þat is ful of blasphemye 30
aȝenys God. This beste hadde seuene hefdys & ten hornys, þat
is to seye, seuene dedly synnys & brekynge of þe ten comande-
mentis, in tokene þat whan man or woman fallith in ony dedly
synne opynlyche he fallit in alle seuene pryueliche in Godis
syȝthe, & whan he brekyt on comandement he brekyt alle; & 35
þerfor seith Sent Iamys þat he þat offendith in on he offendith in
alle & is gilty of alle, Iac. ii [10].

Cap. xiv

DIUES. What longith þe precept of kende þat Sent Austyn
spekith of—to þe loue of God or to þe preceptis of þe firste
table? For we mon don to God neyþer good ne euel. PAUPER.
Soth it is þat we mon don to God neyþer good ne euyl, & þouȝ,
as Sent Austyn seith in þe same book, De [decem] cordis, þis 5
precept of kende byndith us to louyn our God & seruyn our God
wel & trewliche & kepyn alle hese hestis, for why alle we ben
Godis seruans & ȝif þu haddist a seruant, seith Sent Austyn,
þu woldist þat þin seruaunt seruyd þe wel & trewlych. Y preye
þe, seith he, serue þu þan wel & trewlyche þin God þat is þin 10
lord & his also. þu woldist þat þin seruaunt wer trewe to þe &
nout fals. Be þu nout fals to God. þu woldist no man schulde
defylyn þin wif. Defyle þu nout þin soule þat is Godis spouse,
ne non oþir soule. þu woldist þat no man schulde destryyn þin
hous ne defylyn it; defyl þu nout þan Godis temple þat is euery 15
cristene soule. Defile it nout be lecherie ne be non dedly synne,
for Sent Powil seith þat hoso defyle Godis temple God schal
destryyn hym [1 Cor. 3: 17]. þu woldist þat þin seruant kepte

32 þe] om. T   33 whan] what DBYL; what maner of H   ony] one Y
34 alle] the add. H   seuene] dedly synnys add. H   pryueliche] principally H
35 whan he] he þat H   on] ony T   36 he²] om. RBYL   offendith²]
defendith D   37 of] in H

1 longith] to add. LH   2 of¹] or add. H   3 ne] nor H   euel] ille H
3-4 PAUPER . . . euyl] om. T   4 mon] not add. BL   neyþer] before don
H   ne] ner H   þouȝ] ȝit BYL   5 decem] x G   6 God¹] lord H
our God²] hym al.   10 þu] om. H   þan] before seith al.   11 also]
lord RDTBYL; om. H   þu] ȝif þou D   12 woldist] þat add. Y   no
man schulde] ther schuld no man H   13 þu] om. D   14 þat] om. T
þat . . . schulde] þer schuld no man H   15 þu nout] trs. H   þan]
om. D   16 cristene] clene add. RDTBY; good add. L; clene H   soule]
man Y   be²] om. H   non] no TBYL   17 for Sent Powil] repeat D
18 hym] om. R   þat] om. BYL

þin comandementis & dede nout aȝenys þin byddyng; kepe þu
20 þan Godis comandementis & do nout aȝenys his byddyng. þu
woldist þat no man despysyd þin ymage peyntyd on a bord;
despyse þu nout Godis ymage be no lecherye, be non dedly synne,
for syth þu myȝt nout plesyn God in synne & schrewydnesse
24 þerfor þu offendist þin God in þin synne & þi corrupcioun &

f. 147ᵛ dost wrong to hym in þiself; þu dost wrong to his / grace, to his
ȝifte. þu myȝth nout don wrong to þin brooþir, but þu do wrong
to God þat is þin lord & his also. And þerfor seith Sent Ion in his
pystyl þat hoso seye þat he louyth God & he hate his broþir he is
a lyere, I Io. iv [20], for in þat he doth wrong principaly to God
30 & to his brooþir also. And þerfor God seith : Quicumque effuderit
humanum sanguinem effundetur sanguis eius, Genesis ix [6],
He þat schadith out manys blood wrongfullyche, his blood schal
ben schad, for why, seith he, man is mad to þe lyknesse of God
& so manslaute is opyn wrong don to God, in þat his seruant is
35 so slayn & his ymage despysyd & distryyd. Therfor God seyde
to þe fyrste mansleere þat was Cayn, which slow his broþir Abel
falslyche for enuye of his owyn goodnesse: 'What hast þu don,
Cayn? þe voys of þe blood of Abel, þin broþir, cryhyt to me from
þe erde & askyth venchance on þe, and þerfor þu schal ben cursyd
40 upon erde, whiche hat openyd his mouth & hat takyn þe blood
of þin broþir Abel of þin hond. þu schal trauayle in tylþe of
þe lond & it schal ȝeuyn þe no fruth. þu schal ben wandrynge &
flemd upon erde', Genesis iv [10–12]; & þe same venchancys
comounly folwyn euery murde, for murde may nout ben hyd
45 but nyȝt & day it askith venchance. The murdour schal myshappyn
in his doynge & ben vnstable & wandrynge & odious in his lyuynge.
This synne of manslaute is so greuous in Godis syȝth þat he

19 comandementis] bydding H   aȝenys þin byddyng] þer aȝence H
20 byddyng] -gys TBY   21 ymage] -gis D   on a bord] or brondyd H
22 no . . . non] ony *al.*   23 myȝt] may *al.*   24 &¹] in add. LH
25 dost¹] þou do L   in þi-] *om.* T; and to thyn- H   þiself] þou dost
wronge to hym in þineself *add.* D   to³] and to L   26 þu] For þou L
myȝth] may *al.*   nout] þou *add.* T   nout don] do no H   brooþir]
boder Y   27 to] thyn *add.* H   God] þi God Y   þerfor] also *add. marg.*
T   seith] *om.* T   28 hoso] ho thus H   31 humanum sanguinem] *trs.* H
32 manys] *repeat* H   34 don] *om.* T   in] & T   þat] þat *add.* BYL;
as meche as H   35 so] *om.* TH   36 fyrste] *om.* D   his] owyn *add.* R
37 of] for D   owyn] *can.* R; *partially can.* G   39 on] of RDTBYL
40 upon] the *add.* H   42 þe¹] þine D   þe no] to the H   43 ven-
chancys] -aunce DBYLH   44 folwyn] -wiþ BYL   folwyn . . . murde²]
fallith to mansleers and therfor mordre and manslauth H

comandit in þe elde lawe aforn Cristys berthe þat ʒif ony man be
lychyng in wayte or be pryue aspyyng & be purpos kyllyd ony
man & aftir fledde to Goddis auter for socour he schulde be 50
takyn away þens & ben slayn for þat deth, Exodi xxi [14]; &
þerfor Sent Iohn seith in þe book of Goddis priuetes þat he þat
sleth schal ben slayn, Apoc. xiii [10]. For, as Crist seith in þe
gospel, þat same mesure þat men metyn to oþre schal ben metyn
aʒen to hem [Mt. 7: 2]. And þerfor in tyme of his passion he seyde 55
to Sent Petyr, 'Put up þin swerd' [Io. 18: 11], for iche man þat
vsith swerd to schadyn manys blood withoutyn lauful / power f. 148ʳ
grantyd of God schal perchyn be þe swerd, þat is to seye, be þe
swerd of bodyly venchance or be þe swerd of Godis mouth, whiche
is wol scharp on euery syde, punchyng boþ in bodi & soule, Apoc. 60
i [16]. For comounly he þat vsith þe swerd or ony wepene to slen
ony man or woman he sleth first hymself be þe swerd of his owyn
malyce. But trespasouris þat wiln nout ben amendit in oþir maner
mon be iust doom be slayn be hem þat beryn þe swerd of
temporil punchynge, as Sent Powil seith, ad Romanos xiii [3–6]. 65

Cap. xv

DIUES. It semyth to mychil folc þat God defendit be þis precept
al maner sleynge, boþyn of man & of beste, for he seide generalyche
'Non occides', 'þu schalt nout slen.' PAUPER. Be þis word
occides in Latyn he specifyyd & schewyd þat he deffendyd sleynge
of man [&] nout of beste, for occisio in Latyn is in Englych man- 5
slaute, quasi hominum cesio, & þerfor þe propyr Englych is þis:
Non occides, þu schal slen no man. DIUES. Whan God seide
þe sexte hest þat is 'Non mechaberis,' þat is to seye 'þu schal
don non lecherie', he defendyd al maner lecherie, & whan he

48 aforn Cristys berthe] om. al.   49 lychyng] levyng H   wayte] a- BL
be pryue] prey H   &] or al.   kyllyd] -lith H   50 aftir] -ward H
51 þens] aʒen H   52 Sent] om. H   54 þat¹] the H   oþre] men add.
H   56 Sent] om. DBYLH   up] om. D   iche] euery L   58 schal]
he schall H   þe¹] om. H   þe²] om. LH   60 wol] ful TBYL   &]
repeat H   61 vsith] hath vsid H   62 hym-] hem- T

1 defendit] forbediþ BYL   þis] his DB   2 maner] of add. H   man]
and of woman add. H   seide] seith Y   4 specifyyd] -fyitʒ al.
schewyd] -wytʒ al.   deffendyd] -dith DH; forbediþ BYL   5 &] om. G
7 schal] not add. LH   seide] in add. H   8 þat is¹] om. T   to seye]
om. al.   9 lecherie¹] by þat add. L   defendyd] -dith T; forbediþ BYL
maner] of add. LH

10 seyde þe seuete hest 'Non furtum facies', þat is to seye 'þu schalt
nout stele', he defendyd al maner þefte, boþin of man, of bestis, &
of alle oþir þingis; & be þe same skyl, as me þinkith, whan he
bad us nout slen he deffendyt al maner sleynge. PAUPER. It
is nout þe same skyl ne lyk þat skyl, for, as Y seyde first, be
15 propirte of þis word *occides* he defendyt only manslaute. God
grantyd man power to slen bestis & lyuyn þerby, Genesis ix
[2–3], but he grantyd hym neuyr to don lecherye with ony
creature ne to takyn onyþing be weye of stelþe & of fals couetyse.
DIUES. Contra te, we fyndyn þat Balaam rod on his asse to cursyn
20 Godis peple aȝenys Godis wil. An angil stood in a wol streyt
weye aȝenys hym; the asse say þe angil & fledde on syde for dred
of þe angelys swerd & bar Balaam aȝenys þe wal & brosyd his
foot wol euele. Balaam say nout þe angil & þerfor he was wroth
24 with þe asse & bet hym wol harde. þan þe asse þorw þe myȝth
f. 148ᵛ of God vndirnam Balaam his maystir & seyde to hym, 'What /
haue Y don aȝenys þe? Why betyst þu me?' þan Balaam seyde,
'For þu hast wel deseruyd it. Wolde God Y hadde a swerd to
slen þe.' þan þe asse seyde aȝen, 'Haue Y nout alwey ben þin
beste on whyche þu hast ben wone alwey to rydyn? Sey whan
30 þat Y dede þe euere swyche dishese into þis day.' And onon God
openyd þe eyne of Balaam, & þan he sayȝ þe angil stondyng aȝenys
hym with his swerd drawyn, whyche angil seyde to Balaam,
'Why hast þu so betyn þin asse? For but þin asse hadde gon out of
þe weye & ȝouyn me place Y schulde a slayn þe & þe asse schulde
35 a lyuyd' Numeri xxii [22–33]. Sith þan it is so þat Balaam was
blamyd for he beet his asse noutwithstondyng þat he hurte hym,

10 to seye] *om.* DTBYLH   11 defendyd] forbediþ BYL   maner] of
add. BLH   þefte] *om.* D   man] & *add.* T   of bestis] & of beeste
BYLH   12 þingis] thinge H   13 deffendyt] us *add.* RDTH; forbad us
BYL   maner] of *add.* H   14 ne] ner H   ne lyk þat skyl] *om.* T   for]
om. H   be] þe *add.* T   15 *occides*] *non occides* H   defendyt] forbediþ
BYL   only] ony T; *after* manslaute Y   16 grantyd] only *add.* H   man]
om. T   17 neuyr] powir *add.* H   ony] outyn D   18 to] *om.* BYL
&] or *al.*   19 Contra te] *after* fyndyn T   we] ȝit we H   20 An]
And an H   a] *om.* T   wol] ryȝt *al.*   21–3 fledde . . . angil] went no
ferther H   21 on] a BYL   23 wol euele] *om.* RDTBYL   24 bet]
smot *al.*   wol] ful DTBYL   25 his maystir] *om.* Y   28 seyde] *after*
þan L   29 whyche] whom H   wone] wont BYLH; wont *after* alwey
T   alwey] *after* hast H   rydyn] on *add.* H   30 þat] *om. al.*   þe
euere] *trs.* BH; ony *add.* L   dishese] a dede H   31 openyd] opyn T
32 whyche] and þe *al.*   34 þe³] thyne H   36 noutwithstondyng . . .
hym] *om.* Y   þat] *om.* H

mychil mor he schulde a ben blamyd ʒif he hadde slayn hym,
& so it semyth þat it is nout leful to slen ony beste. PAUPER.
It is grantyd to man to slen bestis whan it is profytable to hym
for mete or for cloþinge or for to avoydyn noyance of þe bestis 40
which ben noyous to man. And þerfor God seyde to Noe & to his
childryn: Alle fychys of þe se ben takyn to ʒour power & to ʒour
hondis & alle þing þat steryth & lyuyth upon erde, beste &
bryd, schal ben to ʒou in mete. Y haue takyn hem alle to ʒou as
grene herbis, outtakyn þat ʒe schul nout etyn flech with þe blood, 45
Genesis ix [4]. And in anoþir place he seith þus: ʒif þe lyke for
to etyn flech, sle & ete after þe grace & þe ʒifte þat God hath
ʒouyn þe, so þat þu ete it withoutyn blood, Deutero. xii [23–5].
And so God grantyd to man for to slen bestis, fych & foul, to his
profyth but nout to slen hem for cruelte ne for lykyng in vanite & 50
schrewydnesse, & þerfor whan he defendyd man to etyn flech
with þe blood he defendyd hym to slen bestis be wey of cruelte
or for lykynge in schrewydnesse, & þerfor he seyde: Etyth no
flech with þe blood, þat is to seye, with cruelte, for Y schal sekyn
þe blood of ʒour soulys of þe hond of alle bestis, þat is to seye, 55
Y schal takyn venchance for alle þe bestis þat ʒe slen only for
cruelte of soule & lykynge in schrewydnesse, Genesis ix [4]. For
God þat made alle hat cure of alle, & he schal takyn venchance on
alle þat mysvsyn his creaturis. And þerfor Salomon seith þat he 59
schal armyn / creaturys in venchance of his enmyys: Armabit f. 149ʳ
creaturam in ulcionem inimicorum, Sap. v [18]. And þerfor men
schuldyn han rewþe on beste & bryd & nout harmyn hem with-
outyn cause & takyn reward þat þei ben Godis creaturis. And þer-
for he þo þat for cruelte & vanite hefdyn bestis & tormentyn beste

38 þat] om. H   ony] non H   39 it is] þei arn H   40 or for¹] of D;
and Y   for² for³] om. al.   avoydyn] voyde H   þe] om. T   42 Alle]
Also DBY; that the H   of] in BYL   ben . . . power] to powyr of ʒow arn
takyn H   43 upon] the add. H   44 ʒou in] ʒowr H   as] aforn
tyme add. H   46 þe lyke for] it like ʒow H   47 to] om. L   þe²] om.
YH; ins. G   48 þe] ʒow L   þu] ʒe L   49 God grantyd] trs. BYL
fych & foul] fishis and fowlis H   51 defendyd] forbad BYL   52 defendyd]
forbad BYL   hym] om. H   53 or] & Y   in] þe add. BY; vanite and
add. L   he seyde] trs. H   Etyth] ʒe add. BYL   56 alle þe] trs. T   58–9 &
he schal . . . creaturis] om. H   58 on] of RDTBYL   59 creaturis]
-ure BYL   61 men] om. D   62 schuldyn] schulen BYL   rewþe]
pete H   on] of LH   beste & bryd] -tys & -dys al.   63 & takyn] in
taking DBYLH   reward] -dis H   64 he þo] he T; þei BYLH   bestis]
om. DH   & tormentyn beste] om. L   beste] -tys TYH

65 or foul mor þan it is spedful to manys lyuynge, þei synnyn in cas
wol greuously.

Cap. xvi

DIUES. As þu seydyst aforn, be þis comandement is defendyd
al wrongful manslaute. Tel me in what cas it is leful to slen ony
man? PAUPER. Sumtyme manslaute is don be hate & enmyte,
as whan a man is slayn maliciouslych of his enmye. Sumtyme
5 it is don for wyckyd couetyse, to han a manys good. Sumtyme
it is don be ordre of obedience & proces of lawe, as whan a man
is slayn be a queste & be sentence of a iuge ordenarie. Sumtyme
manslaute is don for nede & for helpe of þe comounte & for saua-
cion of hem þat ben vngylty, as whan þe knyȝt fyȝtynge in his
10 ryȝth & for þe ryȝth sleth his aduersarie. To slen ony man in
þe fyrste two manerys, þat is to seye, for hate, wretthe & enmyte
or for fals couetyse, it is alwey vnleful. But for to slen a man þe
þredde maner & þe ferde, þat is to seye, be proces of lawe with
a lauful iuge or be lawe of armys be þe hondys of knyȝtis & of
15 men of armys, it is leful whan men ben gylty. And þerfor Sent
Austyn seith, lib. i, De libero arbitrio, ȝif it be so þat þe knyȝt sle
his aduersarie in ryȝtful batayle or þe iuge & his offycerys slen
hym þat is worþi to deye, me þinkyth þei synnyn nout. But,
leue frend, þre þingis ben nedful [so] þat manslaute schulde ben
20 leful & ryȝtful. First þat þe cause be ryȝtful & þat þe man be
gylty & worþi to deye. Also þat it be don be ryȝtful ordre & process
of lawe, & þat þe iustyse haue lauful power for to slen, & þat
he þat schal ben slayn be conuyct of his trespas. Also þat þe enten-

65 foul] -lys TH   þan] þat RD   it] om. RDTH   lyuynge] lykyng Y; and
nedefull or to auoyde noyaunce of noyous beestys to man add. L   in] þat
add. H   66 wol] ful BYL; om. H

1 aforn] bi- BYL   defendyd] forbodin BYL   2 me] om. T   is] & is
not add. L   4 as] and H   5 don] om. H   good] or his lyue-
lode add. Y   6 as] and Y   7 a¹] om. R   a²] om. H   9 vn-]
not Y   as] and Y   knyȝt] kyng Y   fyȝtynge] -tiþ BYL   10 & for þe
ryȝth] om. H   þe] his L   in] on H   11 þe fyrste two] þe to fyrste RT;
to þe ferste DBYL; the first H   manerys] maner H   is to seye] om. H
hate] or add. L   12 it] om. RDTBYL   man] on add. H   13 &] on
add. H   to seye] om. H   14 &] or al.   15 armys] rewlyd be
þe (þe om. DBL) lawe of God add. al.   16 De libero] libro de libro H
17 or] be add. T   &] or Y   18 hym] his T   19 so] to RTG; om. H
19–20 so þat . . . ryȝtful¹] om. L   20–1 & þat . . . ryȝtful] om. BY; wyth L
22 þe] om. B   for] om. al.   23 ben slayn] om. H   Also] and H
þat²] om. DBYL   þe] om. T

cion of þe iuge & of þe pursueris & of þe offyceris ben ry3tful,
þat þei slen hym in sauacion of þe ry3t & for sauacion and example 25
of oþre, nout for lykyng of venchance ne of cruelte, nout hauyng
lykyng in his peyne, so þat þe cause / be ry3tful, þe ordre & f. 149ᵛ
process be ry3tful & þe entencion ry3tful: iusta causa, iustus ordo,
iustus animus. DIUES. 3et contra te, þe gospel seith: Quod Deus
coniunxit homo non seperet, Mathei xix [6], þer schulde no 30
man departyn þing þat God hat knyt togedere. But God hat knyt
þe soule & þe body togedere; ike þan it is nout leful to ony man for
[to] departyn þe soule from þe body ne to slen man or woman.
PAUPER. Whan þe man þat is gelty is slayn ry3tfullyche be þe
lawe, man slet hym nout but as Godis mynystre & Godis officer, 35
for þe lawe of God, & God hymself, sleth hym in þat he comandith
swyche to ben slayn. God is principal iuge of his deth & man is
but Godis officer to don his byddynge. And þerfor seith þe lawe
þat þey whyche slen men ry3tfullyche ben nout clepyd mansleerys,
for why, seith he, þe lawe sleth hem, nout þu, [xxiii], q. v, Si 40
homicidium, et in questionibus Leuitici.

Cap. xvii

DIUES. Sith it is so þat trespasourys lefullyche & medfullyche
mon ben slayn be þe byddyng of God, why mon nout prelatys
of holy chirche & mynystrys of þe auter slen swyche trespasourys
ne syttyn in þe doom of manys deth ne 3euyn þe sentence ne
3euyn assistence to þe domysman, sith in þe elde lawe prestis & 5
mynystrys of þe auter my3tyn laufully & medfullyche slen tres-
pasouris, as we fyndyn in many place of holy writ: Exodi xxxii
[27 et seq.] de Leuitis, et Numeri [25: 5 et seq.] de Phynees, I

24 þe² þe³] *om.* H   25 & for sauacion] *om.* H   27 in] of H
þe²] & þe RDTBLH; & in þe Y   28 be ry3tful] *om. al.*   entencion] be
add. BYL   29 animus] & cetera *add.* H   3et] *after* te RDTBYL;
om. H   seith] spekith H   30 -per-] *abbrev.* p RDTH; -par- BL
31 þing] -gys H   32 soule . . . body] *trs.* RTH   þe²] *om.* H   ike]
þerfor BYL; Soo H   33 to¹] *om.* G   soule . . . body] *trs.* L   ne] neiþer
BYL; nor H   or] neiþer BY; ne L; nor H   34 man þat is] *om.* T
35 man] men H   mynystre . . . officer] *trs.* R; -tris . . . -ris DBYLH
Godis²] *om.* H   36 þat] þat *add.* BYL   he] God *al.*   37 is¹] his *add.*
H   man] mans D   38 Godis] his H   officer] -ris D   39 whyche]
þat *al.*   clepyd] callyd H   40 hem] hym H   nout] but not Y   xxiii]
xxii *all MSS*   v] *om.* H

2 mon¹] nou3 T   4 þe¹] *om.* H   5 þe domysman] domys of man H
prestis] priste D   7 in . . . writ] *om.* H   place] -cis BY

Regum xv [32–3] de Samuele, qui interfecit Agag regem, et
10 III Regum xviii [40] de Helya, qui interfecit sacerdotes Baal?
PAUPER. As þe lawe seith, xxiii, q. viii, Occidit, mychil þing was
leful in þe elde lawe þat is nout leful in þe newe lawe. In þe elde
lawe þe swerd was grantyd to þe prestis & mynystrys of Godis
auter. In þe newe lawe, God defendyd hem þe swerd whan he
15 seyde to Petyr in tyme of his passion onon as he hadde betakyn
hym power to makyn þe sacrament of þe auter: Conuerte gladium
tuum in vaginam, etc., Turne þin swerd into þe schede, for he
þat smyt with swerd he schal perchyn with swerd [Io. 18: 11].
f. 150ʳ In swyche wordis God defendyd þe swerd / to alle þe mynystrys
20 of Goddys auter, as þe lawe seith, xxiii, q. viii, De episcopis,
cum aliis cappitulis sequentibus. DIUES. Why defendyd he hem
þe swerd? PAUPER. For God wolde þat men of holy chirche
schuldyn ben men of pees, of mercy & of pyte, & þerfor he seyde
to hem: Discite a me quia mitis sum et humilis corde, Lernyth
25 of me, for Y am lowe & meke of herte, Mathei xi [29]. He bad
hem nout lernyn to pleyyn with þe swerd ne with þe staf ne lernyn
to fyȝtyn & schetyn to slen here enmyys, but he bad hem lernyn to
ben low & meke of herte & to lyuyn in pacience as lambryn amongis
woluys, & he bad hem louyn her enmyys & don good to hem þat
30 hatyn hem, Mathei v [44]. He bad hem schewyn pacience, pes &
pyte, nout only in word, in wil & in dede, but he bad hem ab-
stynyn hem from alle tokenys of vnpacience, of vnpes & of cruelte.
And for þat schadyng of blood & manslaute is tokene of vnpacience,
of vnpes, of wretthe & of cruelte in hem þat slen & disposyt
35 hem to cruelte, þerfor Crist defendyd þe swerd to alle þe mynystrys
of þe auter. DIUES. Tel me som oþir sckyl. PAUPER. Anoþir skyl
is þis. For þe sacrament of þe auter þat prestys makyn be þe vertu

---

9 regem] om. L; pinguissimum add. H   10 qui . . . Baal] om. H
11 seith] repeat R   xxiii] xxii H   12 lawe²] For add. H   13 þe¹]
om. L   &] to þe add. H   14 defendyd] -dith DH; forbediþ BYL   hem
þe swerd] it hem H   15 be-] om. RH   17 þe] thyne H   schede]
schethe TBYL   18 he] om. BYL   19 defendyd] -dith D; forbediþ BYL
21 cappitulis] om. H   defendyd] forbad BYL   23 schuldyn] om. D
þerfor] om. Y   24 Lernyth] ȝe add. BYL   25 He] And therfor he H
26 hem nout] trs. H   nout] to add. D   lernyn] om. H   27 &] or H
28 low . . . meke] trs. H   31 in² in³] om. al.   in wil &] but also H   but]
and H   he] om. T   32 of²] and of H   of³] om. H   33 & man-
slaute] om. R   is] oftyn add. RDTBYL; oft tymys is H   34 of¹] & al.
disposyt] -syn L   35 defendyd] forbad BY   þe²] om. DH; ins. G
37 þat] the add. DTBYL   37–8 be . . . wordys] om. Y

of Cristis wordys is a sacrament of charite & of onhed, for it
representyth þe onhed þat is atwoxsyn Crist & holy chyrche
and also it [re]presentyth þe onhed of þe soule with þe body, 40
for as þe soule qwyckyth þe body so Crist be þe sacrament of þe
auter qwykyth holy chirche & manys soule. Also it representyth
þe onhed of þe Godhed with our manhood in Crist, & þerfor
holy chirche seith þus: Nam sicut anima racionalis et caro vnus
est homo ita Deus et homo vnus est Cristus, Ryȝt as a resonable 45
soule & þe flesch is on man so God & man ben on Crist & on Crist
is boþe God & man. And þerfor he þat destryyth þe onhed of
þe soule with þe body & departyth hem onsondre be manslaute,
he schewith nout in hymself ne in his dede þe sacrament of onhed
of Crist with holy chirche & of þe Godhed with þe manhed in 50
Crist, but he doth aȝenys þat sacrament be þe seperacion &
dyuysion þat he makyt in manslaute & schadynge / of blood.   f. 150ᵛ
And þerfor is he irreguler & vnable to makyn þe sacrament of
þe auter. And for þe same skyl, ȝif a man haue weddyd two wyfys
& so departyd hys flesch in dyuers women he is irreguler & vnable 55
to þe auter. And þerfor nout only prestys but also dekenys
& sodekenys in þat þei ben assistent to þe prest in makyng of
þe sacrament must ben withoutyn swyche departyng þat is
contrarie to þis sacrament of endeles charite & of onhed atwoxsyn
God & holy chirche & atwoxsyn al good cristene peple þat is in 60
charite, for alle þey ben on & comounyn togedere in þis sacrament.
For þis skyl, it is nout leful to men of holy chirche to schadyn
manys blood ne to slen ne to maymyn. The newe testament is a
lawe of loue, & þerfor Crist wil þat þe mynystris of þe auter
in þe newe testament—þat schul mynystryn þe sacrament of his 65
endles loue & of his endles mercy to mankende—he wil þat þei
schewyn loue, mercy & pyte & non tokene of cruelte. The elde

38 sacrament] of holy chirch *add.* H   39 atwoxsyn] bitwene BYL; be- H
40 representyth] presentyth RDG   41 for as . . . body] *om.* H   as] *om.* T
Crist] Iesus crist H   of] *repeat* T   45 a] *om.* BYL; an H; *ins.* G
46 þe] *om.* H   man²] the man DBYL   48 hem] *om.* H   onsondre]
atwynne BYL   49 in¹] *om.* D   51 þe] *om.* BYL   &] þe *add.* T
53 is he] *trs.* H   of] on H   54 same] *om.* T   a] ony T   55 departyd]
-tith H   57 & sodekenys] *om.* H   prest] -tis H   in²] the *add.* H
58 must] myȝt T   58-9 must ben . . . sacrament] of the auter H   59 þis]
þe TBYL   of²] *om.* H   atwoxsyn] bitwene BYLH   60 atwoxsyn]
bitwene BYL; *om.* H   61 comounyn] comyn RDTBYL; comoun H
62 to²] *om.* D   63 ne¹] nor H   ne to²] nor H   to²] *om.* T   The] For
the H   64 &] *om.* H   wil] wold H   65 his] *om.* H   66 his]
om. H   he wil] *om.* BYL   67 non] not TH; no L   tokene] -enes H

testament was a lawe of dred & duresse & nyh al þe sacrifycis
þat þe prestis madyn was don with schadyng of blod, nout only
70 in figure of Cristis passion but also in tokene þat he þat synnede was
worþi to ben slayn as þe best was slayn þat was offryd for his
synne. And þerfor þe swerd was grantyd to þe prestis & þe myny-
stris of þe elde lawe to punchyn rebellys whan it nedyt. And mychil
of her offys was to schadyn blood, & so be her offys þei wern
75 disposyd to cruelte insomychil þat þei wern nout abaschyd to
slen Crist, Godis sone, her lord & her God. And for þat prestys
of þe elde lawe be cruelte slowyn Crist, God & lord of al, þerfor
schadyng of blood & manslaute is defendyd to prestys in þe
newe lawe & makyth hem vnable to þe auter þat schadyn manys
80 blood or helpyn þerto.

Cap. xviii

Schadyng of blood in men of holy chirche is so abhominable
& horryble in Godis syȝth þat ȝif ony clerk deye in batayle &
fyȝtynge or in pleyys of heþene men of whiche folwith schadyng
4 of blood & deth, as in pleyyng at þe swerd & bokeler, at þe staf,
f. 151ʳ [to hand swerd, hurlebat,] in turnamentis, in / iustis, for þat
clerk holy chyrche schal makyn non solempne messe ne solempne
preyere for hym, but he schulde ben beryyd withoutyn solempte
of holy chirche, xxiii, q. viii, Quicumque clericus. ¶ And ȝif
a man in his wodnesse & rauynge sle man, woman or child,
10 þouȝ his wodnesse pase ȝit is he irreguler & vnable to Godis auter,
xv, q. i, Si quis insaniens. Netheles ȝif he be a preste er þat cas
falle hym, whan his wodnesse is past & he be in hope of sykyr
helthe he may syngyn his messe. ¶ Also ȝif a man smyte a child,
man, or woman be weye of chastysynge & he deye of þat strok,
15 he is irreguler, xv, q. i, Si quis non iratus, et Extra, lib. v, De

68 &ʲ] of add. H   duresse] durenesse H   69 with] þe add. T   nout]
and nout H   71 worþi] woþi T   his] om. H   72 synne] -nes L
&] to add. H   74 was] whan Y   so] om. Y; therfor H   75 abaschyd]
aferd al.   76 Crist] om. BYL   þat] om. H   77 al] thynge add. H
78 schadyng] -dyn D   defendyd] forboden BYL   79 manys] mennys
RDTB

1 so] as add. T   2 deye] -yed H   3 men] peple D   4 atʲ] om. H
staf] the add. H   5 to hand swerd hurlebat] om. G   inʲ] & Y   for]
om. H   6 clerk] -kis of H   non] no DBYLH   9 &] or L   manʲ]
or add. RDTBY; a man or L; a man H   10 is he] trs. DBYLH   11 er
þat] whan the H   12 falle] to add. H   is] goon and add. H   &] if H
he] om. BL   13 he] heþ Y   syngyn] seye al.   Also] And H

homicidio, c. Presbiterum. ʒif it be doute wheyþer he deyyd of
þe strok, he schal abstynyn hym from Godis auter, Extra, eodem,
Ad audienciam. ¶ Also ʒif a prest or clerk or ony man sle þe þef
þat robbyth þe chirche, he is irreguler, Extra, eodem, Significasti.
¶ Also ʒif clerkys fyʒtyn aʒenys Sarecyns & aʒenys heþene men, 20
ʒif þei slen ony man, woman or child þei ben irreguler. And ʒif
þei ben in doute wheyþer þei slowyn or nout slowyn, þey schul
abstynyn hem from þe auter, Extra, eodem, Peticio. ¶ Also þe
iuge, þe aduoket, þe assessour, þe officer, þe witnesse be whych
man or woman is sleyn, and þe writer & he þat seith þe sentence 25
or redith in doom þe examinacion of þe cause or wrytith þe
ditement or oþir leterys be whyche man or woman is slayn he is
irreguler, þei þe cause & þe doom be ryʒtful, Reymond, lib. ii,
ti. 1. ¶ Ʒif man be chachid be nede to slen man or woman, ʒif
he felle in þat nede be his owyn defaute & fledde nout þat nede 30
whan he myʒte a fled it, he is ful irreguler. But ʒif it were swyche
nede þat he myʒte nout flen it & þat nede cam nout be his defaute,
holy chirche suffrith hym in þe ordrys þat he hat takyn to myny-
stryn þerynne, but he schal takyn non heyer ordris. ¶ Ʒif ony
man sle man, woman or child casuellyche & be myshap, wheþer 35
his occupacion was leful or nout leful, ʒif he dede nout his
besynesse / to flen manslaute, he is ful irreguler. But ʒif his oc- f. 151ᵛ
cupacion was leful & he dede his besynesse to flen manslaute,
þei he seye nout aforn alle chancis þat myʒte fallyn, he is nout
irreguler, Reymond, lib. ii, ti. 1. ¶ With hym þat sleth man, 40
woman or child wilfully with hond or with tunge is non dispensa-
cion, ibidem. ¶ Ʒif a man smyte a woman with childe whan þe
child is qwyk or poysenyth her with venym, ʒif þe child be ded
born or ellis born out of tyme & deye be þat poyson or be þat
strok, he is irreguler & a mansleer. But ʒif þe child were nout 45

16 ʒif] And ʒif RDTH; Also if BYL   it be] he be in BYLH   doute] done
D   deyyd] deye DBYLH   17 strok] or nout add. ins. L; or nout add. H
18 a] om. Y   or¹] a add. LH   20 Also] And H   clerkys fyʒtyn] clerke
fight Y   &] om. D   aʒenys²] oþer H   21 man] or add. H   22 slowyn¹]
slee Y   nout] nai BL   slowyn²] om. al.   24 officer] -ceris H   25 seith]
redith Y   27 ditement] en- BYLH   leterys] writeris H   28 &
þe] of H   29 ʒif] a add. LH   chachid] dreuyn al.   slen] a add. LH
30 þat nede²] om. L; the nede H   31 he²] om. Y   ful] om. H   32 þat²]
þe RDBYLH; om. T   34 ordris] ordre DBYLH   ony] a H   35 sle]
ony add. H   man²] or add. T   casuellyche &] be casuelte or H   37 ful]
om. H   39 aforn] bi- BYL   fallyn] ʒit add. H   40 man] or add. H
41 non] no RDBYLH   42-3 with ... qwyk] quyk wyth childe L   44 ellis]
om. L   45-6 But ... irreguler] om. L   45 were nout] were T; be H

qwyk he is nout irreguler, but he schal ben punchyd be lawe of
holy chirche as a mansleer and so schal þe man þat ȝeuyth venym
or ony drynk or ony oþir þing to lettyn woman þat she may nout
conseyuyn ne bryngyn forth childryn. And ȝif þe woman wilfully
50 takyth swyche drynkys or do ony myscraft to lettyn herself or
ony oþir from beryng of childryn, she is a mansleer. ¶ Ȝif
many men fyȝtyn togedere & on or mo ben slayn & it is nout
knowyn be whom of þat companye, alle þat smettyn or comyn for
to slen or to fyȝtyn, alþei [þey] smytyn nout, ben mansleeris;
55 and alle þat comyn to helpyn þe mansleeris, þouȝ þei slowyn nout
ne haddyn wil to slen but comyn only to conforte & helpe of þe
sleerys and alle þat wern on þe wrong syde, ben irreguler. And
ȝif ony clerkys wern on eyþer syde helperys be syȝt or conseyl
or confort to don hem fyȝtyn, þei ben irreguler. ¶ Ȝif man or
60 woman deye be defaute of þe leche & be his vnkonnyng &
mysmedicinys, þe leche is irreguler. And þerfor it is defendyd men
of holy chirche to ȝeuyn ony perlious drynkis or to brennyn men be
sorgerye or to cuttyn hem, for deth & mayn oftyntyme comyth
þerof. ¶ Also þei þat maynyn hemself withoutyn nedful cause
65 or ben maynyd be oþir men be her owyn folye, alþeiȝ [þey]
dedyn hem geldyn to ben chast & so to plesyn God, þei ben ir-
f. 152ʳ reguler, for þer schulde no man seruyn at Godis auter / þat hadde
ony gret foul mayn. ¶ Ȝif a man withdrawe hym þat wolde sauyn
a man from þe deth & ȝif he wil nout hymself sauyn hym from þe
70 deth ȝif he mowe, & namely ȝif it longe to hym of offys, he is
irreguler, hec Reymond, lib. ii, ti. 1. ¶ Ȝif ony clerk bere wode or
fer or ony materie to þe brennynge of an heretyk, ȝif he be ded
þerby or his deth hastyd þerby he is irreguler þey þe pope or

46 schal] schuld H   47 þe man] he H   48 or ony drynk] *om.* H   she]
they H   49 ne] nor H   50 takyth] -kyn T; *after* woman H   drynkys]
drynke YH   52 many] *after* fyȝtyn H   53 of] *om.* T   for] *om.* H   54 or
to] or for to *al.*   þey] he G   nout] they *add.* H   55 alle] also H   man-
sleeris] -sleer BYL   slowyn] hym *add.* H   56 ne] ner H   to²] *om.* H   of]
om. H   57 sleerys] sleer BYLH   on] in Y   57–9 And ȝif . . . irreguler]
om. al.   59–60 man or woman] a man H   60 be¹] þe *add.* RH   61 mys-
medicinys] -eyne BY   defendyd] forboden BYL   62 drynkis] drynke D
62–3 men be sorgerye] *om.* H   63 &] or H   oftyntyme] ofte *before* deth
RDTBYL; *before* deth H   64 þat] *om.* BYL   65 men] *om.* H   alþeiȝ] al if
BYL   þey] he G   66 to²] *om.* BYL   67 at] *om.* L   auter] *om.* R   68 gret
foul] *trs.* H   foul] ful T   man] owe to *add.* T; wold *add.* H   wolde] myȝt L
69 þe¹] *om.* LH   wil] wold H   hymself sauyn hym] save himself Y   hym] *om.*
B   71 or] *om.* H   72 fer] -ris H   ony oþir *add.* H   þe brennynge of]
brennyn H   73 or¹] þe *add.* T   pope] *can.* RG   or²] þe *add.* T

buschop ʒeue pardon to alle þat helpyn to þe deth of þat heretyk,
in Summa confessorum, lib. ii, ti. i, q. xxv, Quid de illis. ¶ Ʒif 75
a prest sende a ʒong child to wattryn his hors, þou he bydde
hym bewar of þe wattir, & þe child be his sendyng drynche, þe
preste is irreguler, for he put so þe child in auntyr, ibidem, q.
xxvii, Quid de presbitero, et Hostiensis, lib. v, rubrica De
homicidio, Quid de presbitero. DIUES. And what ʒif þe preste 80
sende out his child on his ernde barleggyd & barfoot and
euele clad, in frost & snow, ʒif þe child deye for cold or take
swyche seknesse be þat cold þat he deyyth þerof, is nout þe
preste irreguler? PAUPER. Ʒis, forsoþe, for he auʒte [to] don his
diligence to sauyn þat child & to flen þat peril in whych he myʒte 85
lytly fallyn in þat wedyr. DIUES. And what ʒif ony prelat wittyngly
sende out his soget barleggyd & barfoot in swych wedyr & euele
clad, ʒif he deye be þat cold þat he takith so be his sendyng, is
nout þat prelate irreguler? PAUPER. In þat he sleth hym so be
cold he is irreguler & a manqweller. 90

Cap. xix

DIUES. Sey forth what þu wilt. PAUPER. Prelatis of holy chirche
mon nout fyʒtyn ne slen & þou þei mon steryn men of armys &
þe peple to fyʒtyn for þe feyth & for þe trewþe of holy chirche
and þou men ben sleyn þerby þei ben nout irreguler, as þe lawe
schewith wel, xxiii, q. viii, Igitur cum, aliis capitulis. Ʒif þu 5
go be þe weye with hym þat goth to slen ony man þou þu
conseyl hym to cesyn of his purpos & he wil nout cesyn &
þu go forth with hym for [to] defendyn hym & he sle, þu art

74 to²] om. T   75 in] hec H   i] om. BY; ix H   77 þe²] þat L   drynche]
be drownyd H   78 auntyr] auentour al.   81 sende] sent Y
ernde] erendyn R; erende D; ardene T; erand BYLH   ... leggyd] begin-
ning of O fragment, back cover, recto, col. 1   82/88 clad] cloþid BYL
þe] þat O   83 þe] þat YO   84 to] om. G   85 þat¹] the DH
&] om. H   þat²] the H   86 wittyngly] after soget R; after out
DTBYLHO   87 barleggyd &] om. H   88 þat he ... sendyng] om.
H   89 þat¹] the H   prelate] preest BY   þat²] þat add. BYLO; case that
add. H

1 what] þat add. O   ... wilt] end of O fragment   2 þou] ʒit BYL
3 trewþe] of Goddis lawe & add. RDBYLH; of Goddys lawe add. T
5 schewith wel] seith H   xxiii] xxxiii al.   Igitur] Agi- H   6 þe] om.
RDTB   hym] a man H   to] for to H   þu] om. L   7 cesyn²] of his
purpos add. T; om. H   &²] If H   8 for] om. al.   to] om. G   &] if H
sle] hym add. T; a man add. H

irreguler, as seith Hostiensis, lib. v, rubrica De homicidio,
10 q. Quid si quis. Ʒif a clerk plenye hym to þe iustyce on hym þat
f. 152ᵛ robbith hym of / his good only to han aʒeyn his good & nout to
purs[u]yn his deth, þei þe iustyce sle þe þef, þe clerk is nout
irreguler, Extra, eodem, Postulasti, et c. Tua nos, ¶ Ad ultimum.
Ʒif a clerk helpe [to] takyn a þef or to byndyn hym to ledyn hym
15 to þe iustice or write ony letre to takyn ony man, ʒif þe þef be
slayn, or þat man slayn, þe clerk is irreguler. Netheles he may
clepyn helpe to heldyn þe þef til he hat aʒen his good, or heldyn
hym hymself. And ʒif he crie, 'Held þe þef!' or crie, 'þeuys,
þeuys!' ʒif it wer semely to hym þat manslaute schulde folwyn
20 þerof, he is irreguler ʒif ony man be slayn þerby. But ʒif he hope
þerby only to han aʒen his good withoutyn manslaute, he is
nout irreguler þou manslaute folwe þerof. ¶ Clerkis mon beryn
wepene whan þei pasyn be perlious pas to afesyn þeuys, but þei
owyn nout smytyn. And clerkis þat han temporil lordchepe mon
25 beryn armure & wepene in confort of her retynue and fesyng of
her enmyys and sauacion of hemself, but þei owyn nout smytyn
but uttir nede make it to sauyn her owyn lyf, ne þei owyn nout
comandyn manslaute. ¶ Ʒif a clerk lende ony man bowe, arblast,
swerd or knyf or spere or ony oþir wepene to fyʒtyn with, ʒif
30 ony man be slayn þerwith or ma[y]nyd, þe clerk is irreguler.
¶ Ʒif a clerk erre in answerynge and be his mysanswer folwe
manslaute, ʒif þe clerk be holdyn a wise man he is irreguler, &
þou he be but symplyche leteryd & he erre so in swyche þingis
þat he owyth to knowyn and manslaute come of hys mysanswere,
35 he is irreguler. As ʒif a clerk seye þat it is leful to euery man to
slen a þef & to slen lechouris or to rysyn aʒens her souereynys

9 as seith] *om.* H   lib. v, rubrica] Extra H   10 on] of H   11 robbith]
-bid DBYL   12 pursuyn] pursyyn G   14 to¹] *om.* G   15 þeⁱ] a T
or] to *add.* L   16 or . . . slayn] *om.* H   irreguler] reguler H   17 helpe]
om. BYL   til he hat] to haue H   17–18 heldyn . . . þeuys] he holdith
hym and crieth H   18 hym] *om.* T   ʒif] *om.* T   19 wer semely]
be semyng H   schulde] schall H   20 þerof] *om.* H   21 aʒen] *om.* T
22 folwe] -wide BYL   23 þeiⁱ] the schuld H   be] *om.* H   pas]
pace D; place T; places BYLH   to . . .] *beginning of O fragment, back
cover, recto, col. 2*   afesyn] feere LH; afere O   24 owyn] mowyn H
24–28 And clerkis . . . manslaute] *om. al.*   28 ony] to a H   man] ony
add. T   bowe] or *add.* LH   29 swerd . . . spere] *om. al.*   ʒif] *om.*
T   30 maynyd] manyd G   þe] þat RDTL   31 his] *om.* O
mysanswer] -ryng Y   33 symplyche] symple DTYH   þingis] thyng L
34 to] *om.* RT   and] if *add.* L   mysanswere] -sweryng O   35 As]
And LH   man] to euery *add.* D   36 to¹ to²] *om.* T

& slen hem, ȝif men folwyn his conseyl and slen he is irreguler.
Ȝif a clerk bydde men chettyn þe þeuys mouth þat he crie nout,
so to ledyn hym þe mor slylyche & þe mor sykyrlyche to his
iuge, ȝif he be slayn þe clerk is irreguler. ¶ Ȝif men pursuyn a 40
þef or ony oþir man to takyn hym & þey askyn a clerk ȝif he seye
ony swyche, ȝif he teche / hem or wisse hem, wetynge or hauynge f. 153ʳ
suspeccion þat þei sekyn hym for [to] dishesyn hym, ȝif þat
man be slayn þe clerk is irreguler; but ȝif he haue non fantasye
why þei sekyn hym but good he is nout irreguler. ¶ þey a man 45
sle nout ne ȝeue conseil to slen, ȝif he suffre wyttyngly onyþing
wherof is semely to comyn manslaute, ȝif þer come [þer]of man-
slaute, he is irreguler. ¶ Also ȝif he conseyl men to takyn a castel,
to castyn engyne to a town or to a castel, or to schetyn into hous,
wallyd town or castel þat men dwellyn yn, ȝif ony man be slayn 50
þerby he is irreguler. ¶ Ȝif ony man conseil anoþir man to gon &
slen & he be slayn hymself, he þat ȝaf þat conseyl is irreguler.
þouȝ preste or clerk conseyle men to fyȝtyn for sauacioun of þe
contre & of þe feith, so þat he bydde hem nout slen he is nout
irreguler þou þey slen, þou he bydde hem puttyn hemself to þe 55
deth for sauacion of þe contre & for þe trewþe. ¶ Ȝif ony man
wolde flen his enmyys & anoþir man conseylith hym nout to flen
& he up þat abydyth & is slayn, he þat ȝaf hym þat conseyl is
irreguler, but he wer in hope for to a sauyd his lyf & þat he myȝte
a sauyd his lyf or be power or be frenchepe & in trost þerof dede 60
hym abydyn, þan is he nout irreguler, but he presumyd to mychil

37 &] or *al.*   conseyl] commandement O   38 . . . clerk] *end of O frag-
ment*   men] *om.* H   chettyn] stoppe *al.*   þe] þo D   39 þe mor . . . þe
mor] *om.* H   slylyche] fullich L   42 wetynge or] *om.* H   42–3 hau-
ynge suspeccion] supposyng *al.*   43 sekyn . . . to] woldyn H   to] *om.*
BHG; *can.* Y   44 þe] þat H   but] *and add.* H   ȝif] *om.* T   non] no
al.   fantasye] supposyng the cause H   45 but good] *om.* H   46 ȝeue]
no *add.* H   wyttyngly onyþing] *trs.* H   47 wherof] yt *add.* BYL
semely] -myng H   comyn] to *add.* H   þerof] of G   47–8 þerof man-
slaute] maslawth come therof H   48 he²] ȝeve *add.* H   49 castyn] an *add.*
ins. L   engyne . . .] *end of f. 162ᵛ T; f. 163ʳ T blank except for sentence* (V
xxi, ll. 22–3, but . . . vngylty) in corrector's hand; text resumes on f. 163ᵛ T;
-gines H   to³] *om.* T   into] an *add.* LH   50 wallyd] or H   town]
toure T   or castel] *om.* H   man] men YH   51 man²] or *add.* T   52 &]
if H   he¹] *om.* TBL   þat²] þe Y   irreguler] reguler D   53 þe] her H
55 irreguler] reguler H   slen] *om.* T   57 enmyys] enmye D   hym] *om.*
T   to] *om.* BYL   58 up] on *add.* H   is²] he *add.* D   59 for] *om.*
TBYLH   60 or¹] *om.* H   þerof] he *add.* H   61 þan . . .]
beginning of O fragment, back cover, verso, col. 1   is he] *trs.* O   but] if *add.*
BYL

on hymself or was rekeles in kepynge or gylous; þan is he irreguler.
¶ 3if ony man in nede sle his aduersarie to sauyn his owyn lyf,
3if he mon nat ellys wel sauyn hymself he synnyth nout, so þat
65 [h]is nede come nout be his folye, for 3if hys folye brou3te hym
in þat nede he synnyth & is irreguler, hec in Summa confessorum,
lib. ii, ti. i.

Cap. xx

DIUES. Me maruaylyyth mychil why schadyng of blood &
þe swerd is so streytlyche defendyd to men of holy chirche,
for, as we redyn in þe gospel, Crist bad his disciplys sellyn her
cloþis & byyn hem swerdis whan he seide: 'Qui non habet vendat
5 tunicam suam et emat gladium' Luce xxii [36], 'He þat hat no
swerd, selle he his cloþ and bye hym a swerd.' PAUPER. Crist
seyde þo wordys nout to alle his apostolys but only to Iudas
f. 153ᵛ þe tretour, nout byddyng hym byyn a swerd but so sche/wynge
& seyynge aforn þe wyckyd wil & þe wyckyd purpos þat Iudas
10 was ynne to byyn a swerd for to comyn to betrachyn Crist & to
takyn hym þat whan þe Iewis comyn with swerdis & stauys to
takyn hym, as þe gospel seyth, he schulde han his swerd redy for
defendyn hymself 3if ony of Cristis disciplys wolde smytyn
hym; & þerfor Crist seyde nout þo wordis in þe plural numbre
15 as to manye, but he seide his in þe singler numbre as to Iudas
alone, for he only was in purpos to betrachyn hym & to byyn hym
a swerd for dred of knockys. And be þo wordys Crist bad hym
nout byyn a swerd, but be þo wordis he vndirnam hym of his
malyce in swyche maner þat only Iudas schulde vndirstondyn
20 it & non oþir of þe apostolys, for Crist wolde nout discuryn hym
to þe apostolys but only vndirnemyn hym in swyche speche

62 kepynge] of add. T; of hym add. L   64 3if he . . . nout] om. T
hymself] his- D   65 his¹] is G   be] of H   brou3te] bryng Y   66 in¹]
to H   nede] thanne add. H

1 mychil] om. H   &] of H   2 defendyd] forboden BYLO   4 . . .
cloþis] end of O fragment   6 he] om. RDTBY   cloþ] -þis T; coote
BYLH   PAUPER] Loke wel add. T   8 byyn] him add. BYL   9 aforn]
bi- BYL   wil . . . wyckyd] om. H   10 for] om. R; after comyn DTBYLH
to³] & R   betrachyn] -traiyn RDTBYL; trayen H   to⁴] om. H   11 swerdis]
om. T   11–12 to takyn] and tokyn H   12 for] to al.   13 smytyn]
a smet H   15 he seide his] om. al.   numbre] om. al.   to²] one add. al.
16 he only] trs. H   betrachyn] -traiyn RDTBYL; ben trayen H   to²] om. L
18 þo] too H   20 nout] puplische eiþer add. BYL

þat only Iudas schulde wetyn þat Crist knew his wyckyd purpos
& nout wolde discuryin hym & so schewyd goodnesse aȝenys his
malyce to styrn hym to repentance. DIUES. Why answerydyn
þan þe apostolys & seydyn: 'Domine, ecce duo gladii hic.' 'Lord,' 25
seydyn þei, 'lo, her two swerdis redy.' And our lord seyde:
'Satis est', 'It sufficit; yt is ynow.' PAUPER. For, as Y seyde,
þe apostolys vndirstodyn nout why ne to whom Crist seide
þo wordys, and þerfor þei wendyn, as mychil folc wenyth ȝit,
þat Crist hadde boddyn hem a bouȝt swerdis to fyȝtyn & þerfor 30
þei answeryd in þat manere & begonnyn to spekyn of swerdys
& of fyȝtynge. And þan Crist was displesyd with her speche
& bad hem ben stille of swyche speche & seyde: 'Satis est', 'It is
ynow; it suffycyt þat ȝe han spokyn yn þis materie; spekyth now
no mor of þis materie.' And þerfor, as Luk seith in þe same place, 35
þei cecedyn of her speche onon & wentyn out with Crist into þe
mont of Olyuete [Lc. 22: 38–9]. On þe same maner, God seyde
to Moyses whan he preyyd hym þat he myȝte entryn þe lond of
behest: 'Sufficit tibi', 'It is ynow to þe þat þu has seyd; spec no
mor to me of þis materie' Deutero. iii [26]. Also God seyde to 40
þe angyl þat slow þe peple: 'Sufficit; contine ma/num tuam', f. 154ʳ
'It is ynow; withhold þin hond' [2 Reg. 24: 16]. And Crist
seide to hys disciplys in tyme of his passion whan he fond hem
slepynge: 'Sufficit', 'It suffycyt þat ȝe han slept; now awakith'
[Mc. 14: 41]. And as he made an ende of her slepynge be þis 45
word *sufficit*, it suffycyt, so he made an ende of her vnconnyng
speche whan þei begonnyn to speke of swerdis be þis word
satis est, it is ynow, þat is to seye 'Ȝe han spokyn ynowe in þis
materie; spekith no mor herof.' For þey wystyn nout what Crist

22 Crist] only *add.* H   23 nout wolde] *trs.* BYL   so] he *add.* RDTBYL;
Crist *add. ins.* H   his] *om.* H   26 seydyn þei] *om. al.*   her] *before* redy
BY; ar *add.* H   27 It sufficit] *om.* H   28 why . . .] *beginning of* O *frag-
ment, back cover, verso, col.* 2 *and of smaller fragment, back cover*   29 mychil]
many H   ȝit] *om.* YHO   30 swerdis] a swarde H   31 þei] þe T   þat]
om. H   33 ben] *om.* Y   & seyde] *om.* BYL   34 it] *om.* H   þis]
such YO   materie spekyth] maner speche *al.*   35 þerfor] þer RT   as]
a H   36 her] that H   38 entryn] into *add.* H   39 . . . behest] *end
of larger* O *fragment back cover*   . . . It is] *end of smaller* O *fragment back
cover*   40 to me] *om.* H   42 withhold . . . hond] worth H   2 Reg.
24: 16] *om.* G   44 suffycyt] is ynow BYLH   44–6 þat . . . suffycyt]
marg. G   44 ȝe] *om.* T   slept] slet T; slepe Y   awakith] ȝe *add.* BL;
wake ȝe Y   45 ende] -dyng DB   slepynge] slepe H   46 her] *om.* T;
his H   47 speche] speke T   word] -dis H   48 in] of H
49 spekith] *om. al.*

50 mente no mor þan þei wystyn what Crist mente whan he seyde
to Iudas: 'Quod facis, fac cicius', 'þat þu dost, do it onon' [Io.
13: 27], in whyche wordis Crist vndirnam Iudas of his euyl
purpos þat he schulde amendyn hym. And ȝit it is a custum with
mychil folc þat whan þei heryn her childryn or her seruans spekyn
55 vnwiselyche to puttyn hem to silence & don hem ben stille with
þe same word & seyn: 'Sone, it is ynow; þu hast seyd ynow.'
DIUES. And many clerkys seyyn þat whan þe apostolys seydyn
'Lo, her two swerdis' & Crist seyde aȝen 'Satis est', 'It is ynowe',
in þo wordis Crist grantyd men of holy chirche two swerdis,
60 boþe gostly swerd & bodyly swerd [Lc. 22: 38]. PAUPER. þei
erryn, as þe apostlys dedyn, for þei vndirstondyn nout why ne
to whom Crist seyde þo wordis; for Crist grantyd neuyr to clerkys
þe bodyly swerd to schadyn blood but he defendyd it to hem in
þe same tyme whan he vndirnam Petir smytyng with þe swerd &
65 bad hym puttyn up his swerd into þe schede, for why, seyde he,
hoso smyte with þe swerd he schal perchyn with þe swerd.
And so al þe process of þe gospel, ȝif þei vndirstondyn it wel,
schewith þat Crist hat defendyt men of holy chirche þe bodyly
swerd. And þerfor, as seith Sent Ambrose, here armure & her
70 fytynge schuldyn ben bittyr terys & holy preyeris. DIUES. Ȝit
contra te, Crist seith in þe gospel: Non veni pacem mittere sed
gladium. Y cam nout, seith he, to sendyn pes in erde but þe
swerd, Mathei x [34]. PAUPER. Be þe swerd in þat place is
vndirstondyn þe swerd of Godis word, as seith þe glose, be
75 whiche swerd man is departyd from synne & fro wyckyd com-
panye, as þe gospel schewith þere, & be þis swerd synne is slayn
in manys soule. DIUES. Sith God defendyd men of holy chirche
þe swerd & schadyng of blood & manslaute, why slow Sent Petyr /
f. 154ᵛ Ananyam & Safiram his wyf for her false couetyse & for her

50 no . . . mente] om. T   52 whyche] suche DBYL   53 a] in
H   54 mychil] many H   her²] om. al.   55 & . . . stille] om. H
56 word] -dis H   Sone] om. H   ynow¹] or add. H   58 Lo] om. H
59 wordis] swerdis H   grantyd] to add. H   61 -stondyn] -stodyn
H   62 grantyd neuyr] trs. Y   63 defendyd] forbad BL; forbaded Y
it] om. Y   64 þe²] a H   swerd] Malchus ere of add. H   65 schede]
scheeþ BYL   66 hoso] ho þat DTBYLH   smyte] repeat B   þe¹] a Y
he] om. Y   67 al] repeat H   þe²] om. H   þei] men BYL   -stondyn]
-stodyn BYL; -stande H   68 defendyt] forboden BYL   69 seith]
after Ambrose H   71 te] to H   mittere] in terris add. L   72 cam
nout] am nowt comyng H   seith he] om. H   75 whiche] suche DBY
synne] -nys H   76 schewith] wel add. BYL   77 defendyd] -dith T;
forbad BYL   78 &¹] of L   &²] of add. H   79 for her²] he H

lesyngys, Act. v [1–10]? PAUPER. As þe lawe seith, xxiii, q. viii, 80
Petrus, he slow hem nout with material swerd but only be power
þat God ȝaf hym to don myraclis. With his preyere he reysyd a
woman from deth to lyue wose name was Tabita, Act. ix [40–1], &
with wordys of his blamyng he tok her lyf from Ananye & Safyra.
He preyyd nout for her deth but only vndirnam hem of her synne 85
& onon þei fellyn doun dede be þe vertu of þe swerd of Godis word
þat Petir spac & þe holy goost be Petir, for, as Sent Powil seith, þe
swerd of Godis word wol oftyn departyd þe soule from þe body
[Heb. 4: 12]; and þerfor þe word & þe cursyng & vndirnemyng
of holy men & of men of holy chirche is mychil for to dredyn. 90
Or ellis be suffraunce of God onon as Sent Petir vndirnam hem,
for þei repentedyn hem nout, þe fend Satanas tok power ouyr
hem & slow hem bodylyche as he slow hem first gostlyche þorw
synne of fals couetyse.

Cap. xxi

DIUES. Is it leful in ony cas to slen ony man or woman vngylty?
PAUPER. In no cas, as þe lawe seith opynly, xxiii, q. v, Si non.
DIUES. Y suppose þat þe queste dampne a man þat þe iustice
knowith vngylty. Schal nout þe iustice ȝeuyn þe sentence &
dampnyn hym syth þe queste seith þat he is gilty? PAUPER. 5
God forbede, for þan fallith þe iustise in manslaute, for he may be
no lawe slen hym þat he knowyth vngylty, xxiii, q. v, Si non.
DIUES. What schal he don þan? PAUPER. Ȝef he haue no iuge
abouyn hym he schal sauyn hym be his pleyn power. And ȝif
he haue a iuge abouyn hym he schal sendyn þe man to hym & 10
tellyn hym alle þe caas, þat he mon of his pleyn power delyueryn
hym & sauyn hym from þe deth or ellys sekyn sum oþir weye
for to sauyn hym; but he schal nout ȝeuyn þe sentence of his
deth. Pylat trauaylyd wol beselyche to sauyn Crist from þe deth,

---

80 lesyngys] þat they maden to God add. H　　Act. v] om. H　　82 preyere]
-eris BYL　　83 Act. ix] om. H　　86 þe¹] om. Y　　87 &] in D
seith] þat add. L　　88 wol] ful BYL　　departyd] -tyȝt al.　　89 &¹]
of Y　　92 repentedyn] repent H　　hem] hym (hem add. can.) H
power] pore H　　ouyr] on L　　93 hem²] om. T　　first] aforn H
þorw] be þe al.

1 Is . . . slen] It is lefful many cas to T　　2 as] om. H　　3 Y suppose
þat] I set cas H　　6 he] om. H　　may] not add. ins. D　　7 no] the D
9 pleyn] plenge D　　10 sendyn . . . hym &] om. H　　þe] om. D　　11 þe]
om. T　　12 & sauyn hym] om. D　　þe] om. DL　　13 but] Be H
14 wol] ful BYL

15 for þat he wuste hym vngylty. Mychil mor a cristene iuge owith
to trauaylyn to sauyn þe innocentis lyf whom Crist bouȝte with
his blood & flen fals sentence. Pylat myȝte & auȝte be þe lawe a
sauyd Crist, but for to plesyn þe peple & for dred þat þei schuldyn
f. 155ʳ a cusyd hym to þe em/perour he folwide her wil & put Crist to þe
20 deth, and þerfor aftirward he was slayn. For þe false questis
Pilat wolde nout dampnyn hym, in þat he wyste hym vngylty,
but only for drede & to plesyn þe peple he dampnyd hym. And
sith heþene lawe sleth no man vngylty mychil mor cristene lawe
schal slen no man vngylty, but þe iuge schal don al his besynesse
25 to flen schadyng of blood withoutyn gylte. þerfor is he mad iuge—
for discussyn þe trewþe, to sauyn þe vngylty & to punchyn
þe gylty & to lettyn malyce, folye & falshed of þe questis & of
þe fals witnessys. þerfor God seith þus to euery iuge: þu schal
nout takyn þe voys of lesyngis, ne þu schal nout ionyyn þin
30 hond to seyn fals witnesse for þe wyckyd man, þat is to seyyn,
þu schal makyn no comenant to seyn fals witnesse ne assentyn
þerto. þu schal nout folwyn þe peple ne þe peplys wil to don ony
euyl þing or ony falsnesse in doom. þu schal nout assentyn to þe
sentence of manye to gon away from þe trewþe, Exo. xxiii [2].
35 Therfor þe lawe byddith þat þe iustice be nout to lyȝth ne to redy
for to leuyn ne to redy to takyn venchance, Di. lxxxvi, Si quid, et
xi, q. iii, Quamuis, et [xv], q. vii, Si quid. þe ende of euery doom
schulde ben *iusticia*, þat is ryȝtfulnesse in Englych. And ryȝtful-
nesse is a vertu & a stedefast wil alwey to ȝeldyn euery man &
40 woman his ryȝt, Extra, De verborum significacione, c. Forus, in
glosa. And þerfor whan þe iustice doth wrong in his sentence-
ȝeuynge þat is no ryȝtful doom, for it endith nout in ryȝtful-
nesse. But mor wrong may he nout don to man or woman

15 þat] *om.* H   17 his] precious *add.* H   &2²] *om.* T   þe] *om.* BYL
19 cusyd] ac- BYL   19–20 put . . . slayn] dampnyd hym H   20 slayn]
dampnyd RDTBYL   For] alle *add.* H   questis] quest BYL   21 dampnyn]
have dampned BYL   þat] þat *add.* TBYL   22–3 but . . . vngylty]
om. here but supplied on otherwise blank f. 163ʳ of MS T   22 hym] *om.*
D   25–6 is . . . iuge for] the iuge owith to H   25 is he] *trs.* BYL
mad] a *add.* RL   26 for] to *al.*   to¹] and to H   27 folye] *om.* H
þe²] *om.* H   28 þe] *om.* H   witnessys] and *add.* H   29 nout²] *om.* H
30 witnesse] *om.* T   þe] to T   31 schal] nout *add.* H   no] non Y
32 þe peple ne] *om.* BYLH   þe²] *om.* T   33 falsnesse] false witnesse H
34 of] to Y   to] for to Y   35 nout] ne *add.* B; hasty ne *add.* Y   ne] nor H
36 for] *om. al.*   37 xv] xvi *all MSS*   38 ryȝtfulnesse¹] -wyse-RDTBYH
38–9 ryȝtfulnesse] -wyse- *al.*   42 -ful¹] *om.* H   42–3 ryȝtfulnesse]
-wis- YH   43 But] For L; for *add. can.* G   he nout] noutȝ be H

þan to robbyn hym of his lyf & slen hym withoutyn gylte. Ike þan
what iuge sleth man or woman vngylty, wytyngly, he is no iuge 45
but he is a tyrant and doth aȝenys alle lawys whyche ben ordeynyd
for to don ryȝt to euery man, to punchyn þe gylty & to sauyn
þe vngylty; & þerfor seith þe lawe þat he is no iuge ȝif riȝtfulnesse
be nout in hym: non est iudex si non est in eo iusticia, xxiii, q. ii,
Iustum. 50

Cap. xxii

DIUES. Is it leful to ony man or woman in ony cas to / slen f. 155ᵛ
hymself? PAUPER. In no cas, and þat for many skyllys. Fyrst
for þe weye of kende euery man louyth hymself & is besy to
sauyn hymself & to withstondyn alle þinge þat wil distryyn
hym. And þerfor it is a synne al aȝenys kende man or woman to 5
slen hymself. Also it is aȝenys charite, for iche man is boundyn
to louyn hymself & his euene cristene as hymself. Also he doth
wrong to þe comonte of mankende, for, as þe Philosofre seith,
v Ethicorum, euery man is a part of þe comonte, as euery menbre
is a part of þe body. Also for manys lyf is an heye ȝifte of God 10
ȝouyn to man for to seruyn God, & only God may takyn it aweye
whan he wil. And þerfor he þat sleth hymself he synnyth aȝenys
his God in þat he sleth his seruant aȝenys his wil, for þou God
ȝeue a man autorite to slen anoþir man for his mysdede ȝit God
ȝeuyth no man autorite to slen hymself. And þerfor seith þe 15
lawe, xxiii, q. v, Si non licet, þat no man ne woman schulde
slen hymself, neyþer to flen mischef of þis world ne to flen oþir
mennys synne ne for sorwe of his owyn synne þat he hat don ne
for to gon þe soner to heuene, for ȝif he sle hymself, as seith þere

44 to] *om.* RTBYL   Ike] þerfore BYL; So H   46 doth] beth D; sleth
H   alle] þe *add.* L   lawys] lawe H   47 for *om. al.*   48 þat] *om.* Y
riȝtfulnesse] -wyse- RDTBYH

1 Is it] *trs.* Y   ony¹] *om.* D   2 hymself] hem- BY   PAUPER] In kend euery
man lovyth hymselfe and *add.* H   cas] man schuld not slen hymselfe *add.* H
3 for þe] þe the H   louyth hymself &] *om.* H   4 wil] wolde BYLH
5 a] *om.* BYLH   6 hymself] but to withstond al þing þat wold destroy him
add. Y   iche] every Y   7 louyn] savyn H   &] in T   8–9 of man-
kende ... comonte] *om.* H   9–10 menbre ... part] *trs.* Y   10 Also
for] *can.*; so is euery man a part of þe comounte as the philosofer seith v
Ethicorum *add.* H   11 for] *om. al.*   only] *om.* H   12 he²] a H
13 þat] þat *add.* BYL   14 a] to H   15 ȝeuyth] to *add.* H   16 Si]
om. BYL   17 hymself] hem- H   flen¹] the *add.* H   mischef] -evis H
þis] þe H   18 synne¹] -nys H   don] ne for none heuynesse L
19 þere] *om.* Y

20 þe lawe, he goth to endles myschef & he fallith in ouir-greuous
synne. And in þat he sleth hymself he fallith in wanhope & doth
dispyth to þe mercy of God, as Iudas dede, for aftir his deth he
may nout amendyn hym of þat greuous synne of manslaute, and
be þat manslaute he lesyth his lyf in þis world & his lyf in heuene
25 blysse & goth to þe deth in helle withoutyn ende. And þerfor
þer schulde no woman slen hyrself to sauyn her chastite þat she
be nout defylyt, for ȝif she be defylyt be violence aȝenys her wil
she synnyth nout, for, as Sent Lucie seyde to þe tyrant Pascasius,
þe body is nout defylyt but be assent of þe soule, but þe synne
30 is in hym þat so defylyth hyr. And lesse synne it is to fallyn in
lecherie þan man or woman to slen hymself, for þer is non helpe
aftir. Ne þer schulde no man ne woman slen hymself ne maynyn
f. 156ʳ hymself for dred þat he schul/de consentyn to synne but trostyn
in God þat lythly may kepyn hym fro consentyng & lettyn oc-
35 casionys of synne. And þou man or woman ben constreynyd
to synnyn for dred of deth, betere it is and fayrhere þat anoþir
sle hym þan he sle hymself, for þat is dampnyd in euery lawe.
DIUES. Contra te, Sampson & sondry oþre slowyn hemself, as we
redyn in holy writ. PAUPER. As seith Sent Austyn, De ciuitate Dei,
40 þey slowyn hemself be þe pryue conseyl of þe holy gost, þat
wolde be her deth don myraclis, as whan Sampson tooc þe two
pylerys of þe paynymys temple whyche boryn up al þe temple &
schooc is togedere with his armys til it brostyn & þe temple
fel doun and slow many þousontis of heþene peple þat was gadryd
45 to wondryn on Sampson in dispyth of God of heuene, wose
seruant was Sampson [Iud. 16: 30].

Cap. xxiii

DIUES. Weþir is it mor synne to slen a ryȝtful man þan a wyckyd
man? PAUPER. It is mor synne to slen þe ryȝtful man, for in þat

22 þe] om. T   24 his²] om. T   26 woman] man H   hyrself] hym- ne
woman H   27 defylyt¹ defylyt²] -foulid BYLH   be³] wyt R   28 to]
om. D   29 defylyt] -foulid BYLH   þe³] om. L   þe synne] repeat D
30 defylyth] -fouliþ BYL   it is] is a man Y   31 hym-] hem- DY
non] no L   32 Ne] nor H   ne¹ ne²] nor H   34 lythly] om. al.   &]
þat T   lettyn] -tyng H   36 anoþir] man add. H   38 sondry]
diuerse BYL; om. H   40 pryue] -uyly D   41 as] and Y   42 boryn]
bon H   43 is] hem TBYL; it H   it] þey al.   44 þousontis] -sand
Y   of] þe add. al.   45 of God] repeat H   46 was Sampson] trs. BYL
1 slen] om. T   a¹] þe DTBLH   þan] or BYL   a²] the H   2 synne] om. D

þe sleer noyyt hym mest whom he auȝte mor to louyn. Also for
he doth most wrong to hym þat hat nout deseruyd it & mor aȝenys
ryȝtwysnesse. Also for he pryuyth & robbyth þe comonte of 5
mankende of a gret iowel, for euery good man & good woman is a
iowel to þe comounte of mankende. Also for he doth mor despyth
to God, for to alle goode Crist seith: Qui uos spernyt, me spernit,
He þat despysyd ȝou, he despysyt me [Lc. 10: 16]. DIUES.
Contra, ȝif a good man be slayn he schal sone gon to heuene, but 10
þe wyckyd man, ȝif he be slayn vnwarly, he schal gon to helle, &
lesse synne it is to sendyn be sleynge a man to heuene þan to helle.
PAUPER. Sent Powil seith, I ad Corinth. iii [8], þat euery man &
woman schal takyn hys owyn mede aftyr þat his trauayl is; þerfor
þe goode man so slayn schal gon to heuene for his goode dedis 15
nout for þe malyce of þe sleer, and þe wickid man so slayn schal
gon to helle for his owyn wyckyd dedis nout for þe wyckyd
dedis of þe sleer. And þe sleer schal gon to helle boþe for þe
sleyyng of þe goode & for sleyng of þe wyckyd, but he schal ben
deppere in helle for sleyng of þe goode þan of þe wyckyd, for he 20
sche/with mor malyce & mor agreuyth God & al þe court of heuene   f. 156ᵛ
in sleynge of þe goode þan of þe wyckyd, & he schal answeryn
for alle þe goode dedis þat þe goode man schulde a don ȝif he
hadde lyuyd lengere. And he schal ben punchyd for þe sleynge of
þe wickyd man for þat he sleth hym aȝenys Godis lawe & lettyth 25
hym þat he may han non tyme for to amendyn hym. DIUES.
Is it leful to ony man to slen his wif ȝif he take hyr in auoutrye?
PAUPER. To slen hyr be lawe cyuyle þer lawys ordeynyn man &
woman þat don auoutrye to be slayn, it is leful, so þat he do it
only for loue of ryȝtfulnesse & of clenesse nout for hate ne for to 30
ben venchyd on hyr, & lat hym wel charchyn his conscience ȝif
he be out gylty in þe same, eyþer in wil or in dede, & takyn
hede to his owyn frelete & þinkyn þat þe lawe is ordeynyd as wel

---

3 hym mest] *trs. al.*   mor] most YH   4 most] *om.* BYL   6 man-
kende] -hod BY; -hod and L   a²] *om.* T   7 iowel] wele L   mor] most
L   8 to²] *om.* H   to alle] *trs.* T   9 He] Ho RDTBYL   despysyd]
-syȝt *al.*   he] *om.* TBYLH   10 Contra] te *add.* R   11 þe] and
a H   ȝif he] *om.* H   gon] *om.* T   16 man] *marg.* G   18 þe³]
om. Y   19 for sleyng] *om. al.*   20-2 for he . . . wyckyd] *om.* R
21 agreuyth] displesith H   þe] *om.* T   22 wyckyd] euylle L   24 þe]
om. Y   26 non] no *al.*   for] *om. al.*   27 Is it] *trs.* D   28 be]
the *add.* H   ordeynyn] -nyd D   29 he] that *add.* H   30 ryȝtful-
nesse] -wyse- *al.*   32 in³] *om.* L   33 is] was L   as wel] *before*
ordeynyd RDTBYH; was wele *before* ordeynyd L

to punchyn hym ȝif he do omys as to punchyn þe woman. But
35 ony man to slen his wif be his owyn autorite or don hyr be
slayn withoutyn lauful iuge, it is vnleful be al Godis lawe. And
þou ony londis lawe ȝeue men leue to slen her wyfys in ony caas,
holy chirche schal punchyn hem & ionyyn hem wol harde penance
as for manslaute. DIUES. Weþer is it mor synne a man to slen his
40 wyf þan to slen fadir or moodyr? PAUPER. Boþe ben greuous
synnys & mychil aȝenys kende, for þe man & his wif ben on flesch
& on blood & he owith, as seith Sent Powil, louyn his wif as his
owyn body [Eph. 5: 33], and þerfor he to slen hyr is aȝenys kende.
But ȝit it is mor synne & mor aȝenys kende to slen fadir or modyr,
45 for of hem man hat hys begynnyng & his flesch & his blood, and also
ȝif he sle ony of hem he forfetith opynly aȝenys two comandementis
of God, þe ferde & þe fyuete, for in þat he vnworchepith ouyr-
mychil his fadir & his modyr & fallyth in cruel manslaute. And
þerfor it is mor synne to slen fadir & moodir þan to slen his wif,
50 as seith þe lawe, in Summa confessorum, lib. iv, t. ix, q. x.

Cap. xxiv

DIUES. Sith God byddyth þat no man schulde slen vnryȝtful-
lyche, why suffryth God so mychil warre ben in erde & so many
bataylyys? PAUPER. For mychil folc is worþi to deyyn & wil nout
f. 157ʳ   ston/dyn to þe lawe of pes, þerfor God hat ordeynyd & comandyt
5 þe lawe of swerd & of cheualrye to bryngyn hem to pes with þe
swerd þat wil nout obeyyn to þe pes be þe lawe of charite &
of resoun. DIUES. þan it semyth þat men of armys mon slen
men lefully þat wil nout obeyyn to þe pes & to Godis wil. PAUPER.
þat is soth, for Abraham, Moyses, Iosue, Dauid, Iosye, Machabeis

---

34 hym] *om.* D   36 withoutyn] a *add.* L   iuge] -ment H   vnleful]
not leeful BYL   lawe] -wis D   37 þou] if Y   ony¹] *om.* RT; on D;
be the H   ȝeue men leue] ȝif men louyn DH   38 ionyyn] enioyne BYL
wol] ful BYL   39 for] *om.* T   it] *om.* RDTBYL   40 þan] or *al.*
slen] his *add. al.*   or] and L   41 for] so H   flesch] & o body Y
44 slen] his *add.* H   or] & BYL   45 &¹] *om. al.*   his²] *om.*
RDTBYH   46 two] þe TBYL   comandementis] -ment Y   47 he
vnworchepith] *om.* Y; he worschyppyth not L   47–8 ouyr-mychil] *om.* L
48 &¹] or H   his²] *om.* H; *ins.* G   &²] also *add.* L   in] to *add.* H   49 &]
or RTH   50 seith] *after* lawe T

2 ben] her H   3 &] in batayle for þei T   wil] wolden L   5 of²] *om.*
DYH   6 þe¹] *om.* YH   þe²] *repeat* D; *om.* BYL   7 of¹] *om.* RDTBLH
þan] þat Y   8 þe] *om.* H   &] ne H

& many oþir wern men of armys & slowyn wol mychil folc, & 10
þou God reprouyd hem nout but he bad hem slen & halp hem
in her sleynge & in her fy3tynge. DIUES. Y may wel assentyn
þat batalye is leful 3if it be ry3tful, for God is clepyd *dominus*
Deus exercituum et dominus Deus sabaoth, þat is to seye, lord God
of hostis. PAUPER. þre þingis ben nedful þat batalye be ry3tful: 15
iusta causa, iustus animus, et auctoritas legitimi principis—a
ry3tful cause, a ry3tful intencioun, & autorite of a lauful prynce.
First it is nedful þat þe cause be ry3tful, þat þey fy3tyn only for
þe ry3t & to meynteþin ry3t and for sauacion of þe comonte & of
hem þat ben vngylty & woldyn han pes, for, as seith Sent Austyn, 20
þe ende of batalye schulde ben pes, xxiii, q. i, [Noli]. Also her
entencioun must ben ry3tful þat þei fy3tyn nout for pride to getyn
hem a name ne for no fals couetyse to getyn wordly good ne for non
malyce for to ben venchyd ne for non cruelte & lykynge to schadyn
blood. For 3if her entencion be wyckyd þei her cause be trewe 25
þei synnyn in manslaute, & for her wickyd entencion God suffrith
men to ben ouyrcomyn in a ry3tful cause. Also it must be don
be autorite of a lauful prince, þat is prince mad be comoun custom
or be comoun lawe or be comoun assent of þe comounte or be
comoun lauful eleccion. For þei a persone gadere to hym rebellis 30
a3enys his lyche lordis wil, alþou3 þe rebellys makyn hym her
hefd & her prince þei mon nout be his autorite don ry3tful batalye.
But alþou autorite of a prince lauful be nedful to ry3tful batayle
þat is solemply don be manys lawe, 3it in a ry3tful cause at nede
man may be lawe of kende withoutyn autorite of ony prynce 35
fy3tyn / & defendyn hymself & his goodis a3enys wyckyd folc, f. 157ᵛ
for it is þe lawe of kende iche man to sauyn hym & hese and puttyn
awey fors with fors & my3th with my3th—licitum est vim vi
repellere—so þat his purpos be nout to slen ne to rebellyn a3enys
his souereyn ne a3enys þe lawe but only in trewþe to sauyn hym 40
& hese from wyckid doeris. Netheles clerkis schul nout fy3tyn for

10 men] *om.* D   wol] *om. al.*   11 þou] 3it BYL   13 ry3tful] -fully T
God] owr lord H   14 *Deus*[1] *Deus*[2]] *om. al.*   God] *om.* H   15 þre]
Tria requiruntur ad iustum bellum *add. marg.* T   19 to] *om.* D   ry3t[2]]
om. D   for] the *add.* H   20 seith] *after* Austyn T   21 Noli] Nolite
all MSS   her] þ [*sic*] T   22 to] & Y   23 no] *om.* H   for[2]] *om.* Y
non] no *al.*   24 non] no *al.*   lykynge] to slen and *add.* H   schadyn]
mennys *add.* H   28 a] *om.* T   29 be[3]] of DH   32 her] *om.* H
33 But alþou] And also thow H   prince lauful] *trs.* H   to] a *add.* Y
34 solemply] so simple Y   37 iche] euery *al.*   hym & hese] hymself *al.*
38 fors[1]] *om.* T   41 wyckid] -nesse and eville H   schul] schulde BYL

non wordly goodis, but þei mon in caas with fyȝtynge & smytynge
defendyn her owyn persone aȝenys clerk & lewyd man, & so may
þe lewyd man defendyn hymself with smytynge aȝenys þe clerk þat
45 sekith to smytyn hym, ȝif he mon nout ellys sykerly sauyn hymself.
But ȝif he mon sykyrly sauyn hymself or be flyt or be schettyng
of dore or of ȝate or ony oþir weye, he owyth so to sauyn hymself
& nout smytyn a clerk but so wiselyche sauyn hem boþin. But
alwey be he war þat his flyth be nout cause of his deth. And sith
50 þat þe lewyd man owyth to flen þe clerk ȝif he mon in sykir
maner to sauyn hem boþin, mychil mor þe clerk þat schulde
schewyn pacience & flen schadyng of blood be his ordere owith
to flen a lewyd man ȝif he mon to sauyn hymself sekyrly & to
sauyn hem boþe. ¶ Ȝif þe sogetis ben in doute weþer þe cause þat
55 þei fyȝtyn fore be trewe þei ben excusyd be þe precept of her
prince for vertu of obedience, [so þat þe sugettis haue no cause
to mysdeme of her prince be his comoun leuyng, but þat þey
suppose þat he in al his lyuyng be reulyd be reson & Goddis lawe].
But ȝif þei ben sekyr þat þe cause be fals þei ben nout excusith
60 ne owyn nout to fyȝtyn. [Or ellys ȝyf þe prince be a man oute
of gode gouernans, as frentyk or braynles, or ellys þat he be
in his leuyng opynly rebellyng aȝens God, þan þe peple owytȝ
not to obeyen to his byddyng whan he byddytȝ hem feyȝt, but
ȝyf þey knowyn sekyrly þat his cause be trewe]; but þan hem
65 must obeyyn þe prince of heuene þat byddith hem slen no man
ne woman vngylty. Soudȝouris & oþir knyȝtys & men of armys
& oþir frendis of þe prince nout soget to hym be obedience, ȝif
þei fyȝtyn for hym in a cause þat so is in doute þei ben nout excusid
from dedly synne and manslaute, in Summa confessorum, lib.
70 ii, ti. v, q. xlv et xlvi. ¶ þus, leue frend, haue Y declaryd ȝou
þe fyuete hest þat byddith ȝou & us alle nout slen. And þerfor,

42 non] no *al.*   43 persone] boþe *add.* H   46 But] And *al.*
sykyrly] *om.* H   or¹ or²] eiþer BYL   47 of¹] a *add.* H   of²] a H
or²] of *add.* D; be *add.* H   so] *om. al.*   49 he] *om.* L   50 þat] the
H   50–51 ȝif . . . clerk] *marg.* G   51 to] *om.* H   þe clerk þat]
om. H   schulde] *om.* T   52 ordere] he *add.* T   54 sogetis] soget H
weþer] þat *add.* R   55 trewe] or nowtȝ *add.* H   56–8 so . . . lawe]
om. G   57 to] do Y   his] þis D   but] so L   58 &] by *add.* Y
59 But] And L   60 nout] *om.* H   60–4 Or . . . trewe] *om.* G
61 as] & Y   62 God] good D   64 þey] he Y   hem] þey RDTBLH;
he Y   66 oþir] *before* men Y   68 a] *om.* L   so] *om.* DBYLH   so is]
trs. RT   70 haue Y] *trs.* H   70–1 haue . . . ȝou] *repeat can. after*
frend *l.* 72 Y   70 declaryd] clarid D   ȝou] *om.* H   71 fyuete] first Y

leue frend, alþei ȝour persone be nout able to fyȝtyn ne to slen,
ȝet Y preye ȝou þat ȝe ben war þat ȝe assentyn to no manys deth,
neyþer aforn ne aftyr, but ȝe wern sekyr þat þei wern gylty &   74
worþi to deye, for þe / lawe seith þat boþin þei þat don þe mysdede   f. 158ʳ
& þei þat assentyn þerto ben worþi efne peyne: Agentes et
consencientes pari pena puniantur. Iustifyyth no manys deth but
ȝe knowyn wel þe cause of his deth, for Y am sekyr þat God
dampnyth mychil manslaute þat ȝe & oþere iustyfyyn, & þe
doom of God schal fallyn þat he seyde to Sent Petyr: He þat   80
smyt with þe swerd schal perchyn with þe swerd [Mt. 26: 52];
and he þat robbyth schal be robbyd: Ve qui predaris! nonne
predaberys? Ysa. xxxiii [1]. Al day ȝe mon sen what venchance
fallith for schadyng of manys blood, euery ȝer mor & mor. Oþir
nacionys slen us in euery syde & robbyn us and we han lytil sped   85
or non but only to slen our owyn nacion. þerfor be ȝe war of
Godys swerd & of manys swerd also and iustyfyyth nout þat
God dampnyth.

72 leue frend] *om.* H   alþei] -ȝif BYLH   74 aforn] bi- BYL   ne] nor H
75 boþin] *om.* H   77 Iustifyyth] ȝe *add.* BYLH   but] if *add.* H
78 deth] be ryghthfulle *add.* H   84 schadyng] -dyn H   86 but] save
H   ȝe] he H   87 of] *om.* H   also and] that he H   88 dampnyth]
Explicit vᵐ mandatum. Incipit Sextum (preceptum *add.* H) *add.* RDTH; Heere
endiþ þe fifþe precepte & bigynneþ þe sexte precepte *add.* B; here eendyth þe
fyfte precept *add.* L

SIXTH PRECEPT

Cap. i

DIUES. þi conseil is good. God sende us pes & kepe us from
þe swerd. Now, Y preye þe, declare me þe sexte comandement.
PAUPER. þe sexte comandement is þis: Non mecaberis [Ex.
20: 14], þat is to seye in Englych, þu schal don non lecherie ne
5 medle with noþing fleschly but only with þin lauful wif, as seith
þe glose. And so be þis precept he defendith alle specis of lecherie.
DIUES. How many specys be þer of lecherie? PAUPER. Nyne,
& it ben þese: fornicacion, & lecherie with comoun women,
auouterie, defylyng of maydynhod, defylyng of chastite avouhyd
10 to God, defylyng of hem þat ben nyhȝ of ken or of affinite or of
godsibrede, & sodomye (þat is mysuhs of manys body or womanys
in lecherie aȝenys kende), & pollucion of manys body or womanys
be her owyn steryng & be hemself, whiche is a wol horrible synne,
and also synful medlyng togedere atwoxsyn housebounde & wif:
15 fornicacio, meretricium, adulterium, stuprum, sacrilegium, in-
cestus, peccatum sodomiticum, voluntaria in se pollucio et per
se prouocata, et libidinosus coitus coniugalis. DIUES. In hou
many wisys may þe housebond synnyn medlyng with his wif?
f. 158ᵛ PAUPER. In eyȝte wysys. / First ȝif he medle with hyr only to
20 [ful]fyllyn his lust & his lecherie, takyng non hede to God ne to
þe honeste of matrimonye. Also ȝif he pase mesure & manere in
his doynge. Also ȝif he medle with hyr in tymys in whiche holy
chirche conseylyt men to continence, as in holy tymys & in tyme
of Lente, in tyme of fastyng & of preyere, whiche tymys he may
25 medlyn with her so bodeliche aȝenys reuerence of þe tyme & of
God þat he schal synnyn dedlyche, for Petir & Powil techyn

---

4 in Englych] om. H   non] no al.   6 þis] is Y   defendith] forbediþ BYL
7 be þer] after lecherie] Y   8 it] thoo H   it ben þese] þese ar þey
RDTBYL   women] -man T   10 nyhȝ] ner H   11 &] of add. L   or] or
of T   12 or womanys] om. H   13 hemself] þe add. Y   wol] ful BYL
14 atwoxsyn] be- RDTH; bitwene BYL   housebounde] man L   18 wisys]
wisse Y   þe housebond] a man L   19 eyȝte] vii L   20 fulfyllyn]
fyllyn G   non] no T   21 þe] om. L   22 Also] And H   tymys]
tyme L   in²] om. al.   23 continence] be contynente L   as] & RD
in²] þe add. T   24 of²] oþer add. BYL

þat weddyd folc schuldyn in holy tyme & in tyme of preyere
abstynyn hem from swyche lustis þat her preyer mon þe mor
graciously ben hard of God & her herte þe mor ȝouyn to God, for
swyche lust as for þe tyme drawyth manys herte and womanys 30
mychil from God & makyth hem wol flechly & þe lesse gostly
[1 Petr. 3: 7; 1 Cor. 7: 5]. Therfor as we redyn, Genesis vii, in þe
tyme of þe flod in tyme of Noe for þe harde tribulacion & dred
þat þei wern ynne al þat ȝer Noe & his þre sonys keptyn hem chast
& leyyn be hemself & her wyfys be hemself [þat] so be continence 35
& be holy preyere [þey myȝt] þe sonere be delyueryd of þat
peril & mischef þat þei wern ynne. Also ȝif he medle with his wyf
in holy place withoutyn nede; for in tyme of werre þou he medle
with his wyf in chirche, ȝif he dur nout lyyn out of chirche for dred
of enmyys, he is excusyd & þe chirche is nout pollut; ellys it wer 40
pollout. Also ȝif he medle with his wif whan she is gret with
childe nyh þe tyme of berþe, for þan lythly he myȝthe slen þe
child. Also ȝif þey medlyn togedre for an euyl ende, eyþer of
hem to drawyn oþir to consentyn to synne & folye. Also ȝif
þei medlyn togedere with euyl condicion. Also ȝif he medle with his 45
wyf wytyngly in hyr comoun seknesse at his owyn profre. But
ȝif housebond & wif medlyn togedere flechly withoutyn þese
defautis only to bryngyn forth childryn to Godys seruyse or
ellys to flen fornicacion & lecherie on oþir halue or to ȝeldyn
þe dette of her body iche to oþir þan þei synnyn nout but þan, 50
as seith Sent Powil, her wedloc is worchipful & her bed withoutyn
spot / of blame: Honorabile connubium in omnibus et thorus f. 159ʳ
immaculatus, ad Ebreos xiii [4]. Upon whyche word seith þe
grete clerk Haymo & þe glose also þat it is a worchipful wed-
loc whan man weddith hys wyf laufullyche to bryngyn forth 55
chyldryn to Godis seruyce & abstynyth hym from hys wyf in
deu tymys; & þan is her bed withoutyn spot of blame whan he
medlyth with his wyf laufullyche & for a good ende, kepynge

27 & in tyme] *om.* H   31 wol] ful *al.*   33 þe¹ . . . Noe] Noes flod
H   flod] blode D   tyme of Noe] Noyes tyme RDTBYL   35 þat]
om. G   þat so] *trs.* BYL   35–6 continence . . . holy preyere] *trs. al.*
36 be¹] *om.* RDTH   preyere] -eris D   þey myȝt] *om.* G   37 medle]
medlyd T   his] *om.* D   39 in] the *add.* H   42 nyh] ner H
of] the *add.* H   43–5 for . . . togedere] *om. al.*   45–6 his wyf] her R
49 ellys] *om.* H   halue] be- Y; -vys H   or] for *add.* H   to²] not D
50 body] -dyes H   53 Upon] þe *add.* L   56 to Godis . . . wyf]
om. H   57 whan] whille H   58 his] *om.* D   &] *om.* H   ende]
and whanne *add.* L   kepynge] þei kepen BYL; and kepyn H

mesure & manere, & þan rysyn þei up out of bedde withoutyn
60 spot of blame.

Cap. ii

Matrimonye was ordeynyd of God for to causis. First pryncipaly
into offys to bryngyn forth childryn to Godis seruyse. Also into
remedie to flen fornycacion & lecherye. For þe firste cause it was
ordeynyd in paradys aforn Adammys synne; for þe secunde cause
5 it was ordeynyd out of paradys aftir Adammys synne. Thre
goode þingis pryncipaly ben in matrimonie. þe first is feith þat
iche of hem kepe trewly hys body to oþir & medelyn fleschly with
non oþir. þe secunde is bryngyng forth & norchynge of childryn
to þe worchep of God & to Godis seruice, for ellys it wer betere
10 þat þei wern vnborn & vnbeʒetyn. þe þredde is þe sacrament whyche
may nout ben vndon but only be deth. And þerfor þe ordre of
wedloc is wol worchipful, for it presentyth þe grete sacrament of
vnyte & of þe endles loue atwoxsyn þe Godhed & þe manhed in
Crist, very God & very man, & atwoxsyn Crist & holy chirche
15 & atwoxsyn Crist & cristene soule. And þe feythful loue þat owith
to ben atwoxsyn housebonde & wyf betokenyth þe loue & þe
feith þat owyth to ben atwoxsyn Crist & cristene soule & atwoxsyn
Crist & holy chirche, for þe housebounde schulde louyn his wyf
with trewe loue. And þerfor whan he weddyth hyr he set a ryng
20 on hyr fyngir, whiche ryng is tokene of trewe loue þat owyth
to ben atwoxsyn hem, for þei must louyn hem togedere hertylyche,
& þerfor it is set in þe ferþe fyngyr for, as clerkys seyn, fro þat
fyngyr goth a veyne to þe herte. And he ʒeuyth hyr but on ryng
f. 159ᵛ in tokene þat þey / schuldyn louyn hem togedere syngulerlyche,
25 for as anemyst comunyng of her body þe housebonde schulde
louyn his wif & non oþir & þe wyf hyr housebonde & non oþir.

59 &²] *om. al.*   of] her *add.* L

2 into¹] for ii H   offys] -ficis D; for *add.* H   Also into] and in H
4 aforn] bi- BYL   Adammys] Adam DH   synne] -nyd H   5 Adam-
mys] Adam D   6 first] of hem *add.* Y   8 bryngyng] -gith D   10 &
vnbeʒetyn] *om. al.*   12 wol] ful *al.*   presentyth] re- *al.*   13 þe¹] *om.*
YH   13/14/15/21 atwoxsyn] bitwene BYL   13 & þe manhed]
repeat H   14 very²] *om.* H   16/17 atwoxsyn] be- H   16 house-
bonde . . . wyf] þe housebonde . . . þe wyf R   wyf] and also *add.* H   17 soule]
-lus H   17–18 & atwoxsyn . . . chirche] *om.* H   19 set] -tiþ BL; -tyng
YH   20 is] a *add.* BYL   21 for þei . . . hertylyche] *om.* H   hem²]
om. Y   22 in] on YL   24 togedere syngulerlyche] *trs.* BYL   26 &²]
so *add.* H   hyr housebonde . . . oþir] the husbond H

The ryng is round aboute & hath non ende in tokene þat her loue schulde ben endeles & noþing departyn hem but deth alone. Also þe ryng is maad of gold or of syluer in tokene þat as gold & syluyr pasyn al oþir metalys in value & clennesse so schulde 30 her loue pasyn alle oþir louys & þe housebonde louyn his wyf pasyng al oþre women & þe wyf louyn her housebonde pasyng al men. And as gold & syluyr pasyn alle metalys in clennesse so schulde her loue alle ben set in clennesse & nout comunyn togedere but for bryngyng forth of childryn or to flen fornicacion or to 35 ʒeldyn þe dette of her bodyys. þis loue betokenyth þe loue þat we owyn to God þat is our gostly housebond, to whom we ben weddyd in our bapteme. For we schuldyn louyn hym hertelyche with al our herte, syngulerlyche with al our soule, lestynglych with al our mende, myʒtelyche with al our myʒtys. And þerfor 40 he seyth, Deutero. vi [5]: þu schal louyn þin lord God with al þin herte, with al þin soule, with al þin mende, with al þin myʒt. The housebounde betokenyth Crist, þe wyf betokenyth holy chirche & cristene soule, whyche is Godis spouse & owyth to ben soget to Crist as wif to þe housebonde. Thre ornamentis longyn 45 principaly to a wyf: a ryng on hyr fyngyr, a broche on hyr brest & a garlond on hyr hefd. þe ryng betokenyth trewe loue, as Y haue seyd. þe broche betokenyth clennesse in herte & chaste þat she owyth to han. þe garlond betokenyth gladnesse & þe dignete of þe sacrament of weddloc, for þe housebond betokenyth Crist 50 & þe wyf betokenyth holy chirche, whyche is clepyd qwene & Godys spouse. And þerfor Sent Powyl seith þus: Viri diligite vxores uestras, etc. [Eph. 5: 25], ʒe men, louyth ʒour wyfys as Crist louede holy chirche & put hymself to þe deth for holy chirche; 54 so schuldyn men don ʒif it nedede for her wyfys, as seith þe / glose. f. 160r Men, seith he, owyn to louyn her wyfys as her owyn bodyys. He þat louyth hys wif he louyth hymself. Syth þan þis sacrament of wedlac is so gret & so worchiful in Crist & holy chirche, þerfor euery man loue his wyf as hymself & þe wyf loue hyr

27 hath] om. T   28 but] only add. can. G   29 þat] om. Y   31 house-bonde] to add. H   32 louyn] om. H   33 al] oþer add. al.   alle] oþer add. RTBYLH   34 alle] om. Y   nout] in add. can. G   comunyn] -nyng R; comyne BYL   35 for] om. D; to H   bryngyng] -gyn H   of] om. H   37 we ben] trs. H   40 myʒtys] myght H   41 þin] owur H   43 betokenyth²] om. H   44 whyche] þat H   45 as] & Y   48 betokenyth] om. H   49 þe] And the H   51 beto-kenyth] om. al.   53 louyth] ʒe add. BYL   54 louede] -vith H   þe] om. H   56 Men] schuldyn add. H   he] þey add. L   59 hyr] the H

60 housebonde & dred hym. Women, seith he, mote ben soget to her
housebondys as to her lord, for why man is hefd of woman as
Crist is hefd of holy chirche, & as holy chirche is soget to Crist
so mote women ben sogetys to her housebondys. þese ben þe
wordys of Sent Powyl, ad Ephes. v. [26–9; 22–4].

Cap. iii

Syth þan þe ordre of wedlac is so gret & so worchypful in
Crist & holy chirche as Sent Powil seith, withoutyn doute
þei þat brekyn it or mysusyn it in lust & lykyng of þe flech &
folwyn only her lust as bestis & nout refreynyn hemself be reson
5 & be Godys lawe þei synnyn wol greuously. þerfor we fyndyn
in holy writ, Tobye vi [10–22], þat þer was a woman þat hy3te
Sare, & she was weddyt to seuene housebondys, & a deuyl þat
hy3te Asmodeus slow hem alle, iche aftir oþir, þe firste ny3t
er þei medelydyn with hyr, for þei weddydyn hyr mor for brennyng
10 lust of þe flesch þan for ony cause of trewe matrimonie. Aftir þis þe
angil Raphael cam to 3onge Tobie & seide to hym þat he schulde
weddyn Sare. þan 3onge Tobie seide to þe angyl, 'I haue hard
seyd þat þe deuyl hat powyr ouyr alle men þat weddyn hyr &
sleth hem.' þan þe angil seyde to hym, 'Y schal tellyn þe ouyr
15 whyche men þe fend hat power: ouyr hem þat so takyn wedlac
þat þei potyn God from hem & from her mende and 3euyn tent
to her fleschly lustis, as hors & mule þat han non vndirstondyng.
Ouyr hem þe deuyl hath power. But þu schalt nout takyn hyr
in swyche maner, but thre ny3tis 3e schul kepyn 3ou chast and
20 3euyn 3ou to holy preyere, & þan þu schal takyn þin wyf with
þe dred of God, principaly to bryngyn forth childryn to þe worchyp
of God.' Syth þan þe deuyl hat swych power ouyr hem þat so
mysusyn her wyfis & þe ordre of wedlac, mychil mor power hat

60 seith he] om. L   soget] -gettis Y   61 housebondys] -bond H
lord] -dys TH   why] om. al.   is] þe add. H   62 as] alle add. BYL
to Crist] om. H

1 Syth] om. Y   þan] þat BYL   2 &] in add. L   Sent] om. H
withoutyn doute] om. R   4 nout refreynyn] trs. BYL   5 wol] ful
BYL   7 she] om. H   þat] om. T   7–8 þat hy3te] hos name was H
8 ny3t] om. D   9 er] þat add. BYL   with hyr] togedyr H   hyr²] om. H
11 he] om. T   12 hard] he add. BYL   13–14 & sleth] for to slen
H   14–15 ouyr whyche] on what H   15 fend] deuyl RDTH
16 & from her mende] om. H   17 her] the H   &] or H   19 in]
on H   20 preyere] -ris DTH

he ouyr hem þat brekyn / þe ordre of wedlac & takyn oþir þan f. 160ᵛ
her wyfys. Therfor God bad in þe elde lawe, Deutero. xxii [22], 25
þat ȝif ony man medelyd with anoþir manys wyf þei schuldyn
ben slayn, boþin þe man & þe woman; & Salomon seith þat he
þat doth auouterye for myschef of herte he schal lesyn his soule
& he gaderyth schame & schenchep to hymself & his schame
schal neuyr be don away, Prouer. vi [30–3], wher Salomon seith 30
þat alþou þefte be a greuous synne ȝit in regard of auouterie it is
but a smal synne; & so seith þe grete clerk Bede, & þe glosc also.
Many myscheuys fallyn to hem þat lyuyn in auouterie, mychil
seknesse, mychil myshap, los of good, wansynge of catel & lytyl
foysoun þerynne, sodeyn pouert, euyl name & mychil schame, gret 35
hurt & oftyn maynynge & myscheuous deth, as deth in prysoun
& hangynge, & oftyn sodeyn deth & destruccion of her eyris &
of her herytage. And þerfor Salomon seith: Filii in adulterorum,
etc., þe childryn of hem þat lyuyn in auouterye schul sone ben at
an ende & þe yssu & þe seed þat comyth of þe wyckyd bed schal 40
ben distryyd, & þou þei lyuyn longe þei schul ben nout letyn by
& her laste age schal ben withoutyn worchepe. Naciones inique
dire sunt consumacionis, þei þat ben mysborn comounly
þei han hard ende, Sapien. iii [16–19]. And, as he seith in þe
neste chapitele folwynge, childryn born in auouterye schul 45
ȝeuyn non depe rotys ne settyn non stable ground but þei schul
alwey ben in tempest of tribulacion, her branchys schul brekyn &
her rotys ben pluckyd up, þe fruth of hem schal ben vnprofytable,
þey schul ben wol byttyr in euery mete and able to ryȝt nout,
Sapien. iv [3–5]. In tokene & confirmacioun of þis we fyndyn in 50
þe lawe þat þe holy pope Boneface þe þredde, whiche was a martyr,
wrot to þe kyng of Engelond in þis maner: As it is told opynlyche
be þese contres and broydyn to us þat ben in France & in Ytalie—

---

24 oþir] om. T   26 medelyd] medylle L   anoþir] -ris B   27 þe¹]
om. H   Salomon] þe wyse man al.   29 & schenchep . . . schame]
om. T   &³] for L   30 wher Salomon] and þer he RTBYLH; and
þerfor he D   31 of] to H   32 &¹] om. D   &²] in Y   34 good]
-dis H   36 maynynge] maynees H   as] and H   37 her]
om. al.   38 her] om. RY   Salomon] the wyse man al.   40 an] om.
RDBY   ende] nede D   þe¹] om. T   &²] of DYL   41 distryyd . . .
schul ben] om. L   ben nout] trs. RDTBYH   letyn] set- al.   46 non¹]
no al.   non²] no RDTBYL; a H   49 wol] ful BYL   50 &] of
H   51 þat . . . thredde] erased and scribbled over R   pope] erased
G   52 kyng] scribbled over R   As it is . . .] Nota Anglie add. marg. T
53 broydyn] upbreidid BYL   þat] repeat H

54 & heþene men reprouyn us þerof—þat Englych peple despysyn
f. 161ʳ þe lawys of wedlac & ʒeuyn hem to auouterie & to / lecherie as
dede þe folc of Sodom. But wete it wel, ʒif it be so as men seyn of
hem þe peple þat schal ben born of swyche lecherye & spousebreche
schal ben vngentyl peple & reprof to al her kenrede. þei schul
ben wode in lecherie & alwey þe peple schal comyn to wars &
60 warse & at þe laste ben vnable to batayle, vnstable in þe feith
and withoutyn worchepe & nout louyd of God ne of man, as it
is fallyn to many oþir nacionys for þei woldyn nout knowyn
Godys lawe, d. lvi, Si gens Anglorum. DIUES. It semyth þat
þe prophecie of þat pope is now fulfyllyd, for what auouterie
65 hat regnyd in þis lond manye ʒerys it is no conceyl, & namely
amongis þese lordys whiche han now brouʒt þis lond in byttyr
balys. Som of hem ben slayn & som of hem ʒit lyuyn in mychil
wo. Godis lawe is forʒetyn and defendyd þat men schul nout
connyn it [ne han it in her moder tunge]. The peple is vnworþi
70 & in despyt to alle cristendam for her falshed & her myslyuynge
& so wod in lecherye þat þe broþer is nout aschamyd to heldyn
opynly hys owyn sustre. They ben harlotis in lyuynge, vnstable
in þe feyth, vnable to batayle, ouyrcomyn nyhʒ ouyr al, hatyd of
God & of man, withoutyn grace & sped nyh in al her doynge.
75 PAUPER. Example to þis fyndyn we in þe secunde booc of Kyngis,
xii [9], wher we fyndyn þat whan Dauyd hadde don auouterye
with Bersabee þe wyf of þat noble knyʒt Vrie & aftir þat tretous-
lyche slayn þat knyt, God sente þe prophete Natan to Dauyd &
reprouyd hym of his synne and seyde þat swerd & debat schulde
80 neuere pasyn from hys houshold & from hys kynrede. I schal,
seyth God, reysyn myschef & dishese aʒenys þe of þin owyn
mene & takyn þin wyfis & ʒeuyn hem alle to þin neste & he schal
opynly lyyn be þin wyfys. þu dedyst it priuely; Y schal punchyn

54 &] that H   55 to²] om. BYLH   57 schal] om. H   -breche]
-brekynge they H   61 ne] nor H   62 is fallyn] falliþ BYL   nacionys]
-cion H   63–4 semyth . . . pope] scribbled over R   63 þat] þe DTH
64 pope] peple DH; can. G   65 no] non H   66 lordys] þe add. L
now] after brouʒt Y; after londe L   68 defendyd] forboden BYL
schul] schuld BYLH   nout] comyn hit ne add. RT   69 ne] ner H   ne
han . . . tunge] om. G   70 myslyuynge] -beleuyng DTBLH; -beleve Y
71 in] þe synne of add. L   72 opynly] om. T   73 þe] om. B   vn-
able] -stable T   ouyrcomyn] and son ouercomyn and H   75 to] om. H
77 þat¹] þe TBLH   & aftir] om. T   77–8 tretouslyche] by hym add. L;
dede add. H   81 reysyn] marg. G   82 wyfis] welys T; wijf B   hem
alle to] alle R; hem alle DT   he] they LH   83 wyfys] wijf BYL   þu]
þei þou H   it] om. T

þe opynly. And so it fel, for Absolon his owyn sone kechyd hym
out of his kyngdam & lay be his wifys in syȝte of al þe peple, 85
and was þer neuyr aftyr stabilite in his kyndam. [And ȝet þe
auoutry of Dauid was more punshyd, for þe chylde þat was gotyn
in auoutry dyen sone after for þe synne of þe fader and moder.
And afterward Aamon, Dauyd sone, lay be Thamar, his owne
suster, and þerfor Absolon her broþer slow Aamon hys broþer 90
in tretchery. And alle þese myscheuys felle for Dauid synne
wyt Bersabe.] We fyndyn also in holy writ, Iudicum xx [1–48],
þat for defylyng of on manys wyf wern slayn sexty þousand &
fyue þousand. It is a comoun prouerbe in Latyn: Debile funda-/
mentum fallit opus, A feble grount deceyuyth þe warc; for whan f. 161ᵛ
þe grount is feble & fals þe warc þat is set þeron schal sone fayle. 96
But þe ground & þe begynnynge of euery peple is lauful wedlac
& lauful generacioun in matrimonie, & ȝif þat fayle þe peple
schal ben vnstable & vnþryfty; & þat God schewid wel in þe
begynnynge of þe world, for whan men weddydyn vnlaufulliche 100
& brokyn þe bondys & þe lawys of wedlac whyche God ordeynyd
at þe begynnynge, þan God sente þe gret flod & dystryyd al
mankende saue Noe & his wyf and his þre sonys & her wyfis.

Cap. iv

DIUES. Whan ȝaf God lawys of matrimonye & what lawys
ȝaf he? PAUPER. Whan God hadde mad Adam he put a gret
slep in hym & in his slep he took out on of his rybbys & fylde
up þe place with flesch & of þat rybbe he made Eue & brouȝte
hir to Adam. þan Adam awooc &, as God inspyryd hym, he tolde 5
þe lawys of wedlac & seyde þus: This bon is now of myn bonys
& þis flesch of myn flesch; for þis þing man schal forsakyn fadyr &
modyr & cleuyn to his wyf & þer schul ben two in on flesch,

84 fel] bi- BYL   kechyd] droue *al.*   85 wifys] wijf BYLH   in]
þe add. *al.*   86 stabilite] ne pees *add.* L   86–92 And ȝet . . . Bersabe]
om. G (*source* R)   87 þe] þat T   gotyn] bi- BYL   88 dyen]
diede BYLH   89 -ward] *om.* H   90 her] his H   hys broþer]
om. H   92 in holy writ] *om.* H   93 for] þe *add.* LH   defylyng]
the filyng D   on] a LH   wyf] *om.* (wife or concubine or whore *add. marg.*
in later hand) R   93–4 & fyue þousand] *om.* H   99 vnþryfty]
-trusti H   100 weddydyn] weddyn H   101 bondys . . . lawys] *trs.* Y
&²] of T

3 hym] Adam BYL   5 hir] his H   God] he H   tolde] toke
TBYLH   8 wyf] *om.* D   þer] þey *al.*

Genesis ii [24]. In whiche wordys, whan he seide þat man for his
10 wyf schulde forsakyn fadyr & moodir & cleuyn to his wif, he
schewyd þe sacrament of trewe loue & vnyte þat owith to ben
atwoxsyn housebonde & wyf; & be þe same wordis he schewyd
what feith owith to ben atwoxsyn hem, for he schal cleuyn to hys
wyf & medlyn with hyr & with non oþir & she with hym & with
15 non oþir. And in þat he seyde þat þer schuldyn ben two in on
flesch he schewyd þat þei schuldyn medlyn togedere principaly
to bryngyn forth childryn to Godys worchepe, for in her child
housebond & wyf ben on flesch & on blood. Also in þat he seyde
þat þe housebonde schulde cleuyn to his wyf he defendyth for-
20 nicacion and auouterie. And in þat he seyde in þe singuler numbre
—to hys wyf & nout to his wyfys—he defendyd bygamye, þat a
man schulde nout han to wyfys togedere ne on woman to house-
boundys togedere. And in þat he seyde þat þei two schuldyn
f. 162ʳ ben / in on flesch he defendyd sodomye. And also be þe same wordis
25 he schewith þat iche of hem hat power ouyr oþeris body & non
of hem may conteynyn but þei ben boþin þerto of on assent.
DIUES. Why made God woman mor of þe rybbe of Adam þan
of anoþir bon? PAUPER. For þe rybbe is nexst þe herte, in
tokene þat God made hyr to ben mannys felawe in loue & his
30 helpere. And as þe rybbe is nexst þe herte of alle bonys, so schulde
þe wyf ben nexst in loue of alle women & of alle men. God made
nout woman of þe foot to ben mannys þral ne he made hyr
nout of þe hefd to ben hys maystir but of his syde & of his
rybbe to ben his felawe in loue & helper at nede. But whan
35 Eue synnyd, þan was woman maad soget to man, þat þe
wyf schulde ben rewlyd be hyr housebonde & dredyn hym &
seruyn hym as felaw in loue & helper at nede & as nest solas
in sorwe, nout as þral & bonde in vyleyn seruage, for þe housebonde

12/13 atwoxsyn] betwene BYL; be- H   14–15 & she . . . oþir] om. Y
15 þat²] before he H   þer] þey al.   in²] and H   16 principaly] for add.
Y   17 forth] marg. G   child] -dryn H   19 þat] om. L   defen-
dyth] -did R; forbediþ BYL   20 in¹] om. al.   21 nout] in the plurel
noumbir add. H   defendyd] forbediþ BYL   22 han to wyfys] to wyfys
han corrected G   ne] nor H   on] a TB   23 þat²] om. L   þei] þe Y
two] after ben al.   24 defendyd] forbad BYL   25 schewith] -wid H
26 may conteynyn] ben contynent H   þei . . . assent] be assent of
hem (hem om. H) boþen al.   31 of alle²] om. H   32–3 ne . . . nout]
ner H   33 hys maystir] master to man H   his¹] þe R; om. T   34–7 But
. . . nede] om. L   35 maad] om. H   37 hym] om. R   nest] confort
and add. H   38 bonde] bone D   vyleyn] velany and H

owyth to han his wyf in reuerence & worchepe in þat þey ben
boþin on flesch & on blood. DIUES. Why made nout God woman 40
be hyrself of þe erde as he dede Adam? PAUPER. For to moryn
her loue togedere & also to ȝeuyn woman materie of lownesse.
First for moryng of loue, for in þat woman is part of mannys body
man must louyn hyr as hys owyn flesch & blood, and she must
also louyn man as hyr begynnyng & as hyr flesch and hyr blood. 45
Also she owyth takyn gret materie of lownesse & þynkyn þat man
is hir perfeccioun & hyr begynnynge & han man in reuerence as
hyr perfeccioun, as hyr principal, as hyr begynnyng & hyr firste
in ordre of kende. God made al mankende of on, for he wolde
þat al mankende schulde ben on in charite as þey comyn al of on. 50

Cap. v

DIUES. Weþer is auouterie gretere synne in þe man þan in þe
woman? PAUPER. Comounly it is mor synne in þe man þan
in þe woman, for þe heyere degre þe harder is þe fal & þe synne
mor greuous. Also man is mor myȝty be weye of kende to with- 4
stondyn & hat mor skyl & resoun / wherby he may withstondyn f. 162ᵛ
and bewar of þe fendis gyle. And in þat he is mad maystir &
gouernour of woman to gouernyn hyr in vertue & kepyn hyr
from vycis, ȝif he falle in vycis and in auouterie mor þan woman
he is mychil to blame & worþi to ben reprouyd schamfully.
Therfor Sent Austyn, libro De decem cordis, vndirnemyth house- 10
bondys þat fallyn in auouterie & seith to iche of hem in þis maner:
God seith to þe þat þu schal don non lecherie, þat is to seye, þu
schalt medelyn with no woman but with þin wyf. þu askyst þis
of þin wyf, þat she medele with non but with þe, & þu wilt nout
ȝeldyn þis ne kepyn þis to þin wyf. And þer þu auȝtyst ben aforn 15
þin wyf in vertu þu fallys[t] doun vndir þe byr of lecherie. þu
wilt þat þin wyf be ouyrcomere of lecherye & han þe maystry of

39 þat] that add. H   41 erde] om. D   moryn] encrese BYL
42 to] for to H   materie] om. D   43 moryng] encresing BYL   þat]
that add. H   44–5 must also] trs. RDTH   45 also] before she BYL   hyr³]
om. H   46 owyth] to add. al.   48 &] as add. RDTH   49 of¹] and H
1 þan] or BYLH   2–3 þan . . . woman] om. al.   3 degre] þe gree L
6 þat] þat add. H   8 vycis and in] om. H   mor] om. D   10 libro]
in libro BYL   12 þat¹] om. RDTBYL   14–15 & þu . . . wyf] om.
DBYLH   15 And] om. H   ben] to ben H   aforn] bi- BYL
16 fallyst] -lys G   vndir] in H   byr] filþe BYL; myre H   17 ouyr-
comere] nout overcom H   &] but H

þe fend, & þu wilt ben ouyrcomyn as a coward & lyn don in
lecherye. And noutwithstondyng þat þu art hefd of þin wyf
20 ȝet þin wyf goth aforn þe to God & þu þat art hefd of þin wif gost
bakward to helle. Man, seith he, is hefd of woman, & þerfor
in what houshold þe woman lyuyth betere þan þe man in þat hous-
hold hongyth þe hefd donward, for sith man is hefd of woman he
owith to lyuyn betere þan woman & gon aforn his wif in alle
25 goode dedys þat she mon suhyn here housebounde & folwyn
hyr hefd. The hefd of iche houshold is þe housebonde & þe wyf
is þe body. Be cours of kende, þedir þat þe hefd ledyth þedir
schulde þe body folwyn. Whi wil þan þe hefd þat is þe housebounde
gon to lecherie & he wil nout þat his body, his wyf, folwe? Why
30 wil þe man gon þedyr whydir he wil nout þat his wif folwe?
And a lytyl aftir in þe same booc Sent Austyn seith þus: Day
be day pleyntis ben maad of mannys lecherie alþouȝ her wyfys
dur nout plenyyn hem on her housebondys. Lecherie of men is
so bold & so custumable þat it is now takyn for a lawe insomychil
35 þat men tellyn her wyfys þat lecherie & auouterie is leful to men
but nout to women; þus seith Sent Austyn. DIUES. And sumtyme
it is herd & wust þat wyfys ben takyn lychynge with her seruans /
f. 163ʳ & brout to court afor þe iuge with mychyl schame. But þat
ony housebounde is so brout to court aforn þe iuge for he lay
40 with ony of his women, it is seldam seyn. PAUPER. And þouȝ,
as seith Sent Austyn in þe same booc, it is as gret a synne in þe
housebonde as in þe wif & somdel mor; but forsoþe, seith he, it
is nout þe trewþe of God but þe schrewidnesse of man þat
makyth man lesse gylty þan woman in þe same synne. Men
45 ben nout so oftyn takyn in auouterie ne punchyd for auouterie
as women ben, nout for þei ben lesse gylty but for þat þei ben
mor gylty & mor myȝty & mor sley to meynteþin her synne, and
nyh iche of hem confortith oþir in his synne. Men ben witnessis,
iugis & doerys to punchyn auouterie in woman. And for þei

20 þe] om. T   þat] om. Y   þat art . . . gost] om. H   wif] & add. Y
21 seith] that add. H   24 þan] the add. H   25 suhyn] sen Y   26 &]
but Y   27/30 þedir] dedir D   28 wil] wolde BYLH   30 wil¹] wolde
BYLH   whydir] wher H   wil²] wold H   folwe] go Y   32 al-] and H
33 on] of RDTBYL; to H   34 a] om. TY   35 men²] man H   36 but]
om. D; and H   women] -man H   þus . . . Austyn] om. H   37 herd . . . wust]
trs. BYL   38/39 to] the add. H   38 afor] bifore BYL   39 aforn] bifore
BYL   39–40 he lay with] defowlyng of H   40 women] womds [sic] H
þouȝ] ȝit BYL   41 a] om. BYL   45 ne . . . auouterie] om. H
47 gylty & mor] om. H   48 of hem] om. H   his] om. H

ben ouyrdon gylty in auouterye þerfor þei trauaylyn nyh alle 50
with on assent to meynteþin her lecherie. In woman is seldam
seyn auouterie & þerfor it is wol slaundrous whan it fallyt &
hard punchyd. But in men it is so comoun þat þer is vneþis
ony slaundre þerof. Women dur nout spekyn aȝenys þe lecherye
of men, & men wyl nout spekyn to reprouyn lecherye of man 55
for þei ben so mychil gylty. Synne þat seldam fallyth is mest
slaundrous & þou in caas lesse greuous, & synne þat oftyn fallyt
& is mest in vhs is lest slaundrous & þou it is mest greuous. For
þe mor custumable & þe mor bold þat men ben in synne & þe lesse
drede & schame þat men han to synnyn þe mor greuous is her 60
synne. Therfor Sent Austyn in þe same place spekith mor of þis
materie aȝenys þe lecherye of men & seith þus: Perauenture þi
wif herith in chirche be prechynge þat it is nout leful to þe to
takyn ony oþir but þin wyf. She comyth hom and grochyth
aȝenys þin lecherie & seith to þe þat þu dost þing þat is nout leful: 65
for why we ben boþin cristene, þe chastite þat þu askyst of me
ȝeld þu to me; I owe to þe feith & þu owyst feith to me, & boþin
we owyn feith to Crist. þouȝ þu deceyue me þu deceyuyst nout
God, whose seruans we ben boþe. þu deceyuyst nout hym þat
bouȝte us boþe, for he knowyth al. But wenyst þu, seyth Sent 70
Austyn, þat þe man wil ben helyd & amendyd with hyr wordis? / f. 163ᵛ
Nay, nay, seith he, but onon he schal be wroth, he schal ben wood
boþe with his wif & with þe prechour & cursyn þe tyme þat hys
wyf cam to chirche to heryn þe trewþe. þese ben þe wordis of
Sent Austyn in þe same booc; & ȝet aftir in þe same booc he seith 75
þus: Perauenture þu lechour wilt excusyn þe & seyn, 'Y take non
oþir manys wyf but Y take myn owyn seruant.' Wilt þu, seith
he, þat þin wyf seye so to þe: 'Y take non oþir housebonde, Y
take but myn owyn seruant'? God forbede þat þin wif schulde
seyn so to þe. Bettere it is þat she haue sorwe of þin synne þan 80
folwe þe or take wickyd example of þe. þin wif is chast & an holy

51 is] wol add. can. G   52 wol] ful BYL   54 þe] om. H   55 reprouyn]
þe add. BYL   man] women Y   57 þou] ȝit BYL; is be add. H
57–8 & synne . . . greuous] om. L   58 mest¹] oft BY   58–9 in vhs
. . . custumable] able D   58 &²] om. H   þou] ȝit BY   61 þis] the
same H   62 þe] om. H   64 but] than H   65 þin] the D   66 þu]
it add. H   68 þouȝ] If H   nout] om. H   69 ben] schuld be H
70 al] þing add. T   73 his] the H   with²] om. D   74–5 þese . . .
booc he] And ȝit moreouer Seynt Austyn H   77 oþir] -eris B   but] om.
L   78 oþir] om. H   housebonde] man add. RDTH   78–9 Y take but]
but I take R   79 owyn] om. DBYLH   þin] þe B   81 &] om. L

woman & a trewe cristene woman. She hat sorwe of þin lecherie,
nout for þe flesch but for charite, & þin wyf wolde þat þu dedist
nout omys, nout for þat she doth nout omys but for it is nout
85 spedful to þe. For ʒif she kepte hyr chast & dede non lecherie only
for þat þu schuldist don non lecherie, ʒif þu dedist lecherie sche
schulde don lecherie. But for þat þe gode woman kepyth chastete
nout only for þe feith þat she owith to þe but also for þe feith
þat sche owith to Crist, for þouʒ þe man do omys ʒit þe woman
90 ʒeuyth hyr chaste to God. Therfor Sent Austyn seith in þe same
place: Cryst spekith in þe hertys of goode women withynnyn in
her soule þer hyr housebonde heryth it nout, for he is nout worþi
to heryn it, & confortyth his douʒtyr with swyche maner wordis:
'þu art euele dishesyd with wrongis of þin housebounde. What
95 hat he don to þe? Y preye þe haue pacience. Be sory of his mysdede,
but folwe hym nout to don omys, but mote he folwyn þe in
goodnesse, for in þat he doth omys leet hym nout ben þin hefd
to ledyn þe but let þin God ben þin hefd. For ʒif þu folwe hym as
hefd in his schrewydnesse boþin hefd & body schul gon doun to
100 helle'; and þerfor mote nout þe body þat is þe wif folwyn þe
wyckyd hefd but mote she heldyn hyr to þe hefd of holy chirche
f. 164ʳ þat is Crist. To hym þe wyf / owith hyr chaste; to hym principaly
she must don worchepe, for he is principal housebond. Be hyr
housebounde present be he absent, þe goode woman alway schal
105 kepyn hyr chast, for Crist hyr housebounde to whom principaly
she owyth hyr chaste is neuyr absent. Chanchyth ʒour lyf, ʒe
men lechourys, seith Sent Austyn þere, & from hensforþeward
be ʒe chaste, ne seyth nout þat ʒe mon nout kepe ʒou chaste, for
it is schame to seye þat a man may nout don þat a woman

82 & a . . . woman] om. H   þin] om. T   83 þe] her H   84 nout¹]
om. T   þat] þat add. H   nout⁴] om. T   85 she] the D   non] no al.
85–6 only . . . lecherie¹] om. H   86 non] no al.   lecherie²] in purpos
þat add. L   87 schulde] be thyn synne han occasyon add. H   don]
to Y   lecherie] þou synnest greuously add. L   þat] om. H   90 ʒeuyth]
kepith H   chaste] chastite H   seith] before Sent BYLH   same] om. T
91 place] book H   women] men R   92 soule] -lis H   -bonde] -bondis
H   it] om. H   93 maner] om. H   94 þu] that H   wrongis] wrong
H   94–5 What hat he] that he hath H   96 nout] now H   96–7 þe
in . . . hefd] om. D   97 in] om. L   þat] þat add. BYL   102/106 chaste]
chastite H   102 to hym] om. H   103 don] hym add. H   principal]
-ly T   103–4 Be . . . absent] whethir her husbond be present or absent
H   104 be he] or T   alway] before chast T   105 principaly] om. H
107 men lechourys] lecherows men H   108 seyth] ʒe add. BYL   109 þat¹]
than H   a¹] om. DTBYLH   a²] om. YH

doth ne ben so chast as a woman is. The woman be ryth hat as 110
frele a flech as þe man, & woman was first deceyuyd of þe neddere.
3our chaste wyfis shewyn to 3ou þat 3e mon ben chast 3if 3e wiln.
þese ben þe wordis of Sent Austyn.

Cap. vi

DIUES. Women mon betere ben chast þan men for þei han
mychil kepyng upon hem. The lawe byndith hem to chaste.
Her housebondis ben besy to kepyn hem, & harde lawys ben
ordeynyd to punchyn hem 3if þey don omys. PAUPER. To þis
answerith Sent Austyn in þe same booc & seith þus: Mychil 5
kepynge makith woman chast, & manhod schulde makyn man
chast. To woman is ordeynyd mychil kepynge, for she is mor
frele. Woman is aschamyd for hyr housebound to don omys,
but þu art nout aschamyd for Crist to don omys. þu art mor
fre þan þe woman for þu art strangere & lythlyere þu my3t ouyr- 10
comyn þe flesch & þe fend 3if þu wilt, and þerfor God hat betakyn
þe to þe. But on woman is mychil kepyng of hir housebonde,
dredful lawys, good norture, gret schamfastnesse & god principal;
& þu, man, hast only God abouyn þe. þin wif fleth lecherie for
dred & schame of þe, for dred of þe lawe, for good norture & 15
pryncipaly for God. But for alle þese þu kepist þe nout chast ne
þu leuyst nout þin lecherie neyþer for dred of God ne for Godis
lawe ne for schame of þe world ne for schame of þin wyf, to whom
þu art boundyn to ben trewe, ne þu wilt leuyn it for no good norture
but lyuyn as an harlot & vsyn harlotis manerys; þu art nout 20
ascha/myd of þin synne, seith Sent Austyn, for so many men f. 164ᵛ
fallyn þerynne. þe schrewidnesse of man is now so gret þat men
ben mor aschamyd of chaste þan of lecherie. Manquellerys,
þeuys, periurerys, fals witnessis, raueynouris & false men ben
abhominable & hatyd amongis þe peple, but hoso wil lyn be his 25

---

110 doth] may don H   be ryth] naturaly H   111 a] of *ins.* T; *om.* H
þe¹] *om.* H
8 hyr] his R   to don] that doth H   10 fre] freele H   þe] *om.* D
strang-] strong- *al.*   11 wilt] woldyst H   and] *om.* BYL   betakyn] takyn H
12 þe¹] hire TH   on] a H   is] hath H   13 principal] -ly H   15 dred¹]
dre H   for²] and R   16 þe nout] *trs.* L   16/17/18 ne] nor H   17 nout]
om. R   for²] drede of *add.* L   18 lawe] -wys BYL   19 ne] ner
LH   wilt] not *add.* H   it] *om.* RY   21 for] *om.* L   22 þerynne] þat
add. L   24 witnessis] -nesse H

woman & ben a bold lechour, he þat is louyd, he þat is preysyd,
& alle þe woundis of his soule turnyn into gamyn. And ȝif ony
man be so hardy to seyn þat he is chast & trewe to his wif & it
be knowyn þat he be swiche, he is aschamyd to comyn amongis
30 men þat ben nout lyk hym in manerys, for þei schul iapyn hym
& scornyn hym & seyn þat he is no man, for manys schrewydnesse
is now so gret þat þer is no man holdyn a man but he be ouyrcomyn
with lecherie, and he þat ouyrcomyth lecherie & kepit hym chast
he is letyn no man. þese ben þe wordis of Sent Austyn in þe same
35 booc. DIUES. Me maruaylyth mychil þat Sent Austyn & þu
also accusyn men so mychil of lecherye & puttyn mor defaute in
man þan in woman. PAUPER. Crist dede þe same. We redyn in
þe gospel, Io. viii [2–11], þat on a tyme whan Crist sat in þe temple
of Ierusalem techynge þe peple Godis lawe þan þe scribis &
40 þe men of þe lawe & þe Phariseis brouȝtyn a woman newly takyn
in auouterye & settyn hyr aforn Crist & seydyn to hym al in
gyle: 'Maystir, þis woman ryȝth now is takyn in auouterie. þe
lawe of Moyses byddith us stonyn alle swyche, but what seist
þu þerto?' Al þis þei seydyn in gyle, for hadde he bodyn hem
45 stonyn hyr he hadde seyd aȝenys his owyn prechyng, for his
prechyng & techyng was ful of mercy & of pyte. And ȝif he hadde
se[yd] þat she schulde nout ben stonyd þan hadde he seyd aȝenys
Moyses lawe & þan þey woldyn han stonyd hym. þerfor Crist
seyde neyþer þat she schulde ben stonyd ne þat she schulde
50 noȝt be stonyd, but he stupyd doun & with his fyngir he wrot in
þe erde, and whan he hadde wrytyn awhile he sette hym ryȝt
up aȝen & seyde to hem: 'Whyche of ȝou be withoutyn synne,
he cast on hyr þe firste ston.' And eftsonys he stupyd doun &
f. 165ʳ wrot in / þe erde; & whan þe accousouris of þe woman hardyn

26 þat¹] om. R; it is þat L   þat²] om. al.   28 man] om. R   29 swiche]
won add. H   30 nout] om. RH   manerys] maner BYL   iapyn hym]
iapyngly D; iape BYL   30–1 iapyn . . . seyn] seyn iapyngly H   31 hym]
om. T   32 but] if add. H   ouyr-] om. T   34 letyn] holdyn al.   þe²] that H
34–5 same booc] boke De decem cordis al.   36 so mychil] om. T   37–8 in
þe gospel] om. H   39 Godis lawe] his lawis al.   40 þe²] om. al.   41 settyn]
settiden BL   aforn] bi- BYL   al] om. R   44 þu] om. T   hadde he] if
Crist had H   he] om. D   45 stonyn] -nyd TBYH   46 of²] om. al.
47 seyd] seith G   ben] a ben RDTBYL   48 þey woldyn] trs. BYL
hym] and add. al.   Crist] he al.   49–50 þat she¹ . . . stonyd] þe ton ne þe
toþer al.   50 stupyd] stope R   he²] om. BYL   51 he²] a H   51–2 ryȝt
up] trs. BYL   52 be] that is H   53 he¹] late hym H   þe firste] trs. BL
eftsonys] efte RDTBYL; than H   doun] aȝen add. H   54 in] on L   þe¹]
om. B   þe³] þis R; same add. L

þese wordis of Crist & seyyn his wrytynge þei wern aschamyd & 55
wentyn out, iche aftir oþir, & þe eldist wente out first & non of
hem lefte þere, for, as seyn þese clerkys, iche of hem saw3 in
þat wrytynge alle þe synnys þat he hadde don, of lecherie, of
spousebreche or of ony oþir synne, & iche of hem wende þat
alle oþere aboutyn haddyn seyn hys synnys, & so for dred & for 60
schame þei wentyn out, for þei seyyn wel þer þat þei wern mor
gylty in lecherye þan þe woman & mor worþi to ben stonyd.
But Crist of his goodnesse wrot so þat iche of hem saw þer his owyn
synne & non oþir manys, so 3euynge us example to hydyn oþir
mennys synne & nout diffamyn our euene cristene whil her synne 65
is pryue. And whan þei wern þus gon out for dred & schame þan
Crist seyde to þe woman: 'Wher ben he þo þat accusedyn þe?
No man hat dampnyd þe.' 'Lord,' seyde she, 'þat is soth. No
man hat dampnyd me.' þan Crist seyde to hyr: 'Ne Y schal nout
dampnyn þe. Go, & be in wil no mor to synne.' DIUES. Be þe 70
lawe she was worþi to deyyn. Why wolde þan Crist þat 3af þe lawe
sauyn hyr? PAUPER. Alþou3 she wer worþi to deyyn 3it hyr
accusouris & þat peple þat brou3ten hyr þedyr wern nout worþi
to dampnyn hyr ne to pursuyn hyr deth, for þei wern mor gylty
þan þe woman. And þerfor, seith þe glose in þat place, þou3 75
þe lawe bydde hem be slayn þat ben gylty 3it þe lawe wil nout þat
þei schul ben slayn be hem þat ben gylty in þe same synne. But
he þat is vngylty in þe same synne schal punchyn hym þat is
gylty. And þerfor seith þe glose þat þei þat so acusyd þe woman
be ry3t of þe lawe, or þei mustyn a letyn hyr gon or ellys ben 80
stony[d] with hyr, for þei wern mor gylty in þat synne þan þe
woman. And so be þe lawe Crist delyueryd here ry3tfullyche &
sauyd hyr mercyabelyche. Therfor seith þe lawe of holy chirche
þat þo þat ben gylty in ony gret synne schuldyn nout ben takyn

---

55 þese] þe R   56 iche aftir oþir] ferste & none of hem D   58 þe]
her owyn H   synnys] synne H   he] þei TH   of¹] in H   59 -breche]
-brekyng H   60 synnys] synne DTBYLH   61 out] awey H   þer]
om. al.   62 in] of H   63 wrot] wrout RD; wrou3te TBYL
64 non] of hem sawe add. L   manys] synne add. L   65 synne¹] -nes L
66 whan] what H   þus] om. DBYLH   67 Crist seyde] trs. BYL   he
þo] þey al.   68 seyde] seith TBLH   she] he D   69 Ne] Nor LH
71 deyyn] bene ded al.   73 þat¹] þe al.   74 hyr²] to add. BYL
75 And þerfor] repeat R   77 schul] schuldyn not T; schulden BYLH
78 hym] hem H   is²] ben H   80 þe] om. RDTBYL   gon] agon H
81 stonyd] -nyth G   82 þe] om. H   here] om. R   ry3tfullyche] -fulle H
84 þo] thei H

85 for accusouris ne for witnesse in dom, no manqwellerys ne þeuys
f. 165ᵛ ne wychis, / iugulourys, robbouris of chirchis, rauenouris ne
opyn lechouris ne þei þat ben in auoutrye ne þei þat poysonyn
folc ne periureris ne fals witnessis ne þei þat gon and askyn conceyl
of wychys; alle þese & swyche oþere ben vnable for to acusyn in
90 dom or to beryn wytnesse in doom, but it be for to acusyn hem
þat ben her felawys & helperis in her synne, iii, q. v, Constituimus,
et vi, q. i, Qui crimen. And Sent Ambrose seith þat only he þat
is worþi to ben domysman & dampnyn þe errour of anoþir þat
hat nout in hymself þat is dampnable, super Beati immaculati,
95 iii, q. vii, Iudicet. And þerfor þe lawe put many cas in whyche
þe housebounde may nout accusyn his wyf of lecherie, first
ʒif he be gylty in þe same, xxxii, q. vi, Nichil iniquius. Also ʒif
he ʒeue hyr occasion to don fornicacioun be withheldynge of
dette of his body, xxvii, q. ii, Si tu. Also ʒif she be defylyd be
100 strencþe & gret violence aʒenys hyr wil, xxxii, q. v, Ita ne. Also
ʒif she wene þat her housebond be ded, xxxiv, q. i [Cum] per belli-
cam. And ʒif she be weddyd to anoþir wenyng þat hyr housebonde
be ded, whan he comyth hom she must forsakyn þe secunde house-
bonde & wendyn aʒen to þe firste; and but she forsake þe secunde
105 onon as she knowith þat hyr firste housebounde is on lyue ellys
she fallith in auouterye and hir firste housebonde may accusyn
hyr & forsakyn hyr. Also ʒif she be deceyuyd & medelyth with
anoþir wenynge þat it wer hyr housebonde, xxxiv, q. ii, In lectum.
Also ʒif he knewe hyr lecherie & suffryth hyr in hyr synne &
110 medelyth with hyr aftir þat he knowyth hyr synne or forʒeuy[th]
it hyr & reconcylith hyr to hym, þan may he nout accusyn hyr,

85 accusouris] acuser D ne¹] nor L for²] om. al. witnesse] -nessys
RDTBYL no] nor H ne²] no BYL; nor H 86 ne wychis] om. DH;
no wickid BYL ne²] nor H 87 ne¹ ne²] ner LH þei¹] the H
ben] levyn H þei²] om. T poysonyn] en- Y 88 ne¹] nor H witnessis]
-nesse H ne³] ner LH gon and] om. al. 89 & swyche] om. R
acusyn] be acusid T 90 or] om. H but] if add. BYLH for]
om. Y acusyn] -sid T 91 v] om. H 92 i] li BYLH he þat]
trs. H þat²] om. RDTBYL 93 þe] om. T 94 nout] om. T
Beati] & add. G 95 many] a add. BY; a a add. L 97 vi] vii
RH 99 xxvii, q. ii] xxii, q. vii BYL defylyd] -foulid BYL be²]
wyt RH 101 be] wor H Cum] Si all MSS 103 be] wore H
þe] hir L 103-4 housebonde . . . secunde] om. H 105 firste]
om. H on lyue] alyue al. ellys] repeat H 106 fallith] leuyth L
and] than add. H 107 Also] And H 108 wenynge þat] wenyn H
109 knewe] knowe RDTH 110 aftir] -ward R forʒeuyth]
-ʒeuyd G

xxxii, q. i, Si quis vxorem. Also ӡif hyr housebonde put hyr to don omys, Extra, lib. iii, ti. xiii, Discrecion[em]. Also ӡif an heþene man forsake his heþene wif & she be weddyt to anoþir heþene man & aftir þei ben boþin turnyd to cristene feith, þan is he bondyn   115 to takyn hyr aӡen but she felle in ony oþir fornicacioun, nout-/ wythstondynge þat she be knowyn flechly of þe secunde house-   f. 166ʳ bonde, Extra, lib. iv, De diuorciis, [ti. 19] c. Gaudemus, et Si ergo.

Cap. vii

DIUES. Is a man boundyn to forsakyn hys wyf whan she fallith in fornicacioun? PAUPER. Or þe fornicacion is priue or it is opyn. Ӡif it be pryue & may nout ben prouyd he schal nout forsakyn hyr opynlyche ne he is nout bound to forsakyn hyr pryuelyche as anemyst þe bed. Ӡif hyr fornicacion be opyn, or   5 þer is hope of amendement or þer is non hope of amendement. Ӡif she wil amendyn hyr & þer be good hope of amendement he may lefullyche kepyn hyr stille. Ӡif þer be non hope of amendement he owith nout kepyn hyr stille, for ӡif he do it semyth þat he con-sentyth to hyr synne, Summa confessorum, lib. iv, ti. xxii, q.   10 vi, Quero, etc. DIUES. May a man be hys owyn autorite forsakyn his wif ӡif she falle in fornicacion? PAUPER. As anemyst hyr bed he may forsakyn hyr be his owyn autorite but nout as anemyst dwellynge togedere, withoutyn autorite of holy chirche, and ӡif he forsake her company as anemyst dwellynge withoutyn autorite   15 of holy chirche he schal ben compellyd to dwellyn with hyr but he mon onon prouyn hyr fornycacioun. Ӡif a man medele with his wif aftir þat he knowith hyr fornicacion he is irreguler þou he be compellyd þerto be holy chirche, in Summa confessorum, lib. iv, ti. xxii, q. vii, Vtrum vir. Ӡif þe housebonde be departyd from   20 his wyf be autorite of holy chirche he may, ӡif he wil, entryn into religion withoutyn hyr leue. But wheþir he entre or nout entre

113 Discrecionem] -nis RH; -ni DTG   114 heþene²] weddyd RDTH
115 man] om. H   ben] om. T   116 she felle] the be D; if she be fallyn
H   in] -to H   oþir] om. T

2 Or] Eiþer BYLH   3 or] elis add. H   4 opynlyche . . . hyr] om.
D   ne] nor H   hyr²] his H   5 or] eiþer BY   6 or . . . amende-
ment] om. L   of amendement²] om. H   7 hyr] om. H   þer be] trs. T
amendement] than H   9 nout] to add. H   þat] if that H   12 hyr]
om. L; repeat H   13 as] om. BYLH   16 but] if add. H   17 a man]
he H   17–18 his wif] hir H   22 nout entre] nout RDTH; nay BYL

he is bondyn to continence al hyr lyue & he may non oþir wif
han as longe as she lyuyth, for only deth departyth þe bond of
25 wedlac. DIUES. Contra, ȝif a man wedde a woman he may entryn
religion er he medelyth with hyr, & she may takyn anoþir house-
bonde & þouȝ ȝit her neyþer is ded. PAUPER. þer is bodyly
deth & gostly deth þat is entre into religioun, for þan man &
woman deyyth anemyst þe world. Ȝif he medele with her bodylyche
30 only bodyly deth may departyn hem as anemyst þe bond of wedlac.
f. 166ᵛ But er þat he medelyth with hyr / bodylyche, gostly deth þat is
entre into religion may departyn hem, for til whan þei medelyn to-
gedere bodylyche þe bond of hyr wedlac is but gostly & þerfor
gostly deth brekith þat bond. And forasmychil, leue frend, as þe
35 housebonde is as wel boundyn to kepyn feith to his wif as þe
wyf to þe housebonde, þerfor ȝif þe housebonde trespase &
falle in fornicacion she hat as gret accioun aȝenys hym as he schulde
han aȝenys hyr ȝif she dede omys, quia quo ad fidem matrimonii
iudicantur ad paria.

Cap. viii

DIUES. Y may wel assentyn þat auouterie be a wol greuous
synne boþin in man & in woman, but þat simple fornicacion
atwoxsyn sengle man and sengle woman schulde ben dedly synne
Y may nout assentyn þerto, and comoun opynyon it is þat it is
5 non dedly synne. PAUPER. Euery synne þat excludith man or
woman out of hefne is dedly synne, but symple fornicacion ex-
cludith man & woman out of hefne but þei amendyn hem;
ik[e] þan symple fornicacion is dedly synne. DIUES. Wher fyndist
þu þat simple fornicacion excludith man & woman out of heuene?
10 PAUPER. In þe pystil of Sent Powil wher he seith þat no fornicariis
ne þei þat don auouterie ne sodomytis ne þeuys ne þei þat worche-
pyn mametis ne glotonys ne wickyd spekerys ne þei þat lyuyn

23 hyr] his H   25 Contra] te add. Y   27 þouȝ] om. BYH   þouȝ
ȝit her] om. L   neyþer] of hem add. L   28 &²] or RDTBH   30 may
departyn] must partyn H   as] om. H   32 whan] that H   35 wif] om. H
37 falle in] om. Y   in] to H   as²] a D   he] þe husbonde L   37–8 schulde
han] hath L   38 hyr] his wyf RDTBY; þe wyf L   she] the D

1 wol] ful al.   3 atwoxsyn] be- RDT; betwene BYLH   schulde] shulle
H   4 comoun . . . is¹] it is a comown opynyon H   5 non] no al.
6 but] om. L   7 but] if add. H   hem] her add. al.   8 ike] þerfore
BYL; ik G   ike þan] greg (error for ergo?) H   9 man] a man L   &
or H   out of] from H   10 pystil] e- R   11 ne¹] nor H
11–12 þei . . . mametis] mametrerys al.   12 ne³] nor H

be raueyn schul han þe kyngdam of heuene, I ad Corinth. vi
[9–10]. And in þe chapitele nexst aforn he byddyth þat men schul-
dyn nout medelyn with swyche fornicariis & with swyche wyckyd 15
lyuerys, nout etyn with hem ne drynkyn with hem, for þei ben
acursyd of God & of alle þe company of heuene. And in anoþir
pistil Sent Powil seith þus: Wetith it wel & vndirstondith it wel
þat no fornicarie ne vnclene man of his body ne fals couetous
man schal han heritage in þe kyngdam of Crist & of God, & 20
þerfor, seith he, letyth non fornicacioun ne vnclenesse ne auarice
ben nemelyd in 30u, non fylþe, non foly speche, non harlotrie,
but al maner honeste, as it besemyth sentis, ad Ephes. v [3].
And in anoþir place he seith þat God schal demyn fornicariis 24
& hem þat don / auouterie, ad Ebreos xiii [4], þat is to seye, as f. 167ʳ
seith þe glose, God schal dampnyn hem withoutyn ende alþou3
þei wenyn nout so but seyn þat God 3euyth no tale of flechly
synne. And þerfor Sent Ion seith in þe booc of Godis priueteis
þat to fornicariis & manquelleris, to lyerys and periureris &
swyc[he] oþir cursyd folc her part schal ben in þe pit wellynge 30
& brennynge with fer & brenston, whiche is þe secunde deth
þat is þe deth of helle, Apoc. xxi [8]. And Salomon byddith þat
þu schalt nout 3euyn þin soule to fornycariis in ony þing þat þu
lese nout þe & þin soule & þin heritage in heuene, & euery woman
fornicarie schal ben trodyn vndir fote of þe fendis as dryt in þe 35
weye, Ecclesiastici ix [6; 10]. DIUES. Contra, alle þe preceptis of þe
secunde table ben 3ouyn of God to lettyn wrongis þat men schuldyn
ellis don to her euene cristene, but whan a sengle man medelyth
with a sengle woman he doth no man ne woman ony wrong, for
eyþir of hem is in his owyn power. PAUPER. þou iche of hem be 40
in his owyn power 3it iche of hem doth oþir gret wrong, for iche

14 aforn] bi- BYL   16 with hem¹] om. H   ne] nor H   17 alle] om. H
þe] holy add. L   anoþir] place in his add. H   18 pistil] e- R   Wetith] 3e
add. BYL   it¹] om. H   vndirstondith] 3e add. BYL   wel²] om. al.   19 ne¹]
nor non H   ne²] nor H   20 Crist] cryf T   21 letyth] 3e add. BYL
non] no RDTBYL   ne¹ ne²] ner LH   22 nemelyd] nempnyd BYL   non¹
non² non³] ne BYL   non fylþe] om. RDTH   non²] no RDT; nor no H   non³]
no RDT; nor H   23 besemyth] -comeþ BYL; semyth be H   25 þat
is to seye] repeat after glose R   27 but] thei add. H   29 þat] om.
BYLH   to¹] om. R   &¹] om. H   to²] om. DTBYLH   30 swyche] swyc
G   wellynge] duellyng DH   31 brenston] bron- R; brun- DT;
brim- BYLH   32 þat is þe deth] om. BYLH   Salomon] þe wyse man al.
34 þe] thyn self H   35 vndir] the add. H   as] þe add. R   dryt]
dyrt YLH   38 ellis don] trs. H   39 ne] ner LH   ony] om. H
41 in his owyn power] soo H   doth] to add. H

of hem sleth oþir be dedly synne, & iche of hem sleth hymself,
& iche of hem doth wrong to God in þat þei don aȝenys hys forbode
& slen þo soulys þat he boute so dere, & boþin þei don wrong to
45 here euene cristene in þat þei ȝeuyn hem wyckyd example &
materie of schlandre. DIUES. Ȝit, contra te, God seyde to euery
man & woman: Crescite et multiplicamini, Waxsy[þ] & be ȝe
multiplyyd [Gen. 1: 28]. Ike þan ȝif a sengle man medele with
a sengle woman to bryngyn forth childryn it semyth to me no
50 synne. PAUPER. God seyde nout þo wordys to euery man &
woman but only to hem þat wern weddyd togedere be Godis
lawe, þat as þei wern weddyd togedere to bryngyn forth childryn
so God bad hem bryngyn forth childryn. God seyde nout þo
wordys to sengle folc but to Adam & Eue his wif & to Noe &
55 his wif & to his sonys & her wyfys. And þerfor Tobie seyde to his
sone: Attende tibi fili mi ab omni fornicacione, etc., 'My sone,'
f. 167ᵛ seyde he, 'kepe þe fro al maner / fornicacion ne medele with no
woman but only with þi wyf', Tobie iv [13]. And Sent Powyl
seith: Mortificate menbra uestra que sunt super terram, etc.,
60 Sleth ȝour synful menbris þat ben upon erde [Colos. 3: 5].
Sleth fornicacion, vnclennesse, lecherie—þese ben þo menbrys þat
he byddyth us slen, nout þe partyys of our body, as seith þe glose.
And þe glose seyth also þat euery lyynge with woman out of lauful
wedlac is clepyd fornicacion & defendyd as dedly synne. Therfor
65 God bad in þe elde lawe þat ȝif þe prestis doutyr wer takyn in
fornicacion she schulde ben brent, Leuitici xxi [9]. And ȝif ony
oþir mannys douȝtyr fel in fornicacioun in hyr fadrys hous or she
wer weddyd she schulde ben stonyd to þe deth, Deutero. xxii
[13–21]. Therfor God wolde þat his moodir Marie schulde ben
70 weddyd er he wer conceyuyd of hyr, for ȝif she hadde ben fondyn
with childe out of wedlac þe Iewys schulde han stonyd hyr with-
outyn mercy. And ȝif it wer leful to sengle man & sengle woman
to medelyn togedere & gendryn, God hadde mad matrimonie in

43 þat] that add. H   44 þo] the H   he] ben D   45 þat] that add. H
47 waxsyþ] wexe ȝe BYL; waxsyd G   48 Ike] þerfor BYL; om. H
49 to¹] only to H   51–2 be Godis . . . togedere] om. H   52 þat] but T
to bryngyn forth childryn] after togedere line 51 L   54 to²] om. T   to³] not D
55 to¹] om. T   his²] her H   57 seyde he] om. al.   kepe] om. T   maner]
om. H   ne] ner L   60/61 Sleth] ȝe add. BYL   60 upon]
þe add. TH   61 þo] þe RH; om. T   62 seith] after glose BYL
63 euery] man add. H   lyynge] lyvyng H   with] a add. BYL   64 de-
fendyd] forboden BYL   synne] and add. DTBYLH   66 she] om. R
67 oþir] om. T   in¹] -to RTBYL   68 þe] om. TBY

veyn & þer wolde no man knyttyn hym indepartabiliche to ony
woman ȝif he myȝth withoutyn synne medelyn with what woman　75
he wolde. Therfor Crist in þe gospel dampnyth symple fornicacion
& al maner lecherye & seith þat hoso loke on ony woman in wil to
medelyn with hyr out of matrimonye he doth lecherie aȝenys Godis
comandement & synnyth dedlyche, Mathei v [28]. And þerfor, as
Y seyde first, generacioun & bryngynge forth of childryn is grantyd　80
only to hem þat ben weddyd togedere laufolyche.

Cap. ix

DIUES. Ben alle weddyd folc boundyn be þis precept of God:
Crescite et multiplicamini [Gen. 1: 28] to don her diligence to
begetyn childryn? PAUPER. Or mankende was multiplyyd weddyd
folc wern boundyn to don her diligence to bryngyn forth childryn,
but now þat mankende is multiplyyd þe precept byndith hem nout　5
so mychil to generacion, but þey ben fre to contynyn & kepyn hem
chast ȝif þei ben boþin of on assent þerto. For many skyllys God
ordeynyd þat man & woman schuldyn nout / medelyn togedere　f. 168ʳ
but þei wern weddyd togedere, for be auouterie & fornicacioun
fallith wol oftyn þat þe broþir lyth be his sustyr & þe fadyr be his　10
douȝtyr & many vnlauful wedlac is mad because of auouterie. And
he þat doth auouterie, he is a þef & robbyth man or woman of his
body þat is betere þan ony wordly catel, for þe wyfys body is hyr
housebondys body & his body is hir body, for neyþer of hem hat
power of his owyn body to ȝeuyn it to ony oþir be flechly lust, and　15
he þat doth fornicacioun he robbith Crist of his riȝth, boþin bode-
lyche & gostlyche. And þerfor Sent Powil seith þat þe lechour
takyth þe menbris of Crist & makith is menbris of þe synful woman
with whom he medelyth, I ad Corinth. vi [16]. Also be auouterie
ben mad false eyris & trewe eyris trewlyche begotyn put out of her　20
heritage. Also be auouterie Godis lawe þat he made so solemplyche
in þe begynnynge of þe world, first of alle lawys, it is brokyn, &

74 þer] -for T　indepartabiliche] withoutyn departyng *after* woman¹ *line* 75
H　　77 þat hoso] so T; hoso H　　81 togedere] to gendryn H

1 be] to RH　　3 Or] Bifore BYL　　6 contynyn] conceyuyn DTH
&] or H　　10 wol] ful *al.*　　11 many] an *add.* BYLH　And] *om.* H
12 he²] *before* robbyth H　　13 hyr] þe *al.*　　15 of] ouer R　his]
hir L　ony] an H　　17 seith] *om.* R　　18 menbris¹] membre DTBYLH
is] hem RD; hym T; it BY; it þe LH　menbris²] membre DBYLH　synful
woman] strumpet *al.*　　20 trewe eyris] *om.* H　her] *om.* L　　22 it]
om. BYL

þerfor he þat brekyth it is an opyn tretour. To þis acordyn þe
wordis of Salomon wher he seith þat þe woman whych forsakith
25 hyr housebonde & takyt anoþir & makith heritage of anoþir
matrimonie she doth many synnys, first she is wanbeleuynge to
Godis lawe & brekyth Godis lawe. Also she trespasith aȝenys hyr
housebounde. Also she doth fornicacion in auouterie & makith
childryn to hir of anoþir man. But hyr sonys schul ȝeuyn no rotys
30 & hyr braunchis schul ȝeuyn no frut. She schal leuyn hyr mende in
cursynge & hyr schame schal neuyr ben don awey, Ecclesiastici
[23: 32–6]. And þer seith þe glose þat auouterie is as damp-
nable in þe man as in þe woman. And þerfor Salomon in þe same
chapitele reprouyth auouterie & fornicacion in man wol heylyche.

Cap. x

DIUES. Reson & holy writ cachyn me to grantyn þat boþin
auouterie & symple fornicacion ben wol greuous synnys, but mor
greuous is auouterie & fayn Y wolde kepyn me from boþin synnys.
But women ben þe fendis snaris & so temptyn men to lecherie þat
5 it is wol hard to me for to kepyn me. Adam, Sampsonem, Petrum,
f. 168ᵛ Dauid / & Salomonem femina decepit; quis modo tutus erit?
Woman deceyuyd Adam & Sampson, Petir, Dauyd & Salomon;
ho may þan ben sykyr from womanys gyle? PAUPER. Many man
hat ben deceyuyd be wyckyd women mor be his owyn folye þan
10 be deceyt of woman, but many mo women han ben deceyuyd be
þe malyce of men þan euere wer men deceyuyd be malyce of
woman. Therfor þe woman lechour is clepyd þe snare of þe fendis
þat huntyn aftir mannys soule, for Salomon seith: inueni amario-
rem morte mulierem, etc., Y haue foundyn woman mor byttyr þan
15 deth. She is þe snare of þe hunterys, hyr herte is a net & hyr

23 To] Un- H   24 Salomon] þe wyse man al.   26 she¹] om. BY
wanbeleuynge] mys- BYL   27 Godis lawe²] it H   Also] And H
31 schame] om. R   32 [23: 32–6]] xxiv DHG   þer] -for TBYLH
33 þe¹] om. D   Salomon] he after chapitele al.   34 wol] ful al.

1 cachyn] dryuen RDT; driveþ BYLH   2 wol] ful BYL   synnys] synne
BYL   4 þe] om. T   snaris] snare BYL   so] to add. DT   men]
me DBYL   5 wol] wolde T; ful BYL   for] om. TBYL   7 &¹] om.
BYLH   8 womanys] women Y   Many] a add. BYL   9 folye]
steryng T   10 woman] women BYLH   11 þe] om. RDTBYH
12 woman¹] -men and RDTBYL; -men H   fendis] fende al.   13 huntyn]
-tiþ BYLH   Salomon] þe wyse man al.   14 woman] a woman H
15 &] of T

hondis ben harde bondys. He þat plesith God schal ascapyn hyr, but þe synful man schal be takyn of hyr, Ecclesiastes vii [27]. But men ben clepyd nout only þe snare of þe fend but also þei ben clepyd his net sprad abrod on þe hyl of Thabor for to takyn many at onys, Osee v [1]. Mannys malyce is clepyd a net sprad abrod on an 20 heye hil for it is opyn and boldeliche don, nout in a fewe but in manye, & þerfor whan holy wryt reprouyt þe malyce of men he spekith in þe plurer numbre as to manye, but whan he reprouyth þe malyce of woman he spekyt in þe singuler numbre as to fewe, in tokene þat þer ben mor schrewis of men þan of women & comounly 25 mor malyce in men þan in women, alþou sum woman be wol malicious. Fyȝtynge, roberye, manslaute, opyn lecherie, glotonye, gyle, falsnesse, periurie, tretourie, fals contr[y]uynge & swyche oþir horrible synnys regnyn mor in man þan in woman. ¶ þis fals excusacioun þat men so excusyn her synne be þe malyce of 30 woman began in Adam & les Adam & al mankende, for synfullyche he excusyd hys synne be woman whan God vndirnam hym of hys synne & putte woman in defaute; & also he put God in defaute þat made woman & answeryd wol proudlyche, as men don þese dayys, & seide to God: 'Woman þat þu ȝeue to me to ben myn felawe 35 ȝaf me of þe tre & Y eet þerof', as ho seye: Haddist þu nout ȝouyn hyr to me to ben myn felawe Y schulde nout a synnyd. And so noutwithstondynge þat he was mor in defaute / þan woman ȝet f. 169ʳ he wolde nout knowlechyn ony defaute but he putte woman & God principaly þat made woman in defaute. DIUES. Hou was 40 Adam mor in defaute þan woman? PAUPER. For to hym pryn-cipaly God ȝaf þe precept þat he schulde nout etyn of þat tre, & Eue knew it nout but be Adam. Woman was temptyd be þe fend wondirfolyche in þe neddere, whyche wente þat tyme riȝth up & hadde a face lyk a woman, as seith Bede & þe Maystyr of Storiis, 45 & she was deceyuyd with his fayre behestis & his false slye speche,

16 ben] om. Y   18 only þe] trs. T   19 net] to add. L   sprad] ouer add. TH   21 opyn] -ly H   boldeliche] bodyly H   a] om. YH 22 reprouyt] spekyt of al.   24 woman] -men TH   26 woman] -men H 27 malicious] but add. H   27-8 glotonye . . . falsnesse] om. H   28 con-tryuynge] -truynge G   30 so excusyn] trs. RDBYLH; excusyn T   þe] om. T   31 woman] -men DTBYLH   began] firste add. BYL   33 &¹] he (& can.) H   &²] om. BYL   34 wol] ful al.   þese] those H 35 Woman] þe woman BYLH   ȝeue] ȝaf TBYLH   to²] om. H   36 ȝouyn] me add. Y; a ȝouyn H   37 to me] om. BYL   38 woman] þe woman TBYLH 41 mor in] trs. H   42 þat²] the DH   43 nout] om. BY; ins. L 46 she] Eve H   his¹] hir DH   his²] om. T   his false slye] false H

for he hy3te hyr þat þei schuldyn nout deyyn but ben as Goddis,
connyng good & wyckyd. Adam hadde non temptacioun fro out-
ward but a symple word of his wyf þat profryd hym þe appyl, for
50 we fyndyn nout þat she seyde to hym ony deceyuable word. And
þerfor sith man was forbodyn of Godys mouth & she nout but be
man & man hadde lesse temptacioun þan woman & þerto in noþing
wolde accusyn hymself ne 3eldyn hym gylty but putte defaute al in
woman & in God, þerfor he synnyd mor þan woman, for woman
55 3ald hyr gylty but she askyd no merci. She made non swyche
excusacion but in gret party 3ald hyr gylty, in þat she seyde, 'þe
neddere hat deceyuyd me.' For in þat she knowlechyd þat she was
deceyuyd she knowlechid þat she hadde don omys & vnwiselyche
& oþirwyse þan sche au3te a don. And for þat woman lowyd hyr
60 & knowlechyd hyr vnwisdam & hyr folye þerfor God putte in
woman þat tyme onon hope of our sauacioun whan he seyde to þe
neddere: 'Y schal puttyn enmyte atwoxsyn þe & woman and
atwoxsyn þi seed & hyr seed, & she schal brekyn þin hefd.' þat
was þe fend, whyche was hefd & ledere of þe neddere þat tyme.
65 The seed of þe fend ben wyckyd warkys & wyckyd folc, to whyche
God seyde in þe gospel: Vos ex patre diabolo estis, Io. viii [44],
3e ben of þe fadir þe fend. þe seed of woman gostlyche ben hyr
goode dedys, with whyche þe fend & þe fendis lymys han gret
69 enuye, & comounly women wlatyn mor horriblete of synne þan
f. 169ᵛ don men. And be / our lady, blyssyd mote she ben, þe fendys
power is dystryyd. Also þe seed of woman was Crist, born of þe
maydyn Marie withoutyn part of man, & so þer was neuere man
propyrly seed of woman but Crist alone, & alwey is enmyte be-
twoxsyn Crist & þe fend & his seed. For, as Sent Powil seith, Crist
75 & Belyal, ly3th & þercnesse, mon nout acordyn [2 Cor. 6: 15]. For

47 he] the neddir H   48 connyng] knowyng LH   wyckyd] euyl al.
non] no RDT   51–2 forbodyn ... be man¹] repeat after & man line 52 D
53 ne] nor H   defaute al] trs. H   54 woman¹ woman²] the woman H
56 þat] that add. H   57 in] om. H   knowlechyd þat] hadde knowelechyng T
58 she knowlechid þat] and R; in þat DTH   59 a don] to doo LH
woman] the woman H   lowyd] lownyd H   61 woman] the woman H
onon] an RDBYL; & T; om. H   62/3 atwoxsyn] be- RDTH; bitwene
BYL   63 seed¹ seed²] syde T   she] can., Eue (?) scribbled above R
65 warkys] werkerys RD   & wyckyd] om. T   whyche] whom al.   66 estis]
om. H   68 with] the add. H   þe fend] defende D   69 wlatyn]
wantyn T; hatten Y; lothyn H   horriblete of] horrible & gret H   70 lady
... ben] blissid lady H   71 Also] of ins. R   woman] -men T   was] is
BYL   þe] that H   72 Marie] om. L   man¹] woman L   so] om. D
73 alwey] þer add. H   73–4 betwoxsyn] betwene BYL

þis skil Sent Powil seith þat Adam was nout deceyuyd in þe firste
preuaricacioun but woman was deceyuyd, I ad Tymotheum ii
[14]. And þerfor, as seith þe glose, whan God vndirnam Adam he
seyde nout 'þat woman hat deceyuyd me', as woman seyde 'þe
neddere hat deceyuyd me', but he seyde, 'Woman ȝaf me of þe tre 80
& Y haue etyn.' And also, as þe glose seith þere, Adam was so wys
þat he myȝte nout leuyn þe fendys talys ne ben deceyuyd in þat
maner as woman was, and for woman was nout so wys as Adam
was þerfor she leuyd his talys & so she was deceyuyd. And þe
wysere þat Adam was þe mor was his synne whan he fel. But 85
alþou Adam wer nout deceyuyd from outward be anoþir he was
deceyuyd from ynward be hymself be pruye pryde, as seith Sent
Austyn, De civitate, lib. xiv, c. xiii, wher he seith þat Adam & Eue
begonnyn first [to] ben wyckyd inward, be whyche pryue wyckyd-
nesse þei fellyn in opyn inobedience, for, as he seith þere, pryde 90
is begynnyng of euery synne, inicium omnis peccati superbia
[Eccli. 10: 15]. And as Salomon seith: Contricionem precedit
superbia et ante ruinam exaltatur spiritus, Prouer. xvi [18], Aforn
brekynge & brosoure goth pryde, & aforn opyn fallyng þe spiryt
of man & woman is enhauncyd be pryde; & þerfor seith Sent 95
Austyn in þe same chapitele þat boþin Adam & Eue wern wyckyd
& deceyuyd be pryde & wel lete of hemself er þei etyn of þe tre,
for pryue fallyng inward wente aforn opyn fallyng outward be
inobedience. And so Adam was deceyuyd & fallyn be pryde er
Eue ȝaf hym þe appyl, & Eue was deceyuyd be pryde er þe 100
serpent deceyuyd hyr, / for, as seyth Sent Austyn, ubi supra, þey f. 170ʳ
coueytedyn mor excellence & heyere degre þan God ordeynyd
hem to. They boþin synnydyn greuouslyche, but Adam mor
greuously, as Y seyde first, and þerfor Sent Powil seith nout þat

76-7 in þe firste . . . deceyuyd] om. L   76 firste] om. R   78 vndir-
nam] God rebuked in later hand R   79 þat] þe add. BYL   hat] hadde
TBL   as] þe add. BYL   seyde] to add. T   80 Woman] þe woman
BYLH   81 etyn] it add. H   82 leuyn] beleeue (?) in later hand R
fendys] fende T   83 woman¹] þe woman BYLH   woman²] þe woman
BYL   84 leuyd] bilieued (?) in later hand R   his] þe fendys al.   she²]
om. al.   85 was²] om. D   86 alþou] thow H   wer] was TH   89 to]
om. DG   ben] om. D   90 fellyn] fall- T   in] -to H   þere] þat T
91 is] the add. H   92 Eccli. 10: 15] om. RDTHG   93/94/98 aforn]
bi- BYL   95 man] a man BYL   96 chapitele] place H   97 wel]
wil T   lete of] letyng be H   er] bifore BYL   99 so] om. H
& fallyn . . . pryde] om. H   102 coueytedyn] conceyvid RDTH
103-4 but . . . greuously] marg. G   104 Sent Powil] om. R   þat] om.
BYL

105 alle men deyedyn þorw þe synne of Eue but þorw þe synne of
Adam. Ne God seyde nout to Adam 'Acursyd be þe erde in Euys
synne', ne he seyde 'Acursyd be þe erde in ȝour synne', but to
Adam alone he seyde, 'Acursyd be þe erde in þin warc & in þin
synne.' And þerfor, seith Sent Ambrose, super Lucam, þat Eue
110 synnyd mor be frelte & vnstabilte & chaunchabilte þan be
schrewydnesse: mobilitate magis animi quam prauitate peccauit.
Crist becam nout woman but he bacam man to sauyn mankende
þat as mankende was lost be man so mankende schulde be sauyd
be man, & þerfor in manhod he wolde deyyn for mankende for
115 manhod hadde lost mankende. And also he becam man & nout
woman to sauyn þe ordre of kende and for þat womanys synne
was lesse greuous þan Adamys synne & lesse deryd mankende,
& woman was lesse infect in þe firste preuaricacioun þan was man.
þerfor God took his manhod only of woman withoutyn part of
120 man. And so in þat he becam man he dede gret worchepe to man.
But in þat he took his manhod only of woman withoutyn part of
man he dede gret worchepe to woman, for only of womannys kyn
he made medicine to þe synne of Adam & to helyn mankende of
þe harde seknesse of Adamys synne.

Cap. xi

DIUES. þin wordis ben wondirful, but Y can nout geynseyn þe
for dred of our lady, moodir & maydyn, þat gat grace to mankende
& is our helpe in euery nede. But ȝit Y seye, as Y seyde first,
woman deceyuyd Sampson þat was so strong. PAUPER. Woman
5 deceyuyd hym nout til he hadde deceyuyd hymself be lecherie &
mysgouernance of hymself. First he weddyd an heþene woman
aȝenys Godis lawe & aȝenys þe wil of his fadir & of his moodir, for
lust & mysloue þat he hadde to hir. Aftir þat he lay be a comoun
f. 170ᵛ woman þat was hethene, & aftir þat he took anoþir / hethene

105 deyedyn] nout *add.* H   106 Ne] Nor H   106/7/8 Acursyd] Cursid
BYL   107 he seyde . . . erde] *om.* H   þe] *om.* T   110 vn-
stabilte] -stbillnesse H   & chaunchabilte] *om.* H   112 he bacam] *om. al.*
113 as mankende] *om.* H   117 deryd] deryn T   119 God] good B
121 þat] that *add.* H   122 kyn] kynde H   123 þe] *om.* T   to²] so BY
helyn] heled Y   124 harde] *om.* T

1 wondirful] worschip- D   geynseyn] ageyn- DBYL   3 euery] ower
H   ȝit] ȝif T   Y seye as] *om.* D   4 woman] a woman H   5 hym]
but *add.* H   7 of his²] *om. al.*   8 mysloue] loue R

woman to hys concubine þat hy3te Dalida, whyche ful deceyuyd 10
hym & brout hym to his deth. He was fals to God & women
wern fals to hym. Women seyyn þat he was besottyd upon hem &
þerfor þei tretedyn hym as a sot. He deceyuyd hymself & dede wol
vnwiseliche whan he suffryd a woman to byndyn hym amongis his
enmyys & telde an hethene woman his conseil & in what þing 15
his enmyys my3tyn mest deryn hym. And alþow3 God turnyd his
foly dedys to þe worchep of God & of Godis lawe 3it Sampson
was nout excusyd þerby, for he dede mychil omys & mychil
folye [Iud. 16: 4–31]. Also Dauyd was deceyuyd be his myslust &
his lecherie nout be þe woman Bersabee, as þu seydyst in þin vers, 20
for þus we redyn in holy wryt in þe secunde booc of Kyngis, xi
[2–17], þat on a tyme whan þe kyng Dauyd roos from his slep
aftir mydday & rombyd in his solere of his paleys he saw3 a fayr
woman waching hyr in hyr soler. He knew nout þe woman ne þe
woman þou3te nout on hym ne knew nout of his wyckyd wil, as 25
þe booc schewith þere. Onon he sente messagerys aftir þis woman,
& whan she cam to hym he lay by here & begat hyr with childe;
& onon as he knew þat she was with childe, to hydyn his synne he
sente aftir hyr housebond, Vrye, þat he schulde comyn hoom &
medelyn with his wyf þat þe child schulde ben namyd to hym 30
and nout to Dauyd. And for þe goode kny3t wolde nout comyn at
his wyf ne vsyn lust of his body whyl Goddys host lay in þe feld in
þe sege of a cyte þat hy3te Rabat, Dauyd sente hym a3en with
leterys of hys deth to Ioab, þe prince of þe host, & tretouslyche
dede hym slen. Here þu my3th sen þat Dauyd was ouyrcomyn with 35
lecherye & deceyuyd be þe fend er þe woman cam to hym, for, as
Crist seyth in þe gospel, hoso loke on a woman in wil to don
omys with hyr, onon he hat don lecherye & forfetyth a3enys þis
comandement: Non mechaberis [Mt. 5: 28]. Dauyd lokyd on þat

10 þat hy3te] whos name was H   whyche] þe which L   ful] -ly L; -lich
after deceyuyd hym H   11 to²] his *add. can.* G   12 was] so *add.* H
13 wol] ful BYL   16 And] *om.* Y   17 to] in to L   Godis lawe] his lawys
H   18 mychil²] gret Y   19 Also] And H   be] wyth L   20 seydyst]
seynt H   þin] þe L   22 þe] *om. al.*   roos] *om.* T   23 of his paleys]
repeat after hyr soler Y   24 ne] ner H   24–5 ne þe woman] *om.* Y
24 þe²] *om.* T   25 ne] he D; nor H   26 sente] sende T   messagerys]
om. al.   27 &²] he *add.* H   begat] gate H   30 schulde] *om.* T
31 for] þer- Y   comyn at] come hoom at BY; assent to ly wyth L   32 ne]
ner L   vsyn] the *add.* H   33 þe] *om.* BYLH   hy3te] was callid
H   34 Ioab] Iacob DT   þe²] his H   35 þu my3th] *trs.* BYL; thow
mayst H

40 woman in wil to don lecherye whan þe woman þouȝte non euyl. He
sente aftir hyr as aftir his lych woman, & she wuste nout why; &
f. 171ʳ whan she cam to hym as to hyr kyng / he lay by here synfullyche,
for it was wol hard to hyr for to lettyn hym. Also Petyr forsooc
Crist in tyme of his passioun and ran away fro Crist er ony
45 woman spac to hym þat tyme, & so he deceyuyd hymself
& þe woman deceyuyd hym nout. She dede here offys for she was
ochyr & kepere at þe dore, as seith Sent Gregory, & she seyde to
hym þat he was on of Cristis disciplis, as she seyde soth, for she
was bodyn þat she schulde letyn non of Cristys disciplys entryn.
50 And onon at þe firste word he forsooc Crist and seyde þat he
knew hym nout. And nout only woman dede Sent Petir forsakyn
Crist in þis maner but men seydyn to hym þe same wordys, & for
dred he forsooc Crist eftsonys & swor þat he knew hym nout.
And þerfor ȝif it be reprof to woman þat woman dede Sent Petyr
55 so forsakyn Crist, as mychil reprof it is to men & mychil mor, for
alþou he forsooc Crist at þe womanys word ȝit he swor nout þerfor
ne forswor hym tyl men seydyn to hym þe same wordis, Mathei
xxvi [69–75] et Marci xiv [66–72]. Also Salomon deceyuyd hym-
self or ony woman deceyuyd hym, for he took to hym many
60 hethene women of fals beleue to han hys lust. He souȝte hem, þei
souȝte nout hym. He wuste wel þat it was aȝenys Godys lawe a
kyng to han so many wyfys & concubynys as he hadde, for God
bad þat kyngis of hys peple schuldyn nout han many wyfys ne
multyplyyn hem many hors in greuaunse of þe peple ne multy-
65 plyyn to hym grete whyȝtis of gold & syluyr in dishese of þe
peple, as holy writ schewith wel, Deutero. xvii [17]. Also it was
defendid to hym & to alle oþere so to companyyn with hethene
women, & aȝenys al þis dede Salomon in hey offens of God.
Salomon souȝte þe companye of hethene women; the women
70 wern stable in her fals beleue, & he was vnstable in his ryȝth

43 wol] ful RDBYL; *om.* T   for²] *om. al.*   44 in] the *add.* H   46 &]
but H   hym nout] *trs.* H   47 ochyr] vschere BYLH   at] of H
seith] þe gospel and *add.* RT; the glose & *add.* DBYLH   49 schulde] *om.*
L; not *add.* H   50 at] aftir H   51 nout only] anon only that H
52 þe] these H   53 eftsonys] aȝen *add.* H   54 it] he T   woman²]
a woman H   dede] made *al.*   55 so] *om.* RDTBL; to YH   mychil²] *om.*
L   56 þe] a H   56–7 þerfor ne] to fore ner L   57 ne] nor H
59 hym¹] *om.* R   60 women] -man Y   to] for to H   61 it] is
Y   62 so] *om.* H   63 wyfys] & concubynys *add.* L   64 ne] ner L
65 hym] hem TYH   66 schewith wel] seith H   67 defendid] forboden
BYL   68 þis] these H   of] to L   70 &] *om.* BYLH

beleue & folwyd her fals beleue & forsook Godys lawe in gret
partye & worchepyd false godys. Lecherye ouyrcam hym longe or
many of þo women knewyn hym. And so ben men ȝit þese days
ouyrcomyn with lecherye withoutyn womanys companye & with-
outyn doyng of women; for, as Crist seyth in þe gospel, hoso 75
loke on a woman in wil to don omys / with hyr, þouȝ she þinke f. 171ᵛ
nout on hym, he þat doth lecherye [Mt. 5: 28]; & ȝif he handele
hyr or smelle hyr or speke to hyr or go to hyr or seke be whilys
& sleyȝþis to han his lust of hyr, þou þe woman consente nout to
hym & þouȝ he be lettyd of his wyckyd wil ȝit is he gylty in lecherye 80
and doth aȝenys þis comandement of God: Non mechaberys.
Men lechourys gon & rydyn fro town to town to getyn women at
her lust. þei sekyn þe women & nout þe women hem. þey castyn
many wylys to getyn womanys assent in synne. Men comounly ben
warkeris & begynnerys of lecherie, and þan weþer þe woman as- 85
sente or nout assente ȝit þe man is gylty. And for oftyntyme it
fallit þat whan men wendyn ben sekyr of þe womanys assent þan
þe woman wil nout assentyn for dred of God; & ȝif she assentyd
aforn & hyȝte þe man to folwyn his lust & aftir repentyth hyr &
withdrawith hyr from hys wyckyd companye, þan schal þat 90
lechourys man diffamyn al women & seyn þat þei ben false &
deceyuable, for swyche lechouris spekyn mest vylenye of women
for þey mon nout han her foul lust of hem at wille. And for þei mon
nout defylyn hem with her body þey defylyn hem with her tunge
& spekyn of hem wol euele & diffamyn hem falslyche & procuryn 95
to hem þe harm þat þey mon. Example ha we in þe booc of Daniel,
xiii [1–64], of þe gode woman Susanne & of þo two false elde

72 godys] lawes *add.* T   longe] *om.* H   73 many of] *repeat* R   many
. . . women] ony man or H   þo] þe RDTBYL   75 women] -man
H   77 þat] *om.* BYLH   77–8 handele . . . seke] goo to hir
and onclenly towche hir and H   79 &] or RDTBYL   & sleyȝþis]
om. H   þe woman] she H   80 &] so *add.* H   wyckyd] *om.* H   in]
of H   81 þis] the H   82 Men lechourys] lecherows men H   &]
or *al.*   at] after *al.*   84 many] *repeat* D   in] to H   86 for] ful
TH   87 men] man R   wendyn] wenyȝt R; wenyn *marg.* T; wenyn L;
wenyn to H   87–8 þan . . . assentyn] and aftirward the woman assentith
nowtȝ H   88 & ȝif] allthowe in hir word H   assentyd] -tith H
89 aforn] bi- BYL   & hyȝte þe man] *om.* H   his] the fowle H   lust] of
þe man *add.* H   aftir] -ward H   repentyth hyr &] *om.* H   90 wyckyd]
om. H   þan] and thanne H   þat] þe BYLH   91 þat] þan T
92 lechouris] men H   93 for¹] becawse *add.* H   foul] ful RDT; *om.* H
at wille] *om.* H   95 spekyn . . . euele &] falsly H   wol] ful BYL
falslyche] *om.* H   96 to hem] *trs.* H   ha we] *trs.* BYL   97 þe] a H
þo] *om.* RDTBLH; þe Y   elde] *ins.* B; *om.* Y

prestis þat wern iugys & gouernouris of þe peple for þat ȝer,
whyche prestys be on assent waytedyn to han þis woman alone in
100 hyr gardyn whan she shulde gon to waschyn hyr, as þe maner
was þan. And for she wolde nout assentyn to h[e]r wyckydnesse
but cryyd aftir helpe, onon þey cryedyn aȝenys hyr, & whan men
comyn þei seydyn þat þey foundyn hyr lyyng with a ȝong man
& so falslych dampnedyn hyr to þe deth for þei myȝtyn nout don
105 her foul lust with hyr. But at þe preyere of Susanne God sente
Daniel his prophete, & he took hem & conuycte hem in her falshed
& slow hem & sauyd Susanne. We fyndyn also in þe secunde
f. 172ʳ book / of kyngis, Regum xiii [1–19], þat Amon þe sone of Dauyd
fenyyd hym seek & preyyd his fadyr Dauyd þat Tamar his sustre
110 myȝte comyn & kepyn hym. And whan she was comyn he spac to
hyr for to lyn be here, but she wolde nout assentyn. And þan he
lay by hyr be strengþe & so defylyde his owyn sustyr. And onon
he hatyd hyr mor þan euere had he louyd hyr aforn, because þat
she wolde nout assentyn to hym, and spyttously put hyr out of his
115 chambre & dede schettyn þe dore aftir hyr. For whiche dede sone
aftir Amon was slayn of his broþir Absolon.

Cap. xii

DIUES. And þouȝ many woman wil assentyn to lust of þe flesch
wol lyȝthlych ȝif it be profryd. PAUPER. þat is soth, but women
be nout so redy to assentyn as men ben to profryn it, and he þat
profryth it & begynnyth, he assentyth first & is mor in defaute.
5 DIUES. þu excusist mychil women & accusist men. PAUPER. Y
accuse non good man but wyckyd men, lechouris, ne Y excuse no
wyckyd woman but goode women þat ben falslyche defamyd of
lecherie, nout only in here personys but in her kende generaly, for

---

99 prestys] *om. al.*   101 her] hyr DLG; *om.* T   103 þat] *om.* H
104 þe] *om.* DTBYLH   105 her foul lust] *after* hyr H   106 his] the D
he] *om.* DTBYLH   110 whan] *om.* H   112 lay . . . strengþe]
oppressyd hyr RDTBYL; oppressid H   so] *om.* LH   And] þan *add.*
L   113 had] *om. al.*   aforn] bi- BYL   þat] *om.* H   114 spyttously]
-fully *al.*   115 dore] *om.* H   whiche] þis *al.*   115–16 sone aftir]
after slayn BYL; *om.* H

1 þouȝ] ȝit BYL   many] a *add.* BYL   woman] -men H   2 wol] ful
BYL   be] were H   4 &¹] who *ins.* L   begynnyth] it *add.* R   assen-
tyth] therto *add.* H   6 non] no *al.*   men lechouris] *trs.* RDTY;
leccherouse men BLH   ne] ner H   Y] *om.* RDT   7 women] and
add. H

þe proude malyce of man diffamyth vnskylfolyche þe kende of
woman and, as Adam dede, put his synne on woman & nout wil 10
accusyn hys owyn malyce to getyn mercy. DIUES. Salomon spac
mychil euyl of women. PAUPER. And Salomon spac mychil good
of women, for he seyde: Mulier tymens Deum ipsa laudabitur,
þe woman þat dredith God, she schal ben preysyd [Prov. 31: 30].
Salomon reprouyth wyckyd women & preysyd goode women, and 15
he reprouyd wyckyd men & preysyd goode men. DIUES. Salomon
seith: Omnis malicia nequicia mulieris; breuis est omnis malicia
super maliciam mulieris, Ecclesiastici xxv [17; 26], þe wyckyd-
nesse of woman is al malyce, & euery malyce is schort abouyn þe
malyce of woman. PAUPER. Soth it is þat whan women ȝeuyn hem 20
to schrewydnesse þei ben wol malicious, & whan þey ȝeuyn hem
to goodnesse þei ben wol goode. And þerfor Salomon in þe
neste chapitele folwynge preysyth women wol mychil & seith þat
blyssyd is þat man þat hat a good woman to hys wyf. / Hys ȝerys f. 172ᵛ
schul ben dublyd & he schal endyn hys ȝerys in pes. A good 25
woman is a good part in a good part of hem þat dredyn God, &
she schal ben ȝouyn to a man for his goode dedis. The grace of þe
besy woman shal lykyn hyr housebonde & makyn his bonys fette.
Hyr disciplyne & hyr norture is þe ȝifte of God, & þe holy woman
& chast is grace upon grace. As þe sonne schynyng illumynyth þe 30
world in þe heiþe of þe day, so þe bewte of a good woman is in
confort & aray of hyr houshold. And as goldene pylerys set on
sylueren baas, so ben sekyr feet on þe solys of þe stable woman,
& endeles groundys on a sykyr ston ben Godis comandementis in
þe herte of an holy woman: Fundamenta eterna supra petram 35
solidam et mandata Dei in corde mulieris sancte, Ecclesiastici xxvi
[1–3; 16–17; 19; 21; 23–4]. DIUES. Salomon seith: Vinum et
mulieres apostatare faciunt sapientes, Ecclesiastici xix [2], Wyn &

---

9 diffamyth] -yd L   10 and] *om.* H   as Adam . . . woman &] *om.* Y
nout wil] wolde not BYL; nout willyng to H   11 accusyn] -sid T
14 she] he Y; *om.* H   15 preysyd] -syȝt *al.*   15–16 and . . . men²] *om.*
H   16 reprouyd] -vyȝt *al.*   17 omnis] *om.* H   18 xxv] xx Y
19 woman] -men H   20 þat] *om.* BYLH   21 schrewydnesse] malice
Y   wol] ful DTBYL; fulle of H   malicious] malice H   22 wol] ful BYL
Salomon] þe wyse man *al.*   23 wol] ful *al.*   25 &] *om. al.*   26 a²]
om. T   27 she] *om.* T   a] a good Y   28 bonys] *om.* D   29 ȝifte]
ȝif D; ȝefe T; thefte L   30 As] And as BY; as *add.* L   illumynyth]
liytnyȝt *al.*   31 heiþe] hight Y; heite H   32 houshold] -bonde *al.*
33 baas] basynnys RDH; basys TBYL   36 et] *om.* BYL   38 xix]
xx T

women makyn wyse men to dotyn & forsakyn Godis lawe & don
40 omys. PAUPER. And þou3 is þer non defaute in þe wyn ne oftyn-
tyme in þe woman, but defaute is in hym þat vnwislyche vsyth þe
wyn and vnwyselyche vsith þe woman & oþir Godys creaturys.
þou3 þu drynke wyn til þu art dronkyn & fallyst in lecherie be þi
glotonye, þe wyn is nout to blamyn but þu art to blamyn þat
45 canyst nout or wilt nout mesuryn þiself. And þou3 þu loke on a
woman & art cau3t in hyr bewte and assentist to don omys, þe
woman in caas is nout to blamyn ne hyr bewte, nout to lackyn þat
God hat 3ouyn hyr, but þu art to blamyn þat no betere kepist þin
herte fro wyckyd þou3tis. But þer þu schuldist preysyn God þu
50 þinkyst euyl & mysvsist Godis fayre creature in offens of God þer
þu au3tyst preysyn þin God. And 3if þu felyst þe temptyd be þe
sy3the of woman, kepe þin sy3te betere. And 3if hyr dalyaunce
steryt þe to lecherie, flee hyr dalyaunce. And 3if þu knowe þat
sche be redy to lecherie, fle hyr companye. For a3enys lecherie
55 fly3t is best fy3th. þu art fre to gon away from hyr; noþing byndith
þe to don lecherie but þin lecherous herte.

Cap. xiii

f. 173ʳ   DIUES. Womanys aray steryt mychil / folc to lecherye. PAUPER.
And þou3 in cas þe aray & þe tyr is nout to blamyn no mor þan
is hyr bewte to blamyn. Be comon cours of kende boþin man &
woman sekyn to ben onestlyche adyth aftir her stat & aftir þe
5 maner of þe contre [þat þei dwellyn in], nout to temptyn folc to
lecherye [ne for pride ne for non oþer synne] but for honeste of
mankende & to þe worchepe of God, to wose lyknesse man &
woman is mad, & he is our broþir. In dyuers contres ben diuers

---

39 lawe] hest H   40 þou3] 3it BYLH   is þer] trs. BYL   41 but]
the add. H   42 & oþir Godys creaturys] om. H   44 art to blamyn]
om. DBYLH   þat] om. H   45 or] ouþer L   46 hyr] he D   47 ne]
ner H   nout²] om. H   51 au3tyst] schuldyst al.   þin God] hym al.
þe²] om. Y   52 of] the add. H   betere] more warly H   53–4 3if . . .
fle] om. H   54 lecherie²] om. T   55 to] for to H   56 don] om. D

2 And þou3] Allþou3 BYL   cas] 3it add. L   þe²] hir H   tyr] a- BYL
2–3 nout . . . blamyn] more to blamyn than hir bewte H   3 to blamyn] om.
al.   Be] For be RDTH; 3it bi BY; 3it L   4 adyth] arayed al.   stat] a-
RDTYH   aftir²] her degre and after add. RDTBYL; and her degre and after
H   5 maner] gode custom RDTH; custom BYL   þat þei dwellyn in] om.
G   6 ne¹] nor H   ne¹ . . . synne] om. G   ne²] nor H   non] no H
8–9 In dyuers . . . aray] and þis is þe custom of gode folke al.

maners of aray, but ȝif þei don it for pryde or to temptyn folc to
lecherye [or for ony oþer synne, or þat þei take on hem atyre þat 10
is not acardyng to hem, ȝyf it be to costful or to straunge in schap
or to wyde or to syde, not reulyd be reson], be it man be it woman,
he synnyth wol greuouslyche [in the syȝt of God], & namely þo
men þat cloþin hem so schorte þat man & woman may sen þe
forme & þe schap of her pryue menbrys, whyche it is a schame to 15
schewyn, & þe syȝte is gret cause of temptacioun & of wyckyd
þouȝtis. Sent Powil byddith þat women schuldyn adyȝtyn hem in
honest aray with schamfastnesse & sobyrnesse, nout in broydyng
of her he[yre], nout in gold & in syluer ne in perre ne in ouyrdon
precious cloþ, I ad Tymo. ii [9–10]. And þat same seith Sent 20
Petyr in hys fyrste pystyl iii [3–5], wher he byddith þat men schul-
dyn han her wyfys in worchepe & kepyn hem honestlyche.
DIUES. Women þese dayys arayyn hem wol mychil aȝenys þe
techyng of Petyr & Powyl & þerfor Y drede me þat þey synnyn
wol greuously. PAUPER. Petir & Powyl defendedyn nout uttyrlyche 25
swyche aray but þei defendedyn women swyche aray to usyn in
pryde or to prouokyn folc to lecherye & to usyn swyche aray
pasyng her astat, for we fyndyn þat Sent Cecilie & many oþir holy
women wentyn adyth in cloþis of gold & in ryche perre & weredyn
þe heyre vndir þat solempne atyr. Also Petir & Powil seydyn þo 30
wordis pryncipaly for tyme of preyere, as for Lentyn, embyr-
dayys, gangdayys, Frydayys, vygilyys & in tyme of general pro-
cessioun mad for nede. In swyche tyme man & woman schuldyn
leuyn al pompe & pryde in aray, for, as þe glose seyth þere, proud
cloþinge getyth no good of God & makyth folc to demyn omys, 35

9 ȝif] and H   10–12 or for . . . reson] om. G   10 þat[1]] if H   on
hem] not D   11 acardyng] accord- BYLH   12 be it[1] . . . woman] om.
al.   13 he synnyth] þei synnyn al.   wol] ful al.   in . . . God] om. G
14 hem] -self H   15 forme . . . schap] trs. R   &] of BYL   it . . .
schame] arn schamful RDBYLH; arn synful T   16 of[1]] þe add. L
17 schuldyn] om. H   adyȝtyn] atyryn al.   in] wyth L   19 heyre] her
G   in[2]] om. al.   perre] perle H   20 cloþ] -þis H   þat]
þe BYLH   21 iii] iiii R   byddith] fyndyth D   23 wol] ful al.
25 wol] ful TBYLH   defendedyn] forbeden BYL; -did H   26 þei . . .
aray] om. L   defendedyn] forbedyn BY   women] om. H   usyn] ben
vsid H   27 to[2]] be add. H   28 astat] for an euyl ende add. R; or for
an euyl ende add. DTBY; or for an euyl ende þat þey forbedyn add. L;
or for an eville intente add. H   29 adyth] arayed al.   gold] god T
in[2]] om. YL   perre] perle H   30 Also] And RDTBYL; om. H   31 as]
and H   Lentyn] and add. H   32 gangdayys Frydayys] om. R
33 tyme] namely add. RDTBYL   34 pompe &] tokenys & sygnys of al.
þere] her BYL; the H

namely ȝif it pase mesure & good manere. The principal intencion
of Sent Powil þer he seith þo wordis is to enformyn men & women
f. 173ᵛ in preyere, for whom þei schul / preyyn, why & how & wher þei
schul preyyn, as seith þe glose, & he enformyth hem to preyyn in
40 lownesse withoutyn pompe of cloþinge & of gret aray, [for I am
sekyr þat þe foule stynkyng pompe and pride of aray þat is now
vsyd in þis lond in al þe thre partyes of þe chyrche, þat is to sey, in
þe defendourys & in þe clergy and in þe commonerys, wyl not bene
vnvengyd but it be sone amendyd be very repentaunce & forsakyng
45 of þis synne, for fro þe heyest vnto þe loweste in euery state and in
euery degre and neyhand in euery persone is now aray passyng to
mannys body & wommans aȝens al reson and þe lawe of God].
DIUES. Syth it is so þat man is mor principal in ordre of kende
þan is woman & mor stable & myȝty & of heyer discrecion be cours
50 of kende þan is woman & schulde, as þu hast wel seyd, ben mor
vertuous & stable in goodnesse þan woman, how may it ben þat
women oftyn kepyn hem mor chast & ben mor stable in goodnesse
þan man? For we sen þat whan men takyn hem to ben ankerys &
incluhs, withynyn fewe ȝerys comonly or þei fallyn in reueryys or
55 heresyys or þey brekyn out for womanys loue or for orchod of her
lyf or be som gyle of þe fend. But of women ancrys so incluhs is
seldam hard ony of þese defautis, but holylyche þei begynnyn &
holylyche þey endyn. PAUPER. Man, be weye of kende, is mor
stable þan is woman & of mor discrecion, but be grace women
60 oftyn ben mor stable in goodnesse þan ben men and han betere
discrecion in goodnesse þan many man. DIUES. Why so? PAU-
PER. For men trostyn to mychil in hemself & nout trostyn in God
as þei auȝtyn to don. Women knowynge her frelte trostyn nout in

---

36 pase] good *add.* H   38/39 schul] schuld H   40–1 pompe . . .
stynkyng] *om.* H   40–7 for I . . . God] *om.* G   41 and] of Y   of]
in H   42 thre] *om.* LH   43 defendourys] fendouris D'TBYH;
foundourys L   &] *om.* H   þe²] *om.* TB   þe³] *om.* T   wyl] it wille H
44 vnvengyd] vnponyschyd L   but] if *add.* BYL   45 þis] her L   vnto]
to H   state] a- LH   46 degre and] *repeat after* euery² H   47 body]
-dys DH   &] to *add.* H   48 mor] most Y   50 as . . . seyd] *after*
vertuous H   wel] *om.* R   52 oftyn] *after* hem RBYLH; *after* kepyn
DT   53 man] men T   whan] whom Y   &] *om.* L   54 incluhs]
reclusys *al.*   or¹] eiþer BYL   reueryys] reuersys RDTBYL; reuerreusis H
55 orchod] orkhed RDT; irkhede BYL; orksumed H   56 som] oþer
add. L   incluhs] -syd RTBYLH; -cludid D   60 oftyn ben] *trs. al.*
mor stable] stablere H   in goodnesse] *after* men Y   ben²] *ins.* G   han
betere] *trs.* H   61 þan] hath *add.* Y   many] a *add.* BYLH   62 nout
trostyn] *trs.* BYLH

hemself but only in God & comendyn hem mor to God þan don
men, and þey dredyn mor to offendyn God þan do men [oftyn- 65
tyme]. And þe prophete seith: Inicium sapiencie timor domini
[Ps. 110: 10; Eccli. 1. 16; Prov. 9: 10], þe dred of God is begyn-
nyng of wysdam, for hoso dredyth God with loue dred, as þe child
þe fadyr, þat loue dred schal techyn hym what is plesant to God
& what may displesyn God, & it schal makyn hym besy to don 70
Godys plesance & to flen hys offens. And comonly whan men
becomyn ancrys þey don it mor for þe world þan for God.
þey don it for ypocrysye, to han a name of holynesse & of
wysdam, or for couetyse to getyn good, or to ben out of obedience
& at her owyn wil, to etyn & drynkyn, wakyn & slepyn whan hem 75
lykyth & to don as hem lykyth, for þer schal no man reprouyn hem
þerof ne wetyn wheþer þei don wel or euele, wheþer þey preyyn or
nout preyyn, and comounly men ancrys han mor dalyance with
þe / world, boþin with men & women, þan euere haddyn þey er f. 174ʳ
þei wern ancrys. And þou þey wern lewyd folys aforn, þan men 80
letyn hem wyse and askyn hem doutis of conscience & of þingis
þat ben to comyn, of whyche þingis þei connyn non skyl, & þowȝ
what þey seyn þe peple takyth it for gospel, & so þei deceyuyn
many man & many woman. And for God seth þat þey groundyn
hem al in pride and ypocrisye & in couetyse & trostyn in himself 85
mor þan in God, þerfor he suffryth þe fend to han power ouyr
hem & dishesyn hem & bryngyn hem to wyckyd ende. But women
[oftyn] takyn þat stat for no swyche ende but only for God, & þey,
seynge her owyn frelete, comendyn hem to God, & þerfor God
kepyth hem so þat þe fend may nout dishesyn hem in swyche 90
maner ne deceyuyn hem. We redyn in holy writ, Genesis xii [13]

64 don] to L   64–5 don men] trs. H   65 and þey . . . men] om. BYL
65–6 oftyntyme] om. G   66 And] om. H   prophete] wyse man al.   domini]
Prou. ix, Ps. 110 add. BYL   68 God] the lord BYL   þe] gode
add. TBYLH   child] dredith add. H   69 loue] -uyth T   70 God]
hym al.   it] ȝit D   71 Godys] his DTBYLH   to] om. R   74 for]
of DTH   76 lykyth . . . lykyth] lyst H   man] om. T   77 ne] nor
H   wheþer . . . euele] om. L   euele] or add. BYH   78 preyyn] om. H
with] of H   79 euere . . . þey] thei haddyn H   80 folys] om. R
aforn] forn R; bi- BYL   þan] ȝit that H   81 letyn] holdyn al.   askyn]
of add. BYL   hem²] men H   82 non] no BYL   þowȝ] ȝit BYLH
83 what] -soeuer H   84 many¹] a add. al.   many²] a add. RDTBYL;
om. H   for God seth] syth al.   þat] om. TBYLH   85 and] in add.
BYL   86 God] & add. G   to] om. BYL   88 oftyn] om. G   oftyn
takyn] trs. BYLH   takyn] om. D   stat] but add. H   90 dishesyn] de-
ceyvyn H   91 ne deceyuyn hem] om. H

& xx [2], þat whan Abraham cam into strange londis he bad his
wyf Saray þat she schulde nout ben aknowyn þat she was his wyf
but seyn þat she was his sustir, for she was so fayr a woman þat
95 he wuste wel þat men schuldyn coueytyn hyr for hyr bewte, and ȝif
þey wendyn þat she wer his wyf þei schuldyn slen hym to han hyr
at wille, for auouterye was harder punchyd þan manslaute. And
þerfor to sauyn his lyf Abraham seyde & bad hyr seyn þat she
was hys sustyr, for, as seith Doctor de Lyra, Abraham wuste wel
100 þat she was so good a woman & hadde swiche an angil to kepyn
hyr þat no man schulde han power for defylyn hyr; & so it fel, for
onon she was takyn & le[d] to þe kyng of Egypt & kept þer in þe
kyngis court longe tyme, & Abraham ferde wel because of hyr.
But God sente swyche seknesse to þe kyng & to his wyfys & to his
105 concubynys & to al hys houshold þat þei haddyn no myȝt ne
lykynge for defylyn hyr. Than þe kyng askyd hys prestys & may-
strys of þe lawe why þat dishese fel to hym & to hys houshold, and
þei be reuelacioun of God seydyn þat it was for þe pylgrymys wyf.
And þan þe kyng leet hem gon with worchepe. We redyn also þat
110 Abraham hadde two sonys, Ysmael of Agar his seruaunt & Isaac
f. 174ᵛ of / Sara hys wyf. Abraham louyd wel Ysmael for he was þe eldere
sone. On a tyme, Sare sawȝ Ysmael pleyyn with hyr sone Ysaac
nout goodlyche; she was myspayd & seyde to Abra[h]am þat he
schulde puttyn Ysmael & hys moodir Agar out of houshold, for
115 Ysmael, seyde she, schal han non part of heritage with my sone
Ysaac. Abraham bar wol heuy of þese wordys, for he louyd mychil
Ysmael. þan God seyde to Abraham, 'Take it nout so harde ne so
scharplyche þat Sare seyde to þe of þi child & of þin seruant Agar
but in alle þinge þat Sare seyth to þe here hyr voys & do þeraftir.'
120 And þan Abraham put hem out of houshold wol mychil aȝenys
herte. And so noutwithstondyng þat Abraham was so nyhȝ God

94 so fayr a] a fair H   95 hyr²] *om.* L   96 wendyn] knewyn H   97 at]
ther owyn *add.* H   98 þerfor] Abraham *add.* H   Abraham seyde
&] he H   100 so good a] a good BYL   101 þat no . . . defylyn hyr]
om. DH; *marg.* T   power] *marg.* G   for¹] to RTBYL   fel] bi-
BYL   102 led] let G   þer] *om.* H   103 wel] for *add.* T   106 for]
to RDTBYL; to *add.* H   defylyn] -foule BYL   107 to¹] on- H
109 hem] hym RTBYL   110 his seruaunt] *om.* H   111 wel] his
wif *add.* D   113 she] and she H   Abraham] and desyrid *add.* H;
Abraam G   114 Agar] *om.* H   115 han non] not han H   non] no
BYL   of] the *add.* H   116/120 wol] ful BYL   116 of] *om.* H
117 þan] And H   ne] nor H   119 in] *om.* H   here] thow *add.* H
120 aȝenys] his *add.* H

þat he was clepyd Goddys frend 3it, as for þanne, his wyf knew
mor of Godis wille þan dede he [Gen. 21: 9–14]. Also we fyndyn
of Ysaac & Rebecca his wif þat þei haddyn two sonys born at onys,
whyche wern Esau & Iacob. Ysaac louyd betere Esau þan Iacob, 125
but Rebecca louyd betere Iacob þan Esau, & so dede God. And be
techyng of þe holy gost she begylyd Isaac & Esau also and dede
Ysaac 3euyn hys principal blessynge to Iacob þer he wolde a
3ouyn it to Esau, & al was þat Godys dede & so confermyd be
God þat whan Ysaac wyste of þe gyle 3et he durste nout with- 130
drawyn his blyssyng, for he saw3 wel þan þat it was Godys wil &
Godys doynge. And þerfor he seyde to Esau, wepyng for he was so
begylyd: Benedixi ei et erit benedictus [Gen. 27: 33], Y haue
blyssyd hym & he schal ben blyssyd.

Cap. xiv

DIUES. Y assente wel þat be grace a woman may ben as stable
in chaste & goodnesse as a man, and withoutyn grace neyþer
man ne woman may kepyn hym chast, for þe flesch boþin of man
& wom[an] is wol frele & wol redy to fallyn. And þerfor, Y preye
þe, teche me som remedye a3ens þe temptacionys of lecherye. 5
PAUPER. On remedye is resonable abstinence fro mete & drynke
& for to flen deynte metis & deynte drynkys & to flen glotonye as
mest begynnynge & mene to lecherye. And þerfor glotonye is
defendyd be þis comandement as mene & weye to lecherye. 9
¶ Anoþir remedye is hard lyynge, / wach & trauayl, þat þe body   f. 175ʳ
haue nout to mychil ese but be wel occupyyd, for Salomon seith þat
ydilchepe hat tau3t mychil malyce: Multam enim maliciam docuit
ociositas [Eccli. 33: 29]. þerfor, seith he, ry3th as to þe asse longyth
fedyng, a 3arde & byrdene, so to þe seruant, þat is to seye to þe
flech þat schulde ben soget & seruant to þe soule, longith bred & 15
chastysyng & warc of good occupacion, Ecclesiastici xxxiii [25].

122 þat he was] & H   123 fyndyn] redyn al.   125 whyche wern]
om. H   þan] a ded add. H   128 Ysaac] om. R   129 þat] om.
DTBYLH   so] om. H   130 þat] and L   þe] om. BYL   131 þan]
om. RDTBLH   131–2 & Godys doynge] om. H

2 &] in BY; in add. H   a] om. H   4 &¹] of add. H   woman] wom G
wol¹] ful RDTBLH; om. Y   wol²] ful BYL   5 temptacionys] -cioun
DTBYLH   7 deynte²] om. H   8–9 And þerfor . . . lecherye] om. H
9 defendyd] forbodijn BYL   11 be] om. T   Salomon] þe wyse man al.
12 enim] om. H   13 he] om. D   14 a] om. RDTBYL; the H   byrdene]
betyng marg. T   15 bred] dred DBYLH   16 &] in BY

And God seith þat pryde and plente of bred & welfare & plente
of rychesse & ydylchepe wern cause of þe wyckydnesse of Sodo-
mytis & of her lecherye & for þei louedyn nout pore folc, Ezechielis
20 xvi [passim]. ¶ And þerfor elmesse dede is a gret remedye aȝenys
lecherye, to getyn grace of chaste [so þat it be ȝouyn to þe pore
nedy þat is in myschef and to suche þat han not be kynde to getyn
her lyflode be trauayle of her body, & if þei beg þei done it
wytoutyn auaryce, wyt mekenes & clennes of lyuyng. To suche byd-
25 dytȝ Crist done almes, seying]: Date elemosinam et [ecce] omnia
munda sunt uobis [Lc. 11: 41], ȝeuyth elmesse & alle þingis ben
clene to ȝou, ȝif ȝe wiln amendyn ȝou. ¶ Anoþir remedye is a man
to han mende of hys deth & þinkyn how he schal wendyn henys
with byttir peyne & þan al his lust schal turnyn into wo & sorwe,
30 and þinkyn þat be man or woman euere so fayr, so wel farende,
so heyl, so lusty, so lykynge to þe eye, so myȝty, so wytty, so gret
of lynage, so ryche or so gret of name & of lordchepe, or be man or
woman euere so plesant, he schal deye & turnyn to erde & aschyn
& wormys mete. And þowȝ he smelle now euere so swete he schal
35 þan stynkyn wol soure. Therfor Salomon seith: In omnibus operi-
bus tuis memorare nouissima tua et in eternum non peccabis,
Ecclesiastici vii [40], In alle þin warkys þink of þin laste þingis &
schalt þu neuere don synne withoutyn ende. We redyn þat in
Engelond was a kyng whyche hadde a concubyn wos name was
40 Rose, & for her gret bewte [he] clepyd hyr Rose-amond, *rosamundi*,
þat is to seye, rose of þe world, for hym þouȝte þat she paste alle

women in bewte. Fel þat she deyyd & was beryyd whil þe kyng
was absent, & whan he cam aʒen, for gret loue þat he hadde to
hyr, he wolde sen þe body in þe graue. And whan þe graue was
openyd þer sat an horryble froude upon hyr brest atwoxsyn hyr 45
tetys, & a foul neddere begyrt hyr body aboutyn in þe myddyl, &
she stank so þat neyþer þe kyng ne non oþir myʒtyn stondyn to
sen þat horrible syʒth. þan þe / kyng dede schettyn aʒen þe graue f. 175ᵛ
and dede wrytyn þese two vers upon þe graue:

> Hic iacet in tumba rosa mundi non rosa munda; 50
> Non redolet set olet quod redolere solet.

þat is þus mychil to seye in Englych:

> Her lyth in graue rose of þe world,
> But nout clene rose; she smellith nout swote
> But stynkyth wol foule, þat whylum smellyd so swote. 55

¶ Anoþir remedie aʒenys lecherie is þat man & woman kepyn wel
her fyue wittis, þat a man kepe wel his hondys & hys body fro
mystouchyng, his herys fro mysheryng, þat he here non talys of
lecherie ne foul speche, for Sent Powyl seith: Corrumpunt bonos
mores colloquia mala, I ad Corinth. xv [33], Wyckyd spechis 60
dystryyn chaste & goode þewys. Also he mote kepyn wel hys
syʒthe, takynge example of Iob, whyche made a comenant with
his eyne þat he schulde nout þinkyn of a maydyn to han mys-
lykynge in þe þout [Iob 31: 1]. And þe prophete Ieremye seyde
þat his eye hadde robbyd his soule in þe women of his cyte, Treno. 65
iii [51]. For þese skyllys þe prophete seyde þat deth is entryd be
our wyndowys, þat is to seye be our fyue wittis, whyche ben wyn-
dowys & wycketys to þe soule, Ieremie ix [21]. ¶ Anoþir remedye

42 Fel] It bifel BYL; It felle H   45 froude] tode al.   atwoxsyn]
bitwene BYL; atwyn H   46 aboutyn] om. Y   47 þat] om. H   ne] nor H
48 þan] om. H   dede] om. L   49 vers] -sys TB   upon þe graue]
om. H   51 quod] qui H   52 þat . . . seye] This is H   mychil to
seye] om. RDT; to seie BYL   53 Her lyth] om. H   in] the add. H
graue] the add. H   world] þat was add. in another hand L   55 wol] ful
BL; right Y   foule] sowr L   whylum] sumtyme al.   so] ful BYL;
om. H   swote] in bowre add. in another hand L   56 Anoþir] And oþer
R; and anoþer TBL   57–9 a man . . . speche] is to seyn her eris from
vice heryng, ther handis and her body from vice towching, from vice spekyng
H   58 herys] erys RBYL   talys] tale RDTBYL   60 mala]
praua BYLH   spechis] speche Y   61 chaste &] om. Y   he] me H
63 of] on BYLH   65 eye] eyne RH   women] -man BYLH   cyte]
syʒte TH   66 þese] þis Y   68 & wycketys] om. H   to] of LH
Anoþir] And anoþer al.

is a man to kepyn wel his herte from ydyl þoutis & fro foule þoutis,
70 for, as God seith in þe gospel, out of þe herte comyn wyckyd
þoutis, manslaute, auouterye, fornicacion, þefte, fals witnesse,
blasphemie, Mathei xv [19]. And þerfor Salomon seith: Omni
custodia serua cor tuum, etc., Prouer. iv [23], With al kepynge
kepe wel þin herte, for of þe herte comyth lyf & deth. Tellyth þe
75 Maystir of Kendys, lib. xviii, þat þer is a beste whyche is clepyth
taxus, þat is a bauseyn in Englych, & þer is gret enmyte atwoxsyn
þe fox & hym. The fox is besy to puttyn þe bauseyn out of his
dene, & for he may nout don it be my3th he doth it be sletþe. He
waytith whan þe bauseyn is gon out of his dene & þan he goth &
80 pyssith & makith foul in þe bauseynis dene; & for þat þe bauseyn
hatyth stync & vnclenesse, whan he comyth & fyndyth his dene so
f. 176ʳ stynkynge / & so defylyd he forsakyth hys dene and sekyth him
anoþir; & þan þe fox entrith & þer he bryngith forth a schrewyd
brod. Be þe bauseyn þat hatyth stync & vnclenesse is vndirstondyn
85 Crist Iesus, born of þe maydyn, flour of clenesse. Be þe fox is
vndirstondyn þe fend, whiche is aboute ny3t & day to puttyn
Crist out of his dene, þat is to seye out of manys soule & womanys,
for manys soule is Godis dene, Godys temple, Godys hous, Godis
dwellyng place. And for þe fend may nout puttyn hym out be
90 my3t he puttyth hym out be sletþe. He makyth foule in manys
soule & womanys. [He] puttyth in her soulys foule stynkende
þou3tis of lecherye, first smallere & aftir grettere. And onon as man
or woman gynnyth to han lykynge in swyche þoutis onon her soule
gynnyth to stynkyn in Godis syh3te, and 3if þey assentyn to þe
95 þoutis to don is in dede or for to delytyn hem þerynne þan her

70 God] Crist BYL   71 witnesse] and add. H   72 Salomon] þe
wyse man RDTH; þe wyse man after seith BYL   74 of] owyth of H
Tellyth] om. al.   75 þat] seith T; seiþ þat DBYLH   whyche]
þat RDTBLH; om. Y   clepyth] -pyd al.   76 a] brok or a add. BYL
atwoxsyn] be- RDT; bitwene BYLH   79 &¹] om. H   80 þe¹]
in Y   þat] om. BYLH   þe bauseyn] he H   81/84 stync] stenche
BYL   82 & so defylyd] om. H   defylyd] -foulid BYL   hys dene]
it H   83 forth] fore D   84 hatyth] hath T   85 Iesus] om. H
þe¹] a H   86 whiche] þat R   is aboute] after day R; is boutyn D
87 to seye out of] om. al.   88 soule] om. R   Godis¹] Cristis H   Godys
hous Godis] and H   90 hym] his H   91 He] om. G   in her
soulys] therinne H   soulys] soule R   92 smallere] smale DTBYLH
grettere] grete YH   man] a man H   93 or woman] om. T; a woman H
gynnyth] bi- BYLH   soule] -lis H   94 gynnyth] bi- BYL; -nyn H
94-6 in Godis ... stynkyn] om. H   94 þe] om. T; þo ins. L   95 is] hem
RDTBYL

soulys stynkyn so foule in Godis syhte þat he forsakith þo soulys
& wendyth out, & þan þe fend entryth & þer he bryngyth forth
synne aftir synne til at þe laste he bryngith hem fro schame to
schame, to wyckyd deth & to wyckyd ende. Therfor Sent Austyn
in his sermon byddith us þat we schuldyn trauaylyn þat our God   100
fynde noþing in his temple, þat is to seye in our soulys, þat may
offendyn þe eyne of his maieste, but mote þe dwellyng of our
herte ben voydit of vycis & fyld with vertuys, schet to þe fend &
oppenyd to Crist.

Cap. xv

Anoþir remedie aзenys þe temptacionys of lecherye is deuocion
& mende of Cristis passion, for, as seith Sent Gregorie, þer is non
so hard temptacion but þat man schulde ouyrcomyn it eselyche
ynow зif he þouзte endyrlyche of Cristis passion. We fyndyn in
gestis þat on a tyme a gret kyngis sone louyd wel a pore woman, for   5
alþouз she wer pore зit she was fayre & plesant in berynge. The
kyngis sone took hyr paramour & weddyd hyr, wherfor his fadyr
& nyhз al his kyn was myspayyd, for hem þoute þat he was mychyl
desparachyd by hyr. Wherfor he, seynge þat hys kynrede bar so
heuy of his mariage, he wente into far londys & зaf hym to armys,   10
& what he myзte / wynnyn with hys swerd he sente it hom to his   f. 176ᵛ
wyf, sauynge his worchepe & hys lyuynge. In euery iorne he
hadde þe bettere of his enmyys & so hys name gan spryngyn
fer & wyde. At þe laste he cam in so hard fyзth þat alþouз he
hadde þe maystry зit he was so woundyd þat nedys he must   15
deye. þan he sent hom his schyrt ful of woundys & of holys &
al forbled to hys wyf with a letere vndir his sel seyynge on þis

98 til . . . hem] and thanne H   to] & to Y   99 to wyckyd deth]
om. H   to²] om. Y   100 in his sermon] in his -nys after us L;
marg. G   102 eyne] eye H   mote] mete DT; om. H   þe²] om. T
103 voydit] void H   104 oppenyd] opyn DBYL   to] þe add. R;
om. T

1 Anoþir] And anoþer T   þe] om. DT   temptacionys] -cioun DBYLH
4 endyrlyche] enterly al.   of] on LH   We fyndyn . . .] beginning of fragment
M   in] the add. H   5–6 for . . . зit] and H   6 al-] om. RDTBYL
in] hir add. H   7 paramour] for love H   wherfor] for this H   8 nyhз]
nere H   kyn] kynde T   myspayyd] -plesid HM   hem] thei H   9–10 so
heuy . . . mariage] it hevy H   11 sente] sende L   13 gan] be- DBYLH;
to add. TYLH   14 in] -to H   þat] om. DTBYH   al-] om. L   15 nedys]
after must H   16 of²] om. H

wise: Cerne cicatrices ueteris uestigia pugne, quesiui proprio
sanguine quicquid habes:

20   Beheld myn wondys & haue [is] in þi þout,
For all þe godys þat ben þine, with myn blood Y haue is bout.

And whan þis woman say þe schyrt & redde þe lettere she fel
down in swoune, & whan she was releuyd she hyng up þis schert
in a priue place of hyr chambre, & whaneuere ony man cam to hyr
25   to spekyn of weddynge or of fleschly lust she wente into hyr
chambre & lokyd on þis schyrt & cam out aȝen stif & stedfast in
hyr houseboundys loue þat was ded & denyyd hem her askynge,
seyynge in þis maner:

Whyl Y haue his blood in mende
30   þat was to me so good & kende
Schal Y neuere housebounde take
But hym þat deyyd for my sake.

And þus she kepte hyr in chaste & clennesse al hyr lyue for loue
of hyr housebonde þat deyyd for hyr loue. By þys pore woman þat
35   was so fayr is vndyrstondyn mannys soule & womanys, whyche is
mad to lyknesse of God. But it was mad wol pore þorw þe synne
of Adam. By þe kyngis sone Y vndirstonde Crist, Godys sone,
whyche louyd so mychil mannys soule þat, as seith Sent Powil, he
anyntechyd hymself & disparachyd hymself & took þe lyknesse
40   of a seruant & maryyd to hym our kende & mannys soule & lyuyd
her two & þretty ȝer & mor in mychil wo to wynnyn þe loue of
mannys soule and fauȝt aȝenys þe fend, þe flesch & þe world þat
ben alwey besy to lesyn mannys soule [Phil.2:7-8]. And alwey he

---

17–119 *118*ᵛ *and 119*ʳ *of MS H have in margins*: (*1*) *in an earlier hand, not that
of the scribe, portions of medicinal recipes and* (*2*) *in a later hand comments on the
text. At lines 25–7*: An excellent example of stedfaste loue; *at lines 31–4*: Verse;
at lines 50–8: kings sonne was Christe, the pore woman, mannes soule; *at lines
60–6*: the picture of the passion of Criste is most [c]omfortable; *at lines 110–15*:
the punishment of damned sowles   19 habes] habeo H   20 myn
wondys] the woundis that ben myne H   is] hem RDTBYLH; *om.* G
21 is] hem RDTBYLH; (is *appears in* M)   22 þis] þe R   þe¹] þis
TBYLH   23 in] a *add.* H   þis] þe YH; hys L   24 of] in R   -euere]
om. H   25 of²] his *add.* T   26 þis] his BYL; the H   stif] stille T; *om.* H
&³] *om.* H   28 in] on LH   maner] wyse L   29 in] my *add.* BYL
33 And þus] In þis M   chaste . . . clennesse] *trs.* BYL   33–4 for loue
. . . hyr loue] *om.* H   36 to] þe *add.* LH   But] God *add.* H   mad²] *om.* T
wol] ful BYL   37 Y vndirstonde] is vnderstondyn *al.*   39 anyntechyd
hymself &] *om.* H   & took] into BYL; to H   þe] our (þe *ins.*) M   41 ȝer]
wyntir BL   43 alwey¹] redy & *add.* Y   lesyn] slen *marg.* T

hadde þe maystrye be my3t of þe Godhed. But in Good Fryday
he cam in so fel a fy3t with þat tyraunt þe fend of helle þat alþou3 45
he hadde þe maystry 3it he was so forwondyth þat be weye of
manhood whych he took of þe maydyn nedelyche he muste deye.
And þan he / sente hom a letere of loue to hys spouse, manys soule, f. 177ʳ
seyynge as þe kny3t seyde: Cerne cicatrices, etc., Beheld myn
wondys and haue is in þi þout, for alle þe goodis þat ben þine, 50
with myn blood Y haue is bou3t. For why al þe ioy & blysse þat
we schul han in heuene and al þe grace & goodnesse þat we han
hyr in erde, al ha we be vertue of Cristis passioun, for but he
wolde a deyyd for our sake ellys schulde we a leyn in helle-pyne
withoutyn ende. Be þis schirt ful of wondys & so blody Y vndir- 55
stonde his blysful body, for as manys body is clad in hys schyrt
so þe Godhed was clad in þe blysful body of Crist, whyche body
was al blody & so ful of wondys þat, as seith þe prophete Ysaye i
[6], fro þe sole of þe foot to þe top of þe hefd þer was non hol place
in his body. Therfor, leue frend, Y preye 3ou hangit þis schyrt in a 60
pryue place of 3our chambre, þat is to seye, settyth Cristis passion
endirlych in herte, & whan þe fend, þe world or þe flesch or ony
wyckyd man or woman begynnyth to temptyn 3ou to synne, onon
wendith to 3our herte and lokyth wel on þis schert. þinkyth how
þat blysful body [was] born of þe maydyn withoutyn synne & 65
sorwe & neuere dede omys. þinkith how it was forrent & fortorn,
bespadlyd & dyspysyd for 3our synne & 3our sake & nout for his
owyn [gylte]. And 3if 3e don so & þinkyn endyrlyche of Cristis

44 þe²] om. D   in] on TBYLH   45 a] strif & add. M   al-] om. BYL
46 for-] om. L   forwondyth] -dyd al.   of] the add. H   47 nedelyche]
-les RDT   48 he] om. H   manys] maydenys D   49–50 myn
wondys] the woundis that ben myne H   50/51 is] hem RDTBYLH
51 þe] om. T   &] al þe add. M   52 and al] repeat G   53 be] þe
add. M   but] if add. Y   54 schulde we] trs. Y   leyn] leie BYL
55 schirt] so add. R   55–6 Y vndirstonde] is vndirstondyn al.   56 blys-
ful] -sed Y   hys] th can. H   57 clad] om. T; cloþid BYL   58 al]
om. H   seith] after prophete H   59 þe²] his H   60 in¹] on H
frend] -dis M   3ou] the H   hangit] 3e add. BYL   61 3our] thyn H
settyth] 3e add. BYL   62 endirlych] interly RDTBYLH   in] 3oure add.
RDTBYL; thyn add. H   63 3ou] the H   64 wendith] 3e add. BYL
3our] thyn H   lokyth] 3e add. BYL   wel] om. DBYLH   on] upp- H   þis]
þe TH   how] on H   65 þat] þis M   was] om. MG   þe] a H   may-
dyn] Marye add. RDTBYL   65–6 & sorwe . . . omys] om. H   66 it] that
body H   for-¹ for-²] om. H   67 bespadlyd] -spetid BYL; om. H   &
dyspysyd] om. BYL   3our¹] oure al.   & 3our sake] om. H   3our²] oure al.
68 owyn] om. H   gylte] om. MG   68–9 And 3if . . . schul] And than shalt
thow H   68 so] se M   endyrlyche] enterly RDTBYL   of] on LM

passion ʒe schul lythly ouyrcomyn euery temptacioun & han þe
70 betere pacience in tribulacion. Wherfor an holy man seith þus:
Reminiscens sacrati sanguinis quem effudit amator hominis,
effundo lacrimas. Non est locus ingratitudinis ubi torrens tante
dulcedinis attingit animas, etc.:

Whan Y þinke of Cristis blood
75   þat he schadde upon þe rood,
Y lete terys smarte.

What man may ben vnkende
þat Cristis blood hat in mende
& endirlyche in herte.

80   Swete Iesu, what is þin gylt,
þat þus for me þu art spilt,
Flour of vnlothfulnesse?

Y am a þef, & þu deyyst;
Y am gylty, & þu abeyyst
85   Al myn wyckydnesse.

Why ʒeue þu so mychil for þine?
What wynnyst þu with þin harde pyne,
Ryche in blysse aboue?

f. 177ᵛ   Loue þin herte so / depe hat souʒt
90   þat peyne of deth lettyd þe nout
To wynnyn mannys loue.

¶ Anoþir remedye aʒenys lecherye is redyng & dalyance of holy
writ & of holy mennys lyuys. And þerfor Sent Ierom seith, Ad
rusticum monacum: Ama scienciam scripturarum et carnis vicia
95 non amabys, Loue connynge of holy writ & of Godis lawe & þu
schal nout louyn vycys of þe flesch. And þerfor God seith: Non
uidebit me homo et uiuet, Exodi xxxiii [20], þer schal no man sen
me be deocioun & lyuyn fleschly, for non þing sleth so mychil þe

69–70 þe betere] om. H   72 effundo] -dendo H   74–91 Written as prose
in all MSS   74 of] on BYLHM   76 lete] wepe M   79 &] om.
BYLH   endirlyche] interly RDTBYLH   in] his add al. (Line becomes: [&]
interly in his herte)   80 Iesu] Crist add. BYLH   81 þus . . . þu]
trs. BYL   82 vnlothfulnesse] -sum- H   85 myn] om. H   86–8 Why
. . . aboue] om. M   86 ʒeue] ʒaf al.   89 so] to H   90 lettyd]
-tyth DTBYLH   91 loue] sowle M   loue . . .] end of this section of M
92 Anoþir] & oþir D; And anoþer T

lust of þe flesch as deuocioun & þinkyng of God & studye in
Godys lawe. ¶ Anoþir remedye is to þynkyn of helle-pyne, for as 100
seith þe gret clerk, Sent Thomas, De ueritat[e] teologye, in helle
schal ben ouyrdon hete of fer & gronchyng of teth for [c]old &
for peyne, þerknesse & smoke & byttyr wepynge withoutyn ende,
rorynge & belwynge of foule fendys & wepynge & weylynge,
sobbynge and syȝhynge of synful soulys & endeles reprof of her 105
synnys, endeles dryhed, endles threst, stync, leuen, þondyr, &
worm of conscience, boundys, prysoun, dred, schame, wantynge
of þe blysful syȝthe of Godys face & wo withoutyn hope of ony
wel. þer men schul sekyn deth & nout fyndyn it & wy[s]chyn
þat þey haddyn neuere a ben born. And, as Sent Bernard seith 110
in hys Meditacionys, þer schal ben hard wepynge & grongynge
of teth, roryng of fendis & hydous þondyr. Ther her syȝte
schal ben foule wormys, froudys, neddrys & horryble facys of
þe fendis & mysschapyn þingis. þer wyckyd wormys schul
gnawyn þe herte rotis. þer schal ben sorwe & syȝhynge and 115
horryble dred. þer synful wrechys schul brennyn in þe fer with-
outyn ende. In her bodi þey schul ben tormentyd be fer & in
her soule be worm of conscience. þer schal ben deth withoutyn
deth, for alwey þey schul ben in deyynge & in uttyr peyne
& nout mon deye but alwey lyuyn in deynge. Her smellynge 120
schal ben fyld with horryble stync, her tast with byttyrnesse,
her felyng with endeles pyne, for þer schal ben non hope, but
whan þey han ben in þese pynys ten hondryd þousant / ȝer ȝit f. 178ʳ

99 of²] on DTH   studye] -ying RYLH   100 Anoþir] And anoþir
DTBYH   of] on al.   101 seith] after Thomas H   þe gret clerk] om.
al.   ueritate] -tibus G   102 gronchyng] gnaystyng RDTBYL; gnat-
chyng H   cold] gold G   102–3 & for peyne] om. H   103 &¹ &²] om. H
103–4 withoutyn . . . wepynge] om. H   104 belwynge] blowyng L   &²]
om. RDTBYL   105 sobbynge] snob- Y   syȝhynge] & roryng add. H
106 dryhed] drede RDBYLH   stync] stenche BYL   leuen] leyt BYL
þondyr] -dyn H   &] the H   107 dred] om. H   108 of þe] om. H
withoutyn] ony add. al.   109 wel] welþe BY; helth or welth L   þer]
þat Y   men] thei H   wyschyn] wyhchyn G   110 a] om. al.   as] seith
add. can. G   Bernard] Barnabe R   seith] om. T; after Meditacionys BLH;
before Sent Y   111 grongynge] groggyng RBH; gnayistyng DY; gretyng
T; gryndyng L   112 teth] and add. H   113 foule] om. H   froudys]
todys al.   114 þe] om. Y   mysschapyn] -pyng T   þingis] om. H
116 þer] Tho H   118 be] the add. H   119 deth] deying H   alwey]
euer H   uttyr] bittir H   121 fyld] ful- H   stync] stenche BYL
121–2 her tast . . . pyne] om. BYL   121 tast] stat D   122 hope] of
helpe ne soccoure add. L   123 han] om. DTBLH   ten . . . ȝer] a thousand
ȝerys H   þousant] om. al.

is her pyne nyh3 al to begynnyn. And þerfor 3if loue of God ne
125 mede in heuene steryth us nout to flen lecherye & alle oþir
synnys, let us flen lecherye & alle oþir synnys for dred of þese
endeles pynys.

Cap. xvi

Anoþir remedye a3enys lecherye is to þinkyn of þe harde
venchancis þat God hat takyn for lecherie. First tak hede what
venchance God hat takyn for symple fornicacion. We fyndyn in
holy wryt, Genesis xxxiv [1–31], þat Dyna, þe dou3tir of Iacob,
5 wente from hom to sen þe women of þe contre & to sen her tyr.
þan Sychem, þe sone of Emor, prynce of þe contre, wente &
defylyd þe dou3tir of Iacob by my3t. And noutwithstondynge þat
he dede aftyrward hys besynesse for to a weddyd hyr, 3it he was
slayn for his lecherye, & hys fadyr & alle þe men of þat cite wern
10 slayn for þat lecherye & þe cite dystryyd. ¶ We redyn also in holy
writ, Numeri xxv [1–15], for þat þe childryn of Israel dedyn
lecherye with þe women of Moab God was offendith & bad Moyses
takyn þe princis of hys peple & hangyn hem up on gybetis for þei
wern assentant to þe synne & bad euery man slen hys ney3ebour
15 þat was gylty in þat synne, for be lecherie þey fellyn in ydolatrie.
And so for þat lecherie wern sleyn þat tyme foure & twenty
þousant. þan Phynees þe sone of Eleasar say on of þe chyldryn of
Israel lyn be on of þo women & to venchyn hys synne he tooc hys
swerd & roof hem boþin togedere into þe erde þorw her priue men-

124 is . . . pyne] her peyne is BYL   nyh3] newe DBYLH   al] *before* her H
124–5 ne mede in] and the ioyes of H   125 nout . . . flen] to flen synne of
H   alle] *om.* H   126 let us . . . synnys] *marg.* G   lecherye . . . oþir]
hem and alle maner of H   þese] þe RDTBYL; *om.* H   127 pynys]
peyne DTBYLH

1 Anoþir] And anoþir RDTBYL   of] on H   2 venchancis] -chaunce
RDTYLH   First . . .] *beginning of MS fragment A (A 94^v)*   5 þe²] that
A   tyr] a- BYL   6 þan] And H   7 þe dou3tir of Iacob] þis Dyna
al.   my3t] ny3th A   8 hyr] *om.* A   9 lecherye] wyt hyr *add.* RDTHA
hys] hir H   fadyr] slayn also *add.* L   9–10 wern . . . lecherye] *om.*
al.   10 þe cite] þat cite DBLA; *om.* TY; also the cyte H   10–11 in
holy writ] *om.* H   11 for] *om.* H   12 with þe] *repeat* A   bad
Moyses] Moysed H   12–50 *in lower marg. of B (f. 148^r), in italic hand:*
Miles Barne / Timor Domini initium Sapientiae; *in right marg.:* Miles B . . .
(remainder perhaps cut off) B   12 offendith] -dyd *al.*   13 hys] the H
14 wern] *om.* H   assentant] -tinge BYL; -tid H   15 in²] -to A
16 And . . . foure] *om.* A   18 on of þo women] Chorby a princys dou3tre
on of þe women of Madianites *add.* L   þo] þe TBYH   hys¹] þe L   tooc]
to T   19 roof] pryndid (*sic*) H   togedere] *om.* H   into] to R

bris, & God was so mychil plesyth with hys dede þat he grantyd 20
to hym & to hys chyldryn aftyr hym þe dignete of presthod with-
outyn ende, for but he hadde don þat dede God schulde ellys a
dystryyd þe peple. Also for auouterye & vnlauful wedlac al man-
kende was dystryyd in tyme of þe flood of Noe, saue eyte soulys,
Genesis vi [17–18]. And for defylyng of on mannys wyf wern 25
slayn sexty þousant & fyue þousant & al a contre & a gret cite
dystryyd at þe byddynge of God, Iudicum xix et xx. Also Dauyd
for auouterye was cachyd out of hys kyngdam & he & al hys
houshold & al hys kynrede wern aftyrward wol hard / punchyd for f. 178ᵛ
hys lecherie, II Regum xi & xii. And be þe elde lawe boþin man & 30
woman schuldyn ben slayn ȝif þey wern takyn in auouterye. We
redyn þat Iudas þe sone of Iacob hadde þre sonys be on woman,
Her, Onam & Selam. But Her þat was hys eldre sone was a schrewe
& mysvsyd hys owyn wif, wherfor God was wroth with hym &
slow hym with sodeyn deth, for he vsyd his wyf in lust & wolde 35
nout begetyn childryn of hyr but dede so þat she schulde nout
conceyuyn, Genesis xxxviii [7–10]. Also for lecherye seuene house-
bondys of Sare þat was aftir wif to ȝonge Tobye wern slayn of þe
fend for her foule lust, Tobie vi [13]. Also for lecherye with hem
þat ben of kynrede & of affinite God hat takyn harde wreche, as 40
whan Amon lay by his sustyr Tamar he was slayn of his broþir
Absolon [2 Sam. 13: 32]. And Lot þe broþir of Abraham be
dronkechepe lay by his owyn two douȝtrys & begat of hem two
chyldryn, Moab & Amon, whyche childryn & þe peplys þat comyn
of hem wern alwey enmyys to Godys folc & acursyd of God [Gen. 45
19: 30–8]. Also Iacob acursyd hys sone Ruben for he lay with on
of his wyfys [Gen. 35: 22]. Also for þe foule synne of sodomye
fyue fayre cytes, Sodom & Gomor & oþir þre cytes, wern dystryyd
in tyme of Abraham, for God reynyd upon hem fer & brenston

20 plesyth] *om.* A   22 schulde] not *add.* T   23 & vnlauful] lawful A
24 þe flood of Noe] Noe flode *al.*   soulys] personys L   25 defylyng]
-fouling BYL   26 & fyue þousant] *om.* H   &²] *repeat* A   a¹] grete
add. L   &³] al *add.* R   gret] *om.* H   28 cachyd] drevyn H   kyng-]
kyn- A   29 aftyrward] *om.* T   wol] ful BYL   32 þat] in that þat
A   Iudas] that was *add.* H   33 hys eldre] þe eldest *al.*   34 hym]
om. D   36 of] on H   but] and he H   38 -bondys] -bond A   aftir]
-ward H   wif to] þe wijf of B   39 Also] And H   with] of *al.*
41 whan] *om.* H   his¹] owyn *add.* H   42 And] Also H   43 of] on
H   44 whyche] *om.* T   peplys] peple H   45 enmyys] Envyous A
46 Also Iacob] *trs.* H   acursyd] cursed A   47 his] Iacob H   49 in]
the *add.* H   -ston] -stond A

50 from abouyn and þe erde schoc & tremelyd so þat þey sonkyn doun
into helle, hous & lond, man & woman, child & beste, & al þat þey
haddyn. þer was noþing sauyd but Lot & his two doutrys. His
wif myȝte a ben sauyd but for þat she lokede aȝen to þe cytes
ageyn þe angelys byddynge whan she harde þe reuful cry of hem
55 þat perchedyn. þerfor she turnyd into a salt ston, for þe angyl bad
hem streytlyche þat þey schuldyn nout lokyn ageyn; & al þat con-
tre whych was aforn lykned to paradys for fayrnesse & plente of
þe contre turnyd into a foul stynkynge poþel þat lestyth into þis
day & is clepyd þe Dede See, for þer may noþing lyuyn þerynne
60 for fylþe & stync in venchance of þat stynkynge lecherye, Genesis
xix [17–28]. DIUES. Me meruaylyth mychil þat God tooc so
f. 179ʳ general wreche to slen man, wo/man & child, for Y am sekyr þat
þer wern many childryn wol ȝonge & vngylty in þat synne. Also
we fyndyn nout þat women wern þan gylty in þat synne. The booc
65 seith þat al þe peple of men from þe child male to þe elde comyn to
don þat synne, but of women spekyth he nout þat ony cam þerto.
PAUPER. þou women vsyd nout þat synne ȝit þei wern gylty in
þat þei forsokyn nout her houseboundys þat wern gylty, for
sodomye is mest sufficient cause of dyuors atwoxsyn housebonde
70 & wyf whan it is opynly vsyd. And sith þei woldyn nout forsakyn
her housebondis in þat horrible synne, in maner þei assentedyn
to her synne & so ryȝtfullyche þei perchedyn with hem in her
synne. Of þe childryn vngylty, þe Maystir of Storyys seith þat
God slow hem for her beste, for ȝif þey haddyn lyuyd forth
75 into myȝty age þey schuldyn a folwyd þe lecherye of her fadrys,
& so it was betere to hem to deyyn er þey wern gylty þan to a

50 schoc] quoke A   so] *after* schoc *al.*   51 &¹] *om.* BYL   &²] *om.* A
woman] *om.* RDTBYLH; & *add.* A   &³] *om.* L   52 two] gode two A
53 a ben] be A   cytes] citee BYLA   55 perchedyn] and *add.* H   into]
in A   56 hem] hym A   þat¹] *om.* A   al] *om.* A   þat²] þe Y
57 aforn] bi- BYL   58 poþel] podel *al.*   þat] and so H   59 &] it
add. H   for] *om.* H   lyuyn] luynge A   þerynne] *before* may H   60 fylþe
. . . stync] *trs.* R   61 tooc] to A   so] that H   62 man] & *add.*
B   sekyr þat] *in marg. in hand not that of scribe or corrector* T   þat] *om.*
BYL   63 þer] *om.* DA   wol] ful BYL   in] of R   64 þan]
om. H   65 of men] *marg.* G   66 of] þe *add.* R   67–8 in þat
. . . gylty] *om.* Y   68 þat¹] þat *add.* BLH   69 of] a *add.* H   atwox-
syn] bitwene BYL   72–3 & so . . . synne] *om.* A   72 with hem]
after synne (73) BYL   73 Maystir] maistris A   74 beste] behoofe *add.*
marg. in hand not that of scribe or corrector T   for²] and H   76 so] *om.* H
betere] bettis A   to¹] for Y

lyuyd lengere & deyyd gylty & gon to helle & to mor pyne with-
outyn ende.

Cap. xvii

DIUES. Fel þer out ony venchaunce for lecherie of men of holy
chirche? PAUPER. We fyndyn in þe secunde booc of Kyngys, vi
[6–7], þat þer was a dekene in þe elde lawe whose name was Oza,
and whan he touchyd þe hoche of God to heldyn it up whan it
schulde ellys a fallyn his ry3t arm seryd & dryyd sodeynlyche &   5
onon he deyyd, for, as seith þe Maystir of Storyys, þat ny3t he
hadde medelyd with his wyf. Sith þan þe dekene of þe elde lawe
was so hard punchyd for he touchyd Godis hoche þat schulde
ellys a fallyn for he medelyd þat ny3t with his wyf, mychil mor
prestis & dekenys of þe newe lawe ben worþi mychil wo 3if þei   10
presumyn to touchyn Godys body or to mynystryn at Godys
auter whan þey han comounyd with oþir mennys wyfis or with her
concubynys. And þerfor þe lawe byddith streytlyche þat þer
schulde no man ne woman heryn messe of þe preste whyche he
wot sykyrly þat he halt a concubyne or is an opyn lechour &   15
notorie, Di. xxxii, Nullus, et c. Preter h[o]c. And in þat same lawe
it is defendyd in peyne of cursynge þat ony prest lechour schulde
seyn ony messe or ony dekene lechour redyn ony gospel or ony
sodekene lechour redyn ony pystil in þe offys / of holy chirche. f. 179ᵛ
And in anoþir place þe lawe byddyth þat swyche notorie lechours   20
schuldyn han non offys in holy chirche ne benefyce, and 3if þey
haddyn, but þey woldyn amendyn hem, þei schuldyn ben pryuyd
boþin of offys & of benefys, Di. xxviii, Decernimus. And 3if ony

77 helle & to] om. H   helle . . . pyne] more peyne of helle R; mor of helle
DTA; peyne add. marg. T   & to mor pyne] om. BYL

1 out] om. al.   of²] om. T   3 þe] om. A   4 hoche] eiþer arke add.
BY; whicche oþer þe arke L   6 of] the add. H   þat ny3t] the nyght aforn H
7 medelyd] delid BYL   dekene] token A   elde] om. H   8 hoche]
whicch L   8–9 schulde ellys] trs. BYL   9 þat ny3t] in the nyth
aforn H   mor] om. T   12 comounyd] medillyd H   wyfis] om.
A   13 And] om. H   þe] om. A   14 ne] nor H   þe] om. T; that
H   preste] -tys Y   14–15 whyche . . . concubyne or] om. H   15 &] a
add. L; om. H   16 notorie] vnclene preest add. L; om. H   hoc] hec
RDTBYLAG   in] by   þat] þe al. L   17 defendyd] forboden BYL;
defedendyd A   in] vndir H   18 ony²] om. H   lechour] om. H
19 lechour] om. RDTBYLH   ony] on A   þe] this H   offys] offyry A
20 anoþir] oþer A   21 ne] nor H   22 but] yf add. BYL   amendyn]
amen A   hem] om. H   pryuyd] de- A   23 Decernimus] -creuimus
al.

man of holy chirche hauntyd mychil þe place & þe companye of
25 suspect women, but he wolde cesyn, he schulde ben deposyd, Di.
lxxxi, Clericus. And þer schulde non strange women dwellyn with
men of holy chirche but her moodrys, beldamys & auntys &
godmodrys & broþerys douȝtir & sustrys douȝtyr, ibidem, Cum
omnibus. And ȝif þer myȝte ben ony euyl suspeccion of her
30 dwellyng togedre, or for ȝougþe or for þat þey ben suspect in
oþir halue, þan þey schuldyn nout dwellyn with hem in houshold
but in som oþir place, Extra, De cohabitacione clericorum et
mulierum, c. I DIUES. þouȝ þe preste be a schrewe þe sacramentis
þat he mynystryth ben nout þe warse, for þe goodnesse of þe
35 preste amendith nout þe sacramentis ne his wyckydnesse apeyrith
nout þe sacramentis, as þe lawe schewith wel in þe same place, ubi
supra proximo cap., Vestra. Why forbyddyth þan þe lawe men to
heryn messis of synful prestis lechouris? PAUPER. Nout for
defaute of þe sacrament, for þe sacrament is nout þe warse for þe
40 malyce of þe preste, but for þis: þe lawe defendith men to heryn
her messys & her offys þat þei myȝtyn so ben aschamyd of her
synne & þe soner amendyn hem. DIUES. Whan is a man of holy
chirche clepyd in þe lawe an opyn notorie lechour? PAUPER.
Whan þe dede schewith so þeself þat it may nout ben denyyd ne
45 excusyd, or whan he is it aknowyn aforn a iuge or conuyct þerof
aforn his iuge, Extra, eodem, c. Vestra, et c. Quesitum. Whan it is
þus notorye & opyn þer schulde no man ne woman heryn her messe

25 women] -man R   but . . . cesyn] but he wolde leve it *after* deposyd H
26 non] no *al.*   27 but] *om.* A   &¹] *om. al.*   &²] *om.* L; or H   28 &¹]
om. LH   douȝtir] -teris A   &²] or RDTBYHA   sustrys] sister BYH
douȝtyr] -teris YA; *om.* H   29 ben] *after* suspeccion BYL   her]
om. T   30 or¹] as A   þat] *om. al.*   þat . . . suspect] suspicioun H
31 halue] bi- BYL   þan] that H   33 þe¹] a *al.*   34 þe¹] *om.* A
35 sacramentis] -ment BYLH   ne] nor H   36 nout þe sacramentis]
hem nout RDTBYA; yt not LH   wel] *om.* A   same] sum A   37 Vestra]
om. R   38 messis] messe H   of] þe *add.* RH   prestis lechouris] prest
H   lechouris . . .] *Pynson edition (1493) here inserts a page from cap. xviii,
lines 9–44 of present edition:* And þerfor . . . of holy ordre (*MS G f. 180ʳ–
f. 181ᵛ*); *Wynken de Worde edition (1496) and Berthelet edition (1536) follow
Pynson in this error*   39 defaute] the fauȝte D   defaute . . . nout] the
sacrament of the auter is H   for þe sacrament] *om.* T   þe³] *om.* T   40 for
þis þe] þerfor þis RDTBYL; the H; þerfor A   lawe] *om.* A   defendith]
forbediþ BYL   men] the peple H   41 messys] messe H   þei] *om.* A
so] sone T; *after* ben H   42 &] that thei schuldyn H   43 notorie]
om. HA   lechour] -rys T   44 þeself] hyt- L; *om.* H   ne] nor H
45 it] *after* aknowyn RDTBLHA; of it *after* aknowyn Y   aforn] be- *al.*
a] hys A   iuge] iustice H   46 aforn] be- RBL   is] *om.* B   47 opyn]
knowyn *add.* H   ne] nor H

ne her offys wetyngly. Swyche clerkys lechouris, be he buschop be
he prest, be he dekene or sodekene, he schulde lesyn hys degre &
nout abydyn in þe chaunsel amongis oþir clerkis in tyme of offys 50
& he schulde han no part of þe godys of holy chirche. Di. lxxxi, Si
quis amodo, cum aliis capitulis sequentibus. And þerfor Sent
Gregorie byddith / in þe name of God be þe autorite of Sent f. 180ʳ
Petyr þat no preste lechour ne dekene ne sodekene lechour schulde
entryn holy chirche til þat þei woldyn amendyn hem. And no man 55
ne woman, seith he, be so hardy to heryn her offys, for why, seith
he, her blyssyng turnyd into cursynge and her preyere into synne.
For God seith to hem: Y schal cursyn ȝour blyssyngis and al þo,
seith he, þat wil nout obeyyn to þis holy precept [þei] fallyn in synne
of ydolatrye, Di. lxxxi, Si qui sunt. Therfor God seith to wyckyd 60
men of holy chirche: But ȝe wil heryn me & settyn ȝour herte to
worchepyn myn name, ellys Y schal sendyn to ȝou myschef &
cursyn ȝour blyssyngis, Malachie ii [1–2].

Cap. xviii

DIUES. Wheþer is lecherie mor synne in weddyd folc þan in
men of holy chirche? PAUPER. In lecherie ben many degres, as
Y seyde aforn, for auouterie is mor synne þan symple fornicacion,
but incest—þat is lecherie with hem þat ben nyhȝ of ken—is mor
þan auouterie, & sacrilege—þat is lecherie in hem þat han vohwyd 5
chaste, as in men of holy chirche & in men of religion—also is mor
þan auouterye, hec Summa confessorum, lib. iii, ti. xxxiv, q. CCi,
Quero, etc., where he seith þat sacrilege & brekynge of þe vohw

48 ne] nor H   48–9 buschop . . . prest] trs. BYL   49 be he] om.
RDTHA   lesyn] om. D   50 chaunsel] counsel T   51 no] not A
part] -tys Y   52 þerfor] there H   53 þe²] om. H   54 ne¹ ne²]
nor H   sodekene] sodenken A   lechour²] -rys TA; om. H   55 woldyn]
om. H   56 ne] nor H   be] schuld be H   to] om. T   her] om. R
56–7 seith he] trs. RDBLHA; se seith Y   57 blyssyng] plessyng A
turnyd] -nytȝ al.   cursynge] -syngis A   58 blyssyngis] -syng HA
59 þis] þe A   holy] marg. G   þei] he G   in] -to H   60 lxxxi] lxxxii
A   61 me] om. H   herte] -tis H   62 ȝou] a add. H   &] I schalle
add. H

1 Wheþer] Where R   þan] or BYLH   3 aforn] bi- BYL   þan] is add.
al.   4 is¹] om. H   nyhȝ] ner H   5 is] om. H   þat²] om. R
han] auowhyd hem add. can. R; chasyte add. R   vohwyd] a- Y   6 of²] in
D; holy add. L   religion] relyon A   7 þan] that H   xxxiv]
om. A   CCi] vi R   8 etc.] eciam T; om. BYLH   where] -for T
vohw] a- Y

of chaste is mor þan auouterye. And þerfor þe lawe seith þat
10 fallyng from þe heyere chaste þat [is] vohwyd to God is mor &
warse þan auouterie, for sith God is offendyd whan þe wyf kepith
no feyth to hyr bodely housebonde or þe housebounde kepith nout
feyth to his wyf, mychil more is God offendyt ȝif feith of chaste is
nout kept to hym whyche was profryd to hym frelyche, nout
15 askyd nedlyche; and þe mor frelyche it was mad withoutyn com-
pellynge þe mor synne is in þe brekynge, xxvii, q. i, Nupciarum,
in fine capituli, et Impudicas, et Sciendum. Also þe lawe seith þat
þe synne whiche is don immedyatlyche aȝenys God is mor synne
þan þe synne þat is don principaly aȝenys man, and þerfor, seith
20 he, sacrilege is mor synne þan ony fornycacion or auouterie, xvii,
q. iv, Sunt qui. DIUES. Contra te, þe lawe seith þat auouterie is
f. 180ᵛ mest of alle synnys, xxxii, q. vii, Quid in omnibus. / PAUPER. The
glose answeryth þerto and seith þat it is a maner of speche to don
folc wlatyn auouterie & schewynge þat auouterye is wol greuous,
25 but he seyth þere þat manslaute & incest & sacrilege be brekynge
of þe vohu of chaste is mor greuous. And also it may be takyn for
gostly auouterie, þat is whan cristene soule forsakyth þe feyth of
holy chirche þat he receyuyd in his bapteme & forsakith Crist, to
whom he weddyd hym, & turnyth hym to þe fend & to fals beleue;
30 & euery dedly synne is gostly auouterye. DIUES. Y am answeryd.
Sey forth what þu wilt. PAUPER. Also lecherie is mor synne in
men of holy chirche þan in weddyd folc because of þe persone, for
men of holy chirche mon betere withstondyn flechly temptacion
þan weddyd men, for þei owyn to pasyn þe peple in connyng &
35 in vertue; & þerfor God seith in þe gospel þat þe seruant know-
ynge þe wil of his lord & nout doynge hys wyl schal ben harde
punchid also for his vnkendnesse, for why þe grethere his benefyce
ys & þe mor þat his dignete is þe mor is he boundyn to God & þe

9 mor] & werse *add.* A   9–44 And þerfor . . . holy ordre] *portion of text
constituting misplaced page of Pynson edition, see cap. xvii, note 38 above*   þe]
om. A   10 is] is mor A; it G   12 no] not *al.*   bodely] *om.* H
13 feyth] *om.* H   his] þe T   ȝif] of Y   15 was] askyd and *add.*
H   16 in] *om.* A   18 whiche] þat BYL; whe A   immedyatlyche]
mediatly H; immedialy A   19 þan] þat R; þouȝ A   22 mest] synne
add. H   23 it] *om.* A   24 wlatyn] latyn T; han abhomynacioun of H
wol] ful BYLA   greuous] synne *add.* H   26 vohu] lawe T   27 is]
om. H   whan] a *add.* BYLH   29 he weddyd hym] we ben weddid to H
hym²] *om.* BYL   33 flechly] *om.* Y   34 for] and H   35 seruant]
sauante A   36 hys wyl] it H   harde] -der YH   37 grethere] þat
add. R; grete A   38 . . . mor¹] *end of A fragment, at end of f. 98ᵛ* A

mor is his synne ȝif he be vnkende [Lc. 12: 47]. And þerfor holy
writ seith: Potentes potenter tormenta pacientur [Sap. 6: 7], þei 40
þat ben myȝty in þis world be welthe & worchepe þat God sendith
hem schul suffryn myȝty tormentis ȝif þei ben vnkende. ¶ Also
for þe synne repugnyth mor to his persone boþe for his dignete
& for þe vohw of chaste þat he made in takynge of holy ordre.
¶ Also his synne is mor greuous for it is mor slaundrous & noyous 45
to þe peple for his wyckyd example. And þerfor Sent Gregorie
seith þat þei schul answeryn for as many soulys as perchyn be her
wyckyd example, for whan þe hefd & þe ledere faylyth þe body
lytly schal faylyn, & mor disconfort is to þe host ȝif þey sen her
cheueteyn flen & turnyn þe bac þan þouȝ þey sen twenty oþir 50
symple men turnyn þe bac & flen, & mor confort to þe enmyys.
And so it is of men of holy chirche þat schuldyn ben lederis of
cristene peple, for þei turnyn þe bac to God & flen out of Godis
host as oftyn as þei fallyn in dedly synne. ¶ Also it is mor greuous
in men of holy chirche for þei mon betere flen lecherie þan men 55
of / þe world, for it nedyth hem nout mychil deylyn with women ne f. 181ʳ
with þe world ne it longyth nout to hem, but it longith to hem to
flen þe companye of women & euery occasion of synne, vide in
Summa confessorum, lib. iii, ti. xxxiv, q. CCii. For þese skyllys,
clerkys seyn þat þe studious þinkynge of lecherie defylyth as 60
mychil a clerk as doth þe dede of auouterie þe lewyd man: Tantum
coinquerat clericum studiosa concupiscencia quantum laycum
adulterii culpa [sicut dicitur in quibus post terminum, di. 32, c.
Omnium sacerdotum].

Cap. xix

DIUES. Why ben men irreguler for bygamye? PAUPER. For
many causis, first for dignete & honeste of holy ordre & of þe
sacramentis of holy chirche. Also to schewyn tokene & example of
continence & of chaste, Di. lxxxii, Proposuisti, for he þat schal

39 be] soo *add.* H   42 myȝty] -tili BYL   43 mor] *om.* H   44 of¹ of²]
his *add.* H   holy] *om.* H   47 seith] *om.* R   48 faylyth] fallyȝt
al.   49 faylyn] fallyn *al.*   disconfort] it *add.* BYL   þe] an BYL
52 of¹] *om.* T   of³] *al add.* Y   56 hem nout] *trs.* H   mychil] to *add.*
YLH   ne] nor H   57 ne] for RH   59 þese skyllys] þe skill T
60 defylyth] -fouliþ BYLH   61 þe²] a R; in L; of a H   man] men L
63-4 sicut . . . sacerdotum] sicut dicitur in tractatu, Qui bene praesunt *al.*;
marg., in later hand G

2 þe] holy *add.* H   3 sacramentis] -ment Y   Also] And H   4 of]
om. H   Proposuisti] Posuisti BYLH

5 prechyn & techyn continence & chaste must schewyn contynence
& chaste in hymself. Also for þer is nout ful sacrament of matri-
monye, and he þat schal mynystryn þe sacramentis of holy chirche
must han non defaute in ony sacrament. Wherfor þu schal vndir-
stondyn þat, as Y seyde first, þe sacrament of matrimonye beto-
10 kenyth þe vnite & þe knot atwoxsyn Crist & holy chirche as
atwuxsyn on housebounde and on wyf, maydyn withoutyn spot,
as seith Sent Powyl [Eph. 5: 23 et seq.], & þat is betokenyd be þe
coniunccion & þe knyttynge togedere bodelyche of housebound
& wyf in matrimonie. Also þat bodyly knyttyng togedere in matri-
15 monye betokenyth þe vnite & þe knot atwuxsyn þe Godhed & þe
manhed mad in þe chambre of þe maydyn Marie, whyche knot &
vnite and matrimonie began in tyme of patriarkys and prophetis,
& it was mad sekyr & stable in þe tyme of grace in þe berþe of
Crist & in his passion, but it schal ben ful endyt & maad perfyt in
20 heuene blysse. Therfor seith Sent Austyn, In questionibus Orosii,
þat as God made woman of þe rybbe of Adam slepynge & of his
syde, so out of þe syde of Crist slepynge upon þe cros ran blood &
watyr, whyche ben þe sacramentis of our redempcion, be whyche
sacramentis holy chirche is formyd & weddyd to Crist as Eue to
25 Adam. ¶ Also matrimonie betokenyth þe vnite & þe knot atwoxsyn
Crist & cristene soule & þat principaly for þe gostly knot þat is
f. 181ᵛ atwoxsyn housebonde / and wyf in assent of her wyllys. Foras-
mychil þan as he þat is in bygamye is nout only on housebounde
to on clen wyf, as Crist is on housebounde to on holy chyrche,
30 maydyn, or þe wyf is nout only wyf bodelyche to on housebounde
but þe housebonde hat departyd hys flesch in two wyfys or þe
wyf departyd hyr flech in two men; þerfor is þer defaute in þe sacra-
ment of matrimonie, for it signifyyth nout perfytlyche þe vnite
atwoxsyn Crist & holy chirche. ¶ And in many maner man

5 & techyn] om. BYL   6 Also] And H   7 he] om. H   sacra-
mentis] -ment Y   8 must] he may H   non] no al.   9 þat as] trs.
BL   as] om. T   seyde first] haue seid H   10 atwoxsyn] be- RDT;
bitwene BYLH   as] and H   11 atwuxsyn] be- RDT; bitwene BYLH
housebounde . . . wyf] trs. H   maydyn] bothe H   12 betokenyd] om. H
þe] om. T   13 þe] om. RH   14–15 Also . . . matrimonye] that H
14 knyttyng to-] repeat T   15 atwuxsyn] be- RDT; bitwene BYLH
16 mad] om. al.   þe¹] om. T   &] om. H   18 þe¹] om. R   19 ful]
om. T   20 Therfor] And þerfore BYL   21 made] þe add. Y   22 upon]
upin T   23 be] the add. H   25 atwoxsyn] bitwene BYLH   27 atwox-
syn] bitwene BL; betwen þe Y; atwyn H   and] þe add. Y   28 þat] om. T
30 only] on add. R   31 in] -to Y   32 wyf] hath add. H   þe] þat
RDTBLH   34 atwoxsyn] be- DT; bitwene BYLH   maner] -eris H

fallyt in bygamye & so in irregulerte. First ȝif he haue two wyfys 35
laufullyche, on aftir anoþir, & knowe hem fleschlyche. Also ȝif he
haue two togedere, or mo, as on be þe lawe opynly & be dom of
holy chirche & anoþir be lawe of conscience, and knowith hem
fleschlyche. Also ȝif he haue two in þat maner, on aftir anoþir, &
knowith hem fleschlyche. Also ȝif he wedde a wydwe corrupt. 40
Also ȝif he wedde ony woman corrupt of anoþir man, wheþer he
knowe hyr corrupt or knowyth it nout. Also ȝif he knowe fleschly
his owyn wyf aftir þat she is knowyn of anoþir, wheþer he knowe
it or knowe it nout. Also ȝif ony man of holy ordre or profes in
relygion wedde a woman & medele with hyr, be she maydyn or 45
corrupt, he is irreguler. ¶ Versus:

> Si ducas viduam uel quam corruperit alter,
> Vnam post aliam, binas que simul tua coniux,
> Cognita si fuerit, bygamie lege teneris,
> Et si pollicitam uiolasti uirginitatem.   50

In alle þes cas man is irreguler. DIUES. þou þe man be no maydyn
whan he weddyd a maydyn he is nout irreguler for hys owyn
corrupcioun. Why is he þan irreguler for corrupcion of þe woman,
for it semyth þat his owyn corrupcioun schulde raþere makyn
hym irreguler þan þe corrupcioun of þe woman? PAUPER. In þe 55
coniuncion of Crist to holy chirche is vnite & onhed in boþe partyys
and þerfor ȝif eyþer man or woman in matrimonie hat departyd
his flesch aforn þer is a defaute in þat matrimonie as anemyst
þe sacrament, for her matrimonye betokenyth nout perfythly
þe matrimonie atwoxsyn Crist & holy chirche. But mor onhed & 60
clennesse is nedful in þe woman þan / in þe man, for in þe man is f. 182ʳ
nedful þat he haue weddyd no woman aforn fleschlych but on, but
it nedith nout þat he be a maydyn. But in þe woman it is nedful
þat sche be nout corrupt aforn of ony oþir man. DIUES. Be what

35 in²] -to H   36–40 Also ȝif . . . fleschlyche] om. L   37 as] an H
þe] om. H   38/40 knowith] knewe Y   38 hem] boþe add. H   39 Also]
And H   in] on RDTBH; one Y   41 anoþir] ony H   42 knowe¹, ²]
knewe BL   knowyth] knewe L   42–4 Also . . . nout] om. R
43 þat] ins. G   anoþir] man add. H   wheþer] that add. H   44 knowe
it nout] not knowe it D; non H   ordre] cherche DBYLH   profes] -syd
L   45 she] a add. H   46 Versus] om. R   51 cas] -sis BYLH   no]
not BYL   52 weddyd] -diþ BYLH   he is] trs. RDTBYL; he after nout
H   53 for] the add. H   54–5 for it . . . woman] om. Y   56 to]
and H   in] of Y   57 eyþer] every H   58/62/64 aforn] bi- BYL
59 þe] þat RDT   nout] om. RDTH   60 atwoxsyn] bitwene BYL
61 man²] hit add. L

65 skyl? PAUPER. For þe corrupcion aforn matrimonie causyth nout
irregulerte in hym þat is corrupt but it causith irregulerte in þe
oþir þat is knyt to hym, for þat dede of corrupcion fallit nout þan
on hym þat dede þe dede but on hym þat is knyt to hym in matri-
monie, and þerfor ry3t as þe man is nout irreguler for he is corrupt
70 hymself whan he weddyth but for he weddyt a woman corrupt,
ry3t so 3if woman wer able to takyn holy ordre she schulde ben
irreguler nout for þat she is corrupt but for þat she knyttyth hyr
to man corrupt, but she hadde ben corrupt aforn in oþir matri-
monie. Anoþir skyl may ben þis: for þe knot & þe vnite mad
75 atwoxsyn Crist and holy chirche & atwoxsyn þe Godhed & þe
manhed it is on & onys mad foreuere. þerfor it is betokenyd be
þe bodyly knyttyng togedere of þe firste matrimonie. But whan
man pasyth to þe secunde wyf & weddith hyr also bodylyche or
3if sche be corrupt, þan goth he from vnite to pluralyte; þerfor þat
80 secunde matrimonie may nout sygnyfyyn perfytly þe coniunccion
of Crist to holy chirche ne of þe Godhed to þe manhed, whyche
coniunccion ys on & but onys don foreuere & nout chaunchable,
for þer þe þing tokenyd is but on, þe þing tokenynge þat þing must
ben on, and þe þing tokenyd & þe þing tokenynge þat þing must
85 ben lyk. Also mor clennesse is nedful to þe woman to sauyn þe
sacrament of matrimonie þan in þe man, for þe woman betokenyth
holy chirche weddyd to Crist, whyche, as Sent Powil seith, must
ben clene mayden withoutyn spot [Eph. 5: 27]. Also þe woman
betokenyth þe manhod of Crist þat he took of þe maydyn Marye
90 withoutyn part of man. Also þe woman betokenyth cristen soule,
whyche must ben withoutyn corrupcioun of synne 3if it schal ben
Cristis spouse. For þese skyllis, to sauyn þe sacrament of matri-
f. 182ᵛ monye, / þe woman must ben maydyn. DIUES. I suppose a man hat
defylyd a maydyn & aftir þat he weddyth hyr; is he irreguler for he
95 weddyth þat woman so corrupt? PAUPER. Som clerkys seyyn 3a

65 aforn] bi- BYL   nout] þe add. R   66 irregulerte¹] -reguler H
67–8 þat dede . . . to hym] om. H   71 ordre] -rys H   72 for²] om. T
þat²] þat add. H; ins. G   hyr] om. H   73 corrupt¹] aforn add. H   aforn]
bi- BYL   74 þe²] om. al.   75 atwoxsyn¹] bitwene BYL   atwoxsyn²]
bitwene BYL; -twyn H   76 foreuere] and add. can. G   77 whan] a
add. H   79 to] þe ins. T   þat] þe BYLH   80 sygnyfyyn] fyguren al.
81 to¹] and of H   þe¹] om. RDT   83 þat þing] om. H   84 ben]
but add. H   þat þing] om. H   86 sacrament] -tis H   87 weddyd]
after Crist H   as] was D   seith] after as H   90 soule] -lis H
91 schal] schuld H   92 skyllis] causes L   93 suppose] that add. H
94 defylyd] -fouled BYL   weddyth] -dyd al.

and som nay, but mest comoun opynyon is þat he is nout irreguler,
for he departyd nout hys flech into anoþir wyf so þat þe maydyn
be nout defylyd of anoþir. DIUES. Sent Powyl seith: Opportet
presbiterum esse vnius vxoris virum [1] ad Tymo. iii [2], It be-
houyth a prest to ben housebond of on wyf; & so it semyth þat 100
euery prest must han a wyf or ellys he may ben no prest, & so þer
schulde no prest dwellyn in maydyn. PAUPER. þe wordis of Sent
Powyl ben þus to vndirstondyn: þat þer may no man ben preste
þat hat had two wyfys bodylyche, for þan is he bygamus. DIUES.
What ȝif a man wene to weddyn a maydyn & he fyndyth hyr 105
corrupt? PAUPER. He is irreguler, & ȝif he wedde a maydyn &
she medele aftir with ony oþir man and hyr housebonde medele
with hyr aftir þat she is knowyn of anoþir, þouȝ þe housebonde
wetyth it nout ȝit is he irreguler. ¶ And ȝif a man accuse his wyf
of auouterye & he medele with hyr aftir þat be his owyn askynge 110
or be hys wyfys askynge he is irreguler, be she gylty be she nout
gylty. And be comoun opinion, þou he be compellyd be holy chirche
to ȝeldyn hyr hyr dette of his body, ȝif he ȝelde it he is irregu-
ler. ¶ Ȝif a man wedde a maydyn & sche deye a maydyn & aftir
þat he weddyt anoþir maydyn & knowith hyr flechly, or ȝif he 115
knowe þe firste & nout þe secunde, in þis cas he is nout irreguler,
for he departyd nout his flesch in two wyfys ne hys wyf in two
men. ¶ Also ȝif he wedde a wydwe maydyn he is nout irreguler.
¶ Ȝif a man haue mad a contract with a woman & aftir weddyth
anoþir & knowyth hyr flechly, ȝif he knowe nout þe firste fleschly 120
he is nout irreguler, but ȝif he be compellyd be holy chirche to
gon aȝen to þe firste, onon as he ȝeldith hyr þe dette of his body he
is irreguler. ¶ Ȝif a man haue two wyfys aforn his bapteme or on
aforn & anoþir aftir bodylyche he is irreguler. ¶ He þat is by- 124
gamus schal han no ioye of ony priuylege / þat longyth to þe cler- f. 183ʳ
gye and ben soget to seculer iugis as oþir lewyd men, & up peyne

98 defylyd] -fouled BYL   99 virum] et cithera add. H   102 in] om.
RDTBYL; a H   103 to] om. al.   104 hat] om. L   is he] trs. H
107 ony] om. H   108–9 þat she . . . wetyth] thow he know H   109 it]
ins. G   ȝit] om. H   is he] trs. BYLH   110 þat] om. H   111 be
she²] or H   113 ȝeldyn] to add. RDTBYL   hyr²] om. H   115 &]
he add. RDT   116 knowe] knew H   þis] þat R   117 departyd]
-tiþ BYLH   in¹ in²] -to BYL   ne] nor H   118 Also] And BYL
120 knowe] knewe R   fleschly] om. H   122 ȝeldith] to add. H
123/124 aforn] bi- BYL   124 &] om. RDT   aftir] and knowe hem add.
H   125 þe] om. R   126 to] oþer add. al.   iugis] iuge RDTH
up] vndir H

of cursynge he schal beryn non tonsure ne vsyn cloþinge þat
longith to clergie, in Summa confessorum, lib. iii, ti. De bygamis.
¶ þou3 preste or clerk helde many concubynys togedere or on
130 aftir anoþir, þou he synne greuously 3it is he nout irreguler, Extra,
lib. i, ti. De bygamis, c. Quia.

Cap. xx

[DIUES. May women entyr þe chirch or þey be puryfyed?
PAUPER.] Whan women ben delyueryd of hyr childryn þei mon
entryn holy chirche to þankyn her God what tyme þei wiln &
mon, ne þe lawe lettyth hem nout, & be þe same skyl men of holy
5 chirche mon syngyn aforn hem in her oratorie & honest place 3if
þei han leue, Extra, lib. iii, ti. De [purificatione] post partum.
And þerfor þei þat clepyn hem heþene women for þe tyme þat
þey lyn ynne ben folys & synnyn in caas wol greuously. DIUES.
May þe man 3euyn his wif leue to medele with anoþir man or
10 þe wif 3euyn hyr housebond leue to medelyn with anoþir woman?
PAUPER. Nay, for neyþer may 3euyn oþir leue to don dedly
synne a3enys þe precept of God: Non mec[h]aberis, ne þe pope
hymself may 3euyn hem leue. DIUES. Contra, we redyn, Genesis
xvi [1–3], þat Saray þe wif of Abraham 3af Abraham leue to
15 medelyn with Agar hyr seruant & begetyn on hyr a child; & so he
dede & begat on hyr Ysmael. PAUPER. To þis, clerkys seyn þat
Abraham was excusyd for it was þe maner þat tyme so þe wyf to

---

127 non] no *al.*   ne] nor H   129–31 þou3 preste . . . quia] *om. al.*

1–2 DIUES . . . PAUPER] *om.* RDTBYHG (*source* L)   3 her God] God of
her chyldrin H   þei] þe R   &] or BYL   4 ne] *om. al.*   5 aforn]
bi- BYL   6 purificatione] purgacione *all MSS* (*correct citation given in
corrector's hand in marg. of* H)   8 þey] *om.* D   in] the *add.* H   wol]
ful TBYL   9 þe] a *al.*   10 hyr] þe BYLH   leue to] *after* 3euyn H
woman] man R; wo- *ins.* -man B   11 may] man R   11–12 oþir . . . God
om. D   12 mechaberis] meca- G   ne] ner LH   pope] *crossed out in text
and add. marg. in later hand* R; peple Y; *can.* G   15 hyr[1]] his H   & begetyn]
to getyn *al.*   15–16 & so . . . hyr] whos name was H   16 &] for he *al.*
17–23 þat tyme . . . wif Also] among þe gode peple of God þat tyme þat if
þe wyf were bareyn þat (þat *om.* BYL) be her boþe assent þe housbonde my3t
takyn (to *add.* H) hym a secundary wyf not for lust but only for to multyplyin
Goddis peple, and so Abraham be assent of his wyf and be þe (þe *om.* H) priuy
leue of God not for lust but for to han a chylde to Goddis worschip (þerfor he
add. H) to [ke] Agar to his wyf and so she was his secundary wyf and Sara þe
chef wyf, and so also (also *om.* H) had Iacob (also Iacob had Y) foure wyfys
leffully (-ful TH; *om.* Y) not for lust but for to multyplyin Goddis peple and
al. (*source* R)   17 to] *ins.* G

ȝeuyn leue to hyr housebounde whan she myȝte nout conceyuyn,
ne it was nout so opynlyche forbodyn as it is now. Also for þan it
was so comoun a doynge þat þer was no slandre þerof. Also to 20
multiplyyn Godis peple. Also for þei dedyn it only for to bryngyn
forth childryn to þe worchep of God, nout for brennynge lust of
þe flesch. Also for it was þe wil & þe preyere of hys wif. Also for
tokene of þingis þat wern to comyn. Also for he dede þat be
autorite & dispensacioun of God which is abouyn alle lawis. These 25
two laste, þat is to seyn figure and dispensacion of God, excusyn it
best. But þou God dispensyd with Abraham & Saray to doun in
þat maner or with Iacob to han many wyfys togedere for figure &
skyllys þat God knew, ȝet / men mon nout takyn example þerof, f. 183ᵛ
for þe lawe seith: Priuilegium paucorum non facit legem com- 30
munem, xxv, q. i, c. vltimo [16], prope finem: þe priuylege of
a fewe makith non comoun lawe. And þerfor Ysaac þe sone of
Abraham hadde neuere but on wyf, þat was Rebecca, of whyche
he gat but two chyldryn at on tyme, as seith Sent Austyn; & he
medelyd neuere with oþir woman for desyr of childryn ne for lust 35
of his flesch. And so be his continence he schewyd þat hys fadrys
doynge was but a special pryuylege grauntyd of God to hym. And
þerfor in þat he took non example of his fadyr Abraham [he]
tauȝte oþir men nout to takyn example þerof, for þat Abraham
dede he dede it be special dispensacion of God & in figure of 40
þingis to comyn, for be his seruant Agar & his sone Ysmael is
vndyrstondyn þe elde testament & folc of þe elde testament, þat
ben þe Iewys & alle þat lyuyn aftir þe flech & in dedly synne. Be
Sare and be hyr sone Ysaac is vndirstondyn þe newe testament &
folc of þe newe lawe, þat is cristene peple þat lyuyn gostlyche out 45
of dedly synne. And þat Abraham at þe byddyng of God kechyd
out of houshold hys seruant & his child whan Sare hadde born
hyr sone Ysaac betokenyth þat in tyme of grace whan þe newe
testament þat is þe newe lawe & cristene peple begonne þan þe

24 wern] for add. H   Also . . . þat] And þat was done al.   25 &] of
BYLH   25–7 These . . . best] om. al.   29 takyn] now þis tyme add.
al.   30 for] to done þe same for þe skyllys fornseyde arn fulfyllyd and al.
32 þerfor] ther H   Ysaac] om. RDTH   33 of] on H   34 gat]
bi- BYL   seith] after Austyn H   35 of] no add. H   ne] ner LH
36 schewyd] -wiþ BYL   37 doynge] -gis H   of God] after hym T
38 example] þerof add. H   he²] & G   40 he dede it] it was H   special]
om. H   41 &] be add. LH   42–3 folc. . . . þat ben] om. al.   44 be]
om. al.   46 þe] begynnyng and add. H   47 out] eiþer putt out add.
BYL   whan] om. H   48 hyr] his H   49 begonne] to encrece add. L

50 elde lawe schulde ben put away & þe Iewys put from þe houshold
of heuene but þei woldyn ben conuertyd, and also þat alle þat
lyuyn aftir þe flech & in dedly synne schul ben put out of Godis
houshold but þei amendyn hem.

Cap. xxi

DIUES. Y haue oftyn hard seyd þat fendys in manys lycnesse
han leyn be women & maad hem with childe, & þat is wondirful
to me, for þe fend is but a spryth & hat neyþer flech ne bon ne
onyþing of mankende wherby he schulde gendryn with woman.
5 PAUPER. þe fend be suffrance of God may saddyn þe eyr & makyn
hym a body of þe eyr in what lycnesse God suffryth hym, inso-
mychil þat, as seith Sent Powyl, he transfygurith hym somtyme into
f. 184ʳ an angil of ly3th [2 Cor. 11 : 14]. Mychil mor þan he / may trans-
fyguryn hym into þe lyknesse of man or of woman be suffrance of
10 God for mannys synne & womanys. And þe fendis þat temptyn
folc to lecherie ben mest besy for to aperyn in mannys lycnesse &
womannys to don lecherye with folc & so bryngyn hem to lecherie,
& in speche of þe peple it arn clepyd eluys. But in Latyn whan þei
aperyn in þe lycnesse of man it arn clepyd *incubi*, and whan þey
15 aperyn in þo lycnesse of woman it arn clepyd *succuby*. And for
þei han no materie ne seed of hemself to gendryn þerfor þey
gaderyn & takyn þe superfluyte of þe materie of þe seed of man
[þat passyt3 from man slepyng and oþer tymes] & with þat materye
medelyn with women. And also þey gederyn materie & seed of
20 women and with þat medelyn with man in womennys lycnesse.
And of swych medelyng, as God suffryth, comyn somtyme goode
childryn, somtyme wyckyd, somtyme wel schapyn, somtyme euyl
schapyn. But nedys þe on must ben man or woman, for fend with

51 but] if *add.* H   þat alle] alle tho H   52 schul] schuldyn H   53 þei]
if thei wylle H

1 oftyn] *om.* H   seyd] say L   3 ne¹] nor H   4 with] a *add.* Y
woman] -men D   5 fend] *om.* D   7 þat] *om.* TH; *marg.* G   hym]
-silff BYL   somtyme] *om.* BYLH   9 of²] *om.* BYLH   11 for]
om. al.   13 þe peple] folke *al.*   it] þei BYLH   14 þe lycnesse
of man] manys lyknes *al.*   it] þei *al.*   14–15 and whan . . . clepyd]
om. H   14 whan] *om.* R   15 þo] *om.* RDBYL; þe T   woman] -men
TBYL   it] þei *al.*   16 ne] ner LH   17 of þe²] *om. al.*   18 þat
passyt3 . . . tymes] *om.* G   materye] he *add.* RDTH; þei *add.* BYL   19 And]
om. RDTBYH   20 with²] a *add.* H   womennys] -mans BYLH   21 of]
with TH   22 childryn] and *add.* H   23 But] for R   þe] *om.* BYL
fend] -des Y

fend may nout gendryn. Swyche fendys ben mest besy to schen-
dyn women, & þerfor it is perlyous to women þat desyryn mychil   25
mennys companye to ben ouyr mychil solitarie withoutyn onest
companye. And swyche foule sprytys don her lecherie in þis maner
nout only with man & woman but also with irresonnable bestis &
apperyn to hem in lyknesse of bestis, as a bole to kyne & as a ram
to schep, & so be þe fendis doynge comyn many of þese myschapyn   30
þingis þat ben born boþin of wom[e]n & of bestis, as a calf with
a neddrys tayl, a child with a neddrys hefd, or a child born of
a schep with wolle in þe nekke. Alle þese han fallyn be our days.

Cap. xxii

DIUES. It may wel ben as þu seist. Now, Y preye þe, telle me
what is gostly fornicacioun, gostly auouterye & mech[er]ye?
PAUPER. Alle þre ben takyn for on & principaly it is clepyd
ydolatrye whan man or woman withdrawith his loue & his trost
from God & settyth it mor in creature þan in God, and þe wor-   5
chepe þat longith to God he doth it to creature, þankynge creature
of þe benefycis þat only God may don, & so þe worchepe þat
longith only / to God þey ȝeuyn it to creature, stoc or ston, man or   f. 184ᵛ
woman, [or] to ymagis mad with manys hondis þat neyþer mon
heryn ne sen ne helpyn at nede. Whan man or woman is cristenyd,   10
his soule is weddyd to Crist be ryȝth beleue & trewe loue & charite
þat he hotyth þer to God to kepyn his hestis & to forsakyn þe
fend. But aftir whan he forsakith God & Godis hestis & turnyd
hym to þe fend be hys owyn fyndyngis of myslustis and leuyth
þe loue of Crist for þe loue of ony creature, þan he doth gostly   15
lecherye with þe fend, & þerfor seith Dauyd þat þei han don forny-
cacioun in her owyn fyndyngis [Ps. 105: 39]. And on þis maner
alle fleschly þoutis & al myslust & vnryȝtful doynge & al vnleful

24 fend] -des Y   26–7 to ben . . . companye] om. H   27 maner]
materie T   29 as²] om. Y   30 schep] ewen LH   þe] om. RDTBYL
31 women] -man G   a] om. H   32 a²] or anoþer H   or] om. al.
33 with] om. T   þese] þis Y   be] in H   days] day Y

1 wel ben] trs. BYL   Now] But BYL   2 mecherye] mechye RG
4 or] of D   5 in¹] a ins. L   6 God he] Godhed DB; God L; the
Godhed H   to²] þe add. L   þankynge] þe add. LH   7 so] om. H
8 to²] þe add. L   creature] -ris H   9 or] and G   10 heryn . . .
sen] trs. al.   ne¹] om. L   ne²] nor LH   or] and H   12 &] for
add. H   13 turnyd] -nytȝ al.   14 of] & Y   17 fyndyngis] -dyng
H   17–18 on . . . alle] alle maner of H   18 myslust] -tis H   doynge
. . . vnleful] om. L   al²] om. RDTBYH   vnleful] onskilfulle H

coueytyse, in þat it withdrawyth þe loue of man or of woman from
20 God, it is clepyd gostly fornicacion & auouterie. And þus euery
synne dedly is clepyd gostly auouterie & gostly fornicacioun, but
principaly ydolatrye & forsakynge of þe feith. Also fals prechyng
& fals exposicioun of holy writ, it is clepyd spiritual fornicacion,
as þei þat prechyn principaly to plesyn þe peple and to getyn a
25 name or to getyn temporel good, of whyche seith Sent Powil þat
þei puttyn Goddis word in auouterie: adulterantes uerbum Dei,
II ad Corinth. iv [2]. For þer þei schuldyn vsyn it to þe worchep of
God & to profyth of manys soule þei vsyn it to her owyn worchepe
& to her owyn [wordly] profyth & to plesance of þe fend & harm
30 of mannys soule. Also fals couetyse is clepyd gostly fornicacioun;
þerfor Sent Iamys seith to false couetous men: Adulteri nescitis
quia amicitia huius mundi inimica est Deo, Iac. iv [4], 3e auou-
tererys & lechouris, wete 3e nout þat frenchep of þis world is enmy
to God? þerfor in þe booc of Goddis pryuetes coueytse and pompe
35 of þis world & couetous peple & proud peple is clepyd þe cite of
Babilonie, þat is to seye þe cite of schenchepe, and it is lykenyd to
a comoun woman with whyche kyngis, princys, lordis, merchantis
& alle coueytous folc han don gostly lecherye, & it is clepyd moodir
of fornicaciounys & of abhominaciounys [Apoc. 17: 1–2, 5], for, as
40 Sent Powil seith, coueytyse is rote of al wyckydnessys [1 Tim. 6:
f.185ʳ 10]; and þerfor God / byddyth þer þat hys peple schulde gon out
of þe cyte of Babilonye, þat is to seyné, forsakyn synful companye
& forsakyn lust of þe flesch and pompe and coueytyse of þe world
þat makyn men to forsakyn God and don gostly lecherye with þe
45 fend. Wendith out, seith God, from þis wyckyd Babilonye &
forsakyth þis wyckyd comoun woman of lust & of fals couetyse þat
deseyuyth al þis world, for in on day schal comyn al hyr dystruc-
cion, & þat schal ben endeles deth, wepynge & hungir withoutyn

19 þat] þat add. H   20 þus] om. L   21 synne dedly] trs. RDTBYH
dedly] om. L   auouterie . . . fornicacioun] trs. Y   23 it] om. RDTBYL
is] om. H   spiritual] gostly H   24 as] and H   principaly] before þei
H   25 whyche] suche al.   27 þer] þat L   to] þe add. TBYL
28–9 worchepe . . . profyth] profite and wardly worchip H   29 wordly]
om. G   to²] do Y   33 þat] þe YL; the add. H   34 pryuetes] -vite H
35 couetous . . . peple²] pride H   peple¹] om. RDTBYL   38 folc] -kis
H   39 fornicaciounys] -cioun H   & of abhominaciounys] om. Y
40 wyckydnessys] -nes RDL; wretchidnesse H   41 þat] alle add. H
43 pompe . . . coueytyse] trs. H   þe²] þis DTBYL   44 God] leccery R
45 Wendith] 3e add. BYL   God] gon T   46 forsakyth] 3e add. BYL
þis] these H   of¹] and H   of²] om. H   47 þis] the H

ende, & þer schal ben brennynge fer and smoþere withoutyn ende,
& þan al þat han don gostly lecherye & lyuyd in delys & in fals   50
coueytyse schul wepyn & weylyn, seyynge, 'Ve, ve', 'Allas, allas',
Apoc. xvii et xviii [4; 8–10].

Cap. xxiii

DIUES. Alþou þin specche be skylful, ʒit in on þing clerkys
heldyn aʒenys þe, in þat þu seist þat þe synne of Adam was mor
þan þe synne of Eue; & þei arguyn þus aʒenys þe: God, ryʒtful
iuge, punchyd Eue hardere for hyr synne þan he dede Adam for
his synne, but þat schulde nout God a don but for hyr synne was   5
mor greuous þan þe synne of Adam. Ike þan þe synne of Eue was
mor greuous þan þe synne of Adam. PAUPER. þis argument is
groundyd in two false maximys, first, þat euery peyne & venchance
assygnyd of God for mannys synne & womannys is assignyd aftir
þat þe synne is mor or lesse, & þis maxime & ground is fals. Wher-   10
for þu schal vndirstondyn þat God punchy[th] som synnys in þis
world & som in þe oþir world, som boþin her & þer. In þe oþir
world he punchy[th] euery synne aftir þat it is mor greuous or lesse
greuous, but in þis world he doth nout alwey so, but oftyn in þis
world he punchyth þe lesse synne hardere þan he doth þe mor   15
synne. Therfor in þe elde lawe auouterie was punchyd as harde or
hardere þan manslaute, and þou manslaute is mor greuous synne
þan auouterie. And God took mor temporel venchance in þis
world for lecherye þan euere dede he for ydolatrie, & þou ydolatrye
is gretere synne þan lecherie, for it is immediat aʒenys God &   20
aʒenys þe firste precept of þe firste table. And manslaute is hardere
punchyd in þis world þan periurie, and þou periurie is gretere

49 smoþere] smoder BL; smoldre Y; smoke H   50 delys] delycys RDBH;
delites TYL   in²] om. al.   51 weylyn seyynge] seyn al.

2 þat¹] þat add. BYLH   þat²] om. H   3 þe synne] om. R   arguyn]
-edyn T   4 Eue hardere] trs. H   he] om. DH   dede] om. H
5 but þat schulde] om. D   nout] no D; after God T   for] þe T   6 Ike]
þerfore BYL   6–7 Ike . . . Adam] ergo (abbrev.) H   8 in two] vp on
to a H   maximys] -um H   peyne] punschyng al.   10 þat] om. Y
þe synne is] thei be H   11 punchyth] -chyd G   12 þe¹] om. T
world] and add. L   þe²] þat L   13 world] werde D   punchyth] -chyd
G   þat] om. L   14 alwey so] so alwey so T; trs. Y   17 þou] ʒit
BYLH   is] the add. H   greuous] -uouser H   18 God] om. Y
19 for¹] of L   euere] om. Y   dede he] trs. al.   þou] ʒit BYLH   20 is¹]
the add. H   gretere] mor greuouse Y   þan lecherie] om. H   22 þou]
ʒit BYLH   periurie is] trs. H   gretere] the gretter H

f. 185ᵛ   synne, as Y / seyde in þe secunde comandement. And synnys in
symple pore folc ben hardere punchyd in þis world þan synnys of
25   þe grete men. ȝif a pore man stele an hors he schal ben hangyd,
but ȝif a lord be raueyn & extorciounys robbe a man of al þat he
hat he schal nout ben hangyd ne lytyl or nout punchyd [in þis
world]. Dauyd dede auouterie and manslaute, for whyche synnys
he was worþi to ben slayn be comoun lawe of God, & þou God
30   wolde nout han hym slayn. But ȝif a pore man hadde don þo
synnys he schulde a ben slayn. A symple man wente and gaderyd
styckys in þe Sabat & God bad Moyses stonyn hym to dede.
Salomon, Ieroboam, Acaz dedyn gret ydolatrie & drowyn mychil
of þe peple to ydolatrye, & þou wer þei nout slayn þerfor. The
35   smallere synnys God punchy[th] in þis world þat þe soulys of þe
synnerys mon ben sauyd ȝif þei connyn takyn it in pacience, and
comonly he punchy[th] hardere pore folc in þis world þan he doth
ryche folc as be comoun lawe, for þe synne of grete men as in þe
same spece of synne is mor greuous þan is þe synne of þe pore
40   man, and þerfor God reseruyth þe mor greuous synnys & þe
synnys of gret folc to punchyn is in þe oþir world, or in helle or in
purgatorie. Ther may non temporyl pyne ben ful punchynge for
dedly synne saue contricion alone. And þerfor God punchyth
nout alwey folc in þis world aftir þe quantyte of her synne but as
45   he seth it mest nedful & spedful to þe peple & to hys worchepe,
for only God knowyth þe greuoushed of dedly synne. For oftyn
þat semyth mest greuous in mannys syȝte is lesse greuous in
Goddys syȝthe, and þat semyth lesse greuous in mannys syȝthe is
mor greuous in Godys syȝthe. Therfor God mesuryth nout alwey
50   peyne aftyr þe quantyte of synne but oftyn he punchyth in þis
world hem þat ben lesse gylty as mychil as hem þat ben mor
gylty. As in þe tyme of þe flood of Noe & in þe perchynge of

24 þan] the add. H   25 þe] om. RH   26 be] a add. H   extorciounys]
-syon RTBY; -cyner H   27 ne lytyl or nout] nor it schalle ben H
27–8 in þis world] om. G   28 for] the add. H   synnys] om. H   29 be]
the add. H   þou] ȝit BYLH   31 and] a D   32 in] on H   Sabat]
day add. H   34 þou] ȝit BYL; om. H   35 punchyth] -chyd G
36 connyn] om. L   in pacience] paciently H   37 he¹] God H   punchyth]
-chyd G   hardere] hard D   38 as¹] om. L   39 is²] om. L
40 þerfor] þer D   mor] om. DBYLH   40–1 & þe synnys] om. H
41 is] hem al.   þe] om. T   or¹] eyþir YL   42 non] no al.   punch-
ynge] -chid DH   45 it] is marg. T   46 only God] trs. L   47 þat]
þat add. BYL   48–9 þat semyth . . . syȝthe] aȝenward al.   49 nout]
after peyne R   50 of] þe add. BYL   51 mychil] or mor add. H
52 þe¹] om. RDBLH   þe³] om. TH   perchynge] punysh- H

Sodom & Gomor & many oþir tymys he punchyd women, child-
ryn & bestis þat wern nout gylty in þe synnys for whyche synnys 54
þat venchance fel. And oftyn he sente / seknesse & dyshese to f. 186ʳ
goode men in punchynge of her synnys in þis world & suffryth
schrewys to han her wyl and lytyl or nout punchyth hem in þis
world. And as þe lyon is chastysd be betynge of a lytil hond, so
oftyntyme God punchy[th] and chastysith wol harde in þis world
hem þat ben lesse gylty to warnyn hem þat ben mor gylty þat þei 60
schuldyn amendyn hem. Therfor Crist seide to þe Iewys: 'Wene
ȝe þat þo men whyche Pylat slow for her rebellyon wern gretere
synnerys þan oþir folc of þe contre? Nay, forsoþe. But Y seye ȝou
forsoþe þat but ȝe amendyn ȝou ȝe schul perchyn alle. And wene
ȝe', seith Crist, 'þat þo eytene men upon whyche fel þe tour of 65
Syloa in Ierusalem & slow hem, wene ȝe þat þey pastyn in synne
alle þe men of Ierusalem? Nay, forsoþe. But Y seye to ȝou, but ȝe
amendyn ȝou ȝe schul perchyn alle togedere' Luce xiii [1–5]. And
so þe punchynge of þo men so slayn was a warnynge to hem þat
wern mor synful þat þey schuldyn amendyn hem. And so þu 70
myȝt wel sen þat þis skyl is nout worth: God punchyd Eue hardere
in þis world þan he punchyd Adam, þerfor hyr synne was mor
þan þe synne of Adam.

Cap. xxiv

Also þe secunde maxime & ground in whyche þu seist þat God
punchyd Eue hardere þan Adam may skylfullyche ben denyyd, for
in punchynge of Adam God ȝaf his curs & seyde: 'Acursyd be þe
erde in þin warc & in þin synne.' He seyde nout 'Acursyd be þe
erde in þe warc of Eue' ne he seyde 'Acursyd be þe erde in ȝour 5
warc' as for comoun synne of hem boþin, but he seyde only to Adam:
'Acursyd be þe erde in þin warc.' In punchynge also of þe serpent

53 women] & add. Y   54 þe] tho H   for] þe add. LH   synnys²] om.
DTBYLH   55 sente] -tiþ BYL   56 &] he add. H   58 a lytil
hond] þe whelpe al.   59 punchyth] -chyd G   wol] ful BYL   62 þat]
om. H   þo] þe D   her] om. Y   63 contre] cyte wer H   seye] to add.
BYL   64 þat] om. al.   And] om. R   65 þo] þe R; om. D; that H
66 pastyn] -syn D   67–8 but ȝe . . . ȝou] repeat H   69 þo] om. H
70 synful] than thei add. H   71 myȝt] mayst H   wel sen] trs. T   þis]
þi BL   nout] lytylle L   worth] wotȝ R; þat add. L   72 þan] þat R
punchyd] did al.   þerfor] þu wenyst þat add. L

1 Also] as to add. L   3 punchynge] -chid H   3/4/5 Acursyd] Cursid al.
4 synne] and add. H   4–5 Acursyd . . . seyde] om. L   5 þe¹] þin B
seyde] not add. RBY   6 synne] om. Y   7 Acursyd] Cursid BYLH

he ȝaf his curs & seyde: 'þu schal ben cursyd amongis alle þinge
lyuynge upon erde.' Also God acursyd Cayn whan he punchyd
10 hym for sleynge of hys broþir Abel, but whan God punchyd
woman he ȝaf nout his curs, and we redyn nout þat euere God
ȝaf his curs to ony woman opynly in special. Ne God reprouyd
nout Eue so mychil as he dede Adam. And so þe grete reprof &
14 blamynge & þe curs þat God ȝaf in punchynge of Adam mor þan
f. 186ᵛ he / dede in punchynge of Eue schew[yn] wel þat þe synne of
Adam was mor greuous þan þe synne of Eue, and þat þer was mor
obstinacie in Adam þan in Eue, for cursynge is nout ȝeuyn of God
ne of holy chyrche but for obstinacye, and, as Y seyde first, Adam
answeryd wol obstinatlyche. God blamyd Adam principalyche
20 for brakynge of hys comandement & seyde to hym þat brekynge
of his comandement was cause of hys nakydhed & of hys sodeyn
myschef, & noutwithstondynge þe techynge & þe steryng of God
he wolde nout ben aknowyn his synne but put hys synne on God
& excusyd hym be Eue & so putte synne to synne in excusacion of
25 hys synne. Whan God punchyd Adam he cursyd þe erde for hys
synne, whyche curs turnyd to wo & trauayl of hym & of al man-
kende, whyche wo we mon nout flen. And þerfor he seyde to
Adam: 'þu schal etyn of þe erde in trauayl & sorwe alle þe dayys of
þin lyue. It schal bryngyn þe forth brymbelys & þornys and þu
30 schalt etyn herbys of þe erde.' Also in punchynge of Adam God
ȝaf þe sentence of deth upon hym & al mankende for hys synne,
& þerfor God seyde to Adam: 'þu schal etyn þin bred in swynk &
swet of þi face til þu turne aȝen into þe erde, for erde þu art
& into erde aȝen þu schal wende.' Syth þan God for þe synne of
35 Adam ȝaf so greuously hys curs & blamyd so hard Adam of hys
synne and for hys synne dampnyd hym & al mankende & pun-
chyd al erdely creaturys for hys synne & dampnyd hym & al
mankende to perpetuel trauayl whan he seyde 'þu schal etyn þin
mete with trauayle & sorwe alle þe dayys of þin lyue' & also for þe
40 synne of Adam he ȝaf þe sentence of deth to Adam & to al man-

8 þinge] -gis H   9 acursyd] cursid BYLH   10 God] he R   11 woman]
the woman H   and] om. H   12 ony] om. H   opynly] and add. L
13 nout Eue] trs. L   14 &] of D   15 Eue] wel add. RD; wil add. T
schewyn] -wyng RG; -wyng, g can. T; that schewith woll H   18 ne] nor
H   and] om. al.   19 wol] ful al.   21 of his comandement] om. H
nakydhed] -nesse BYLH   23 on] -to H   26 curs] -sid D   27 wo]
om. al.   we] Eue Y   29 brymbelys] breris BYL   32-3 swynk
. . . swet] trs. Y   34 þe] om. al.   37-8 for hys . . . mankende] om. H
39 þe²] om. DH   40 þe] om. BYL   Adam²] hym al.   to²] om. RDTBYL

kende, þat is mest of alle pynys, it folwith þat God punchyd
hardere Adam for his synne þan he dede Eue for hyr synne. For
why in punchyng of Eue God reprouyd hyr nout so mychil as he
reprouyd Adam, & he ʒaf þan no curs ne peyne perpetuel saue 44
subieccion. 'I schal', seyde God, 'multy/plyyn þin myscheuys & f. 187ʳ
þin conceyuyngis & in sorwe þu schal beryn þin childeryn, and
þu schal ben vndyr power of man & he schal ben þin lord.' God
seyde nout to woman 'Y schal multyplyyn þin myscheuys alle
dayys of þin lyue', for she may kepyn hyr chast ʒif she wyl & flen
myschef & pyne of chyldberþe. And þat God made woman soget 50
to man for þe synne of Eue it was non newe þing to woman, for,
as seith Sent Austyn, super Genesi[m], lib. xi, cap. xiv, woman was
soget to man aforn be ordre of kende but þat subieccioun was only
be loue & charite, but for hyr synne she was mad soget nout only
be loue but also be nede & boundache of honest seruyle warc to 55
obeyyn to man and ben vndir his gouernance. Aforn hyr synne she
was soget to man only be loue, but aftir hyr synne she was mad
soget to man nout only be loue but be dred & be nede, for she must
dredyn man & she hat nede of hys helpe. For þat was þe pryde of
Adam & of Eue þat þey desyredyn to han non souereyn ne gouer- 60
nour but God alone, as clerkys seyn, & þerfor þe fend in gyle
hyʒte hem þat þey desyredyn, seyynge to Eue: 'ʒif ʒe etyn of þe
tre þat God hat forbodyn ʒou ʒe schul ben as Goddis, connynge
good & wyckyd, þat is to seyyn, ʒe schul nedyn non souereyn ne
gouernour to techyn ʒou ne to gouernyn ʒou but God.' And for 65
þat þey desyredyn it lyʒtly þei leuedyn it, for, as seith þe Maystir
of Storiis, þing þat is desyryd lythly is leuyd, and þerfor God,
ryʒtful iuge, punchyd hem boþin in subieccion of dred & of nede
& of harde seruage. He made woman soget to man & aftirward he
made man soget & þral to man for þe synne of Adam, as seyth Sent 70

44 reprouyd] dyd R   ne] nor LH   46 conceyuyngis] -uyng H   &]
om. H   þin²] om. H   47 power] pore H   48 alle] þe add. RTL
49 flen] alle the add. H   50 myschef] -cheuys LH   &] þe add. B
chyld-] her R; childryn DTBYL   51 for . . . Eue] om. H   non] no al.;
ins. G   to²] the add. H   52 Genesim] -sis G   53/56 aforn] bi- BYL
54 hyr] om. L   56 hyr] his T   57–8 but aftir . . . loue] om. H
57 mad] om. T   58 to man] om. Y   be²] for R   60 non] no al.
ne] no add. R; nor H   61 þe fend] om. R   62 hyʒte] bi- BYL   ʒe] þei Y
63 ʒou] om. L   connynge] knowyng TLH   64 wyckyd] yuel BYL   non]
no al.   ne] no H   65 ne] nor LH   65–6 for þat] þerfor Y   66 it¹]
therfor add. H   leuedyn] lovid H   for] and H   þe] om. Y   67 of] the
add. H   þing] that thing H   lythly] it add. BY   lythly is] trs. H   leuyd]
lovid H   68 dred] dre (sic) H   70 soget . . . þral] trs. Y   þe] om. H

Austyn, super Genesim, ubi supra; mor þan euere made he woman
soget to man for þe synne of Eue, as seith Sent Austyn, super
Genesim, ubi supra, for alþou woman be in thraldam & bondache
to temporil lordis as men ben, þat is nout for þe synne of Eue but
75 pryncipaly for þe synne of Adam. The subieccion þat woman is
f. 187ᵛ put yn for þe synne of Eue is þe subieccion þat þe wyf owyth / to
hyr housebond. And al þe souereynte and lordchepe þat ony man
hat here in þis world, eyþer ouyr man or woman, it is medelyd
with mychyl wo & gret sorwe and care, for euery souereyn in þis
80 world must caryn for hys sogetis, & in þe heyere degre þat he be
of lordchepe & of dignete, in þe heyere degre is he of peryl, of
dred, of sorwe & care, in punchyng of Adamys synne. And so
boþin lordchep in þis world & subieccion ben punchyng of Adamys
synne. And ʒif sogetis connyn han pacience with her degre þey
85 ben in mor sekyrnesse boþin of body & of soule & in mor glad-
nesse of herte þan ben þe souereynys. And so God punchyd Adam
as mychil in maner in þat he made hym lord & gouernour of
woman as he punchyd Eue whan he made hyr soget to Adam, for
in þat God bond man to han cure of woman in hyr myscheuys to
90 sauyn hyr & kepyn hyr þat was becomyn so feynt, so feble & frele
& so myscheuous because of hyr synne.

Cap. xxv

DIUES. ʒet clerkys arguyn aʒenys þe & seyn þat woman synnyd
mor greuouslyche þan Adam, for she putte hyrself in synne &
hyr housebond Adam, but Adam put only hymself in synne.
PAUPER. þis skyl is nout worth, for, as Y seyde first, Adam was
5 schent with pryue pryde & wel lete of hymself & fallyn yn synne
er Eue profryd hym þe appyl. Also, as seith Sent Austyn, De

71 super] *om.* H   Genesim] -sis H   made he] *trs.* BYLH   72–3 as seith
. . . supra] *om.* H   73 & bondache] *om. al.*   74 men ben] *trs. al.*
75 þat] that the *add.* H   76 þe²] *om.* Y   77 hyr] the H   þat] þer D
78 here] *om.* H   eyþer] *om.* Y   ouyr] *om.* D   man . . . woman] *trs.* L
it] *om.* H   80 sogetis] ʒyf he be wyse *add. al.*   81 of¹] in H   of²]
om. H   peryl] and *add.* H   82 &] of *add.* R   in] & T   punchyng]
-schid BYLH   83 of] for YH   85 in²] *om.* H   86 God punchyd]
trs. BYL   87 in maner] *om.* R; *after* Adam (86) H   in þat] as H
88 whan] þat *add.* R   89 myscheuys] -cheef BYL   90 &¹] to *add.*
RDBYL   & kepyn hyr] *om.* H   so²] and H

1 þe] *ins.* G   3 only hymself] *trs.* T   synne] with no more *add.* H
4 worth] *om. al.*   5 with] be T   pryue] *om.* H   wel lete] welþe *al. (written*
wellete *in* G)   yn] -to H   6 as] *om.* BYH   seith] *after* Austyn H

civitate [Dei], lib. xiv, cap. xi, Adam wuste wel þat it was a greuous
synne, but Eue was so deceyuyd þat she wende þat it hadde ben
non synne [I Tim. 2: 14], and þerfor þe synne þat she dede be
ignorance & deceyt of þe fend excusith nout ne lessith nout þe   10
synne of Adam þat he dede wytyngly & wylynge. Adam was hyr
souereyn & schulde a gouernyd hem boþin & nout obeyyd to þe
voys of his wyf aȝenys þe voys of God þat forbad hem þe tre.
Example: ȝif a symple man be vnconnynge & be deceyt of som
schrew do a folye wenynge nout to don omys & he come to his   15
prelat or hys buschop & conseyle hym to don þe same & hys
prelat or his buschop do þe same wetynge wel þat he doth omys
& þat it is a greuous synne, euery man wil demyn þat þe buschop
& hys prelate synnyth mor greuouslych þan þe symple man / þat   f. 188ʳ
wende nout to don omys. And þus nyh alle circumstancis þat   20
agrechyn ony synne it agrechyn þe synne of Adam mor þan þe
synne of Eue, for he was souereyn & mor perfyth in kende, wysere
& myȝtyere to withstondyn þe fendis fondynge & with lesse
temptacion fel in synne and brac Goddis comandement wetyngly,
but Eue be deceit of þe neddere synnede be ignorance, as seith   25
Sent Austyn, ubi supra proximo, et Ysodorus, De summo bono,
lib. ii. Eue ȝald hyr copable; Adam dede nout so. Eue wende nout
a synnyd; Adam wytyngly synnede in hope of forȝeuenesse, as
seyth Sent Austyn & þe Maystir of Sentence, lib. ii, d. xxii. And so
Adam synnede in hope & presumpcion aȝenys þe holy gost, & þat   30
is a wol greuous synne, as Crist schewith in þe gospel, Mathei
xii [32]: Quicumque dixerit uerbum contra spiritum sanctum
non remittetur ei, etc., wher þe glose seyth þat þey þat synnyn be
ignorance þey mon lyȝtly han forȝeuynesse, but he þat doth
wetyngly aȝenys þe maieste of God aȝenys his conscience he is   35

7 Dei] om. G   8 so] om. T   þat²] om. H   9 non] no al.   synne¹]
As Poule seith: Et Adam non est seductus, mulier autem seducta in praevarica-
tione fuit, Adam was not begiled ne deceived for he knewe þe synne but þe
woman was deceyued, I ad Thimoth. 2 add. marg. L   þe synne] om. T
10 þe fend] om. T   ne] ner LH   ne lessith nout] om. Y   11 wytyngly
. . . wylynge] trs. al.   13 hem] him BYLH   16 or] to add. RYH
&¹] he add. T   hym] om. T   &²] if add. H   17 or his buschop] om.
H   his] þe R   same] synne add. H   18 a] om. L; wol add. H   20 nyh]
nyght Y   alle] the add. H   21 it] om. al.   agrechyn²] -greggiden
BY   22 was] mor add. B   mor perfyth] trs. BYL   25 Eue] if Y
27 nout²] to add. Y   28 wytyngly] wikkedly Y   synnede] sinne Y
29 of] the add. H   Sentence] -cis TBYL   30 synnede] om. R   þat]
þis RDTBYL   31 wol] ful RBYL   33 ei] hic ei H   34 þey]
om. al.   doth] it add. H   35 God] and add. L

worþi no forȝeuenesse. Also Adam was mor obstinat þan was
Eue. DIUES. Schewe me þat. PAUPER. For God blamyd hym
first of al & declaryd to hym his synne, & God abood of punchynge
til he hadde vndirnomyn Eue & aftir Eue þe fend in þe neddere;
40 and first he punchid þe neddere & þan he punchyd Eue þat Adam
schulde a ben war & askyd mercy. And so God blamyd hym fyrst
& punchyd hym last, so ȝeuynge hym respyt of repentance. But for
al þis Adam repentyd hym nout ne wolde askyn mercy ne lowyn
hym. First God punchyd hym fro far in þe neddere, in þat he
45 cursyd þe neddere þat was hys soget & made þe neddere enmy to
hys wyf & to hyr seed, þat is to seye to hyr chyldryn þat she schulde
getyn of Adam, and so God made þe neddere—þat was aforn
soget & meke to hym—he made it rebell & enmy to hys loue þat
was hys wyf & to alle þat schulde comyn of hem two. Ȝit Adam
50 stood obstinat. þan God punchyd Eue his wyf, hys loue, hys
helpe, his neste, & so punchyd hym in Eue. For ȝif he hadde louyd
hyr so mychil as clerkys seyn it schulde a ben a wol gret pyne to
f. 188ᵛ hym to / sen his loue, hys wyf, so punchyd, for, as clerkys seyn,
þe grete loue þat he hadde to Eue made hym to brekyn þe comande-
55 ment of God. And ȝit þese dayys it is wol gret pyne to kende folc,
trewe in loue, to sen her loue & her frendys in sorwe & dishese.
Also God punchyd Adam in Eue in þat he punchyd hyr with
myscheuys of seknesse, frelete & febilnesse, for insomychil God
took from hym hys helpe þat was woman mad to ben mannys
60 helpe. But þe mor feble þat God made hyr for synne þe lesse she
myȝte helpyn man. Also God punchyd hem boþin onon as Adam
eet of þe tre & made hem so nakyd & so inhonest þat þei wern
aschamyd of hemself, whyche pyne fel nout to Adam ne to Eue
til Adam hadde etyn of þe appil. And noutwithstondyng al þis ȝit
65 Adam stood obstinat & askyd no mercy ne knowlechyd no synne.

36–7 was Eue] trs. BYL   38 to] om. H   40 he punchyd] om. H
41 a] om. DLH   askyd] -kyn DLH   42 &] þan add. L   hym²]
om. H   for] om. D   43 wolde askyn] axed Y   lowyn] -wed Y
44 fro far] and hir H   46 to¹] om. H   chyldryn] chylder R   47 so]
om. H   aforn] bi- BYL   48 he made it] om. al.   49 alle] þe childryn
add. T   schulde] om. T   two] ins. G   Ȝit] after Adam H   50 stood]
was Y   his wyf] om. H   51 his neste] om. al.   so] om. D   hadde]
om. al.   52 ben] to hym add. DTBYLH   wol] ful RBYL   52–3 to
hym] om. TBYLH   53 loue . . . wyf] trs. al.   54 grete] -re add.
can. G   55 ȝit] in add. RH   is] a add. R   wol] ful RBYL   folc]
and add. L   56 loue²] -ver H   her²] om. H   frendys] freend YH
58 myscheuys] -schef T   63 ne] ner LH   65 &] ne H   no¹] om. H
knowlechyd] -chith H   no²] his H

And þan God, ry3tful iuge, punchyd hym wol harde boþin in þis
world & in þe oþir world & punchyd al mankende for hys synne,
as seith Sent Powyl & Sent Austyn & oþir doctours alle. God
punchyd Adam & mankende wol harde for hys synne whan he took
mychil of hys lordchepe from hym and made nyh alle creaturis   70
rebel to hym & brout hym so lowe in ordre of kende þat þou3 be
weye of kende man aforn Adamys synne pasyd woman in vertue
& perfeccion of kende, now aftir Adamys synne woman oftyntyme
pasyth many man in vertue & discrecion & in oþir 3iftis, boþin of
kende & of grace. Aforn þe synne of Adam man was so souereyn   75
to woman þat woman schulde nout a ben hys souereyn. But now
for Adamys synne oftyntyme man is soget to woman, as to hys
lady be bondage & þraldam, be hard seruage, be nede & be dred
& owyth mor seruage & subieccion to woman for Adamys synne
þan doth woman to man for þe synne of Eue, for God made woman   80
for þe synne of Eue only soget to hyr housebonde in seruyse of
honest warc, as felawe nout as charl in vyleyn warc of wordly
bondage. Also man for þe synne of Adam is ordeynyd to many mo
perylys boþin on lond & on watyr, to warre & wo & besynesse of
þis world & to mychil trauayl & many perylys mor þan woman is   85
ordeynyd to. DIUES. Wondyr Y haue þat ony clerk / schulde f. 189ʳ
heldyn a3enys þe in þis materie of Adamys synne, for þyn skyllys
ben opyn ynowe. PAUPER. Clerkys spekyn oftyn be opynyoun in
þis materie & oþir materyys also & nout alwey affermyn þat þey
seyn [to þe utterest] but puttyn it in þe doom of oþir clerkis 3if   90
þey connyn seyn bettere, and so do Y as þis tyme, 3if ony clerk
conne [seyn] mor skylfolyche.

66 þan] om. H   wol] ful TBYL.; om. H   68 &¹] om. RDTH   doctours
alle] om. RDTH; doctouris BYL   69 wol] ful RBYL   70–1 and
made . . . rebel to hym] om. H   72 aforn] bi- BYL   73 -tyme] -mes
Y   74 man] men TBYLH   &²] om. T   75 Aforn] And aforn
RDTH; And bi- BYL   so] om. Y   77 -tyme] om. H   hys] om. D; a H
80 þe synne of Eue] Eue is synne H   81 of²] ins. G   82 charl] thralle
H   vyleyn] -leyny H   83 mo] om. H   84 &¹] om. RDT   &²] to
RDTBYH; to add. L   &³] to add. H   85 &²] to add. H   woman] -men
H   87 skyllys] skille T; resouns H   88 spekyn oftyn] trs. H
90 to þe utterest] om. G   þe²] om. H   oþir] þe Y   91 so do] om. H
as] at BYL   92 seyn] senyn G   skylfolyche] Explicit sextum mandatum /
Incipit Septimum add. RDT; Heere endiþ þe sixte precepte & bygynneþ þe
seuenþe precepte (precepte om. L) add. BL; I submyt me þertoo. Explicit
sextum mandatum & Incipit vii preceptum add. H

SEVENTH PRECEPT

Cap. i

DIUES. I þanke þe, for þu hast wel declaryd to me þe sexte
heste. Now, Y preye þe, enforme þu me in þe seueþe heste. PAUPER.
þe seueþe precept is þis: Non furtum facies [Ex. 20: 15], þat
is to seye, þu schal don no þefte, neyþer in wille ne in dede, as
5 seith þe glose. And so be þis precept is defendyd al maner mystak-
ynge & alle maner fals withheldynge & withdrawynge of oþir
mennys good aȝenys her wil. And alle þe menys þat ledyn to
þefte ben also defendyt be þis precept, as fals weyȝtis, false
mesurys, false oþis, gylous speche, gyle in craft and gyle in
10 chaffare, fals warkmanchepe & feynt labour in laborerys þat
takyn gret hyre & don lytyl þerfore. Also raueyn, extorciouns,
fals withheldynge of dette & of mennys hyrys & fals withheldyng
of mannys ryȝt & womannys & lettyng of her ryȝt—alle þese ben
defendit be þis precept, and so be þis precept is defendit alle
15 maner þefte, boþin bodyly and gostly. DIUES. What is bodyly
þefte? PAUPER. As seith a gret clerk, Reymund, libro ii, ti.
De furtis, bodyly þefte is a gylous and vnleful tretynge & vsynge
of anoþir mannys good-meuable aȝenys þe wil of þe lord þat owith
þe þyng to getyn þe þing in þeself to his auantage or to han þe
20 vhs of þe þing for a tyme or for to hydyn it for a tyme and denyyn
þe possession, þouȝ he þynke to makyn restitucioun. And þus
som is opyn þefte and som is priue þefte. [Opyn] þefte is whan þe
þef is takyn with hys pelfre or conuyct be trewe witnessis of þefte,

---

1 to] on- H   2 heste¹] precepte RDTBYL; comaundement H   þu] om.
RDTH   heste²] comaundement H   4 ne] nor H   5–6 mystakynge]
takyng wrongfully H   6 maner] of add. H   7 good] -dis H   wil]
-les Y   8 defendyt] forboden BYL   as] all L   10 chaffare] -ryng
H   fals] -hed in H   feynt] in add. H   in laborerys] om. H   11 don
lytyl] trs. L   extorciouns] -cion YH   12 of²] oþer add. Y   hyrys] hire
Y   13 mannys] mennys H   her] om. H   14 defendit¹·²] forboden
BYL   precept¹] comandment of God H   15 maner] of add. H   16 a
gret clerk] om. al.   17 a] om. H   vsynge] desiryng H   18 anoþir]
oþer RH   good-] -dis- H   19 þe¹] that H   þe þing . . . auantage] it
to his prophite H   or] for add. H   20 þe] a R; that H   or . . . tyme]
om. H   for²] om. R   22 is²] om. LH   Opyn] Oftyn (opyn add. marg.)
G   23 hys] the H   witnessis] -nes al.   of] the add. H

& swiche þefte is punchyd be londys lawe and be holy chirche
lawe. Som is don so pryuely þat þe þef may nout ben takyn 25
þerwith ne be conuyct, & swyche mon nout ben punchyd opynly
be no lawe but only pry/uely be lawe of conscience in þe doom of f. 189
hys confessour, whyche is boundyn to conceyl and to sauyn
his name and his fame. And, as þe lawe seith, euery vnleful
vsynge & takynge of anoþir manys good meuable or nout meuable 30
is þefte, xiv, q. v, Penale, et xxxii, q. iv, Meretrices. For as þe
lawe seith þere, God þat defendyt þefte defendyt raueyne.

Cap. ii

Also, leue frend, ȝe schul vndirstondyn þat as holy wryt witnessith
þer is þefte & roberye of manys name and womannys, and þat
is clepyd bacbytynge and diffamynge, þorw whyche man and
woman lesith hys goode name, & þerfor Salomon seith: Ne
appeleris susurro in vita tua, etc., Be þu clepyd no mustrere
ne pryue bacbyter in þin lyue, ne be þu nout takyn fals in þin 5
tunge þat þu be nout schent, for on þe þef of mannys goode name
is mychil schame and mychil pyne, and wol wyckyd dampnacioun
is on þe duble tungyd man & woman, and to mustrerys and pryue
bacbyterys is hate and emyte & dispyth, Ecclesiastici v [16–17].
For þis maner of þefte is wol gret and greuous for why Salomon 10
seith: Melius est nomen bonum quam diuicie multe et super
aurum et argentum gracia bona, A good name is betere þan many
richesses and good grace and good loue pasith gold and syluer,

24 swiche þefte] he H   chirche] -chis RDB   25 Som] theft add. H
so] om. H   þef] þefte T   26 &] therfore add. H   27 no] þe H   be²]
the add. H   28 conceyl] and to hide add. L   and] om. H   30 anoþir]
oþer al.   manys] mennys H   good] -dis H   or] and R   nout meuable]
onmevabille H   32 lawe] sawe Y   þere] as add. H   þat] om. H   de-
fendyt¹] forbediþ BYL   defendyt²] forbediþ BYL; om. H   raueyne] and
extorcion in euery degre add. H

2 is] om. D; boþe add. H   þat] om. D; this H   3 clepyd] callid propirly
H   þorw whyche] wherby H   3–4 man and woman] a man H   4 name]
or his good fame add. H   Salomon] þe wyse man RDTBYL   5 þu]
not add. BYLH   clepyd] callid H   no] a BYLH   mustrere] rownere H
6 ne¹] a add. H   ne²] om. BYLH   7 þu] om. R   on þe þef of] to
þat þefte þat stelith a D; to þat þeef þat steliþ a BYL; to a thef that hath a H
þe] om. T   name] om. H   8 is] ordeynyd add. DBYLH   wol] ful
TBYL; gret H   wyckyd] om. H   9 on] to al.   &] or L   mustrerys
and pryue] þe H   11 For þis . . . greuous] et istud furtum est multum grave
H   wol] ful BYL   why] om. RDTYH; a B; as L   12 diuicie multe]
trs. H   14 richesses] þat man or womman may have vpon oth add. can.
Y   grace] of God add. H   and²] of RDTBL   good²] om. H

15 Prouer. xxii [1]. For þe beste iowel and mest richesse þat man
or woman may han upon erde is to han a good name and loue
and grace among his neyȝeborys and in þe contre. And þerfor
bacbyterys, lesyngmongerys and wyckid spekerys þat robbyn
man or woman of her goode name and bryngyn hem in wyckyd
20 fame, þey ben þe warste þeuys upon erde, and þey mon nout ben
assoylyd of þis þefte but þey don her deuer up her power to
restoryn aȝeyn man or woman here goode name and her goode
fame þat þey han wyckydly robbyd hem of. And þerfor seyth
the lawe þat he þo whyche with bacbytynge destryyn þe goode
25 name and þe goode lyf and þe goode þewys of oþyr folc ben warse
þeuys than ben þey þat robbyn men of her good and of her cattel,
vi, q. i, Deteriores. And in þe nexte chapitele the lawe seith
f. 190ʳ þat bacbytynge / is a wol great wyckydnesse, for hoso bacbyte
hys broþir he is a mansleere and þer schal non swyche þef ne
30 mansleer han part in þe kyngdam of heuene. And þerfor þe lawe
seith in anoþir place þat it profytyth nout as anemyst mede in
heuene a man to fastyn & preyyn or to don oþir goode dedys of
religion but his þout be withdrawyn from wyckydnesse & his
tunge fro bacbytynge, De con., d. v, Nichil enim prodest. And
35 nout only he is gylty in bacbytynge þat spekyth euele of his euene
cristene but alle þo þat gladlyche heryn swyche wyckyd speche
& schrewyd talys of her euene cristene, vi, q. i, Ex merito, et
xi, q. iii, Non solum. And þerfor Salomon seith: Put awey from
þe þe wyckyd mouth and put awey far from þe þe lyppys bac-
40 bytynge, Prouer. iv [24]. Heȝge þin erys with þornys & here
nout þe wyckyd tunge & mac dorys to þin mouth & lockys to
þin erys, Ecclesiatici xxviii [28]. þinc þat he wil spekyn of þe

15 iowel] iowe H   and] þe add. R   richesse] -ses Y   17 and grace]
om. H   18 bacbyterys lesyngmongerys] trs. H   19 or] and H
bryngyn . . . wyckyd] om. H   in] -to T   wyckyd] name & add. DBYL
20 upon] þe add. DBH   and] therfor add. H   21 but] if add. H   up]
-on T   22 restoryn] it add. H   aȝeyn] om. T; to add. H   and] or Y
her goode] om. al.   23 han] don add. H   wyckydly] -kid T; and add.
H   hem of] from them H   24 he þo whyche] þei þat RDTBYL; thei H
25 þe²] om. H   folc] -kis BYL   26 good] -dis BYLH   of her²] om.
28 wol] ful BYL   hoso] so R; who that H   29 he] om. H   non]
no al.   31 as anemyst] aȝence H   32 &] or al.   to²] om. RBYLH
don] ony add.T   32–3 oþir . . . religion] almesse dede H   33 þout] -tis
BYLH   from wyckydnesse] his wit H   34 fro] wickidnesse and add. H
36 alle] also al.   þo] he Y; þei H   38/47 Salomon] þe wyse man al.
39 þe²] thyn H   put awey far from þe] from H   þe⁴] om. BY; thi H   lyppys]
of add. YH   41 to¹] of H   42 þinc] Also thenke H

as euele behyndyn þe as he doth of anoþir behyndyn hym. þink what wo & myschef comyth of bacbytynge & wyckyd tungis & schewe hym non good chere but schewe hym be þin continance 45 & þi chere þat hys speche plesith þe nout & onon he schal cesyn & ben aschamyd of his malyce, for Salomon seith: Ry3t as þe northerne wynd dystryyth & discateryth þe reyn & þe cloudys so þe heuy face of þe hererc distryyth þe tunge bacbytynge, Prouer. xxv [23]. The childryn of Israel bacbytedyn Godis 50 doynge & lackedyn þe lond of behest whan þei schuldyn han entryd, & God was offendyd with hem & bad hem wendyn a3en bacward into desert, & þer he held hem fourty 3er til þei wern dede euerychon þat comyn out of Egipt saue to men, Iosue and Caleph, for þey two spokyn good of þe lond of behest & 55 heldyn with God. And so þe childryn of þe peple þat cam out of Egypt entredyn þe lond of behest & nout þe fadrys, saue Iosue & Caleph, and þat for her bacbytynge, Numeri xiv [1–45]. Also Marie þe sustyr of Moyses bacbytyd hyr broþir Moyses and spak euyl of hym, and onon she was a foul lepre & nout my3te 60 ben helyd til Moyses / preyyd to God for hyr, Numeri xii [1–16]. f. 190ᵛ

Cap. iii

Also þer is þefte of wordys, of whyche þefte God spekyth be þe prophete, Ieremye xxiii [30–2], wher God vndirnemyth false prophetis & false prechourys whyche stolyn awey hys wordys from þe peple & teldyn hem nout þe trewþe as God bad hem seyn but only seydyn swyche þingis þat schulde plesyn 5 þe peple & so deceyuedyn þe peple with lesyngis & with false miraclis, as men don þese dayys, fenyedyn miraclys of ymagis, as men don þese dayys, to meynteþin ydolatrye for lucre of offerynge & false miraclys of wyckyd lyuerys & seyn þat God doth miraclis

44 what] that H   45 &] therfor add. H   hym¹] to sweche H   non] no
al.   46 hys speche] it H   þe] om. D   48 northerne] northe H
discateryth] scateriþ BYLH   49 of] & Y   tunge] of ins. L   bacbytynge]
of the backebiter H   52 &¹] þerfor add. H   bad hem] om. Y   57 &]
om. Y   59 bacbytyd] -tyng H   Moyses²] om. H   60 she was] God
dede smytyn here with H   nout my3te] trs. BYLH

1 of²] the add. H   4 hem] om. DBYLH   hem nout] trs. T   5 seyn]
om. BYL   6 deceyuedyn] deceyuyn RDH   þe peple²] hem H   with¹]
fals add. R   7 as men . . . ymagis] om. H   fenyedyn] feynyng RDTBYL
7–8 as men² . . . dayys] om. YL   8 don] in add. H   9–12 & seyn . . .
lyuerys] repeat D

10 for hem & so blendyn þe peple in falsnesse, and so þey ȝeuyn þe
worchep of myraclis-doynge to ymagis þat man hat mad & to
wyckyd lyuerys, Godis enmys, whyche myraclys only God may
don, & so robbyn God of hys worchepe. And in þat þei withdrawyn
Godys word & þe trewþe of Godis lawe þat longyth to men of
15 holy chyrche to techyn & [to] þe peple to connyn & to knowyn &
so deceyuyn þe peple, in þat þei ben þeuys of Godis word &
schul ben punchyd wol harde of God for swyche þefte of Goddis
word, for God seyth to euery prelat, [curat] & prechour: Specu-
latorem dedi te domui Israel, etc., Y haue mad þe a [day]wayte
20 to þe houshold of Israel and to myn peple & þu schal heryn
myn word of myn mouth & schewyn it & tellyn it to hem in
myn name. Ȝif Y seye to þe wyckyd man þat he schal deyyn for
hys wyckydnesse & þu telle it hym nout but hydyst myn word
& spekyst nout to hym þat he mon turnyn hym from hys wyckyd-
25 nesse & lyuyn, þat wyckyd man schal deyyn in hys wyckydnesse
& Y schal sekyn þe blood & þe deth of hym of þin hond, þat is
to seyyn, þu schal answeryn for his deth, Ezech. iii [17–20].
Also þo ben þeuys of Godys wordys þat prechyn Godys wordis
to her owyn worchep & to her owyn auantage, nout to þe worchepe
30 of God ne to profyth of manys soule. Also þey ben þeuys of Godys
wordys þat allechyn Godys wordys & holy wryt falslyche to
menteþyn errouris and heresye & synne & schrewydnesse.

Cap. iv

Also þer is þefte of wordly good, of whyche þefte Iob seyth:
Agrum non suum demetunt, etc., þey repyn oþir mennys feldys

10 so²] om. H   ȝeuyn] om. T   11 man] om. H   14 þe] om. T   15 to²]
om. G   & to knowyn] aknoyn H   16 so] þei add. DBYL; the add. H
word] -dis H   16–18 & schul . . . Goddis word] marg. G   17 wol]
ful TBYL   18 worde] -dis H   curat] om. G   19 day-] om.
G   21 & tellyn it] om. D   to hem] after name al.   23 telle it] tellist
BYL   24 mon] amend him & add. Y   hym²] om. Y   25 & lyuyn
. . . wyckydnesse] om. H   lyuyn] leuyn it DBYL   28 þo] þei
BYLH   wordys] worde DH   þat . . . wordis] om. H   wordis] worde
D   29 worchep & to her owyn] wordly al.   þe] om. D   30 ne]
nor H   to] the add. H   Also] And also L   þey] there H   31 wordys¹]
word H   wordys & holy wryt] lawe H   32 heresye] -ses BYLH   &¹]
or RDTBYL; of H   &²] or BLH

1 þefte¹] thevis H   whyche] such al. (source B)   seyth] spekyth DH
2 non suum] trs. H   feldys] feld H

& makyn vyndache of oþir mennys wynys & takyn mennys cloþing
from hem & letyn hem nakyt in þe / colde wedyr & robbyn moodir-
les chyldryn & pore wyduys be myȝt & spolyyn & robbyn þe   5
pore peple. The þef, seyth he, rysith up in þe morwyn & sleþ
þe nedy & þe pore and be nyȝte he stelyth as a mychere: sed
Deus invltum abire non patitur. But God, seith he, suffrith
nout swyche a þef pasyn vnp[u]nchyd, Iob xxiv [6–14].   DIUES.
How many specys ben of þefte?   PAUPER. Wol manye, for sum-   10
tyme a þing is stolyn pryuelyche withoutyn wytynge of þe lord
or of þe kepere & aȝenys here wil, and þan it is clepyd mecherye.
Somtyme it is don opynly be myȝt & vyolence be wytynge of
þe lord or of þe kepere aȝenys her wil, and þan it is clepyd pro-
pyrly *rapina* in Latyn, þat is raueyn in Englych. Somtyme it is   15
don be wytynge of þe lord or of þe kepere & a party aȝenys hys
wyl but nout al aȝenys hys wyl vndyr certeyn condycion of wyn-
nyng nout leful in þe takere, & þan it is clepyd *vsura*, þat is
gowyl & usure in Englych. Also al maner vnryȝtful occupyynge
of ony þing or of ony lordchepe & al mysvhs of lordchepe or of   20
ony auere or of ony þing in þis world is clepyd þefte. And þerfor
Sent Austyn seith þus: þe þing þat man or woman hat be þe
lawe, þat is hese be þe lawe & non oþir mannys; and a man
hat þat be þe lawe þat he hat ryȝtfullyche; and he hat þat
ryȝtfullyche þat he hat wel. And þerfor, seith he, eueryþing þat   25
is myshad is oþir mennys, & euery man hat his good omys

3 vyndache] -tagis H   wynys] vynys (*an alternate sp.*) RDTBY   takyn] oþer
add. TH   4 wedyr] wynter *al.*   4–5 moodirles . . . robbyn] *om.* D
6 peple] folke H   morwyn] morwenyng H   7 a] *om.* T   8 seith
he] *om. al.*   9 nout] mout to *after* þef H   vnpunchyd] -pynchyd G
xxiv] quia Agustinus dicit non amittitur peccatum nisi restituatur ablatum *add.*
H   10 ben] þere *add.* YL   Wol] Ful TBYL   11 a þing] *om.* H
lord] owner H   12 or of þe kepere . . . clepyd] and is callid a H
þan] *om.* BYL   clepyd] *marg.* G   13–15 be wytynge . . . propyrly]
wetyng it the owner that is callid H   13 be wytynge of] weting *al.*
14 or] and RDTBYL   of] *om.* RTBYL   kepere] kepe & D   þan it
is clepyd] þat is RDTBYL   15 in Latyn þat is] *om. al.*   in Englych]
om. al.   16 be] *om. al.*   wytynge] -ly D   of¹ of²] *om. al.*   party]
part H   hys] her BYL   17 hys] her BYL   condycion] -cyouns H
18 þan] *om.* H   clepyd] callid H   þat is] *om. al.*   19 &] or *al.*   in
Englych] *om.* H   maner] of *add.* TH   20 or of ony] *om. al.*   & al . . .
or of] or *al.*   21 ony¹] oþer *add.* BYLH   auere] goodis H   or . . . þing]
om. al.   is clepyd] and that is callid H   þerfor] seith *add.* D   22 seith
þus] seith *after* þerfor H   þat] ony *add.* H   þe] *om.* H   23–4 is hese
. . . ryȝtfullyche and] *om.* H   24 þat¹] *om. al.*   þat³] *om.* H   25 þat¹]
and thanne H   hat] it *add.* H   -þing] *om.* T   26 is²] it is H   man]
om. H

þat usyth his good omys, in Epistula ad Macedonium. Also with-
holdynge of elmesse from þe pore nedy folc is þefte in Godis
syȝthe, for þe couetous ryche men withdrawyn from þe pore folc
30 þat longyth to hem & mysspendyn þe pore mennys good wherby
þey schuldyn ben susteynyd. And þerfor Salomon seith: Sone,
defraude þu nout þe elmesse of þe pore man ne turne nout þin
eyne awey from þe pore ne dyspyse þu nout þe hungry soule ne
tene þu nout þe pore in hys myschef, tormente þu nout þe herte
35 of þe nedy ne delay þu nout þin ȝifte from hym þat is in anguych.
Cast nout awey þe preyere of hym þat is dishesyd ne turne þu
nout þin face awey from þe helpeles. For wretthe ne leet þu to
f. 191ᵛ hym þat askyth þe good non occasion / to cursyn þe behyndyn
þe, for ȝif þe pore man curse þe in byttyrnesse of soule hys preyere
40 shal ben hard, for he þat made hym shal heryn hym; & þerfor
make þe plesant in speche to þe congregacioun of pore folc and
bowe þin ere to þe pore withoutyn heuynesse & ȝeld þin dette
& answere pesyble þingis in mekenesse nout to aroutyn hem ne
chidyn hem, but þu haue þe mor opyn cause. þese ben þe wordys
45 of Salomon, Ecclesiastici iv[1–8]. Therfor Sent Powil seith þat God
louyth a glad ȝeuere [2 Cor. 9: 7]. DIUES. Be lawe of kende &
be Goddys lawe alle þing is comoun, & þerfor seit[h] þe lawe,
xii, q. i, Dilectissimis, ryȝt as þe eyr ne þe lyȝt of þe sonne may
nout ben departyd be lordchepys ne approprychyd mor to on
50 persone þan to anoþir, ne to on college mor þan to anoþir, no mor
schuldyn oþir þingis þat ben ȝouyn comounly to helpe of man-
kende ben departyd be lordchyppys ne approprychyd mor to on
þan to anoþir, but alle þinge schulde ben comoun; & þerfor we

---

27 good] -dis H   omys] St. Augustinus add. H   28 þe] om. H   nedy]
nedfulle H   folc] that longith to hem add. H   30 good] -dys Y
31 Salomon] þe wyse man al.   32 þu] om. H   ne] nor H   nout²] om.
H   32–3 þin eyne] after awey BYL   33–40 cf. translation of portion
of same passage from Eccli. 4: 1–8 in HP i (A) above   33 pore] man add. H
ne¹] nor H   þu] om. BYLH   34 tene] eþer angre add. BYL   þu¹]
om. H   tormente] turne H   36 ne] nor H   37 nout] awey add. H
þin] þe D   ne] nor H   leet] ȝeue DBYLH   þu] not add. RDBYLH   to]
om. DBYLH   38 occasion] -syons H   39 þe¹] thy bake H   man] om.
D   þe³] om. D   40 hym²] om. T   41 plesant] -sawnce H   of] the
add. H   43 pesyble] -sibly H   in] and BYL   nout to aroutyn hem]
om. L   aroutyn] ratyn H   hem] ne rebuken hem add. RDTBY; not to rebu-
ken hem add. L; nor to rebuken hem add. H   43–4 ne chidyn hem] om. H
44–5 þese . . . Salomon] om. al.   45 Therfor] And therfor H   46 Be]
þe add. BYL   47 seith] seit G   49/52 approprychyd] -proprid al.
50 ne] nor H   51 to] the add. H   53 þinge] -gis BYLH

redyn Act. iv [32], þat in þe begynnyng of holy chirche alle þingis
wern comoun to þe multitude of cristene peple, & aȝenys lawe of 55
kende is non dispensacioun, Di. xiii, ¶ 1. Whi bad God þan þat
men schuldyn nout stelyn, syth alle þing is comoun be Godys
lawe? PAUPER. Be Godys lawe alle þing is comoun to goode
men, for as seith Sent Austyn: Omnia sunt iustorum, Alle þingis
ben þe ryȝtful mennys. But, as þe lawe seyth, xii, q. i, Dilectis- 60
simus, diuision and propryte of lordchepe is mad amongis man-
kende be wyckydnesse of fals couetyse boþin of þe ryche & of
þe pore, for þe ryche drawyn to hemself þat longyth to oþere for
why alle þat þe ryche man hat pasynge hys honest lyuynge aftir
þe degre of hys dispensacioun it is oþir mennys & nout hese, & 65
he schal ȝeuyn wol harde rekenyng þerof at þe dom, whan God
schal seyn to hym: Redde racionem villicacionis tue [Lc. 16: 2],
ȝelde acountis of þin balye. For riche men and lordys in þis
world ben Godys balyys & Godys reuys to ordeynyn for þe
pore folc & for to susteynyn þe pore folc. And þerfor seith Sent 70
Powyl: Habentes victum et vestitum hiis contenti simus [1 Tim.
6: 8], ȝif we han our lyflode & our cloþinge be we payyd þerwith
and / coueyte we no mor. ¶ Also pore folc is nout payyd with f. 192ʳ
sufficient lyuynge but coueytyn mor þan hem nedyth and for
coueytise mor þan for nede takyn þingis aȝenys þe lordis wil in 75
hyndryng of hym and of oþir þat ben mor nedy & schuldyn ben
holpyn þerby. And þerfor God forbad al maner þefte þat men
schuldyn takyn noþing for ony myscoueytyse aȝenys þe lordis
wil.

54 þingis] thinge H   55 wern] was H   þe] om. R   cristene] the H
56 non] no al.   57 þing] -gis H   57–8 be Godys lawe] to goode men
BYLH   be Godys . . . comoun] om. D   60 ben] of add. L   þe¹] of H
61 lordchepe] -chippis H   62 fals] om. H   þe] om. al.   63 þe¹]
om. al.   ryche] men add. H   -self] om. H   64 pasynge] -sid H   65 þe]
om. D   66 wol] ful RDTBYL; a wolle H   þe] day of add. L
68 balye] -shyp RD'TH   69 Godys²] om. H   70 for] om. al.   þe pore
folc] hem al.   71 victum et vestitum] alimenta et quibus tegamur al.
72 ȝif . . . cloþinge] We hauyng nedful lyflode & helyng RTH; We han nedful
liflode & helyng D; If we have nedful liflode and hiling BYL   be we] trs.
LH   73 and] than H   coueyte we] trs.   Also] Alle H   pore folc]
summe pore men L   folc] arn þefiis þat add. T   is nout payyd] holdyn hem
nout content H   with] om. D   74 lyuynge] lyuelode Y   74–5 and
for coueytise . . . nede] for thei be covetise H   75 takyn] -kyng RH
75–6 takyn . . . mor nedy] om. D   75 þingis] thinge H   76 &] that
H   77 maner] of add. H

Cap. v

DIUES. Sith alle þing is comoun be Godis lawe and be lawe of
kende, how may ony man ben lord of onyþing mor þan anoþir
man? PAUPER. þer is lordchep of kende and þer is lordchep of
þis world groundyd only in coueytise and þer is lordchep of dis-
5 pensacion & of gouernance. And so Ioseph þe sone of Iacob was
clepyd lord of al Egypt, Genesis xlv [9]. þe firste lordchepe is
comoun to euery good man & woman, for kende made alle men
efne in lordchepe. And in tokene þerof boþin lord and seruant,
fre & bonde, ryche & pore comyn into þis world nakyd & pore
10 & wendyn henys nakyd and pore. Nout þey bryngyn with hem but
fylþe, wepynge, sobbynge & sorwe, and þey beryn noþing with
hem but her dedys good or wyckyd. ¶ The lordchepe of þis
world is suffrable and worchipful, for, as Sent Powil seith:
Omnis potestas a domino Deo est [Rom. 13: 1], Euery power &
15 worchepe in þis world comyth of God, and þerfor he byddyth
þat euery man & woman schulde ben soget and meke to þe lord-
chepe abouyn hem, for alþey þe couetyse and schrewydnesse þat
lordis and ryche men grondyn hem ynne be of hemself 3it the
power and þe lordchepe is of Godis 3ifte, as seith Sent Austyn,
20 and þerfor it must ben worchepyd. ¶ The lordchepe þat is only
of dispensacioun commyttyd be a souereyn is medful, worchipful
& comendable. ¶ Also þer is þre maner of propyrte and propyrhed.
On is þat kende 3euyth—as man to spekyn, to law3hyn; and
euery man hat hys owyn herte, his owyn soule & hys owyn wille
25 fre to don wel or euele. And þis propyrte is nedful. Anoþir propirte
þer is þat comyth only of coueytise, be whyche coueytous folc
seyn þis is myn and þat is þin and so propyrchyn to hem be coue-
tyse þat is comoun be kende, and þis propyrte so groundyd in

2 may] thanne add. H   4 þis] the H   5 of¹] om. H   of Iacob] om. D
6 clepyd] callid H   al] om. al.   7 good] om. H   8 And] om.
Y   þer-] here- H   10 & wendyn . . . pore] repeat D; om. H   henys]
a3en add. Y   Nout] om. T   11 fylþe] om. BYL   sorwe] sorwynge T
þey] om. BYL   noþing] naught Y; after hem H   12 dedys good] trs. H
or] & YLH   15 worchepe] lordschyp al.   17 alþey] þou3 al.   and]
the add. H   schrewydnesse] wyckydnes al.   18 hem] om. H   19 power
. . . lordchepe] trs. BYL   21 dispensacioun] & of gouernaunce add. Y
21-2 worchipful . . . comendable] trs. Y   22 propyrte] -tes BYLH
23 kende] om. L   as] a add. H   to spekyn] om. BYL   spekyn . . . law3hyn]
trs. RDTH   24 hat] om. D   26 be] the add. H   27 seyn] that add.
H   þis] that H   þat] þis BYLH   and so] om. D   so] þei add. RTBYL;
thei H   propyrchyn] propren BYLH   28 propyrte] is add. H

coueytise is dampnable and synful. The / þredde propirte is of dis-   f. 192ᵛ
pensacioun, for on man hat mychyl þing in hys dispensacioun and   30
in his gouernance þat anoþir man hat noȝt to don of. And þis dis-
pensacioun comyth somtyme of Godis ȝifte, as whan he sent
on man or woman mor richesse in þis world þan anoþir. Somtyme
it comyth be ordinance & ȝifte of lordys and of souereynys her
in erde, as whan lordis & prelatis comyttyn to her sogettis gouer-   35
nance of her goodis, of her placys, of her benefycys, & þis dis-
pensacioun, ȝif it be wel don, is wol medful. DIUES. But, as
Sent Powil seith, it is a question ho is foundyn trewe amongys
swyche dispensouris [1 Cor. 4: 2], for nyhȝ alle se[k]yn her owyn
profyth but nout þe worchepe of Iesu Crist. PAUPER. Many ben   40
wol false and þou syth dispensacion of wordly goodis is so comyttyd
to hem in þat þey han lordchepe of her propre dispensacioun
ordeynyd of God and ben clepyd propre lordis of her propre dis-
pensacioun nout for here false couetyse ne for no propirhed þat
þey chalangyn be fals coueytyse, for in þat ben þey non lordis   45
but tyrantys & raueynouris. And so þou þey han propre lordchepe
of dispensacion of wardly goodys mor þan þe pore peple þey
han þou no mor lordchepe be weye of kende þan þe pore man ne
non oþir lordchepe þan þe pore man but only of dispensacion.
And so þou þe ryche folc haue mor lordchepe of propre dispen-   50
sacioun þan þe pore ȝit þe lordchepe of kende in nedful þingys
stant stylle comoun to ryche and pore, but for synne it is nout
so fre as it was aforn þe synne of Adam. For God wil [nout]
þat þe pore folc take [onyþing] withoutyn leue of þe propre
dispensatour þat is clepyd lord þerof. And þerfor God seyde: 55

29 coueytise] and it add. H   propirte] om. BYL   of] om. DTBYLH; ins. G
30 on] a Y   þing] that is add. H   31 in his] om. al.   noȝt] om. R
32 as] and H   sent] sendith H   33 or woman] om. T; or oo woman H
þan] in add. D   34 of²] om. TH   35–6 prelatis . . . goodis of her] om.
D   35 comyttyn] -tyng H   36 of her³] & RDTBYL; and of her H
37 wol] ful RDTBYL; om. H   medful] to hem add. H   38 ho] how R
39 dispensouris] -satouris H   sekyn] sellyn G   40 nout] non H   worchepe]
-ful T; prophite H   41 wol] ful DTBYL   þou] ȝit BYL   syth] om. H
42 þat] þat add. H   lordchepe] -pis H   43 clepyd] callid H   44 here]
no R   no] her YL; om. H   propirhed] -pirte H   45 ben þey]
trs. H   non] no al.   46 so] om. Y   propre] om. H   -chepe] -chippis
H   47 of¹] & Y   þe] to D   48 þou] ȝit BYL; om. H   ne] nor H
49 only] be weye add. H   50 of] & D   51 ȝit] ȝif D   52 for] cause
of add. L   53 aforn] bi- BYLH   God] om. R   wil] wold H   nout]
om. G   54 onyþing] onþing Y; nout G   55 dispensatour] -ris DH
clepyd] callid H

Non furtum facies, þu schal don non þefte; þat is to seye, þu
schalt nout takyn withoutyn þe lordys leue. DIUES. þys is wondyr-
ful to me þat þe pore man is as gret a lord be weye of kende as
þe ryche and þou3 may he nou3t takyn withoutyn his leue.
60 PAUPER. It is mor wondir þat þe goode pore man is lord of alle
þinge nedful to hym be weye of kende, and þe synful ryche man
is lord of ry3th nou3t be weye of kende, for he is Goddys tretour,
f. 193ʳ and þou / God wile þat þe pore take nout of þe good þat þe riche
man hat in hys dispensacion withoutyn hys leue. DIUES. þat is to
65 me mor wondirful. Tel me how þis may ben. PAUPER. þu
my3t sen at eye þat þe kyngis eyr apparant and oþir eyrys of
gret lordchepis noutwithstondyng þat þey ben eyr & lord of
al 3it schul þey nout entryn þe offys of her offycerys ne takyn
onyþing þenys ne beryn þenys withoutyn leue, and 3if þey don
70 þey schul ben harde vndirnomyn & in caas betyn of her maystir
& of her tutour, for fredam in 3ougþe is cause of pryde & of many
oþir vicys. Ry3t so, God seynge þat mankende, whyche is lord
of alle erdely goodys & ordeynyd to regnyn in heuene blysse,
3if he hadde his fredam in vhs of erdely þingis he schulde fallyn
75 in pryde & many vycis, as Adam dede while he was fre, þerfor
he hat put mankende & namely þe pore peple vndir þe gouernance
of þe riche folc & of þe lordys whyche ben her toutours &
dispensourys of goodis of þis world, to sauacion of þe pore peple.
And þerfor Sent Powyl seith: Quanto tempore heres paruulus
80 est nichil differt a seruo cum sit dominus omnium sed sub
tutoribus et autoribus suis est usque ad prefinitum tempus a
patre, ad Galatas iv [1–2], As long as þe eyr is 3ong & lytyl þer
is no diffrence atwoxsyn hym & a seruant but he is vndir tutourys
& gouernouris into a certeyn tyme ordeynyd of his fadyr; and
85 þerfor syth þe ryche folc ben tutours & dispensouris of þese

56 non] no al.   59 ryche] man add. H   þou3] 3it BYLH   takyn] it add.
H   60 It] This D   62 he] repeat G   Goddys] om. T   63 þou]
3it BYLH   God] om. T   take] ry3t add. BYL   64 hys²] om. BYL
66 at] þe add. YH   67 eyr] -ris BYLH   lord] -dis BYLH   68 ne]
ner LH   69 ne] ner LH   ne beryn þenys] om. T; marg. G   70 ben
harde] trs. H   71 &¹] or L   her] om. T   73 ordeynyd] for add. H
75 many] oþer add. Y   76 peple] folke D   þe²] om. H   77 þe¹] om. L
folc] om. H   lordys] -schip DH   her] om. H   78 dispensourys]
-pensatouris BYLH   78 to] þe add. L   79 tempore] repeat G
81 suis] om. al.   83 atwoxsyn] bitwene BYL; atwyn H   a] om. RD
seruant] syth þer is a lord of al add. RDTBYL   vndir] a add. YL   tutourys]
-tour BYL   84 &] a add. L   gouernouris] -nour BYL   his] þe al.
85 syth] seith D   dispensouris] -pensatouris BYLH

wordly goodis ordeynyd of God to sauacion of þe pore peple
God wil þat no man take of þe goodis þat ben commyttyd to hem
withoutyn her wil & her leue, and ʒif ony man take þerof aʒenys
her wil & aʒenys Goddis ordinance he doth þefte aʒenys þis
precept: Non furtum facies, þu schal don non þefte.   90

Cap. vi

DIUES. Is it leful in ony cas to steln & takyn onyþing aʒenys
þe lordis wil? PAUPER. Stelþe soundyth comounly þefte and
robberye & somtyme it sondyth pryue takynge withoutyn wetynge
of þe lord & so it may be don in foure caas withoutyn synne:
for nede, for elmesse, for ryʒt, for hap of fyndynge. First, for nede 5
& myschef, for ʒif ony man or woman for myschef of hungyr
or of þrest or of cold or for oþir myschef, whyche myschef he
may / nout flen to sauyn his lyf but he take þingis aʒenys þe lordys f. 193ᵛ
wil, ʒif he take so onyþing in peryl of deth or in gret myschef,
nede excusith hym from þefte & fro synne ʒif he do it only for   10
nede & nout for couetyse. And he owyth to enformyn his con-
science and þinkyn þat ʒif þe lord of þe þing knewe hys myschef
he schulde nout ben mispayd, & þan doth he no þefte, for in
gret nede alle þing is comoun. Also for þe lord is boundyn to
helpyn hym in þat nede. And also for nede hat no lawe. Example 15
ha we in þe gospel, wher we fyndyn þat þe discyplis of Crist for
hungyr tokyn herys in þe feld & gnoddyn is & etyn is for hungyr.
þe Faryseis wern ashlandryd þerof & seydyn to Crist þat his
disciplis dedyn þing þat was nout leful. And þan Cryst excusyd
hem for nede of hungyr & seyde þat þey wern vngilty & innocentis 20
in þat, and he put hem example of Dauyd, þe whyche eet for
nede of þe holy louys in Godis tabernacle, whyche louys only
prestys schuldyn etyn be þe lawe, Mathei xii [1-4]. For it is a
general reule in þe lawe þat nede hat no lawe. DIUES. Is þat

---

86 pore] *om.* H   87 þat ben] *om.* H   88 wil . . . leue] *trs.* T   þerof]
her- Y   89 þefte] and *add.* L   þis] his L   90 non] no RDTBYL

4 caas] -sis TBYL   5 ryʒt] and *add.* L   6 or] & T   7 for] of
RDTH; of ony BYL   8 þingis] þinge T   9 so onyþing] *trs.* BYL   in²]
om. T   10 þefte . . . synne] *trs.* BYL   fro] *repeat* H   12 þat]
om. T   14 gret] þe last *al.*   þing] *om.* T   15 in] at *al.*   nede²]
lawe *add.* T   16 ha we] *trs.* BYL   17 herys] of corn *add.* H   in] of Y
gnoddyn . . . is for] schillid owth the corne and etyn yt H   is¹] hem RDTBYL
is²] þe corne RDTBYL   21 he] *om.* H   of] *om.* T   þe whyche] þat *al.*

25 man þat so takyth for nede bondyn to makyn restitucion?
PAUPER. Nay, & þou for mor sekyrnesse & to puttyn hym in
dred of stelþe his confessour schal ȝeuyn hym somdel penance
for þat doynge. ¶ Also be weye of elmesse þe wyf may takyn
of hyr lordys good in whyche she hat dispensacion, as in mete &
30 drynk & cloþis, & ȝeuyn elmesse mesurablyche to þe nedy &
þinkyn þat hyr housebond schulde ben plesyd with hyr ȝifte ȝif he
seye þat myschef of þe pore. And þou þe housebonde somtyme
defende hys wif to don elmesse, she schal nout ful cesyn from
elmesse, for houseboundis makyn oftyn swyche inhibicions to
35 her wyfys to temperyn her ȝeuynge, nout fully to lettyn hem.
And ȝif she se þat hyr housebonde be slaundryt & wroth for
hyr ȝeuynge, þou his wretthe be vnskylful, she must temperyn
þe mor hyr ȝeuynge but whan she may somwhat ȝeuyn for hem
39 boþin with good conscience. Netheles ȝif she se hym gretly agreuyd
f. 194ʳ for hyr ȝeuynge / and he forbede hyr uttyrly to ȝeuyn elmesse,
þan it is good þat she obeyye to hys byddyng & ben sory þat
she may nout ȝeuyn & ben alwey in wil to ȝeuyn ȝif she durste &
so wynnyn hyr mede be wil alone as sche dede aforn be wil &
dede. DIUES. Ȝif þe wyf haue good in propre be hyrself, *bona*
45 *parafernalia*, may she nout ȝeuyn þerof withoutyn hyr house-
boundys wil? PAUPER. She may ȝeuyn & she is boundyn to
ȝeuyn & he owith nout to lettyn hyr. DIUES. I suppose þat þe
housebonde defende hys wyf utterliche to don elmesse of hys
good & she se a man or woman in vttyr myschef, may she nout
50 þan ȝeuyn hem elmesse & helpyn hem? PAUPER. In þat nede
she may ȝeuyn, & she is boundyn to ȝeuyn elmesse in þat nede &
þinkyn þat ȝif hyr housebonde seye þat nede he schulde nout ben
myspayd. We redyn in þe firste booc of Kyngis, xxv [1–44],
þat þer was a gret nyggard, an angry schrewe, wose name was
55 Nabal, & he hadde a goode woman, a wys & a fayr, to his wyf

26 þou] ȝit BYL   28 doynge] thinge H   29 hyr] the H   in¹]
of L; þe *add.* H   &] *om. al.*   31 he] we D; sche H   32 of] *om.* D
þe housebonde] *om.* T   33 defende] forbede BYL   ful] -ly TH
34 elmesse] dyscretly done *add. al.*   oftyn] *om.* H   36 se] *om.* T   þat] at Y
for] wyt RDTBYL   37 hyr] his H   38 may] wele *add.* RDTBYL; welle
sche schal *add.* H   40 hyr¹] his D   hyr uttyrly] *trs.* BYL   41 to hys
byddyng] hym H   42 wil] for *add.* R   ȝif] & Y   43 be¹] hyr *add.* Y
aforn] bi- BYL   48 defende] *before* housebonde *can.* T; forbede BYL
49 a] *om.* T   or] a *add.* H   she²] þanne *can.* T   51 she may ȝeuyn
&] *om. al.*   elmesse . . . nede] and sche schal ȝeuyn *al.*   52 þat ȝif] of Y
54 an] and RDTB; & an YLH   55 &¹] *om. al.*   a² a³] *om. al.*

wose name was Abigail. þat tyme Dauyd fledde þe persecucion
of kyng Saul & lyfde in desert with sex hundryd men with hym
as outlawys. And for myschef he sente ten men to þis ryche Nabal,
preyynge hym of som elmesse in mete & drynk. But þis Nabal
dyspysyd Dauyd & hys messagerys & clepyd hem þeuys & outlawys 60
& flemde men & wolde no good ȝeuyn hem, noutwithstondynge
þat þey haddyn sauyd hys good & his bestis al þe tyme þat þey
wern in desert. Whan Dauid harde þese tydyngis he was wroth &
cam with foure houndryd men to slen Nabal & al þat longyd to
hym. Happyd þat a seruant of Nabal telde hys wyf Abygail 65
how Dauyd hadde sent messageris to Nabal & how he hadde
despysyd hem. Onon Abygail withoutyn wytynge of Nabal ladyd
assys with bred and wyn & with soþin flesch of fyue schep &
with fyggis & reysonys & oþir vytaylyys gret plente & sente to
Dauyd be hyr seruantis, & she folwyde aftir & fel to metyn Dauyd 70
in hys co/mynge. þan Dauyd reprouyd hyr housebonde Nabal f. 194ᵛ
of hys vnkendenesse & seyde þat he schulde slen hym & al þat
longyd to hym. þan þe goode woman Abigayl fel down to grounde
& worchepyd Dauyd & preyyd hym of audience. þan she askyd
mercy to hyr housebonde Nabal & excusyd hyrself þat she wuste 75
nout of hys messagerys whan þei wern þere & preyyd Dauyd þat
he schulde nout so venchyn hymself & tauȝte hym mychil good-
nesse & prophecyyd to hym mychil welþe & preyyd þat he wolde
acceptyn hyr present, & so he dede. þan Dauyd seyde to hyr,
'Blyssyd be our lord God þat sente þe þis day to me & blyssyd 80
be þin speche & blyssyd be þu þat þis day hast lettyd me fro
shadynge of blood to venchyn myself.' And þan Dauyd turnyd
aȝeyn into desert & she cam hom aȝen & fond hyr housebond
Nabal at soper solemplyche. But þat nyȝt she spac nout to hym
of þat materye for he was wol drounkyn. But in þe morwyn whan 85

56 Dauyd] kyng Dauid H   57 hym] om. T   58 myschef] nede H
to] of Y   þis] om. TH   ryche] om. H   61 & flemde men] om. H   men]
hem L   63 þese] þis YH   tydyngis] typ- R   64 al] om. H   longyd]
-gith D   65 Happyd] It happide BYLH   telde] tel D   hys wyf] to H
67 hem] hym H   ladyd] chargyd al.   68 &¹] om. RDTBL   69 with]
om. YH   sente] it add. H   to] om. L   70 fel] happide BYL   fel to
metyn] met with H   71 reprouyd] told hir of H   Nabal] om. Y   72 þat¹]
om. BYH   73 longyd] -gith H   þe] that H   to²] the add. H   74 hym]
hem Y   75 to] for H   76 of] om. H   whan] that H   77 venchyn]
a- H   tauȝte hym] thankid hym of H   78 hym] of add. H   79 þan]
And thenne H   80 God] om. H   þis day] after me H   81 speche]
spekyng H   83 into] to L   85 wol] ful RDBYL; fully T   in] on Y

he was sobre þan she tolde hym what she hadde don to sauyn
his lyf. And onon hys herte deyyd for sorwe & he wex [as] heuy
as a ston, & withynne ten dayys he deyyd wyckyd deth; & þan
Dauyd weddyd hys wyf Abigayl [1 Sam. 25: 1–42]. Also ȝif
90 man or woman stele awey a mannys swerd whan he is wod to
lettyn hym of manslaute of hymself & of oþir he doth no þefte
ne synne. DIUES. I assente to þin speche. Sey forth what þu
wilt. PAUPER. Also because of ryȝtwysnesse man may takyn
away anoþir mannys good aȝenys his wil, as in ryȝtful bataylye
95 þingis þat wern withholdyn vnryȝtfullyche ben takyn awey from
hem þat so vnryȝtfullyche withheldyn is, & þey þat fyȝtyn ryȝt-
fullyche mon takyn awey her goodys þat fyȝtyn aȝenys hem vnryȝt-
fullyche, so þat þei don it for ryȝtwysnesse & nout for false couetyse,
for ȝif he do it for couetyse it is raueyne as anemist hys entencion
100 afor God alþou þe dede be ryȝtful in þeself. And ȝif ony man take
awey þe good of heþene men, but he haue autorite þerto of hys
f. 195ʳ souereyn lord of þe contre, with/outyn whose autorite he may
spolyyn no man ne slen no man, he doth þefte. Iewys schul nout
ben slayn for her fals beleue ne spolyyd of her nedful lyuynge,
105 but of habundante rychesse cristene pryncis & lordys mon spolyyn
hem, for of hem þe prophete seith: Ne occidas eos nequando
obliuiscantur populi mei [Ps. 58: 12], Sle hem nout þat men for-
ȝetyn nout my peple. For þe Iewys lawe beryth witnesse of cristene
lawe, & her myschef & thraldam þat þey ben ynne shewyth how
110 ryȝtfullyche God punchyd hem for her false beleue & for þe deth
of Crist. But heretykys, Saraceynys, paynymys be autorite of
cristene princys mon lefullyche ben slayn and spolyyd of her
goodis, for of hem & swyche oþere God seith: Maleficos non
pacieris viuere, Exodi xxii [18].

86 þan] om. al.   87 he] om. H   as] om. BYLH; illeg. G   89 hys wyf]
after Abigayl L   hys wyf Abigayl] the wif of Nabal H   ȝif] a add. YH
90 or] & T; a add. H   a] om. RDTBY   91 hym] om. T   &] or al.   oþir]
an- H   92 ne] nor no H   92–3 DIUES . . . wilt] om. al.   93 man]
men Y; a man H   94 anoþir] oþir al.   mannys] mennis al.   good]
-dis al.   his] her BYLH   in] a add. H   95–114 þingis . . . Exodi xxii]
so þat þei þat (þei þat] the H) fyȝtyn ryȝtfully (-ful T) aȝens þe vnrytful take
(-kyng H) her godys not for (no add. Y) coueytyse but for ryȝtfulnesse to (-wis-
for to H) schewe þat þei han occupyid þo (þe Y) godys wrongfully but
ȝyf (and H) þei takyn her godys for euyl coueytyse þei done raueyne þou þe
dede be ryȝtful in þeself al.

Cap. vii

DIUES. ȝif a cristene man be takyn presoner amongis heþene men may nout anoþir cristene man takyn hym aȝeyn be strengþe or be sleeþe & so delyueryn hym? PAUPER. ȝif his entencion be pryncipaly for to delyueryn hym from peryl of ydolatrye & for to withdrawyn occasioun of synne from þe heþene man he doth 5 a good dede & he is boundyn to non restitucion. DIUES. Contra, þe lawe seith þat a man owyth to kepyn feith to his enmy. PAUPER. þe feyth þat he hotyth nout aȝenys þe feith þat he owith to God, þat is he bondyn to kepyn but non oþir. DIUES. I suppose þat whil he is presoner he stelyth ony good from þe heþene men. 10 Is he boundyn to restitucion? PAUPER. ȝif he do it for gret nede he is nout boundyn to restitucion. But ȝif he do it for false couetyse & schrewydnesse he is boundyn to restitucion, ȝif he were ryȝt-fullyche takyn & withholdyn. DIUES. ȝif a þing be lost & he þat fyndyth it & kepith it stylle, is it þefte? PAUPER. He þat 15 fyndith it is boundyn to restitucion ȝif he mon wetyn to whom it longith. And þerfor he shal don men wetyn of þe fyndynge be opyn speche in toun, in strete & in chirche, þat he þat owyth it mon chalangyn it; & ȝif no man ne woman chalange it he þat hat foundyn it may be autorite of his pentancer or of hys confessour 20 kepyn it stille ȝif he be pore & nedy & preyyn for hym þat auȝte it, / or ellys ȝeuyn it to oþir nedy þat þey mon preyyn for hym þat   f. 195ᵛ auȝte it & so makyn restitucion. þerfor Sent Austyn seith, in omelia: ȝif þu hast foundyn onyþing & nout mad restitucion, þat þing þu hast stoln, for God, seith he, takyth mor heed to þe 25 herte þan to þe hond, and þerfor þefte is don in a smal þing as in a gret, for God charchith nout þe þing þat is stoln but he charchyd þe wyckyd wil of þe stelere, as seith Sent Austyn & Sent Gregori. And þerfor ȝif childryn in her ȝougþe stelyn pynnys, appelys or

1–14 DIUES . . . withholdyn] om. al.   10 ony] þing or add. can. G   14 ȝif] What if H   &²] if H   15 &] om. H   it²] om. D   16 wetyn] knowe L 17 men] to add. al.   be] in H   18 toun . . . strete] trs. H   in²] om. al. & in] or L; in H   19 ne woman] om. al.   hat] om. RDTH   20 foundyn] fyndith H   his pentancer . . . of hys] a wyse al.   21 auȝte] owth H 22 it¹] and so make restytucyon add. R   22–3 or ellys . . . auȝte it] om. BH   23 þerfor] For as H   in] an add. H   25 seith he] trs. before God al.   heed] om. D   26 don] as wele add. L   a¹ a²] om. Y   as] welle as add. H   27 he charchyd] om. al.   28 seith] seyn RBY; seyn after Gregori TH; om. D   Sent¹] om. R   Sent²] om. RDT 29 stelyn] om. T   pynnys] or add. BYLH

30 ony oþir smal þing, onon as it is perceyuyd þey schuldyn ben
harde chastysyd in þe begynnynge, for þe Philosofre seith 'princi-
piis obsta', withstond þe begynnynge of vycys & of mycherye. For
whan childryn in ȝougþe gynnyn to han lykynge in mycherie
þou þe þing be smal in value her synne is nout þe lesse ne þe
35 synne of hem þat suffryn hem. þerfor it is Goddys doom þat
whan þey ben nout chastysyd in her ȝougþe for swyche mycherye,
aftyrward þey stelyn greter þingis & ben hangyd, to schame &
schenchepe of al her kyn. And þerfor we redyn þat in a tyme whan
a þef schulde ben hangyd for his þefte he preyyd hys fadyr to
40 kyssyn hym er he deyyd & þan he boot of his fadrys nose & seyde
'Fadir, þink wel on þis tokene & chastise betere þin childryn, for
haddyst þu chastysyd me wel in myn ȝougþe Y schulde noȝt a
ben hangyd.' þerfor Salomon seith: Qui parcit uirge odit filium,
etc., He þat sparyth þe ȝerde, he hatyth his sone, & he louyth
45 his sone þat techith hym & chastysit hym besylyche, Prouer.
xiii [24]. Also we redyn þat on a tyme a pore man louyd wel goos
flesch & was harde temptyd to stelyn gees but he durste nout for
hangynge. On a day þe fend aperyd to hym & askyd hym why
he was so sory & so drery, & he telde hym. þan þe fend bad
50 hym stelyn gees ynowe & etyn his fylle & hyȝte hym þat he
schulde non harm han, so þat he stole noþing ellys. þan he stal
many gees & eet faste; and withynne half a ȝer aftir be þe
fendys fondyng & vhs of stelþe he stal an oxe, & onon he was
takyn & led to þe galwys. þan þe fend mette with hym &

---

30 oþir] *om. al.*   smal] *om.* T   þing] -gys *al.*   31 harde] sore H
32 begynnynge] -gis BYL   mycherye] letcherie H   33 in¹] þe *add.* Y
in ȝougþe gynnyn to] *om.* H   gynnyn] bi- BYL   han] a *add.* H   34 ne]
nor LH   35 hem²] *om.* T   36 mycherye] -eryes H   37 greter]
grete H   37–8 & schenchepe] *om.* H   38 we redyn . . . tyme] as (as
om. L) Boice (seith *add.* YH) De disciplina scolarium tellytȝ *al.*   39 a þef]
a mannys sone of Rome *al.*   for his þefte] *om. al.*   40 er he deyyd] *om.*
al.   þan] *om. al.*   & seyde] seyng to hym *al.*   41 Fadir] *after* wel *al.*
42 me wel] *trs.* Y; me H   43 hangyd] now *add.* H   Salomon] þe
wyse man *al.*   filium] suum *add.* RDTBYL   44 he¹] *om.* TBYL
44–6 hatyth . . . Prouer. xiii] he lovith nout his sone H   44 his] *om.* D
45 techith . . . chastysit] *trs.* RDBYL   techith hym &] *om.* T   46 Also]
om. al.   on a tyme] *om.* Y   tyme] þat *add.* DH   46–7 louyd . . . flesch &]
om. al.   47 harde] *om. al.*   temptyd] mechyl *add. al.*   stelyn gees]
etyn gose flesche *al.*   for] stele for drede of *al.*   48 þe fend] he BYL
aperyd to] met wyt *al.*   hym¹] þe fend BL; a fend Y   &] he *add.* BL; þat
Y   48–9 askyd . . . fend] *om. al.*   50 gees ynowe] a goys *al.*   his
fylle] anowȝ at onys *al.*   50–3 hyȝte . . . stelþe] he dyd so, and sone after
al.   53 onon he] *om. al.*   54 þan] And þan *al.*

scornyd hym and askyd / hym, 'Whedir of weye?' The þef f. 196ʳ
answeryd, 'þu my3t wel sen "Whydyr oweye"; wo þe be, wyckyd 56
wyth, for þu hast brout me to þis ende.' þan seyde þe fend, 'Blame
nout me. þu my3tyst se be þe byl it was no goos.'

Cap. viii

DIUES. Y suppose a man haue borwyd a þing & he þat lente it
hym takyth it awey from hym pryuelyche a3enys hys wil & a3enys
þe commenant of þe lendyng. Doth þat man þefte, so takynge
a3en hys owyn good? PAUPER. He doth þefte, for it is nout for
þat tyme fully hys owyn good, as seith Reymund, lib. ii, ti. 5
De furtis. And 3if lord or lady or ony oþir man betake his seruant
or hys officer onyþing to kepyn & he take it awey from hym with-
outyn his wytynge, for fals couetyse or for malyce to endaungeryn
þe seruant, he doth þefte, for þou þe þing be his owyn 3it is it
nout fully ne frelyche hys owyn as longe as þe seruant be hys 10
assent hath þe kepynge & dispensacioun þerof. DIUES. Y suppose
a man wenyth to takyn his owyn good whan he takyth anoþir
mannys good a3enys hys wil or 3if he take hys owyn good vnle-
fullyche, wenynge þat it wer leful so to takyn it. Doth he ony
þefte in þese cas? PAUPER. Nay, for alþou in caas he doth vnle- 15
fullyche 3it in þis caas he doth nout gylouslyche ne þinkyth nout
in þat to don gyle and so he doth no þefte ne dedly synne, and
þou3 he is boundyn to restitucion. þefte includyth alwey gyle &
falsnesse, withoutyn whiche is non þefte. And 3if a man take of
anoþir mannys good withoutyn his wytynge, 3if he haue a iust 20
cause to wenyn þat he schulde nout ben myspayyd 3if he wuste
it þan doth he no þefte ne synne. And 3if he tak of anoþir mannys

55 scornyd . . . askyd] seyde to RDTBYL; seyde H   hym and askyd] *marg.*
G   of weye] owey *al.*   55–6 The . . . answeryd] þan þe þef seyde to þe
fende RDTBYL; þe man seid to hym H   56 þu my3t . . . oweye] *om. al.*
þe be] worþe RDT; worþe þee BYLH   wyckyd] *repeat* T   58 nout
me] *trs.* RDBLH; not T   þu] for þu *al.*   it] þat it BL   no] non H

1 it] to *add.* H   2 from hym] *om.* H   hys wil & a3enys] *om.* R   4 PAUPER]
Forsothe *add.* L   6 or¹] & T   7 or] to *add.* H   9–10 3it is . . .
hys owyn] *om.* D   is it nout . . . longe as] for the tyme H   10 fully ne]
om. BYL   11 þe] *om.* RDTBL   12 wenyth to takyn] takith Y
15 þese] þis *al.*   16 þis] *om.* D   16–17 nout¹ . . . he doth] *om.* BYL
16 ne] nor H   ne þinkyth] *repeat can.* G   nout²] *om.* H   17 and¹] *om.*
H   so] *om.* D   ne] nor H   18 þou3] 3it BYL   restitucion] for *add.* H
19 non] no *al.*   of] *om.* L   20 anoþir] -eris B   21 3if] þou *al.*
22 ne] nor LH   of] *om. al.*

good wenynge þat it be nout his wil þou3 it be his wil þat he
take it, 3it he doth þefte & dedly synne in Goddys sy3the; but
25 he is nout boundyn to restitucion whan he knowyth þat it is
þe lordys wil ne þe lord may nout askyn restitucion syth it was his
wil. ¶ 3if man or woman be myshegge takyth awey anoþir mannys
seruant he doth þefte. ¶ 3if a man selle or bye man or woman þat
29 is fre or 3euyth hym or takyth hym of 3ifte a3enys his wil he
f. 196ᵛ doth / þefte, as seith Reymound, ubi supra. ¶ 3if man or woman be
takyn presoner in tyme of ry3tful bataylye he is nout fre & þerfor
his maystir may 3euyn hym & sellyn hym be lawe of armys, but
war hym of lawe of conscience & of charite. DIUES. 3if a man haue
hyryd or borwyd an hors or ony oþir þing into a certeyn place
35 & for a certeyn tyme and he pase þat place & his tyme a3enys
his wille þat owyth þat þing, doth he þefte? PAUPER. 3a. [3yf
he do so o purpos and for coueytyse or sum euyl cause he doth
þefte, but 3yf þer falle a sodeyn cas whan he comyt3 to þat place
þat he hyryd to & he knewe not of þat cas whan he hyryd þat þyng
40 and he must nedys performe þat cas or ellys falle into grete
harme, þan he may takyn þat horse or oþer þyng ferþer and
lenger wytoutyn þefte, so þat he pay trewely for þat þat he passyt3
in þe fyrst cumenaunte.] DIUES. And what 3if a man lende awey
anoþir mannys good withoutyn assent of hym, whyche good he
45 lente hym to hys vhs? PAUPER. He doth þefte but he haue iust
cause to wenyn þat þe lord of þat þing schal nout ben myspayyd,
for in þat lendyng he vsith anoþir mannys good a3enys his wil
for lucre and wynnyng of frendschepe. And 3if a man lende [a]noþir
onyþing upon a wedde & he use þat wedde withoutyn leue of hym
50 þat owith it, he doth þefte but it be for sauacion of þe þing, for

24 3it] 3if D   &] in D   26–7 ne þe lord . . . his wil] om. RH   27 3if]
a add. BYL   myshegge] -gyng RDTBYL; -gid to H   anoþir] -eris B
28 a] om. RDT   29 wil] wille last two letters can. G   30 3if] a add. al.
or] a add. H   32 &] or al.   32–3 but war hym of] be ware he be H
35 & for] or ynto L   and he pase . . . his tyme] ouer þat tyme marg. L   &²]
or RDTBYH   36 þat²] þe R; om. H   he] no add. L   3a] om. al.
36–43 3yf he . . . cumenaunte] om. G (source R)   37 and] or YH   or] of L
38 whan] om. H   to] om. T   39 hyryd¹] it add. BYL; the thynge add. H
40 he] hym DTBYL   into] in BYL   41 þan] þat T   oþer] that H
and] or L   42 pay] may D   pay trewely] trs. BYL; make trewly good
add. H   43 3if]and H   44 good] thyng H   44–5 hym whyche . . . lente
hym] the owner H   45 but] if add. H   46 þat¹] þe BYL   schal] schuld
H   47 he vsith . . . a3enys his] that good is vsid a3ens the owneris H   good]
thyng L   48 and wynnyng of] or for H   an-] on- G   50 it¹] that wed H
but] if add. BLH   50–2 but it be . . . doth þefte] om. Y   50 for¹] a add. T

ȝif he vse it for sparynge of his owyn good, for lucre, or for fals
couetyse aȝenys his wil þat owith it he doth þefte, as seith þe
same clerk. Ȝif a þing stoln perche, þou þe þef haue no profyth
þerby, ȝit is he boundyn to restitucion & he must ȝeldyn as good
or betere þan it was whan he tooc it, & he is bondyn to makyn   55
restitucion boþin of þe þing & of þe profyth þat cam þerof to hym
& for þe profyth þat schulde a comyn þerof to þe lord in þe tyme
þat he occupyyd it aȝenys his wil. And ȝif he haue amendyt
þe þing þat he stal he may nout askyn aȝen ne withholdyn hys
expens. And he shal makyn restitucion aftir þat þe þing was worth 60
whan he stal it, or betere, nout aftir þat it was worth whan it perchyd
but raþere aftir þat it was best worþ sith he stal it. ¶ Ȝif þe þef
profryd þe lord in counable tyme & counable place þe þing
þat he hat stoln & þe lord wil not receyuyn it, ȝif þe þing aftyr
þat be myshap perche or forfare þe lord hat non accion aȝenys 65
þe þef for þe lettyng of þe restitucion ne for þe profyth þat myȝte
a comyn þerof aftir þat he profryd it to hym but only for þe tyme
aforn þat he profryd it to hym. Ȝif a man haue stoln a þing &
vsyd it he is boundyn nout only to restitucion of / þe þing but also f. 197ʳ
for þe restitucion of þe value of þe vhs. DIUES. Y suppose þat man 70
or woman bye opynlyche in opyn merket a þing stolyn wenyng þat
it wer non stolyn þing. Whan he knowyth þat it is stolyn may he
askyn þe prys of þat þing of hym þat owyth it or withdrawyn it
til he hat payyd hym as mychil as he payyd þerfore? PAUPER.
Reymund & oþir clerkys seyn nay, & þerfor he be war anoþir 75
tyme how he schal schafaryn, nout only to flen harm of hys good
but also to flen suspecion of þefte, for lyȝtly he myȝte be byynge
of stolyn þing ben takyn for a þef. Netheles whan he hat ȝoldyn it

53 þef] þefte D   55 he¹] it D   57 þe³] om. H   58 wil] þat owith
it add. T   59 þe] to H   askyn] that add. H   ne] nor H   with-] owith
T   60 expens] -ses BYLH   he] om. D   61-2 nout aftir . . . stal it]
om. al.   63 profryd] profre al.   counable²] om. al.   63-4 þing . . .
stoln] stolne þyng al.   64 &] if add. H   65 þat] om. H   or forfare] om.
al.   66 þe³] om. RH   ne] nor H   68 aforn] bi- BYL   þat . . . hym]
om. al.   stoln a] trs. H   68-9 & vsyd it] om. al.   69 of] repeat
G   70 for þe restitucion] om. al.   Y suppose þat] ȝyf RDT; If a BYLH
71 opynlyche] om. RDTBYL; after merket H   opyn] the H   72 non] no
RDTBYL; not H   þing] om. H   þat it is stolyn] þe soþe al.   73 þat¹]
the H   or withdrawyn it] om. Y   75 he be] trs. RTH; be DBYL
76-7 how . . . flen] boþe for losse of his gode and also for al.   77 suspe-
cion] suspeccion corrected to suspecion G   he myȝte] after þing al.   be] for
al.   78 for] as RTBYLH; om. D   78-9 whan he . . . þerfore] he may
ryȝtfully askyn hys payment al.

to hym þat owyth it he may askyn aȝen þat he payyd þerfore of
80 hym þat selde it hym. And ȝif ouȝt he haue spent in kepyng of
þat þing or in amendement of þe þing for þe tyme þat he kepte
it with good feyth he may withholdyn hys expens & askyn is of
hym þat owith þe þing, & he is nout boundyn to restitucion of þe
profyth þat he hadde þerby as longe as he kepte it with good feyth.
85 But fro þat tyme þat he knowith þat it is oþir mennys good &
kepith it stille aȝenys good feyth he is boundyn to makyn restitu-
cion, nout only of þe þing but of þe profyth þat comith þerof to
hym & schulde a comyn to þe lord for þat tyme. Ȝif þe þing perchid
whil he kepte it with good feith he is nout boundyn to restitucion.
90 And ȝif he selde it awey or ȝaf it awey or he knew of þe stelþe
he is nout boundyn to restitucion of þe þing but to restitucion of
þe profyth ȝif he be amendyt þerby. Ȝif a man stele from a ryche
nygard or from a goweler, an vserer, onyþing to don elmesse,
he doth þefte, quia non sunt facienda mala ut veniant bona, xxxii,
95 q. iv, Sic non sunt. For, as seith Sent Austyn, alþou he ȝeue in
elmesse al þat he hat takyn in stelþe he is nout excusyd of þefte,
for he puttyth synne to synne. First, he stelyth & in þat he ȝeuyth
it away he makyth hymself vnable to don restitucion. And þou
a man purchace mychil good falslyche & do elmesse of þat mys-
100 gotyn good he is nout excusyd of raueyn.

Cap. ix

DIUES. Mon nout cristene men stelyn ȝunge chyldryn of
f. 197ᵛ Iewys & of / oþir heþene peple & baptysyn hem aȝenys þe wil of

80 it] to add. L   hym] whan he hatȝ restoryd it to þe lord of þat (þat om. T)
þyng add. al.   80–1 ouȝt . . . þat þing or] he spent onyþyng al.   81 þe¹]
þat BLH   81–2 for þe tyme . . . expens &] whyl it was in his kepyng he
may wyt good feyȝt al.   82 is] þat al.   83–8 & he . . . tyme]
wytoutyn restorying of þe profytȝ þat he had of þat þyng er (er) bifore BYL)
he wyst þat it was stolne, but whan he knowytȝ þat it is stolne and oþer mennys
& kepytȝ it (it ins. B; om. YL) stylle for coueytyse or ony oþer vnleful (leful D)
cause he is boundyn to (make add. H) restytucyon fro þat tyme as longe as he
kepyt it of þe profytȝ to þe lord al.   88 perchid] persche al.   89 kepte]
-tith TH   it] not knowyng þat it was stolne add. al.   with] be al.   nout]
om. BYLH   90 awey¹] om. H   awey²] om. RDTBYL   stelþe] stolne
D   91 he] om. T   to restitucion] om. al.   92 þerby] and þis is gode
lawe of conscyens add. al.   93 from a goweler] om. al.   95 Sic] sicut
BYL   al-] om. R   97 þat] that add. H   98 it] almesse H   don]
make al.

2 of¹] f obscured by par. sign G   oþir] om. al.

her fadyr & of her moodyr? PAUPER. Nay, & þat for þre skyllys. First, to flen peryl of þe feith, for whan þei kemyn to age, lytly þei my3tyn ben peruertyd from þe feith be mysheggynge of her 5 fadir & moodyr. Also be ry3tful lawe of kende þe child is vndir cure of his fadyr & hys moodyr & of hys frendys til he comyth to 3erys of dyscrecion. But whan þey ben in age of discrecion þey mon ben cristenyd a3enys þe wil of her fadir & moodir, but nout a3enys her owyn wille. Also for it was neuyr þe maner 10 of holy chirche to cristenyn 3onge childryn of heþene peple a3enys þe wil of her fadir & modyr. And 3if it my3te a ben don lefullyche, Sent Siluestre & Sent Ambrose & oþir holy men of holy chirche schuldyn a getyn þat leue of cristene princys þat wern lordys þat tyme boþin of cristene & of heþene peple, but 15 þey askedyn neuyr þat leue ne dedyn it be her owyn autorite, as seith Sent Thomas Alquin, in quadam questione de quolibet, et Summa confessorum, libro i, ti. iv, Utrum pueri. DIUES. 3if a woman stele onyþing or she be weddyd may she makyn restitucion aftir þat she is weddyd withoutyn leue of hyr house- 20 bonde? PAUPER. 3if she haue þe þing so stolyn she is boundyn to makyn restitucion þerof þou her housebounde ageynsey it, for hir housebounde hat no ri3t in þat þing. And 3if þat þing so stolyn be wastyd she is boundyn to makyn restitucion 3if she mon of her owyn trauayl & of hyr wynnynge, but of hyr housebondys 25 goodys ne of here goodys in comoun she may nout wel don restitu- cion withoutyn his leue but he were consentant to þe þefte. And 3if þe housebounde stele onyþing, 3if þe wif consente þerto or haue part þerof in etynge & drynkynge or in ony oþir vhs be it with hyr wil or a3enys hyr wil she may priuelyche makyn restitu- 30 cion of her comoun goodis, for in þat she doth no gyle ne þefte to hyr housebonde but she doth þat he au3te don. But 3if he

3 her¹] om. H   of her] om. RDTBYH; her L   moodyr] of the childryn add. H   þat] om. H   4 First] for add. H   lytly] after my3tyn BYL 5 mysheggynge] mystysyng L   her] þe al.   7 his] þe RDTB; om. H hys¹] om. YLH   7-9 comyth . . . discrecion þey] om. D   8 to] þe add. T; of H   9 her] om. LH   10 Also] And H   for] om. al.   12 her] om. H   14 þat¹] þe Y   of] þe add. Y   15 of²] om. BYL 16 ne] nor H   it] neuer add. Y   17 Alquin] om. al.   20 with- outyn] ony ins. B; ony add. YL   21 þe] om. BYL; that H   þing so stolyn] stolne þyng al.   22 makyn restitucion] restitucion makyng Y   ageyn-] geyn- H   23 þat²] þe al.   þing²] after stolyn Y   so] om. al.   25 wynn- ynge] owne wynnyng BYL   but] not add. H   26 goodys¹] good H don] make al.   27 but] if add. BYL   consentant] -tinge BYLH   28 wif] þef T   30 or] els add. Y   31 no] nowdir H   32 au3te] to add. al.

defende hir uttyrlyche to makyn restitucioun & she be nout con-
34 sentant to þe þefte it is sekyr to hyr þan to obeyyn & makyn non
f. 198ʳ restitucion / aȝenys hys wil, and þouȝ she dede it were non dedly
synne. And ȝif she stele onyþing & hyr housebond be consentant
þerto or wytyngly takyt part of þe þefte she may make restitucion
priuelyche of her comoun goodis ȝif she mon nout don it of hyr
owyn labour, hec Summa confessorum, lib. ii, ti. vi, Quid de illa.
40 DIUES. Ȝif a man haue letyn hous or place to hyre for a certeyn
tyme, may he in ony caas puttyn þe fermour out withynne þat tyme?
PAUPER. In many cas he may puttyn hym out. First ȝif þe place
be nedful to his owyn dwellynge for his oþir place þat he dwellyd
ynne whan he leet þat to hyre is perchyd be feer or be myshap
45 or takyn from hym & he hat non oþir to dwellyn ynne. But
ȝif he hadde non oþir whan he leet it hym to hyre he may nout
puttyn hym out for þat nede, for he myȝte a vysyd hym whan he
leet it so to hyre. Also ȝif þe hous haue nede of amendement, whiche
nede began aftir þat he let it hym to hyre. But in þese two cas
50 he muste alethyn & lessyn þe prys þat þe fermour schulde payn
for þe tyme þat he hat dwellyd þerynne. Also ȝif þe fermour
mysusith þe hous & þe place, as ȝif he kepe swyn in hous of honeste
or waste þe place, and in þese caas he may don hym payyn ful
pay for þe tyme þat he hat occupyyd it & makyn amendys for
55 swyche harmys. Also ȝif he fayle gretlyche of hys pay at hys
terme & brekyth comenantis maad atwuxsyn hem. Also ȝif
be his folye & defaute he bryngith þe lond out of tilþe. Also ȝif
þe lord of þe hous or of þe place falle in gret harm & enmyte be
defawte of þe fermour. Also ȝif þe fermour kepe opyn þeuys

33 defende] forbede BYL   33–4 consentant] -tinge BYLH   34 to
hyr] *after* þan RDTBLH   34/35 non] no *al.*   35 it] ȝet it *add.* H
were non] sche were in T   36 consentant] -tinge BYLH   37 may] *ins.*
G   38 her] hir T   40 or place] *om.* H   place] *marg.* G   hyre] ferme
al.   a²] *om.* H   41 þe] his H   42 place] houce H   44 hyre]
ferme H   is] *om.* Y   or be myshap] *om.* H   45 to dwellyn ynne]
dwellyng H   46 to hyre] *om.* H   47 vysyd] avised Y; ben well avisid
H   hym²] *om.* H   48–9 Also . . . hyre] *om.* H   48 hous] husband Y
49 hym] so *add.* Y   þese two] þis Y; thoo H   cas] -ses BYL   50 he]
hym RDTB   alethyn] *om. al.*   & lessyn] alesse RDTBL; lesse YH   prys]
hyre RDTBYL; ferme H   51–2 þe fermour . . . ȝif] *om.* L   52 þe hous
&] *om.* H   53 þese] þis R   þese caas] þis caasis Y; þese cases L   ful]
-ly H   54 pay] -ment *add. marg.* B; -ment L; *om.* H   &] *repeat* B
55 pay] -ment L   56 terme] -mes Y   comenantis] -aunt H   atwuxsyn]
bitwene BYL; atweyn H   ȝif] it *add.* H   57 defaute] his fauȝte RDTBYL
58 þe hous or of] *om.* H   of þe²] *om.* RDTBYL   59 defawte] þe fayȝte
T   fermour] *om.* T   opyn] -ly H   þeuys] theftes L

or opynl echourys or oþir malefactouris in hys hous or is receyuour 60
of swyche wyckyd folc, þan may þe lord skylfully puttyn hym
out, Summa confessorum, lib. ii, ti. vltimo, In quibus.

Cap. x

DIUES. ȝif a man be gyle do anoþir man sellyn a þing þat he
þoute nout to sellyn or do hym sellyn it for lesse þan he þoute for
a selde it to, doth þat man ony synne? As þese men þat tellyn
folc þat þer is mychil corn & mychil salt comynge newly from
beȝoundyn þe se & so makyn / men to sellyn gret chep her corn f. 198ᵛ
& her salt þat þei han, þat þey mon hemself aftirward sellyn her 6
corn & her salt þe derrere? And [as] chapmen þat comyn hom
betymys aforn oþir tellyn þat her felawys ben takyn of enmys
& þat lytil mor chaffare shal comyn & so be lesyngis þey sellyn
her good mor dere þan þei schuldyn ellys sellyn. PAUPER. 10
þey synnyn greuously & in maner þey don þefte. Netheles þe
contrect þat men makyn with hem in byyng & sellyng must stondyn
& ben holdyn, but it be ouyrdon outrage & opyn falshed. But
he must don penance for his lesyngis & his gyle. DIUES. Is it
leful to sellyn a þing for mor þan it is worth? PAUPER. ȝif þe 15
sellere selle onyþing for mor þan it is worth to begylyn þe byere
he doth gret synne & þefte. But ȝif he do no gyle in his sellynge
þan he may sellyn it aftir þat þei mon acordyn, for alþey it be
nout so mychil worth to anoþir man as he sellith it for ȝet in caas
it is so mychil worth to hym þat byyth it & he þat sellyth it may 20
nout forberyn it for lesse prys withoutyn gret damage, & in þis
caas a þing may ben sold for mor þan it is worth in þeself be
comoun estymacion. But ȝif þe sellere mon forberyn it withoutyn
damage so þat he haue þe value be comoun estimacion he is

60 malefactouris] -fasours BYL   hous] -ses BYL   is] a add. H   61 wyckyd]
om. H   62 vltimo] om. Y

2 to sellyn] a solyd H   or] he add. H   for²] om. RDTBYL; to H   3 to]
om. al.   doth] than add. H   5 þe] om. Y   gret] om. L   6 &] om. H
her¹] om. RDTBYL   ⸌7 And] om. T   as] his Y; om. G   8 aforn]
bi- BYL   of enmys] with enmyte H   10 mor] om. Y   dere] -rer DY
schuldyn] om. T   ellys sellyn] sell it Y   11 þe] þat Y   13 &
ben holdyn] om. al.   but] ȝif add. TYLH   14 lesyngis] -syng Y   Is it]
trs. L   15–16 PAUPER . . . worth] om. D   18 it¹] om. D   al-] om.
Y   19 it] om. B   20 &] so add. H   21 forberyn] -gone RDBYLH;
forthen T   22 a] o DBLH   23–4 But . . . estimacion] om. H   23 mon]
nout add. can. G   forberyn] -gone RDBYL; -ȝeue T   24 he is] trs. T

7126C77   L

25 boundyn to sellyn it for þe comoun value & no mor takyn þerfor.
And ȝif þe sellere be mychil harmyd be þe sellynge & þe byere
mychil amendit be þe byynge he owith be good conscience ȝif
he mon don som reward to þe sellere, alþou londys lawe compelle
hym nout þerto. And þe same owyth þe seller to þe byere ȝif
30 þe sellere be mychil amendit be þat sellynge & þe byere mychil
apeyryd. DIUES. It is hard to knowyn what is þe ryȝte value of a
þing. PAUPER. þe ryȝte value & þe iust prys of a þing [is] aftir
þat þe comoun merket goth þat tyme, & so a þing is as mychil
worth as it may ben sold to be comoun merket—tanti valet quanti
35 vendi potest, hec Summa confessorum, lib. ii, ti. viii, q. i, et q. ix.
Ȝif man or woman sell a þing for good & he knowe defaute þerynne
be whyche defaute þe byere is deceyuyd he doth gyle & þefte.
f. 199ʳ And / also ȝif þe byere begyle so þe sellere. And þerfor God seyde
to þe false Iewys: Argentum tuum versum est in scoryam et
40 vinum tuum myxtum est aqua, þin syluer is turnyd into scoom
of syluer & into fals metal & þi wyn is medlyd with watyr, Isaie
i [22]. And þerfor þei þat begylyn folc with fals monye wytyngly
don gret synne & perlyous þefte. Also ȝif he selle wytyngly be
fals mesure & be false wyȝtis. And þerfor God seith: þu shalt
45 nout han dyuers wyȝhtis, mor & lesse, to beyen be þe mor &
sellyn be þe lesse, ne þu schal nout han a mor buschel & a lesse
buschel but þu schal haue iust whyȝte & trewe & euene buschel &
trewe þat þu mon lyuyn longe in þe lond þat God schal ȝeuyn
þe. God wlatyth þat man þat doth swyche gyle, & he hatyth
50 al maner vnryȝtfulnesse, Deutero. xxv [13–16]. Also ȝif man or
woman selle a seck þing for an heyl wytyngly to begylyn þe
byere he doth þefte & he is boundyn to restitucion. And þou
he knowe nout þat defaute þerynne whan he sellyth it, whan he
knowith þat defaute he is boundyn to makyn som recompensacioun,

25 for] to H   &] om. T   28 he] om. H   alþou] thow the H   29 owyth]
after seller T   30 þat] þe RH   mychil²] om. H   31 a] the H   32 iust]
ryȝt Y   of a þing] om. H   a] om. B; þe L   is] after prys G   34 ben]
om. B   36 ȝif] a add. BYLH   or] a add. H   knowe] a add. al.   38 And
also] trs. B   And . . . sellere] om. Y   40 scoom] scurfe RDTH; dros BYL
41 of syluer] om. Y   44 mesure] -uris H   false] om. T   45–6 beyen
be þe mor . . . sellyn be þe lesse] trs. R   45 be] repeat L   46 ne]
nor H   nout] om. L   47 buschel¹] ne non oþer fals dyuerse mesure add.
RDTBYL; nor oþer false dyuerse mesuris H   þu] om. T   haue] om. T
49 wlatyth] om. T; owth lawith H   he] repeat can. G   50 maner] of
add. DTBYLH   vnryȝtfulnesse] -rightwisse- H   Also] And L   ȝif] a add.
YH   or] a add. H   51 a] om. RDBYLH   an] om. H   heyl] þing add.
BYL   52 he²] om. al.   And] om. H   53 þerynne] om. al.

as seith þe same clerc in þe same booc in þe same place, q. xi. 55
Also ʒif þe sellere selle a betere þing þan he wenyth to sellyn in
gret damage of hymself, as ʒif he selle gold for latoun or ʒif he
selle a good þing for smal prys wenyng þat it were lytil worth,
ʒif he be mychil harmyd þerby þe byere is boundyn to restitucion
or recompensacioun. DIUES. Is þe seller holdyn to tellyn þe 60
byere defautis of þe þing þat he sellyth? PAUPER. ʒif þe defautis
ben pryue & perlyous, he is holdyn to tellyn is to þe byere &
sellyn þe þing þe betere chep. For ʒif he selle an halt hors for a
swyft hors & a ruynous hous for a strong hous it is perlyous &
harm to þe byere & he is holdyn to restitucioun. But ʒif þe 65
defaute be opyn & þou it mon nout seruyn þe sellere it may seruyn
þe byere þan it nedith nout þe seller to tellyn þe defautis but he
is boundyn to sellyn it for þe lesse prys. DIUES. May a man sellyn
a þing derere þan he boute it to? PAUPER. Ellys myʒte no man
lyuyn be hys merchaundye ne be his craft. He must takyn up his 70
costis & susteynyn hym & hese & worchepyn God & holy chirche
& helpyn / þe pore, and for þis ende it is leful & nedful to þe chap- f. 199ᵛ
man and to þe warcman to sellyn þing derere þan he bouʒte it to.
And þerfor Sent Powyl seith þat no man is holdyn to trauaylyn
on hys owyn costys for þe comounte, neyþer in knyʒthod ne in 75
chapmanhod ne in warcmanchepe [1 Cor. 9: 7]. And þey þat with
false oþis & lesyngis & sly speche begylyn folc in byynge & in sellyng
synnyn greuouslyche & arn holdyn to restitucion ʒif þei begylyn so
folc wytyngly. DIUES. ʒif two men or two personys betakyn þe
þredde persone a þin[g] to kepyn be comenant þat he schal nout 80
delyueryn it but to hem boþin togedere, is he holdyn to kepyn
comenant? PAUPER. ʒa, forsoþe. DIUES. And what ʒif he delyuere
it to þe on of hem in absens of þe oþir & withoutyn hys wytyng?

---

55 in þe same] and al.   place] om. H   58 a] om. T   for] a add. YH
60 tellyn] to add. DH   61 byere] þe add. TBYL   þe¹] a DBYL
62 holdyn] be- H   is²] hem al.   &²] to add. Y   63 þe¹] þat RTBYLH
þe²] om. DB   64 swyft hors] good hors and a swyft H   & a
ruynous . . . perlyous] it is H   hous¹,²] hors T   65 he] om. D
holdyn] boundyn TBYLH   66 & . . . mon] if it wylle H   67 tellyn]
the byer add. H   71 hese] be meseure add. al.   72 pore] nedy after
his astate add. RDTBYL; aftir his astate add. H   leful . . . nedful] trs. Y
73 sellyn] the add. H   75 ne] neyþer L; nor H   76 ne] nor H
77 &¹] om. H   in²] om. TBYL   78 ʒif . . . so] so begilyng H   so]
þe Y   79 ʒif] om. H   men or two] om. al.   betakyn] to add. Y; takyn
to H   80 þing] þink G   81 it] no add. BL; om. H   holdyn] boun-
dyn TBYLH   82 forsoþe] for certen H   And] om. H   delyuere] -red
Y   83 it] om. D   þe¹] om. al.   þe²] þat I.

PAUPER. He doth omys & þou neyþer of hem hat lauful accioun
85 aȝenys hym for to compellyn hym to ȝeldyn it, for he þat receyuyd
it aȝeyn hat non accioun to hym for he took it hym aȝen, and þe
oþir hat non accion aȝenys hym for he is nout boundyn to hym
withoutyn þe oþir þat made þe comenant with hym & hat receyuyd
it aȝen; þus seith Hostiensis in Summa, lib. iii, rubrica, De
90 deposito, ¶ Cui detur, verbo Si uero.

Cap. xi

DIUES. May nout a man don elmesse of euyl-gotyn good?
PAUPER. Salomon seith: Immolantis ex iniquo oblacio est
maculata, etc., þe offeryng of hym þat offeryth of euyl-gotyn good
is spottyd & foul in Goddys syȝte, & he þat offerith sacrifyce of
5 þe pore manys good is lyk hym þat sleth þe sone in þe syȝhte of
his fadir, & God þat is heyest approuyth nout þe ȝiftis of þe wyckyd
men ne takith hede to her offeryng, Ecclesiastici [34: 21–4].
And þerfor Salomon seith: Honora dominum de tua substancia,
Worchepe þin lord God with þin owyn good not of oþir mennys
10 good, Prouer. iii [9]. And Tobie seide: Ex substancia tua fac
elemosinam, Of þin owyn good do elmesse, Tobie iv [7]. DIUES.
Contra, God byddith in þe gospel þat men schuldyn makyn
hem frendys in þe blysse of heuene of rychessys of wyckydnesse:
Facite uobis amicos de mamona iniquitatis [Lc. 16: 9]. Ike þan
15 it semyth þat it is leful to don elmesse of euyl-gotyn good.
f. 200ʳ PAUPER. In þre maner a þing may / ben euyl-gotyn, for somtyme
it is so mys-gotyn good þat it must ben ȝoldyn aȝen to hym þat
owyth it, as in þefte, raueyne & vsure, [ȝyf he may bene foundyn].
And of so mys-gotyn good men schuldyn don non elmesse but
20 ȝeldyn it aȝen. Also a þing is mys-gotyn whan boþin ȝeuynge &
takynge of þe þing is aȝenys Godys lawe and boþin þe ȝeuer &
þe taker lesyn her ryȝt, as in symonye, & þerfor her neyþer may
don plesant elmesse of þat good so mys-gotyn. Also a þing is

---

84 þou] ȝit BYL   85 receyuyd] -vith H   86 it¹] *om.* R   it²] to *add.*
H   88 þeʳ] þat L   þe²] *om.* H   &] that H

1 -gotyn] *repeat* R   2 ex] ab R   3 of²] *om.* R   5 lyk] to *add.* H
6 his] þe TH   7 men] man H   ne] ner LH   34: 21–4] xxiv
RDBYLG   9 of] wyt R   10 seide] seith H   11 do] to Y
13 wyckydnesse] -nessis H   14 Ike þan] *om.* T; þerfor BYL; So H
15 þat] þan TH   18 in] *om.* H   &] *om.* H   ȝyf . . . foundyn] *om.* G
20 ȝeuynge] -uyn D

mys-gotyn whan þe dede & þe craft þat it is gotyn by is so vnleful
þat þe taker may kepyn it stille lefullyche but þe ȝeuer may nout 25
askyn it aȝen, as þing gotyn be lecherye & be synful iaperye of
iugulouris, of menstralys, of wychis & of swyche oþere, whyche
maner wynnyng is clepyd foul wynnyng, þat is *turpe lucrum*
in Latyn. And of swiche euyl-gotyn good þey mon don elmesse,
but þey schuldyn makyn non opyn offerynge at þe auter ne sacrifice 30
of so mys-gotyn good. And þerfor God seith: Non offeres mer-
cedem prostibuli in domo domini Dei tui quia abhominacio est
apud Deum, þu schalt nout offryn þe mede of þe woman comoun
lechour in þe hous of þin lord God, for it is abhominacion to
God, Deutero. xxiii [18]. And offycerys of kyngis, pryncis, 35
lordys and ladyys, of buschopys & prelatys þat takyn ȝiftys of
men be comoun custum or be profre þat þey schuldyn meynteþyn
hem & ȝeuyn hem fauour in her causis, þey mon don elmesse of
good so gotyn alþouȝ it be wol oftyn euyl gotyn, xiv, q. v, Non
sane. For to swyche God bad þat þey schuldyn makyn hem frendys 40
in heuene of rychessys of wyckydnesse, þat is to seye, of rychesse
so mys-gotyn þat he þat ȝeuyth it hat no ryȝth þerto. DIUES.
Why preysyd Crist in þe gospel þe false baylye þat so forȝaf
men her dette in fraude of his lord to han þanc of hem & helpe
at nede, for he forȝaf on haluyndel hys dette, anoþir þe fyuete 45
part of hys dette? PAUPER. Crist preysyd nout þe false balye, but
Crist seith þat his lord preysyd hym, nout for hys fraude but for
his/ sletþe þat he dede in helpe of hymself. Ne Crist tellyth nout f. 200ᵛ
þat parable in þe gospel þat men schuldyn takyn example of hys
fraude to helpyn hemself be fraude of robberye of oþir mennys 50
good but for to techyn men to makyn hem frendys be dedys of
mercy & of elmesse & forȝeuyn oþir men her dettys as þei wiln
þat God forȝeue hem her dettis & makyn hem frendys in heuene

24/25 it] *om.* T   27 of¹] *om.* L   menstralys] -tralle H   of² of³] *om. al.*
whyche] swech H   29 of] *om.* H   euyl-] foule- R   -gotyn] *om.* H
þey] þe D   don] non *add.* BYL   30 makyn non] nout makyn H
31 of . . . good] *om.* H   God seith] it is seyd H   33 woman] a *add.* BL
35 kyngis pryncis] *trs.* H   37 men] me H   39 good] -dis H   wol]
ful TBYL   oftyn] *after* be Y; *om.* L   gotyn²] good *add.* D   40 God]
Crist *al.*   41 in heuene] *om.* H   42 þat¹] for *al.*   ȝeuyth] takyt
al.   43 Why preysyd] preysith H   44 dette] dede Y   45 dette]
and *add.* L; and to *add.* H   47 hym] *om.* T   48 in] þe *add.* L   49 in
þe gospel] *om.* H   men] *om.* H   50 to . . . fraude] *om.* H   51 good]
-dys *al.*   for] *om. al.*   52 forȝeuyn] to *add.* H   men her] *repeat* T
52–3 as þei . . . her dettis] *om.* H

wyth rychesse of þis world. DIUES. Why clepyd Crist rychesse of
55 þis world rychesse of wyckydnesse? PAUPER. For it ben to mychil
folc occacioun of mychil wyckydnesse & mychil dishese of hate,
wretthe, enuye, of warre, of ple & of gret discencion, & it is wol hard
to getyn is or to kepyn is withoutyn synne & gret dishese. And þer-
for Sent Powyl seyth þat þei þat coueytyn to ben ryche in þis world
60 fallyn in þe fendys snare [1 Tim. 6: 9]. And Salomon seith ʒif þu
be ryche in þis world þu schalt nout ben vngylty ne clene from
synne [Eccli. 11: 10]. ¶ Also, leue frend, ʒe schul vndirstondyn þat
wyckydnesse in holy writ is takyn nout only for synne but also
for pyne & dishese & myscheuys of þis world, & so goodys of þis
65 world ben clepyd rychesse of wyckydnesse, þat is to seye, of
pyne & dishese & of myschef, for it bryngyn men into pyne &
trauayle & to mychil dishese, for men han mychil trauayl in þe
getynge, mychil drede in þe keþyng, mychil sorwe in þe lesynge:

Diues diuicias non congregat absque labore,
70   Nec tenet absque metu, nec deserit absque dolore.

It hotyn sekyrnesse & bryngyn folc in gret peryl, gret dred & in gret
enmyte. It hotyn a man to han hys lust & hys lykynge & bryngyn
hym in endles hungyr, for, as Salomon seith, þe coueytous man hat
neuyr ynowe: Auarus non impletur peccunia [Eccl. 5: 9], but alwey
75 he coueytyth mor & mor. Also it hotyn a man hese & reste &
bryngyn hym in mychil trauayl, for nyhʒ al þe trauayl of þis world
is to getyn good. Anoþir skyl þer is why it ben clepyd rychessys of
wyckydnesse, for, as þe lawe seith, xii, q. i, Dilectissimis, be weye
of kende alle men ben euene in lordchepe & rychesse, but be
80 wyckydnesse of fals coueytyse in þe peple men ben vneuene in
f. 201ʳ rychesse, for som han mychil, som / han lytyl, som ben ryche, som

54 wyth] the *add.* H   rychesse¹] of wickidnesse *add.* D   þis] þe H   55 þis]
om. Y; the H   it] þei *al.*   57 wretthe] and *add.* R   warre] debate
al. (the word may possibly be warie, *an unrecorded noun form of the obs. verb* wary;
MS is ambiguous)   of²] *om.* Y   ple] peple T   wol] ful TBYL   58 is¹]
hem RDTBYL; *om.* H   is²] hem *al.*   gret] *om.* Y   59 seyth]
Thimotheum 6 *add.* RT   60 Salomon] þe wyse man *al.*   65 world]
þei *add.* D   66 &¹] of H   it] þey *al.*   pyne &²] *om.* H   &³] *om. al.*
67 to] *om. al.*   þe] *om.* H   68 kepyng] & *add.* TBYLH   70 Nec]
non BYLH   nec] ne H   71 It] þei *al.*   folc] men H   in¹] -to BYLH
in²] -to H   72 It] þei *al.*   hys²] *om. al.*   73 in] -to H   75 he]
om. al.   Also] and also L   it] þei *al.*   hotyn] bi- BYL   76 þis] the
H   77 it] þei RDBYLH; þe T   78 as] *om. al.*   79 ben] *om.* R
be] in Y   80 of] and H   vneuene] euyn T   81 mychil . . . lytyl]
trs. H   som²,⁴] and summe H

ben pore, and God hat ȝouyn mor rychesse to on man in dispensacion
& gouernance þan to many oþir, and þat is to refreynyn þe
wyckydnesse of fals coueytyse in þe peple. And for wyckydnesse is
cause þat on man is rycher þan anoþir, þerfor it arn clepyd rychessys 85
of wyckydnesse, for ne hadde be þe wyckydnesse of Adamys synne
& of þe false coueytyse of mannys herte ellys alle men schuldyn a
ben euenly ryche. But now þey ben vneuene in rychesse for synne &
schrewydnesse, & þerfor goodys of þis world ben clepyd rychesse
of vneuenehed & of wyckydnesse, iniquitatis, id est, non equitatis, 90
an[d] þerfor al þe rychesse þat on man hat pasyng anoþir it is
rychesse of vneuenehed, for in þat he is vneuene with hys euene
cristene & for þis vneuenehed comyth for synne & schrewydnesse
of mankende þerfor it arn clepyd rychessis of vneuenehed & of
wyckydnesse. Therfor God byddyth þe ryche men þat ben but his 95
balyys & his reuys in þis world makyn hem frendys of þe pore
folc boþin be ȝeuynge & forȝeuynge, as þat balye dede, & nout ben
to hard to her sogetis but ben merciable & forȝeuyn hem her
dettis, whyche þey owyn to God & to hem, for God is so gret a
lord & so ryche þat þer may no man don hym fraude of his good 100
ne hyndryn ne lessyn his lordchepe.

Cap. xii

DIUES. In þe fyuete precept, þu seydyst þat ryche men þat wil
nout helpyn þe pore folc ben mansleerys. Hyr þu seist þat þey
ben þeuys, and so it semyth þat þei don aȝenys boþin preceptis.
PAUPER. In þat þe pore man deyyth for þe ryche man withhalt hys 5
good from hym, in þat þe ryche man is a mansleere & doth aȝenys
þis precept: Non occides, þu schal nout slen. And in þat he
withhalt his good from þe pore man in his nede he is a þef &
doth aȝenys þis precept: Non furtum facies, þu schal don non

---

83 refreynyn] -prevyn R   84 -nesse²] om. T   85 þat] repeat L   it]
þei al.   87 þe] om. BYLH   90/92/94 vneuenehed] -nesse BYL
91 and] om. R; an G   þe] om. Y   it] om. H   93-4 & for þis . . . man-
kende] om. BYL   93 for¹] om. H   for²] the add. H   & schrewydnesse]
om. RDTH   94 it] þei al.   96 his] om. H   hem] om. BL   96-101 pore
folc . . . lordchepe] in MS D displaced from 164ʳ to 165ʳ   97 folc] of þis
world add. H   nout ben] trs. BYL   98 ben] om. BYL   100 no]
non H   101 ne¹] nor H   ne²] don hym add. T   lordchepe] worschip L

1-33 DIUES . . . be dispen-] in MS D displaced from 164ʳ to 165ʳ   2 þe] om.
R   folc] om. H   3 so] om. H   4 deyyth] may deyin DH   6 þis]
þe YH   þat] þat add. H   7-9 & doth . . . þefte] om. H   8 non] no al.

þefte. For al þat þe ryche man hat pasynge hys nedful lyuynge
10 aftir þe stat of his dispensacion it is þe pore mannys, & þerfor
seith Sent Ambrose þat it is non lesse synne to þe ryche man for
[to] denyyn þe pore man helpe at nede whan he may helpyn hym
of hys habundance þan it is to robbyn a man of hys good. þe
f. 201ᵛ bred, seith he, þat þu withholdist in / superfluyte is þe pore
15 folkys þat han hungyr, & þe cloþing þat þu shettist up in super-
fluyte is þe pore wyduys, & þe monye þat þu hydyst in þe erde
in superfluyte is þe raunsom of presonerys & of myscheuous
folc for to delyueryn hem out of preson & out of boundys &
helpyn hem out of wo. And þerfor, seith he, wyte þu it wel þat
20 of as many goodis þu art þef & rauenour as þu my3tyst 3euyn
to helpe of pore folc 3if þu 3eue is nout. No man, seith he, schulde
seyn ony þing hys owyn þat is comoun to alle. DIUES. Y assente
wel to þin wordis þat ryche men schuldyn 3euyn elmesse of
her habundance, sauyng þe stat of her dispensacion, & þat
25 is wol hard to don, for mychil þing is nedful to þe ryche man
mor þan to þe pore because of his stat of dispensacion, for mo
þingis ben nedful to a kyng þan to an erl & mo þingis ben
nedful to an erl þan to a symple kny3t, & so it is of oþir statis.
To kyngis, pryncis & lordis it is nedful to han tresour to wachyn
30 men of armys in defens of þe rewme & to wachyn her offycerys in
gouernance of þe rewme & of here lordchepe. And þerfor an
emperour seyde: Qui omnibus preest omnibus indiget, He þat
is lord be dispensacion of alle þinge in þis world he hat nede to
alle þing; & so þe mor lordchepe in þis world þe mor nede.
35 PAUPER. þerfor of swyche þingis so nedful to man aftir þe stat
of hys dispensacion he is nout b[o]undyn to 3euyn þe pore but
in gret nede, but of oþir superfluyte þat is nout nedful to hym in
þat degre he is bondyn to 3euyn, for alwey þe comon profyth

10 stat]-e can. G   11 Ambrose] in a sermoun add. T   non] no al.   12 to]
om. G   13 þan] þat T   14 he] om. T   superfluyte] it add. T   þe]
om. RDTH   15 folkys] mannes Y   þe] wast add. al.   15–16 in super-
fluyte] om. RDTH   16 pore] om. H   17 superfluyte] wast al.   of¹] þe
add. BYL   20 art] a add. LH   &] a add. H   21 of] þe YL   is] hem
al.   seith he] om. BYL   22 ony] om. D   þing] gode R; is add. H   comoun]
yn such nede add. L   23 þat] the add. H   men] man H   24 stat] e- Y
25 wol] ful BYL   for] so R   26 of²] his add. T; and of his H   27–8 &
mo . . . erl] om. D   þingis ben nedful] om. al.   28 statis] a- RDTLH
29 &] om. H   29/30 wachyn] wagyn al.   30–1 & to wachyn . . . rewme]
om. TYH   31 -chepe] -cheppis H   33–71 -sacion . . . broche of] in
MS D displaced from 164ᵛ to 165ᵛ   33 þinge] -ges Y   he] om. L   36 is]
ins. G   boundyn] bundyn G   37 in gret nede but] marg. G   of] if Y

owyth to ben chargyd mor þan þe profyt of on persone. DIUES.
It semyth be þin wordis þat men of holy chirche whyche spendyn   40
þe goodys of holy chirche in wyckyd vhs, in pompe & pryde,
glotonye, lecherye & in oþir vanites ben þeuys, for þey tretyn
þe pore mennys good & spendyn it in mysvhs aȝenys þe wil of
God & of þe pore folc. PAUPER. þat is soth, for Sent Ierom
seith þat al þat clerkys han of holy chirche goodys it is þe pore   45
mennys, & for help of þe pore folc principaly holy chirche is
induyd. And þerfor to men of holy chirche induyd þat han þe
benefycis & þe goodis of holy chirche it longith principaly to
ȝeuyn elmesse & to / han cure of þe pore peple. Therfor Sent   f. 202ʳ
Bernhard, in Epistula ad Eugenium, seith þus: þe nakyd cryyn   50
& þe hungry plenyyn hem & seyn, 'Ȝe buschopys, what doth gold
in ȝour brydyl? It may nout puttyn away cold ne hungir fro
þe brydyl. It is our þat ȝe so spendyn in pompe & vanite. Ȝe
takyn it from us cruellyche & spendyn it veynlyche.' And in
anoþir pistel þat he wrot to a chanoun he seith þus: Ȝif þu serue   55
wel Goddys auter it is grantyd to þe to lyuyn be þe auter, nout
to byyn þe brydelys sylueryd or ouyr-gylt, for what þu kepist for
þiself of þe auter pasynge þin honest nedful lyuynge it is raueyn,
it is þefte, it is sacrilege. Therefor þese men of holy chirche þat
bokelyn her shon with bokelis of syluyr & usyn gret syluyr harneys   60
in her gerdelys & knyuys, & men of religioun, mounkys &
chanounys and swyche oþere, þat usyn grete nouchis of syluyr
& gold on her copys to festyn her hoodys aȝenys þe wynd &
rydyn on heye hors with sadelys harneysyd with gold & syluyr
mor pompouslyche þan lord or lady ben stronge þeuys and don   65
gret sacrilege so spendyng þe goodis of holy chirche in vanite &
pryde, in lust of þe flesch, be whyche goodis þe pore folc schulde
lyuyn. A lady of a þousant marc be ȝer can pynnyn hyr hood
aȝenys þe wynd with a smal pynne of latoun twelue for a peny,

40 whyche] þe which L   41 in²] as in al.   &] om. al.   42 in] om. H
tretyn] wythholdyn al.   43 þe¹] om. BYLH   44 of] om. T   þe] om.
BYLH   45 þat²] þe add. Y   þe] but L   46 folc] -kes H   is] om. D;
before holy H   47 And . . . induyd] om. DH; to hem BYL   48 &] of
D   þe] om. H   it] that H   49 peple] folke D   50 Epistula] a pistille H
51 hem] om. H   52 brydyl] -lys BYL   ne] ner LH   53 so]
om. Y   54 &] ȝhe add. Y   55 seith] seide DBYLH   56 it is . . .
auter] om. H   to²] om. T   57 for²] to R   60 with] om. R   62 usyn]
after nouchis H   64 hors] -ses L   65 lord or lady] lordis BYL   lady] þei
add. T   stronge] gret H   66 þe] her H   67 be] the add. H   goodis þe]
om. T; goodes L   schulde] schul H   68-9 hyr hood . . . pynne] repeat Y

70 but a monk þat is boundyn to pouert be his profession wil han
a nouche or a broche of gold and syluyr in value of a noble or
mychil mor. DIUES. Ben nout swyche men of holy chirche so
mispendynge þe pore mennys good boundyn to restitucion?
PAUPER. 3if þei han wherof to makyn restitucion þey ben
75 holdyn to restitucion, as seith a gret clerk, Dockynge, super
Deutero. v cap.: quia non dimittitur peccatum nisi restituatur
ablatum. And þerfor Sent Austyn, in Epistula ad Macedonium,
seith þus: 3if anoþir manys good be nout 3oldyn a3en whan it
f. 202ᵛ may be 3oldyn he þat stal it doth no / verey penance but he fenyyth
80 penance, for 3if he do very penance he must don restitucion uppyn
his power. DIUES. And what seist þu of þo clerkys þat spendyn
holy chirche goodis in her kynnysmen & women & in oþir
ryche folc for to ben meynteþid & for to han a name & for to ben
worchepyd in þis world? PAUPER. 3if þey 3euyn her kynnysmen
85 & her frendis to releuyn hem of her nede it is wel don & þe
ordre of charite askyth it, but 3if þey 3euyn þe goodys of holy
chirche to makyn hem ryche & grete in þis world of þe pore mennys
good it is raueyn, þefte & sacrilege. Also to 3euyn ryche folc
mesurablyche to meynteþin hem & holy chirche it is wel don.
90 But to 3euyn hem holy chirche goodis to ben worchepyd & to
han a name of wardely pompe it is euyl don & it is sacrilege &
þefte so to spendyn þe goodis of holy chirche, whyche ben þe
pore mennys goodis. DIUES. What seist þu of hem þat spendyn
þe goodis of holy chirche in her owyn nedful vhs & don nout her
95 duyte ne seruyn nout þerfor? PAUPER. þe same clerk, Dockynge,
in þe same place seith þat þey ben þeuys, for þe goodis of holy
chirche & þe benefycis ben 3ouyn to hem þat þei schuldyn trauaylyn
& seruyn holy chirche in techinge, [prechyng] & sacramentis-
3euynge & in besy gouernance, & but þei don so þey ben nout
100 worþi to han benefycis of holy chirche ne to lyuyn be holy

---

71–109 gold . . . as seith] *in MS D displaced from 165ʳ to 164ʳ*   71 and]
or H   72 mychil] *om.* H   73 good] -des RBYL   74 þey] *om.* H
75 holdyn to restitucion] bowdyn H   a gret clerk] *om. al.*   76 nisi] donec
BYL   77 þerfor] *om.* R   79 3oldyn] a3en *add.* L   80 uppyn] up
BYLH   81 þo] *om.* L   82 in¹] on BYLH   in²] *om.* BYLH   84 her]
to ther H   86 3if] it Y; and H   89 hem] ry3tfully *add. al.*   &] in
DBYLH   90 hem] *om.* T   91 of] *om.* H   wardely] *om.* TBYLH
don] *om.* T   92 whyche] þat *al.*   94 her owyn] oure D   95 duyte
ne seruyn] dever and her dute to sevyn H   97 hem] þat hem *add.* T
97–8 trauaylyn &] trewly H   98 prechyng] *om.* G   99–100 nout worþi]
onworthy H   100 -fycis] -fyce H

chirche goodis, and þerfor Sent Powil seith: Qui non laborat
non manducet [2 Thess. 3: 10], He þat trauaylyth nout schulde
nout etyn. And ȝif þei takyn holy chirche goodys & trauaylyn
nout þerfor as þey ben boundyn þey ben þeuys. For ȝif a laborer
toke monye to trauaylyyn in þe feld & he trauaylid nout þerfor   105
but he ȝolde it aȝen he schulde ben heldyn a þef. And þerfor
Sent Powil seyde: Qui episcopatum desiderat bonum opus desi-
derat, He þat desyryt a buschopryche he desyryth a good warc,
I ad Tymo. iii [1]. For, as seith þe glose, in þat he desyrith a
buschopryche he desyrith a warc nout a dignete. He desyryth tra-   110
uayle & nout ese & reste, nout to waxsyn in pryde but for to comyn
doun fro pryde to mor low/nesse, to ben seruant & mynystre   f. 203ʳ
of alle hys sogetis of whyche he hat cure, or ellys þey ben nout
worþi to lyuyn be þe goodys of holy chirche. For þe benefycis
of holy chirche arn nout ȝouyn to hem for to gon pleyyn hem but   115
for to trauaylyn aboutyn her cure. DIUES. þey han her vykerys
& her parys prestis vndir hem þat trauaylyn for hem. PAUPER.
þe vykyr & þe parych preste schul a[n]sweryn for þat þey receyuyn
& þe persone for þat he receyuyth, & he þat mor receyuyth mor
is boundyn. And þe benefycis of holy chirche arn nout ȝouyn   120
to clerkys þat þey schuldyn ben takyn to oþir men þe cure but
for þat þey schuldyn han principal cure hemself, for ellys þe lewyd
man & woman myȝtyn han þe benefycis of holy chirche, as seith
þe same clerk. And he seith þat personys whiche absentyn hem
from her chirchis only for ese or for couetyse or for lust of þe flech   125
& so spendyn þe goodys of holy chirche, þey ben þeuys. Netheles,
as he seith, þey mon absentyn hem from her chirchis for a tyme
be leue of her souereyn þat may ȝeuyn hem leue for sum good

cause, as for lernynge or for helpe of her chirche. Also þey þat
130 receyuyn þe benefycis of holy chirche & ben vnable in þat tyme
whan þey receyuyn is to seruyn holy chirche or to han cure of
þat benefyce, þey ben þeuys; but whan þey fallyn in age & in
febilnesse aftir þat þey han trewly trauaylyyd or aftir þat þe
benefyce is ȝouyn hem þei mon lefullyche lyuyn be her benefycis,
135 but ȝif þey han sufficient patrimonye to ben susteynyd with.
Also þei þat propyrchyn to hem goodis of holy chirche ben þeuys
& don sacrilege, as seith þe same clerk, Dockynge, in þe same place,
for clerkis in her begynnynge seyn: Dominus pars hereditatis
mee, Our lord God is part of myn heritage. For, as seith Sent
140 Ierom, ad Nepocianum, he must ben part of God & haue God
to his part & so han hym in hys lyuynge þat he haue God with
hym & þat God haue hym. And syth, he seith, God is my part
he owith noþing to han but our lord God. And ȝif he haue gold,
144 syluyr, possessionys & swyche oþir rychesse our lord God dis-
f. 203ᵛ deynyth to ben his part with þese partis; & ȝif Y be part / of
our lord Y take non part ne wardlychhed amongis oþir folc but
lyue by þe typis & am susteynyd be seruyce of þe auter þat Y
serue, & so Y schal ben payyd with mete & drynke & cloþis
& so folwyn nakyd of wardly good hym þat hyng nakyd for me
150 on þe roode, xii, q. i, Clericus. And þerfore he byddyth þere þat
euery clerk schulde takyn hede to his name what it signefyyth
& trauaylyn to ben swyche as his name signifyyth, quia cleros
grece dicitur sors latine, for 'clerk' in Grec & in Latyn is 'lot &
part' in Englych, for euery clerk schuld ben þe lot & þe part of
155 our lord God, & in þat þey ben deputat to Goddys seruyce pasynge
þe comoun peple þerfor þey ben clepyd clerkys, clerici, þat is to
seyn, chosyn be lot, for þey ben kyngis & gouernouris of holy
chirche. And in tokene þerof þey beryn þe coroune on her hefd
be chauynge awey of þe her, for þe chauyng awey of þe her be-

129 chirche] -chis TBYLH   Also] And L   131 is] hem al.   holy chirche]
om. H   132 benefyce] -ces H   133 trewly] om. D   or] om. H   þat²]
om. LH   134 hem] hym D   136 propyrchyn] appropren BYL; propryn
H   137 þe²] this H   138 be-] om. H   139 as] a H   142 þat]
om. L   144 swyche] om. R   God] om. H   145–6 of our] repeat D; with
oure Y   146 lord] God add. H   non] no al.   -hed] -nesse BYL   folc]
-kes BYL   147 be] the add. H   148 payyd] plesid H   &²] om. T   &
drynke] om. H   149 good] -des Y   152 & trauaylyn . . . signifyyth] om.
H; marg. G   153 clerk] -kes Y   is] om. H   155 ben] but add. H
deputat] ordeyned BYL   157 chosyn] closyn H   158 on] of RDT
159 þe¹] her RDTBYL   for þe . . . þe her] om. D   þe³] her BYLH

tokenyth doyng awey of temporil goodis & wilful pouert be whiche   160
þey ben kyngis in heuene, ibidem, cap. duo. And þerfor seith
þe lawe, ibidem, Res ecclesie, þat þingis of holy chirche ben nout
had as propre but as comon & owyn to ben spent in þe vhs þat
it arn ȝouyn to, for al þat þu, clerk, hast mor þan suffysith þe
to þin nedful lyuynge, but þu ȝeue it & spende it in good vhs,   165
þu withholdist it violentlyche as a þef, Di. xlvii, Sicut. And ȝif
clerkys han patrimonye sufficiently of her owyn to lyuyn by,
ȝif þei wastyn þe goodys of holy chirche þat ben ordeynyd for
þe pore folc þey don þefte & sacrilege, xvi, q. i, Quoniam, in
fine.   170

Cap. xiii

DIUES. What is propyrly sacrilege? PAUPER. Sacrilegium
est sacre rei violacio uel eiusdem vsurpacio vnde sacrilegium
quasi sacriledium, id est, sacrum ledens. Sacrilege is defylyng
of holy þing or mysvsynge & mystakynge of holy þing. DIUES.
In how many maner is sacrilege don? PAUPER. Somtyme sacrilege   5
is don for þe persone þat is dispysyd & mysbodyn, as whan clerc
or religious is betyn & smet in dyspyt. Somtyme sacrilege is
don because of þe place, as whan chirche or chircheȝerd is pollout
be blood-schadynge or ony holy place is reyuyd of his fredam.
Also sacrilege is don because of þe þing þat is stolyn or mysvsyd,   10
& þat in þre maner, or / for þat holy þing is takyn out of holy   f. 204ʳ
place or þing nout holy out of holy place or holy þing out of
nout holy place, xvii, q. iv, Quisquis. DIUES. þan it semyth þat
þei þat withholdyn her tyþis from God and from holy chirche don
þefte. PAUPER. So seith þe lawe, xvi, q. vii, Decimas. For þe   15
tyþis of holy chirche ben þe vohwys of cristene peple, raunson of
synnys & patrimonye & helpe & heritage of þe pore peple &

160 of] *om.* H   be] þe *add.* H   161 ibidem] þer RDTBYL; *om.* H
162 ben] *om.* Y   163 þe] *ins.* G   164 it] þei BYLH   clerk] *om.*
T   166 it] *om.* DBYL   þef] theft H   xlvii] xlviii H   Sicut] *om.* R
167 sufficiently] -ient Y   169 þe] *om.* RBYL   xvi] xviii H   Quoniam]
om. BYL

1 propyrly] propir H   Sacrilegium] *om.* H   3 quasi sacriledium] *om.*
Y   is] a *add.* H   defylyng] -fowling BYL   5 maner] *om.* T; thyngys L
6 whan] a *add.* H   7 or] of DH   8 whan] *om.* T   9 or] if *add.*
H   holy] *om.* DH   10 Also] And H   because] þat is *add.* D   þe]
om. al.   11 þat¹] is *add.* Y   maner] -rys L   12 place¹] cherche D
or þing . . . place] *om.* L   13 nout] *om.* D; *after* þing T; no BYL; ony H
14 from²] *om.* RDTBYL   16 vohwys] a- BYL   raunson] remission H

tributis of þe nedy soulys, xvi, q. i, Quia iuxta, et Decime, where
þe lawe seith þat tyþis ben dette to God, & alle þat withholdyn
20 is falslyche þei don sacrilege & robbyn þe pore folk of her goodis,
and he þat withholdith hys tyþis shal answern at þe dom for
as many soulys as perchyn for hungyr & myschef in þat parych
wer he dwellith, and he þat wil nout payyn hys tyþis schal mys-
spedyn & his good shal whansyn & he schal han seknesse & sodeyn
25 pouert, ibidem, Reuertimini. And ȝif he paye hys tyþis trewelyche
he schal han helþe of body & þe mor plente of good & grace of
God & forȝeuynesse of synne and þe kyngdam of heuene, as
seith þe lawe, ibidem, Decime, et Reymundus in Summa sua,
lib. i, ti. De decimis. And þerfor þe lawe seith þere þat God
30 askyd nout þe tyþis for ȝifte ne for nede but for worchepe þat
we schuldyn knowelechyn hym our lord & ȝeuere of alle goode.
He askyth of us þe tente part for our profyth nout for hys profyt.
It is a synne to payyn late, but mychil mor synne it is neuere to
payyn, ibidem, Decime. DIUES. Of what þingis is a man boundyn
35 to tyþin? PAUPER. Of corn in heruest & of wyn in vyndeche,
of frut of bestayle, of gardyn, of ȝerd, of medue, of venerye, of
hyuys, of fyschynge, of wyndmelle and of watyrmelle, xvi, q.
vii, Quicumque et c. sequenti; Extra, lib. iii, ti. xxx, Pastoralis.
And, as Reymund seith, tyþis owyn to ben ȝeuyn of alle frutys of
40 þe erde, of appelys, of trees, of herbys, of pasturys, of bestis,
of wulle, of mylk, of hey, of fychyngis, of fermys, of myllis,
of baþis, of fullynge placis, of mynys of syluyr & of oþir metal
& of quarrerys of ston, of merchandye, of craft and of oþir goodis
f. 204ᵛ & also of tyme, lib. i, ti. xii. And, as seith / Hostiense, lib. iii,
45 eodem ti., of eueryþing ryȝtfullyche getyn a man schulde tyþin
& of hys seruyce & of his knyȝtchepe. DIUES. Mychil þing is
wel getyn & with lytil auauntage of hem þat getyn it & oftin with

19 dette to] þe dette of Y   alle] thei *add.* H   20 is] hem *al.*   21 he]
om. H   hys] *om.* T   tyþis] wrongwysly *add.* R; wrongfully *add. al.*   22 þat]
ins. G   23 he²] *om.* H   24 -spedyn] -spendyn H   good] -des L
whansyn] vanysche RDTBYL; wastyn H   26 body] *om.* T   30 askyd]
-kiþ BYLH   31 hym] *om.* D   ȝeuere of alle] ȝevyn of alle oure H   goode]
thyng L; -dis H   32 He . . . us] *om.* H   profyt] *om.* H   33–4 neuere
. . . to payyn] *trs. corrected* G   34 Decime] c. x BYL   þingis] þing Y
boundyn] for *add.* H   35 &] *om. al.*   36 of³] or RD   ȝerd] and *add.*
L   venerye] & *add.* T   37 xvi] xvii H   40 pasturys] -ture H
41 fychyngis] -yng *al.*   of fermys] *om.* H   42 placis] *om.* H   43 &]
om. al.   merchandye] -dise H   of⁵] *om.* T   44 of] oftyn *corrected to of*
H   as] *om.* T   Hostiense] *om.* R   46 his] *om.* H   -chepe] -hede H

gret los & þerfor me þinkyth it vnskylful þat a man schulde
typyn hys chaffar & his craft or his seruyce or his trauayle þer
hys wynnyng is lytil or nout. PAUPER. þer ben two maner typis,   50
som comyn of þe erde, as corn, wyn, bestayle þat is brout forth
be þe lond, & swyche typis ben clepyd *prediales* in Latyn. Som
typis comyn only of þe persone, as be marchandye & warcman-
chepe, & swyche typis ben clepyd *personales* in Latyn, & in swyche
typis þat so ben *personales* and comyn of merchandye or of craft   55
or of swyche oþir trauayl a man schal acountyn hys expens and
lokyn wheþer he is cresyd or nout cresyd & typin his wynnynge
& hys fre encres. But in payynge of typis predialys þat comyn of
þe lond he shal nout acountyn his expens but frely payyn þe
type, neyþer þe wurste ne þe beste but as it comyth to honde   60
withoutyn choys, Extra, lib. iii, eodem ti., Pastoralis, et Cum
homines. Netheles 3if a man for deuocion 3eue þe beste to God
it is preyshable & well don. DIUES. Shul men typin alle þing
þat newith? PAUPER. þingis þat ben taskyd in þe lawe men shul
typin, nout alle þing þat newith, for mychil [þing] newith þat is   65
nout profytable and þou it be profytable 3it it is nout wo[r]chipful
to typin it, as houndis & cattis. DIUES. Y suppose þat a man come
be fre 3ifte or be succescion & be heritage to gret lordchepe &
mychil rychesse or take frelyche gret 3iftis, is he bondyn to
3euyn þe tente parte of þat heritage or of þo 3iftys to holy chirche?   70
PAUPER. Nay, for so alle possessionys & lordchepys shuldyn
fallyn to holy chirche, Extra, eodem, Pastoralis, in glosa. And 3if a
ryche man 3eue to a pore man ten pens to byyn hym with a cloþ
or to payyn his dettis or ellys to his lyuynge, he schulde payn
þe type to þe preste, & þat wer a3enys resoun. For 3if alle fre   75

48 it] is *add.* BYH; þat yt is L   -skylful] -lefulle H   49 or¹] and H   or
his seruyce] *repeat* T   his¹ his²] *om.* R   or²] of H   49–50 þer hys] the H
50 is] *om.* D   51 corn wyn] *trs.* Y   53 be] is H   marchandye] -dise
H   54–5 in Latyn . . . *personales*] *om.* Y   54 in²] *om.* D   55–6 þat
so . . . trauayl] *om.* H   55 so] *om.* DBYL   56 expens] -sys RDTBYL
57 cresyd¹] en- *al.*   cresyd²] *om. al.*   59 acountyn] countyn H   his]
om. DBYL   expens] -sys *al.*   60 type] -this DH   þe¹] *om.* RDTBYH
ne] nor LH   þe²] *om. al.*   it] þei RDTBYL; *om.* H   comyth] -myn *al.*
63 Shul] Schulde BYLH   men] *om.* T   64 þingis] Tythis T   shul]
schulden BYLH   65 nout alle] notable R   þyng²] *om.* G   66 wor-]
wo- G   67 to typin it] *om. al.*   þat] *om.* BYL   69 mychil] *om.* L
70 þat] þe Y   þo] þe DT; þat BY; his H   71 for so] forsoþe DH
lordchepys] if thei *add.* H   72 to holy chirche] *om.* H   73 3eue to]
3af RDTBYL   hym] þat H   74 payyn] with *add.* L   dettis] dette H
he schulde] *trs.* H   payn] *repeat* H   75 & þat] nay it H

ȝiftis schuldyn ben typid, holy chirche shulde ben to riche &
þe peple to pore, for so he myȝte askyn þe tente part nyȝh of
euery testament.

Cap. xiv

f. 205ʳ   DIUES. To what chirche shal a man payyn hys / typis? PAUPER.
Typis personalys, as of merchandye and of craft, man shal payn
to hys parych chirche þer he dwellyth & takyth hys sacramentis
& herith hys seruyse, but typis predyalys he shal payyn to þe
5 chirche to whyche þe maner & þe lond longith to, but custum
be into þe contrarie, as seith Summa confessorum. Typis pre-
dyalis schuldyn ben ȝouyn onon in þe begynnynge, but typis
personalys mon abydyn til þe end of þe ȝer for þe mor auantage
of þe chirche. DIUES. How shuldyn þe typis ben spent? PAUPER.
10 þe typis & þe goodis of holy chirche shuldyn ben departyd in
four partyys, on to þe buschop ȝif hym nedyth, anoþir to þe
clerkys of þe chirche, þe þredde to þe pore folc, þe ferde to
amendynge & makynge of þe chirche, xii, q. ii, Quatuor, wher
þe glose concludyth & seith þat clerkys schuldyn ben compellyd
15 to reparacion of þe chirche & nout þe lewyd peple, x, q. i, Decre-
uimus; but, as seith Guydo in Rosario, in þat men must takyn
hede to custum of þe contre & what þe part is þat longith to þe
chirche. But þese dayys þe part of þe chirche is comounly lytil
or nout, for þe chapel beryth awey þe part þat longith to þe
20 chirche. DIUES. Y suppose þat þe curat of þe chirche waste
þe goodis of holy chirche in synne & in lecherye & be an opyn
þef or opyn lechour or mansleer, so þat his myslyuynge is slaund-
rous & notorie. Shul men payyn her typis to swyche wyckyd
lyuerys? PAUPER. þe grete clerk, Hostiense, seith þat ȝif þe

76 ȝiftis] thyngis H   77 so he] *trs.* L   þe²] þat Y   nyȝh] *om.* H
2 as] & D   merchandye] -dyse LH   of²] *om.* H   3 he] *om.* R   4 he
shal payyn] schal bene payed *al.*   5 to¹] þe *add.* T   þe¹] *om.* DB   maner]
the place *add.* H   but] if *add.* H   6 into] in *al.*   þe] *om.* H; *ins.* G
10 in] -to TH   11 partyys] after þat þe partys han nede & ben worþi *add. al.*
nedyth] and *add.* L   12 clerkys] mynstris *al.*   þe³] *om.* BY   to²] þe *add.*
RDT   13 amendynge] -ment RTBYH; mendement D   amendynge . . .
makynge] *trs.* L   chirche] ȝif it nede *add.* RDTBYH; yf yt be nede L   q. ii]
q. iv BYL   15 to] the *add.* H   nout] to *add.* D   18 But . . .
chirche] *om.* D   18–20 But . . . chirche] *om., apparently by erasure and
covered by a floral design* B; *om.* YL   18 part] -tis H   19 awey þe] a H
20 þat] *om.* L   21 & in lecherye &] as if H   22 þef . . . mansleer]
lechowre or a thef H   23 Shul] schulde BYL   24 þe grete clerk] *om. al.*

preste or curat of þe chirche mysspende holy chirche goodis 25
or be a notorie lechour þe lewyd man is nout boundyn to ȝeuyn
hym his typis but he shal ȝeuyn is to his souereyn nexst abouyn
hym, whyche is boundy[n] to spendyn is in profyth of þe chirche
[or of þe pore pareschynys]. DIUES. þe lawe is aȝenys hym,
Extra, li. iii, ti. De decimis, c. Tua [nobis], where þe lawe seith 30
þat for wyckydnesse of þe mynistrys of holy chirche men shuldyn
nout withdrawyn her typis from hem. PAUPER. Hostiense
answeryth þerto and seith þat as longe as her synne is priue men
schuldyn nout withdrawyn her typis, & so menyth þat lawe;
but whan her synne is opyn & notorie þan men schuldyn nout 35
payyn to hem but to her souereyn. þus seith Hostiense in Summa
sua, / lib. iii, rubrica De decimis, ¶ Et quare, in fine. And he f. 205ᵛ
alechyth many lawys for hym & many lawys ben for hym þat he
alechith nout, for þe grete clerc Gracianus in þe Decreys, þat
is þe principal booc of holy chirche lawe, seith þat þe clerk notorie 40
lechour schulde han no part in þe goodis of holy chirche, Di.
lxxxi, Si quis amodo, cum aliis capitulis sequentibus; and þer
seith þe glose þat to whom is defendit to don offys in holy chirche
to hym is defendith & interdyt hys benefyce, but, as þe lawe
seith þer, to alle swyche notorie lechouris, prestys, dekenys, 45
sodekenys, is defendit þe offys of holy chirche þat þey schuldyn
don non offys in holy chirche, & þe peple is defendyt to heryn
her offys. Ike þan her benefyce is defendit hem til þei amendyn
hem, ibidem, Si qui sunt presbiteri, up whyche lawe seith Gwydo
in Rosario þat ȝif prestys ben foundyn swyche opyn lechourys 50
& malefactouris her sogettis mon of her owyn autorite puttyn
hem from her offys & nout abydyn sentence ne doom of her
souereyn, alþou þe buschop were fauorable to suffryn swyche
wyckyd lyuerys, for why, seith he, swyche arn suspendit be þe

25 or] þe add. Y   26 a notorie] an opyn H| 27 is] hem al.   28 boundyn]
-dy G   is²] hem RDTBYL; om. H   in] to H   29 or of þe pore pareschynys]
om. G   of] om. H   30 nobis] nos all MSS   32 her] þe L   33 þerto]
after seith T   34 þat] the H   36 payyn] it add. H   souereyn] -nys D
38 lawys¹] that ben add. H   39 þe²] om. D   40 þe principal] chef RDTBYH;
þe cheef L   holy chirche lawe] lawe canon al.   42 þer] -for H   43 defen-
dit] forboden BYL   don] þe add. T   in] of T   44 hym] such on yt
add. L   defendith] forboden BYL   46 defendit] forboden BYL   offys]
-ces BYL   schuldyn] schalle H   47 don non] trs. H   offys] -ces BY
in holy chirche] om. H   defendyt] forbedyn al.   48 Ike] þerfore
BYL   Ike þan] And H   is] om. H   defendit] forboden BYL   ʼ49 up]
-on LH   53 souereyn] -nes L   suffryn] hym and add. L   54 sus-
pendit] dispensed Y

7126C77   M

55 pope & be þe lawe. DIUES. þis sentence is wondirful & nout
plesant to men of holy chirche & þou, as me þinkyth, it is wel
skylful, for ȝif ony man ouȝte me dette & payyd it to myn enmy
to strencþin hym in his malyce aȝenys me, wytynge wel þat he
schulde robbyn me þerof & nout payyn it me he dede mychil
60 aȝenys me & robbyd me cruelyche of myn good. And so, as me
þinkith, don [þei] þat payyn tyþis & duytes þat longyn to God &
holy chirche & to þe pore folc, payyn is to swyche wyckyd lyverys
& opyn enmyys to God, for þan it arn lost foreuere; & ȝif he
kepte is stille or payyd is to his souereyn, as Hostiense seith,
65 þan it wern saf & holy chirche & þe pore peple myȝtyn ben holpyn
þerby. PAUPER. It is leful so to kepyn is & nout aȝen þe lawe
þat þey alechyn aȝenys Hostiense & aȝenys oþir clerkys and aȝenys
f. 206ʳ þe comoun lawe, for þat lawe acor/dyth wel with alle oþir clerkys
ȝif it be wel vndirstondyn, for þese ben þe wordis of þat lawe:
70 Pretextu nequicie clericorum nequeunt eas, scilicet decimas,
nisi quibus de mandato diuino debentur, suo arbitrio errogare,
Extra, lib. iii, ti. De decimis, c. Tua nobis. þat is to seye in
Englych, lewyd men mon nout vndir colour of wyckydnesse
of clerkys ȝeuyn be her owyn doom þe tyþis but to hem þat it
75 arn dette to be þe comandement of God, for it is nout leful to
ȝeuyn awey anoþir manys good withoutyn þe wil of þe lord of þe
good, as seith þe lawe þere. þese wordis ben nout aȝenys Hostiense,
for Hostiense spekith of clerkys opyn lechourys & oppyn male-
factouris. þis lawe spekith of clerkys wose synne is pryue &
80 of hem þat ben defamyth falslyche be malyce of þe peple. And
þerfor he byddith þere þat it schuldyn ben ȝoldyn hem aȝen.
Also þis lawe seith þat it schuldyn nout be ȝouyn but to hem þat
it longyn to be þe comandement of God, but be þe comandement
of God it longyn nout to swyche wyckyd lyuyerys. Ike þan it

55 pope] *erased*, kyng *substituted* R; *partly erased* L; *erased* G   56 þou] ȝit
BYL   wel] *om.* DBYLH   58 his] *om.* H   59 payyn it] paied
Y   61 þei] *om.* G   62 þe] *om.* RDBH   folc] and *add.* RTBYL   is]
hem *al.*   63 þan] *om.* BYL   it] þei *al.*   &²] or RDTBYH   64 is¹,²] hem *al.*
65 it] þei RDT; þei *after* wern BYLH   66 is²] hem *al.*   67 aȝenys²]
om. R   68 þat] the H   69 þat] þe *al.*   72–3 in Englych] *om.* H
74 þe] hir H   it] þei BYL   75 to¹] on- H   leful] for *add.* T   77 seith]
after lawe H   þese] þis Y   78–9 malefactouris] wyckyd lyuerys *al.*
80 be] þe *add.* L   81 þerfor] *om. al.*   it] þei *al.*   ȝoldyn] ȝeuyn TBYLH
82 Also] Alle H   þis lawe] þese lawis DH   seith] seyn H   83 þe¹] *om.* L
comandement] precept H   of God] *om.* H   84 it¹] be RH; þei DTBYL
wyckyd] *om.* H   Ike þan] þerfor RDTBYL   84–5 Ike . .. nout] nor H
84 it²] þei *al.*

schuldyn nout be ȝouyn to hem. Also þou þe lewyd man withholde 85
hys typis & hys duytes from swyche wyckyd men of holy chirche
& payyth is to hys souereyn or ellys kepith is stille for profyt of
holy chirche in þat he ȝeuyth is nout awey but kepith is & sauyth
is to profyt of holy chirche. And þat lawe þat men alechyn aȝenys
Hostiense, scilicet Tua nobis, spekith aȝenys þe lewyd men þat 90
ȝeuyn awey þe typis of holy chirche & dispensedyn is as hem
lykede & ȝouyn is awey to whom þat þey woldyn, & þat is nout
leful withoutyn autorite of þe buschop. ¶ Ȝif þe buschop or ony
hous of relygion receyuyn so many typis in a parych be old con-
suetude þat þe curat of þe chirche may nout lyuyn honestlyche be 95
his benefyce þan a certeyn porcion of þe typis mon ben ȝeuyn to
þat curat for to lyuyn / by, noutwithstondynge þe elde consuetude, f. 206ᵛ
Extra, lib. iii, De prebendis, c. Extirpande, where þe lawe seith
þat he þat hat cure of a parych he schulde seruyn it hymself &
nout be anoþir, but nede of oþir cure keche hym þerto. 100

Cap. xv

DIUES. Shal holy chirche askyn typis personalys of Iewys
þat dwellyn amongis cristene peple? PAUPER. Nay, for þey
ben nout of holy chirche & þey takyn nout sacramentis of holy
chirche ne seruyce of þe curat. ¶ Ȝif a man gylouslyche selle
a porcion of corn er it be typit boþin þe byere & þe sellere is 5
boundyn to typin it, þe sellere for hys gyle & for þat he hat þe
value of þe type, and he þat byyth it is boundyn, for þat corn
pasith to hym with charge of þe typis. And so holy chirche
may askyn þe type of whyche of hem þat he wole, but ȝif he
gete it of þe on of hem he may nout askyn it of þe oþir. But ȝif 10
þe byere þoute no gyle in his byynge, ȝif he payyd þe type aftir

86 of] in al.   87 & payyth] ȝit he schuld payen H   isⁱ is²] hem al.   for]
to the H   88 holy] the H   in] and H   isⁱ] hem al.   nout] after ȝeuyth
H   is²] hem al.   88–9 & sauyth is] saf RDBYL; stille TH   89 to]
for T; þe add. H   þat²] om. H   91 þe] om. BYLH   dispensedyn]
-spendyn L; spendyn H   is] hem al.   hem] om. T   92 lykede] -kiþ BYLH
isⁱ] hem al.   awey] om. H   woldyn] wolen BYLH   þat²] þis al.   93 þeⁱ] om.
RDBYL; his T   buschopⁱ] -pis DBYL   94–5/97 consuetude] custom BYL
95 of þe chirche] repeat T   þe²] holy R   97 þat] þe Y   99 of] a cure
add. T   100 but] if add. H   keche] compelle BYL; dryvid H

3 &] om. H   nout²] non H   4 ne] nor H   5 is] ar RDTH; ben BYL
6 þat] om. al.   7 he] om. H   corn] om. H   8 with] the add. H
charge] -gith T   typis] type al.   9 þe] om. T   whyche] wheder al.
10 þeⁱ] om. TYH   nout] om. T   askyn it] askenyd Y

þat he boute it, þe sellere is bondyn to makyn hym restitucion;
and ȝif þe byer & þe seller wystyn wel þat it was nout typit
hem muste boþin don penance as for þefte. And ȝif þe byere
15 paye þe type þe sellere is boundyn to restitucion but þe byere
boute it to swyche a prys þat he may ȝit wel sauyn hys owyn.
¶ Ȝif þe corn be stoln er it be typit & þe lord of þe corn wer to
slowe in þe typing [and typid it not after þe custom of þe place
but delayid it], holy chirche may askyn of hym þe type of þat corn
20 so stoln; but ȝif he typid it in dew tyme or ȝif it wer takyn awey
withynne tyme of typing he is nout boundyn to restitucio[n]
of þo typis, hec Reymundus, li. i, ti. De decimis. DIUES. Is
a man boundyn be þe precept of God to payyn alle hys typis
boþin predialys & personalys? PAUPER. As Reymund seith &
25 Innocent þe pope þe þredde, Extra, [III, 30] In aliquibus, alle
þe typis mustyn ben payyd þat ben taskyd be Goddys lawe,
Leuitici, ultimo [27: 30 et passim], and alle oþir typis boþin
predialys & personalys aftir custum of þe contre longe approuyd,
29 for conswetude in lawe posityf, þat is mannys lawe, is expositour
f. 207ʳ & termynour of þe lawe: Consuetudo approba/ta est optima legum
interpres, Extra, li. i, ti. iv, Cum dilectus, et consuetudo est
altera lex. But þer may no consuetude ben kept aȝenys Goddis
lawe ne aȝenys lawe of kende. DIUES. Why bad God þat men
schuldyn payn mor þe tente part þan anoþir part? PAUPER.
35 For ten is a numbre so perfyt þat it contynyth alle numbrys, for
alle numbris aftir ten ben mad of ten & of numbrys withynne
ten. And nyne is a numbre vnperfyt, & alle numbris withynne
ten ben vnperfyt in regard of ten. And þerfor God bad þat men
schuldyn ȝeuyn to hym þe tente part & kepyn to hemself nyne
40 partis in tokene þat al our perfeccioun comyth of God & to hym

12 hym] to hym *after* restitucion L; *om.* H   15 but] if *add.* H   16 may]
myght H   ȝit] *om.* H   17 lord of þe] *repeat* Y   18 and . . . not] noȝt
redy H   18–19 and . . . delayid it] *om.* G   18 it] *om.* DTBYL
19 delayid] delay H   þe type of] *om.* Y   þat] þe BYH; *om.* L   20 he
typid . . . ȝif] *om. al.*   wer] be *al.*   21 withynne] þe *add. al.*   restitucion]
restitucio G   22 þo] þe BYL   24–5 Reymund . . . aliquibus] Innocent
þe [þe *om.* H] pope þe þyrde, Extra, eodem, In aliquibus, & Reymunde also
[seien *add.* BYLH] *al.*   25 pope] *erased* G   III, 30] e. iii G   alle] that
alle H   26 payyd] *om.* D   27 boþin] ben D   28 aftir] the *add.*
H   29 conswetude] eiþer custom *add.* BYL   32 no] *om.* D; non
H   consuetude] eiþer custom *add.* BYL   33 ne] nor H   35 a] *om. al.*
so] of L   numbrys] noumbre BY   36 mad] *om.* DH   37 And] For
R; as H   a] *om. al.*   38 ben vnperfyt] *om.* RDTH   men] *om.* H
39 to¹] *om. al.*   hem-] hym- DLH

it muste ben arettyd be preysynge & þankynge, and al [our] in-
perfeccion comyth of ourself, & þerfor we withholdyn nyne partys
to ourself & ȝeuyn to God þe tente part, so knowlechyng þat al
our perfeccion & goodnesse comyth of hym & al our inperfeccion
comyth of ourself. Also in tokene þat he is our lord & lord of 45
al & al þat we han comyth from hym, as alle numbrys ben contynyd
in ten & comyn of ten. DIUES. Is nout a man boundyn to payyn
his firste frws? PAUPER. 3is. DIUES. In what quantite? PAUPER.
Aftir þe consuetude of þe contre, for in þe lawe is non quantite
taskyd, but in som contre men payyn þe houndrid part, in som 50
contre þe sextyde part, in som contre þe fourtyde part, and of
dyuers þingis dyuers partis.

Cap. xvi

DIUES. Is symonye ony spece of þefte? PAUPER. It is þefte
& sacrilege in þat a man tretith and occupyyth vnryȝtfullyche
þing þat is nout hese. Of swyche þeuys spekyth Crist in þe gospel:
Qui non intrat per ostium in ouile sed ascendit aliunde, hic
fur est et latro, Io. x [1], He þat entryth nout into þe folde of 5
holy chirche be þe dore, þat is to seye be Crist, & takyth nout
his benefyce frely be weye of elmesse for Cristis sake but be
symonye, he þat is a þef & a mychere, and alle þat so comyn into
þe benefycis of holy chirche be symonye þey ben mycherys &
þeuys. DIUES. What is symonye? PAUPER. Symonye is a 10
studyous couetyse & wil to byyn or sellyn þing spiritual or þing
annexit or knyt to spiritual þing, / for, as þe Philosofre seith, f. 207ᵛ
nout only he þat stelyt pryuely is a mychere but also he þat wil
stelyn preuely is a mychere & a þef. But hyr þu schal vndirstondyn
þat som þingis arn defendyt for it ben symonyac, as byyng & 15
sellyng of þe sacramentis of holy chirche, in whyche wil alone
withoutyn þe dede makyth a man gylty in symonye. Som þingis

---

41 our] *om.* G   41–2 inperfeccion] perfeccioun D   42 comyth] *om.* T
of] *repeat* G   43 to²] *om.* L   44 our¹] *om.* T   & goodnesse . . .
inperfeccion] *om.* T   45 of¹] *om.* L   Also] And H   46 alle] oure
add. BYL   47–52 DIUES . . . partis] *om. al.*

2 þat] þat *add.* BYL   3 þing] -gis H   is] arn H   5 et] *om.* H   en-
tryth] comyth H   into] in BL   6 to seye be] *om. al.*   7 be¹] the *add.* H
9 þe] *om.* H   11 or¹] and H   sellyn] a *add.* L   þing¹] -gis H   12 or]
and *al.*   13 is] a thef and *add.* H   mychere] & a þeef *add.* Y   15 de-
fendyt] forboden BYL   it] þei *al.*   symonyac] symonyent *al.*   16 in] the
add. H   17 þe] *om.* BYLH   a] *om.* T

arn symonyac only for it arn defendyt be holy chirche, as ȝif a
clerk resigne his chirche in comenant þat it schal be ȝouyn to hys
20 neue or to som of hys kyn. Swyche wil withoutyn dede makyth
nout a man symonyac ne gylty in symonye as anemyst holy chirche.
But ȝif it be don only for profyt of þe persone & nout for profyt
of holy chirche he is gylty aforn God. And ȝif he resigne it frely
in comenant and in wil þat it schal ben ȝouyn to hym þat is mor
25 able to profytyn mannys soule þan he is hymself, in þat resignynge
he doth no symonye. DIUES. Wherof cam þe name of symonye?
PAUPER. Of Symon Magus, a gret wyche, for he profryd to
Sent Petir a gret som of monye for to han grace of þe holy gost
to makyn men heyle of sekenesse & to don wondrys & to makyn
30 þe holy gost to lyhtyn in men & women as Sent Petyr dede.
But Sent Petir forsook his monye & seyde to hym, 'þin monye
be stille with þe in perdicion & perchynge of dampnacion, for
þu wendyst to getyn þe ȝifte of God with þin monye', Act. [8:
18–20]. And þerfor alle þat byyn onyþing spiritual or onyþing
35 knyt to þing spiritual ben propirly clepy[d] symonyakis, and þei
þat sellyn it ben clepyd [gyeȝitas,] giezite in Latyn, for Giesy
þe seruant of Helyse [þe prophete] tooc mede & ȝifte of þe gret
lord Naaman for þat God hadde maad hym hol of his lepre be þe
prophete Helyse þat was his mayster, & so [he] selde falslyche
40 þe ȝifte of God as mychil as was in hym aȝenys þe wil of God &
of þe prophete Helyse, & þerfor he was a lepre & al hys kyn
aftir hym, IV Regum v. Netheles comounly boþin byer & seller
of spiritual þing ben clepyd symonyakis, for Symon Magus dede
44 þat was in hym to byyn þe grace of þe holy gost & [was] in purpos
f. 208ʳ & in wil to sellyn it / forth to oþir for monye & for ȝiftis. DIUES.
In how many maner is symonye don? PAUPER. In þre maner,
as þing spiritual is bout & seld be þre maner ȝiftis, for somtyme

18/21 symonyac] -nyent BYL   18 it] þei BYLH   defendyt] forboden
BYL   20 som] oþer add. H   withoutyn] þe add. T   23 gylty]
om. T   24 mor] most H   25 profytyn] to add. al.   hym-] om. T
resignynge] -ignacioun H   26 cam] comith Y   27 for] om. al.
29 heyle] hool BYLH   &¹] om. RDTH   33 wendyst] wenyst H   ȝifte]
thefte L   8] iv corrected to viii R; iv DBYLHG; can. T   34 ony-
þing²] om. H   35 þing spiritual] trs. al.   propirly clepyd] trs. BYL
clepyd] -th G   symonyakis] symonyentys al.   36 gyeȝitas] om. HG
37 þe prophete] om. G   & ȝifte of] om. al.   39 he] om. G   40 as¹] in
as al.   as²] it add. H   42 boþin] the add. H   43 þing] -gis H
symonyakis] -entys al.   44 was²] om. G   45 in] om. RDT   &²] or D
46 maner¹,²] -eris H   47 as] in H   þing spiritual] trs. H   be] repeat T
maner] of add. L   47–8 somtyme it] summe is H

it is bout be ʒifte of hond, somtyme be ʒifte of seruyce, somtyme
be ʒifte of tunge. Ʒifte of þe hond is clepyd monye & oþir richesse.
Ʒifte of seruyce is clepyd hyr-seruyce ʒouyn nout in dew maner 50
ne ryʒtfullyche to han a þing spiritual. Ʒifte of tunge is fauour
& flaterye & preyerys þat men makyn hemself or be oþere so to
han spiritual þingis. ¶ Also in receyuyng of holy ordre is don
symonye somtyme only on hys syde þat makyth ordrys, as whan
som frend of hym þat shal ben ordryd ʒeuyth þe buschop som 55
ʒifte withoutyn witynge of hym þat shal ben ordrid. Somtyme
it is don only on his syde þat schal ben ordryd, as ʒif he ʒeue ony
ʒiftis to ony of þe buschopys officerys to spekyn for hym þat he
mon ben ordryd, of whiche ʒifte þe buschop knowith nout.
Somtyme it is don on boþin partyys, as whan þe on ʒeuyth & 60
þe oþir takyth. Somtyme it is don & þou in neyþer partye, as
ʒef a frend of hym þat schal ben ordryd ʒeue or hote ony ʒifte
to som of þe buschopys offycerys to helpyn hym in þat cause &
neyþer he ne þe buschop knowith of þo ʒiftis. And in þese manerys
may also be don symonye in ʒeuynge of benefycis of holy chirche. 65
Ʒif ony man ʒeue ony ʒifte for me or preye for me þat Y mon ben
ordryd or receyuyn benefyce, ʒif Y geynseye hym & assente nout
þerto his ʒifte ne his hoot ne his preyere lettyth me nout fro
myn ordrys ne fro myn benefice, but ʒif Y assente þerto aforn
or aftir payyng þe monye þat he behyʒte Y falle in symonye, 70
& þou it be euere so pryue Y must resignyn. And ʒif myn enmy
ʒeue or hote ʒiftis for myn promocion in wil so to lettyn me be
symonye, & it be nout myn assent, his dede lettyth me nout, Extra,
li. [v], ti. De symonya, c. Sicut tuis literis. Ʒif ony frend ʒeue
ony ʒifte, me vnwytynge, for myn promocion & aftir þat Y 75

48 ʒifte¹] thefte L   ʒifte²] -tis T; thefte L   seruyce] and add. H   49 ʒifte]
thefte L   Ʒifte] þefte L   þe] om. TH   hond] of hond add. T   50 Ʒifte]
ʒif D; þefte L   51 ne] nor H   Ʒifte] þefte L   52 flaterye] -ryng
BYLH   preyerys] -ier BYLH   men] repeat H   54 somtyme]
somty H   þat] thas H   ordrys] om. Y   55/56/57 shal] schuld H
56 withoutyn] þe add. BYL   witynge] -tyn H   57 on] om. T   58 þe]
a T   hym] hem H   he] they H   59 ordryd] and add. DTBYLH   of]
þe add. L   60 on¹] of BY   ʒeuyth] takith Y   61 takyth] ʒeueueth
[sic] Y   þou] ʒit BYL   in] om. H   partye] do symony add. H   62 hote]
be- H   63 som of] om. al.   helpyn] speken for T   64 ne] nor H   of]
om. Y   þo] þe L   in þese manerys] the same maner H   66 preye]
-ier D   67 or] ellys add. H   geyn-] aʒen- BYL   assente nout] trs. RH
68 ʒifte . . . hoot ne] benefice nor H   hoot] biheeste BYL   69 Y] om.
H   aforn] bi- BYL   71 euere] neuer BYLH   72 hote] biheeste BYL
73 &] if H   74 v] iiii all MSS   75 me] myn R

wyste þerof er Y wer clepyd of þe buschop to myn promocion,
& Y wyste wel þat Y schulde nout be clepyd but for þat ȝifte,

f. 208ᵛ　Y schulde nout receyuyn / þat promocion. And ȝif ony frend ȝeue
ony ȝifte withoutyn wytynge of hym þat is to be ordryd or to ben
80　auaunsyd, ȝyf he schulde a ben ordryd or auaunsyd withoutyn þat
ȝifte þat ȝeuynge lettyth hym nout, but ȝif he ȝeue hymself ony
ȝifte or ony man for hym be his assent, þou he schulde ellys han
hade it withoutyn ony ȝifte, it is symonye. Ȝif a clerc be ordryd of
a buschop mad be symonye & he knowe it he lesith execucion
85　of his ordre, but ȝif he knowe it nout þan lesith he nout execucion
of his ordre, hec Summa confessorum, lib. i, ti. i.

Cap. xvii

DIUES. May noþing be ȝouyn lefullyche for þing spiritual?
PAUPER. Ȝis, for boþin ȝifte of hond & of seruyce & of tunge may
ben ȝouyn for spiritual þing. Ȝifte of þe hond may be ȝouyn for
spiritual þing in fyue cas, as seith Reymund: first ȝif it be ȝouyn
5　frelyche for deuocioun & for reuerence of þe sacrament & of
spiritual þing withoutyn ony comenant or ony askynge of þe
takere, but for to ȝeuyn onyþing be weye of comenant of byynge
or sellynge or of chanchynge it is nout leful. And ȝif it be doute
wheþer þe ȝifte be ȝouyn be comenant or be euyl intencion men
10　must takyn hede to þe stat of þe ȝeuere & of þe takere, wheþer
þe ryche ȝeue to þe pore or þe pore to þe ryche or ryche to ryche.
Also to þe quantite of þe ȝifte, wheþer it be of gret prys or of
lytyl prys. Also to þe tyme of þe ȝeuynge, wheþer in tyme of nede
or in oþir tyme, & so be þese circumstauncis demyn in what
15　maner it was ȝouyn. The secunde cas is whan men ȝeuyn frely
to ony man of holy chirche onyþing for spiritual dedis, as for
certeyn seyynge & syngynge to whyche he is nout bondyn. The
þredde cas is whan it is ȝouyn to clerkys for spiritual dedys to
whyche þei arn boundyn of offys, for þer is no man bondyn to

---

77 Y¹] *om.* H　　wyste] it *add.* DBYLH　　wel] wylle H　　78–86 And ȝif
. . . ordre] *om. al.*　　80 a] *ins.* G

2 ȝifte] ȝif Y　　& of seruyce & of tunge] of tunge and of seruyce *al.*　　3 Ȝifte]
þefte L　　3–4 Ȝifte . . . þing] *om.* H　　3 þe] *om. al.*　　4 cas] -sys L
5 for²] *om.* H　　7 be] the *add.* H　　of²] or *al.*　　8 or¹] & Y　　doute]
done R　　9 be²] of R　　11 to³] þe *add.* H　　12 to] *om.* T　　of²] *om.* T
13 þe²] *om.* RY; *ins.* G　　16 onyþing] *after* frely R　　17 certeyn] *om.*
T　　&] or L　　18 to²] þe *add.* TYH　　19 of] to DH　　offys] -ycis R

trauaylyn for nout ne curat to seruyn þe chirche for nout ne þe 20
prechour to trauaylyn for nout. And þerfor Sent Powyl seith
þat be þe lawe of God þey þat seruyn þe auter schul lyuyn be
þe auter & so God hat ordeynyd þat þei þat prechyn þe gospel
schul lyuyn be þe gospel, I ad Corinth. ix [14]. Netheles þe mor
frelyche a man preche þe mor is his mede, & þou he aske nout, 25
þe peple / is boundyn to ȝeuyn hym frely, as seith Sent Austyn, f. 209ʳ
super illud: Producens fenum iumentis [Ps. 103: 14]. The
ferde cas is to han þe lyf withoutyn ende and forȝeuenesse of
synne. þerfor Danyel seyde to þe kyng Nabugodonosor: Peccata
tua elemosinis redime, Danieli iv [24], Beye awey þi synnys with 30
elmessis; nout þat we mon beyen heuene ne forȝeuenesse of synne,
but be elmesse-doynge we mon deseruyn to han forȝeuenesse
of synne & heuene blysse, and so byynge is takyn for deseruynge.
¶ The fyuete caas is whan a man for to han pes byyth awey þe
wrong þat he suffryth in spiritual ryȝth whan he is sekyr þat his 35
cause is ryȝtful, Extra, De symonia, c. Dilect[us] fili[us]. ¶ In
ȝifte of seruyse sum is bodely som spiritual. Bodyly seruyse honest
may be ȝouyn withoutyn comenant to han spiritual þing þerfor,
as for to gon to Rome or to seruyn a buschop in honest þingis,
but ȝif it be nout honest swyche seruyce is nout leful. But ȝif þe 40
seruyce be spiritual þer shulde no man don swyche seruyce for no
benefyce þat is to ȝeuyn ne for benefyce þat is ȝouyn hym but it
be knyt to þe benefyce, as ȝif a chirche of a prouendre be þat hoso
haue it he must syngyn euery day of our lady. ¶ As anemyst
ȝifte of seruyce of þe tunge þat stant mychil in preyer & wardly 45
fauour, þu must takyn hede wheþer a man is ordryd or chosyn be
his owyn preyere or be oþir mennys; ȝif be his owyn preyeres it is
symonye; ȝif it be don be oþir mennys preyerys, or it ben charnel
or spiritual; ȝif it ben charnel & for hym þat is nout worþi it
is symonye, but ȝif it be don for hym þat is able & worþi it is no 50
symonye, so þat þe ordynour & þe cheser takyn non gret heed to þe
preyere but principaly to God & to abylte of þe persone. Netheles
ȝif a man hadde nede & fele hymself able he may askyn a symple
benefyce withoutyn cure, for þat is no symonye. But ȝif he haue no
nede þerto, ȝif he aske it he synnyth, hec Reymundus, li. i, ti. 1. 55

20 ne¹] þe add. BYL; nor H   to] om. BYL; ins. G   22 be . . . God] om.
al.   22/24 schul] schuld H   22 be²] of L   23 so . . . ordeynyd
þat] God hath ordeyned þat þe after gospel Y   25 a] om. D   28 cas]
cause BYL   þe] om. al.   31 ne] nor H   34 is] om. H   36 Dilectus
filius] Dilecto filio all MSS   36–55 In ȝifte . . . Reymundus, li. i, ti. 1] om. al.

Cap. xviii

DIUES. What pyne is ordeynyd aȝenys symonye? PAUPER. Ȝif a clerc be symoniac in takyng of his ordre he is suspendit of his ordre boþin anemyst hymself & anemyst oþere so þat he may nout

f. 209ᵛ   don execucion of his ordre, & wheþir / his symonye be pryue or
5   apert he is suspendit. And ȝif he be conuyct aforn hys iuge he shal ben deposyd & vnablyd to euery worchep & lesyn þe monye þat he payyd þerfor. And he þat ordryd hym wittyngly be symonye or ȝaf hym benefyce be symonye & he þat receyuyth ony benefyce be symonye or is mene þerto þou her synne be pryue ȝit þey arn
10   suspendit as anemyst hemself, and ȝif it be opyn þey ben suspendit boþin anemyst hemself & anemyst oþere. And he þat takyth his benefyce with symonye he must resignyn & makyn restitucioun of al þe profyth þat he hat takyn þerof and of þe profyt þat myȝte a be takyn þerof for his tyme. For it is a general reule in þe lawe þat
15   hoso occupye onyþing withoutyn ryȝtful titele he is boundyn to restitucion of alle þe harmys & of al þe profyth þat cam þerof or myȝte a comyn þerof for þat tyme, sauynge his expens þat he spente in profyt & sauacion of þat þing. And boþin clerc and lewid man þat doth symonye is acursyd in þat dede, and ȝif it mon be
20   prouyd þe lewyd man schal ben cursyd opynly in holy chirche, i, q. i, Reperiuntur. DIUES. Ȝif þe offycerys of þe buschop askyn of custom ony ȝiftis in makyng of ordrys, in sacring of buschopys, in blyssyng of abatis, ȝif þey þat schul ben ordryd or sacrid or blyssyd ȝeuyn hem swyche ȝiftis for custum þat þei alechyn, is it ony
25   symonye? PAUPER. Ȝif he ȝeue it principaly for swyche custum & for her askynge it is symonye. But ȝif he ȝeue it frely, nout for her askynge [ne for custum] ne be comenant, it is no symonye. But mest sekyr it is þat he ȝeue non þanne ne for þanne, for it is lyk

---

2 be] a add. al.   symoniac] -yent al.   4 don] om. T   5 apert] pert H aforn] bi- BYL   hys] a H   6 vnablyd] -able R   8 &] or al.   ony] om. H   10 as] om. H   10–11 and ȝif . . . hemself] om. H   13 þe profyth] -fites H   of] for al.   13–14 þe profyt . . . þerof for] om. Y 13 a] om. H   14 for] om. D   it] om. B   15 occupye] -pid H   withoutyn] a add. Y   he] om. T   16 of al] om. H   profyth] -fitys H   or] ins. G   17 a] om. H   expens] -sis BYLH   18 and] the add. H 19 symonye] he add. DLH   20 ben] om. T   cursyd] a- BYLH 21 offycerys] -cerer B; -cer YL   buschop] -pys R   22 in³] and yn L 23 schul] schulde BYLH   sacrid . . . blyssyd] trs. BYL   or blyssyd] om. H 24 is it ony] it is ony D; it is BYL   27 ne¹] nor H   ne for custum] om. G 28 it is . . . for it is] om. D

symonye, and Sent Powil byddyth þat men schuldyn abstynyn
hem from euery wyckyd lyknesse [1 Thess. 5: 22]. ¶ Also þei   30
þat ȝeuyn or takyn onyþing be wey of custom or of comenant
for blyssyng of weddyng, for sepulturis, for dirigeis, for crisme,
for þe holy olee or for ony sacrament in whyche is ȝouyn grace,
he doth symonye. But for matrymonye may be ȝouyn monye,
for in þat sacrament, as seith Reymund, is ȝouyn non new grace.   35
Netheles lewyd men mon ȝeuyn frely be good / custum ȝiftis for   f. 210ʳ
blyssyng of weddyng, for sepulturis & for dirigeis, so þat þe
custom be takyn for no lawe, but clerkys mon nout askyn swyche
ȝiftis ne denyyn to hem þe sacramentis ne her dewe seruyce.
Also vestimentis & chalys halwyd mon ben sold to clerkis & to   40
lewyd men to þe vhs of holy chirche, but ȝif chalys halwyd schul
ben seld to seculer vhs for nede, as for raunsom of presonerys,
þan it schul ben betyn or ȝotyn togedere er it ben selde. ¶ Ȝif
ony parych preste or curat for ȝiftis, for preyere, for loue, for
frendchype, hyde an opyn synne of hys parychen obstinat in   45
synne, or reconceyle hym þat wil nout amendyn hym, or for hate
& enmyte nout wil reconceylyn hym þat wil amendyn hym, or
for hate or loue or ȝifte or preyere puttith ony man or woman fro
þe sacramentis of holy chirche, he doth symonye. ¶ Ȝif a preste
be bondyn of offyce to seyn a messe or dirige or swyche oþir   50
preyerys & he aske mony þerfor he doth symonye, but ȝif he be
nout boundyn þerto of offys & he hat nout hys nedful lyuyngе he
may takyn monye for his trauayle & letyn his trauayl to hyre be
dayy[s] & ȝerys, as anuelerys don, as seith Reymund, et Extra,
Ne prelati vices suas, etc., c. vltimo. But ȝif he haue sufficient   55
lyuyngе & he be nout boundyn to seyn þat messe or dyrige þan he
schal seyn it frelyche or ellys nout seyn it, for ellys it semyth þat he
doth it pryncipaly for coueytyse. ¶ Ȝif a preste haue seid a messe
ȝif he seye anoþir messe þat day for monye or for to han þanc
[of þe world], he doth symonye, De con., di. i, Sufficit. Ȝif mounkys   60
or chanonys or oþir clerkis wil nout gon procession ne seyn dirige

31 be] þe *add.* H   of²] *om.* H   32 of] or R   weddyng] -dyngis *al.*
for²] of L   crisme] creme *al.*   33 for þe holy] or *al.*   34-43 But
. . . selde] *om. al.*   44 parych preste . . . curat] *trs. al.*   preste] -tes H
curat] -tes H   45 hyde] hyndyn D   parychen] -yshyng Y   46-7 or
for hate . . . amendyn hym] *om.* H   47 &] or RDT   nout wil] *trs.* BYL
wil²] not *add.* RT   48 preyere] -eres H   50 a] his T   or²] & B
51 preyerys] -iere D   52 boundyn] *om.* T   52-3 he may . . . monye]
after trauayle H   54 dayys] dayy G   60 of þe world] *om.* G
60-92 Ȝif . . . supra] *om. al.*

ne oþir preyeris þat þei arn boundyn to but in comenant to
han certeyn monye þey don symonye, and ʒif þei ben nout bondyn
þerto þey mon takyn mony frely for her trauayl, but ʒif þei
65 makyn statuʒt or comenant þat þei schul nout gon procession
ne seyn dirige for lesse monye þan for so mychil or so mychil
þei don symonye. ¶ ʒeldys & fraternytes ben leful & it is leful
f. 210ᵛ / þat whan bretheryn schul ben receyuyd in swyche fraternytes
þat þey hotyn a certeyn monye be ʒere to þe fraternyte for honest
70 causis & in swyche comenant & nout ellys to receyuyn hem to her
fraternyte, but for to don hem sweryn to þat comenant it is nout
good. But whan collegis of men of holy chirche receyuyn folc
to her fraternyte & to suffragis of her preyerys ʒif þei makyn
swyche comenant & askyn certeyn monye þerfor be comenant
75 or be custom þey don symonye, for in þat þey byndyn hem to non
newe trauayl & namely þey þat ben sufficiently induyt. ¶ ʒif
a clerk ʒeue monye to a lewyd man þat maliciouslyche wil lettyn
his eleccion or hys ordryng so to don hym cesyn of his malyce
þat he mon ben chosyn or ordryd þey don boþin symonye, for
80 in þat þe clerk ʒeuyth monye to getyn newe ryʒt in spiritualte.
But ʒif he ʒeue monye to stoppyn swyche malyce in sauyng of his
ryʒth þat he hat he doth no symonye. ¶ ʒif þe soget knowe sykyrly
þat hys byschop was mad be symonye he shal raþere suffryn to
ben cursyd of hym þan he schal takyn ordre of hym, for buschop
85 symonyac hat non execucioun of hys offys; and þou þe clerk wyte
nout þat þe buschop be symonyac, whan he knowith it he must
sekyn dispensacion, i, q. i, Si [qui] a symoniacis. But ʒif he knowe
it nout & he be compellid to takyn ordrys of hym, þan nedyth hym
no dispensacion but he may lefullyche don execucion of his
90 ordre. Netheles ʒif he wer compellyd uttyrlyche be violence al
aʒens hys wil to ben ordryd þan is he nout ordryd, hec Reymundus,
ubi supra.

Cap. xix

DIUES. ʒif religious or seculer clerkys in auansement of her
kynnysmen makyn comenant togedere & seyn: Assente þu to
auansynge of myn neue & Y schal assentyn to auansynge of þin
neue. Or ellys on seyth þat as longe as Y leue þer schal no grace

---

75 non] *ins.* G   87 qui] quis G
1 her] *om.* H   3 auansynge[1, 2]] -ment H   to] þe *add.* H   4 þer schal]
trs. BYL   grace] grete L

of ony auansement pasyn whil Y may lettyn it but Y haue þis 5
grace for hym þat Y preye fore, don he þese ony symonye?
PAUPER. It is gret symonye, for þe lawe seith: Absit omnis
paccio cesset omnis conuencio, i, q. ii, Quam pio. In spiritual
þing euery comenant schulde ben awey & euery conuencion 9
cesyn. But ȝif on / seye to anoþir 'Ȝif þu be hard in on peticioun, f. 211ʳ
Y schal ben hard in anoþir', ȝif þo preyerys & peticionys ben
spiritual & nout charnel it is no symonye, but ȝif it ben charnel
& mad with comenant it is symonye. ¶ Ȝif a clerk haue no titele
& þerfor þe buschop wil nout ordryn hym & he preye anoþir
preste þat he presente hym to þe titele of his cherche & hotith 15
to þat prest þat he schal neuere askyn part in his chirche, & þe
preste presente hym & he be ordryd in þat maner, he doth symonye
& only þe pope may dispensyn with hym; & he þat ordryd hym
so wityngly & þe prest þat so presentith hym ben suspendyd from
execucion of her ordrys þre ȝer, as seith Reymund, ubi supra, 20
et Extra, eodem, Si quis ordinauerit. ¶ Ȝif ony man or woman ȝeue
ony present or ȝifte to getyn spiritual þing of sacrament, of
ordre, of benefice or dignete, of grace, of myraclis-doynge, as
þe apostolys & prophetys dedyn, it is symonye, i, q. i, [Duces,
inquit]. For alþou we redyn þat men in þe elde lawe profredyn 25
þe prophetis ȝiftis for prophecie & for miraclis, ȝit þei receyuedyn
non ȝiftis, as þe lawe seith þere. ¶ Holy watyr & holy bred mon
nout be seld withoutyn symonye, for be þo, venial synnys ben
forȝouyn. ¶ Baume ne holy olee ne watyr of bapteme halwyd
mon nout ben sold withoutyn symonye. ¶ Also þey þat takyn 30
monye for houselyng at Goddis bord at Estryn don opyn symonye,
Extra, eodem, In tantum. ¶ Ȝif þe curat wil nout suffryn a stranger
ben beryyd in a chirche ȝerd of religyous withynnyn his parych
but for certeyn monye he doth symonye, Extra, eodem, Audiui-
mus. ¶ Ȝif curat or religious askyn monye for berynge of a special 35
cros to þe dede body it is symonye. ¶ Ȝif þe curat wil nout byryyn
þe dede body ne suffryn it to ben byryyd but in comenant þat
he schal han his bed or his beste cloþ or som swich oþir þing he
doth symonye, alþou it be consuetude to payyn þat he askyth,

5 of] om. T   ony] none R; myn H   þis] om. T   6 hym] om. H   he]
om. RDTBYL   7 gret] om. al.   9 þing] -gis BYLH   &] om. BYL
10–36 But . . . symonye] om. al.   18 pope] erased G   22 present]
-ente corrected to -ent G   24–5 Duces inquit] Iudices G   37 body
. . . byrryd] om. H   ne] nere L   37–8 þat he schal han] om. L
38 his¹] best add. R   swich oþir] trs. BYL   39 consuetude] custom al.

40 and þerfor he schulde frelyche byryyn þe dede & blyssyn hem
þat ben weddyd & so abstynyn hym fro euery spyce of symonye
& aftirward compellyn hem to payyn & to kepyn good cus-
tomys [if þat þey mytʒ wele don it for pouert], Extra, eodem, Ad
f. 211ᵛ apostolicum. ¶ þou a clerk / whan he schal ben ordryd ʒeue þe
45 buschopys porter mony to letyn hym entryn he doth no symonye
wheþer þe porter aske it or aske it nout, so þat his entencion in
þe ʒeuynge be nout corrupt, þat he ʒeue it nout in hope to getyn
his ordre be preyere of þe porter. ¶ ʒif two schul ben weddyd
togedere of dyuers parych & þe preste of þe on parych wil nout
50 ʒeuyn þe preste of þe oþir parych leue to blessyn hem but he
ʒeue hym or hote hym a certeyn monye, ʒif his intencion be to
sellyn hym leue to blyssyn hem he doth symonye, but ʒif he do it
to sauyn his auantage þat schulde a comyn to hym of þat weddynge
ʒif it hadde be don in his chirche þan doth he no symonye, þou
55 he take so mor auauntage þan he schulde ellys a takyn. ¶ Also þo
curatis þat wil nout ʒeuyn leue to her parychenys to ben schreuyn
to anoþir þan to hem but for monye þey don symonye. ¶ ʒif
a prest wil nout baptysyn but he haue monye þerfor he doth
symonye, and raþer þe lewyd man or woman schulde baptysyn
60 þe child þan þey schuldyn ʒeuyn ony monye for þe bapteme. And
ʒif he were of age þat schulde ben baptisyd & þer wer no man ne
woman to baptisyn hym but þat prest, þou he were in peryl of
deth he schulde raþere deyyn withoutyn bapteme of water þan
he schulde so ben baptysyd of þat prest, for in þat caas þe bapteme
65 of þe holy gost suffysith to hym. Euery man & woman cristene
& heþene may baptysyn for nede. ¶ ʒif ony prelat or prest aske
monye principaly for absolucion from cursynge he doth symonye;
netheles be maner of punchynge of þe synne for whyche he is
cursyd he may askyn monye but nout for þe absolucion, for þe
70 absolucion schulde ben ʒouyn frely. ¶ ʒif a man be falslyche acursyd
or suspendyt of his offys or pryuyd of his benefys ʒif he ʒeue
onyþing to ben asolyyd or to be restituʒt he doth no symonye,

---

41 weddyd] nedy DBYLH   hym] hem T   42 aftirward] to add. L
to²] om. al.   43 if . . . pouert] if thei may don it for pouerte H; om. G
44–57 þou . . . symonye] om. al.   46 nout] to get his ordre add. can. G
58 but] if add. H   60 þey schuldyn] om. al.   ony] om. al.   for þe
bapteme] þerfor al.   61 ne] nor H   62 to baptisyn hym] om. al.
þat] þe al.   63 þan] þat T   64 he schulde] om. H   so] om. al.   of
þat prest] be symony al.   65–6 cristene & heþene] om. al.   66–79 ʒif
. . . symonye] om. al.

but he þat receyuyth þe monye doth gret symonye. But ȝif he
be ryȝtfullyche acursyd, suspendyd or pryuyd, ȝif he ȝeue   74
þan ony / monye to ben restituȝt or asolyyd, þan þey don boþin f. 212ʳ
symonye, as Reymund seith in Summa, lib. i, ti. De symonya,
& ȝif he ȝeue monye in þat maner aftir þat his cause is put
aforn a iuge, be he ryȝtfullyche acursyd or pryuyd or nout
ryȝtfullyche, he doth symonye. ¶ Ȝif ony patron ȝeue a bene-
fys in comenant þat he þat receyuyth it schal helpyn hym &   80
hese it is symonye, Extra, eodem, Nemo. And ȝif he ȝeuyth it to
som of his kyn so to magnifyyn hymself & to ben þe mor myȝty
be haunsyng of his kynrede, it is symonye. And ȝif a patron selle
a patronage be þeself or selle þe maner þat it is knyt to þe mor
dere for þe patronage he doth symonye, as seith Petrus Tarentinus, 85
super iv. Sentenciarum, d. xxv. And þer he seyth þat choppyng
of chirchis withoutyn autoryte of þe buschop is symonye. And
þer he seith also þat ryȝt of patronage may nout ben sold but it
pasith forth with byyng of þe lond þat it longith to. ¶ Ȝif man or
woman ȝeue onyþing to hys dettour so þe sonere to getyn hys   90
dette he doth symonye. ¶ Ȝif þe lewyd man wihhelde wyckydlyche
þe typis of holy chirche & wil nout makyn restitucion þerof but
for certeyn monye he doth symonye. ¶ Ȝif prechours or pardony-
strys or oþir folc þat gon for elmesse preyyn þe parych prest or
þe curat to procuryn hem som good in her parych in comenant   95
þat þe prest or þe curat shal han a certeyn part þerof, it is symonye
as anemyst þe prest, for boþin don symonye & also þei don sacrilege
& þefte in þat þei fraudyn men of her good & puttyn it nout in
þe elmesse þat þei ȝouyn it to; & boþin þe prest & þe pardonystre
arn boundyn to restitucion.   100

Cap. xx

Ȝif man or woman ȝeuyn monye to ben receyuyd in an hospital
to seruyn þe pore folc or to ben receyuyd into a spytilhous of

80 it] om. T   hym] temporalyche add. al.   81 hese] also add. al.
82 myȝty] wordly add. al.   83 haunsyng] auaunsyng al.   it] om. BYL
84 knyt] annexid BYL   to] þer- L   86 þer] -fore BYLH   þat] om. R
87 chirchis] chirch H   88 þer] after seith al.   89-93 Ȝif . . . symonye]
om. al.   93-4 pardonystrys] pardoneris TH   94 preyyn] -yng H
95 her] om. H   97 as anemyst . . . symonye] om. L   & also þei don] om.
H   98 þat] þat add. BY   fraudyn] de- BYLH   men] hem H   nout]
om. BL   in²] -to RDBYL   98-9 in þe] to H   99 pardonystre] -donere L
1-14 Ȝif . . . symonye] om. al.

leprousis or into an ambrye & he gete þerby ony spiritual ry3t it is symonye; ellis it is no symonye. ¶ 3if a man bye a monkis

5 ry3t for al his lyue it is no symonye, as seith Durandus in hys booc, but it is non sekyr merchandye. ¶ 3if ony man 3eue monye

f. 212ᵛ to ben chosyn pope or emperour or kyng or ony gouernour / of rewme or of cite or so to han ony dignete of gouernance he doth symonye, hec Durandus in Summa, in lib. ii, eodem ti. ¶ 3if

10 priour or abot 3eue þe buschop monye to kepyn hym stille in his dignete or chanoun reguler 3eue monye þat he be nout put from cure of his parych chirche a3en to his cloystre it is symonye. ¶ 3if mounkis or oþir religious 3euyn 3iftis to her abotis to han pryoryys or cure spiritual it is symonye. ¶ 3if man or woman be receyuyd

15 into hous of religion in comenant þat he or she shal 3euyn a certeyn monye to þe hous it is symonye þou it be comoun custum so to 3euyn. Netheles 3if he be receyuyd frely as þe custum is he doth no symonye, Extra, eodem, c. Sicut pro certo et c. In tantum, c. Veniens, c. Audiuimus et c. Iacobus. Netheles 3if þe hous be

20 ouyr pore & charchyd with þat persone so clad þey moun aftirward preyyn þe frendys of þat persone of som elmesse in relyuynge of þe hous & of þat charche. ¶ 3if man or woman 3eue monye to prestis riche or pore for trentel, for anuel, for 3erday or for to seyn messe of þe holy gost or oþir certeyn messis or 3euyn monye

25 to clerkis for seynge of sauterys or of dirygees or to pore men in comenant of certeyn preyyerys with intencion so to byyn her preyyerys he doth symonye, secundum glosam Williami, et ut habetur in Summa confessorum, lib. i, ti. i, q. xlii. And þou, as he seith þer, it is leful to takyn & to 3euyn monye & oþir temporel

30 þing for swych spiritual þing & for preyerys be weye of deuocion & of fre 3ifte so to excityn deuocioun & loue of college or of personys þe mor to preyyn for hym, and in þis maner men mon 3euyn to collegis certeyn monye to kepyn her 3erday, nout be wey of comenant of byyng & sellyng but so to steryn hem frely to grantyn

7 pope] *erased* G   14 3if] a *add.* YH   or] a *add.* H   woman] 3yue
money to *add.* BYL   15 into] an *add.* H   religion] and so in relygyon *add.*
RDTBYL   in comenant þat] and so H   16 to¹] in- T   17 custum
is] lawe wol *al.*   20 þat] þe DL   20–1 so clad . . . persone] *om.* D
22 þat] *om.* L   3if] a *add.* TH   or] a *add.* H   3eue] ony *add.* T
23 for¹] a *add.* H   for²] or an H   for³] or T; a *add.* H   24 messe] -ses L
þe] *om.* T   certeyn] *om.* DBYLH   or²] to *add.* BYL   28 þou] 3it
BYL   30 þing¹] -gis BYLH   preyerys] -ier BYL   31 3ifte] & *add.*
Y; -tes H   of college or] *om. al.*   33 be] the *add.* H   34 &] of *add.*
BYL

hem her askynge [be weye of mor charyte and of more deuocyon], 35
for swyche spiritual þing may nout ben bout ne sold, and þerfor
men schuldyn ӡeuyn her good frely to men of holy chirche be
weye of elmesse & þey schuldyn takyn it frely be weye of elmesse,
and þe ӡeuer with hys ӡifte [of charyte] may askyn certeyn preyerys
of hem þat he ӡeuyth to & ӡif þey grantyn hym þey arn boundyn 40
to kepyn her grant. Therfor seith Sent Austyn þat þe apostolys
tokyn frely her lyuynge of hcm þat þey prechydyn / frely to. And f. 213ʳ
as gret synne it is or mor þe prest to sellyn hys preyere as it is to
þe prechour to sellyn his prechinge. God bad in þe gospel þat
men schulden makyn hem frendys of þe richesse of þis world 45
þat þey myӡtyn receyuyn hem into endeles tabernaclis, þat is to
seye, þat þey myӡtyn so preyyn for hem þat þey myӡtyn ben
receyuyd into blisse. And þus must al men of holy chirche takyn
her lyuynge ӡif þei wil ben clene out of symonye, for þei mon nout
sellyn her offyce þat þey don in holy chirche ne her preyeris 50
but be fre ӡiftis takyn her sufficient lyuynge, Extra, Ne prelati
vices suas, c. Quoniam enormys. DIUES. Contra, it is ordeynyd
be statuӡt synodal what monye a parych preste & what monye
an anueler schulde takyn. PAUPER. þat is nout for þat hys offyce
& hys preyeris & þe sacrament ben so mychil worth & no mor but 55
it is don to lettyn þe false couetyse of men of holy chirche &
so put in certeyn how mychil is sufficient to her lyuyng, þat þei
schuldyn no mor askyn ne men schuldyn no mor ӡeuyn hem. But
ӡif it be nout sufficient þey mon takyn mor be leue of her prelat.
And þat taskynge is nout ordeynyd be þe ӡeuer of þe monye but 60
be prelatis of holy chirche, boþin aӡenys symonye & aӡenys
fals couetise of her clerkys.

35 be weye . . . deuocyon] om. G   of²] om. BYLH   36 þing] -gis H
37 ӡeuyn] om. D   38 & þey . . . elmesse] om. H   39 of charyte] om. G
40 to] it too H   grantyn] -tide BY; it add. L   hym] om. D; hem H   42 þey]
om. D   43 or mor] om. al.   þe] to a H   to²] om. TBL   44 þe¹] a H
God] Cryst al.   48 into] to H   50 ne] nor H   preyeris] -ere al.
51 lyuynge] lijflode BYL   53 statuӡt] constitucioun BYL   monye²] om.
DTBYLH   54 an] om. DBH   anueler] anuel H   þat] om. al.   55 &
hys . . . mor] om. DBYLH   57 so] to BYL   þat] and H   58 ne]
nor H   schuldyn²] om. al.   59 her] the H   prelat] -tys BL   60 task-
ynge] takyng RDT; takyn H   61 be] þe add. al.   aӡenys¹] fals add. L
62 her] om. H

Cap. xxi

DIUES. It semyth be þi wordys þat þei þat syngyn þe gyldene trental gon wol nyh3 symonye, for þei makyn wondirful comenant of her syngynge. PAUPER. It may ben don withoutyn symonye 3if it be don frely withoutyn swiche comenant. But comenant-makyng

5 makyth oftyn symonye þat schulde ellys nout ben symonye, as 3if þe 3euere aske, 'What is it worth [to synge so many messys]?' and [þe prest] answere, 'Twenty schyllyngis' or 'Ten schillyngis' or ellys 'A noble'; or 3if þe 3euer seye, 'Syre, what wilt þu takyn to syngyn it?' & þe preste answerith & seith, 'No lesse þan twenty

10 schillyngis', or 'Ten schyllyngis', & þus barganyyn & brockyn aboutyn syngynge of þe messe, þat may nout ben sold ne bout, as men don aboutyn byyng & sellyng of an hors or of a cow & a calf, & so þei fallyn boþin in cursyd symonye. Also 3if þe 3euer seye

14 to þe prest in hys barganyynge þat he schal syngyn for certeyn

f. 213ᵛ soulys and / for no mo and he hotyth hym so, þan ben þey boþin acursyd for þat foule symonye & also for it is a3enys charite. For þe preste is bondyn to syngyn for alle cristene, & for þe mo þat he preyyth for in his messe be weye of charite þe mor he plesith God & þe mor ben þo soulys holpyn for whiche he takith

20 his salerye of his lyuynge; and in þat he byndyth hym to seyn special messis in certeyn tyme he must in caas leuyn his messe of þe day þat he is bondyn to, & so he doth symonye, as seith Reymund & oþir clerkys, & also in þat he doth a3enys þe ordinance of holy chirche, Extra, li. iii, De celebracione missarum, c. ii,

25 wher it is bodyn þat þer schulde no man leuyn messe of þe day for oþir special messis of our lady or of þe trinite or of þe holy gost,

2 wol] ful BYL   3–4 It . . . comenant But] Leue frende þu schalt vnder-
stonde þat al.   5 schulde ellys] trs. H   6 is it] trs. RBYLH   to synge
. . . messys] om. G   so] om. BYL   7 þe prest] he G   7–8 Twenty . . .
noble] x shillings or vi shillings viii pence H   8 ellys] om. al.   takyn] for
add. R; hyt add. L   9 &¹] om. H   10 or] om. H   Ten schyllyngis]
so RDT; om. H   þus] they add. H   11 aboutyn] þe add. BYLH   messe]
-sis H   ne] or L   12 aboutyn] in al.   12–13 or of a cow . . . & so] þan
RDTBYL; thus H   15 and¹] om. H   15–16 for no . . . acursyd] om. DH
15 hotyth] bi- BYL   16 þat] is add. Y   & also] om. H   18 þat] om.
RDTBYL   for . . . messe] in specyal al.   be] the add. H   he²] om. T
19 þo] the H   20 salerye] for add. can. G   of his lyuynge] om. al.
in] om. L   byndyth] knyt R   21 special] -ly H   in²] om. T   his] þe al.
22 to] 3yf he be a curat add. al.   he²] om. BY   23 &²] om. al.   in þat . . .
he doth] trs. BYL   25 leuyn] þe add. RH   day] that he is boundyn to
add. H   26 of our . . . gost] as of þe trinyte our lady and oþer RDTBYL;
as of the trinte or of owr lady H

nout for þat it is euyl to heryn or seyn swiche special messys
but for þat it is euyl to leuyn mysse of þe day for swiche special
myssis, as seyth þe glose. Netheles ʒif a man wil heryn swyche
special messys in reuerence of þe trinite or of our lady it is wel   30
don so þat he leue nout mysse of þe day for swyche messys. DIUES.
þan [me þinkyth] þat curatis whyche ben boundyn to seyn messe
of þe day to þe parych or in caas messe of requiem mon nout wel
syngyn swyche gyldene trentclys. PAUPER. þat is soth, ne no
preste þat hath sufficient benefyce or sufficient lyuynge be oþir   35
salarye, and þerfor it is defendit be þe Synodalys of Englond þat
non persone ne vyckyr schulde makyn comenant with his parych
prest þat he schulde besydyn his salarye takyn anuel or trentel
[or ony suche oþer þat þei calle vauntagys], inhibemus districcius,
but þat þey schuldyn ʒeuyn to her parych prestis on sufficient   40
salarye wherby þey mon lyuyn [wytoutyn fals coueytyse]. And
in þe Constituciouns of Lamethe, þe secunde chapitele, it is
bodyn þat no prest schulde byndyn hym to swych special messis
be whyche messys þey myʒtyn ben lettyd þat þey schuldyn nout
mon seruyn þe chirche of lauful seruyce of þe day as þey arn   45
boundyn. DIUES. Syth þan it is so þat messe of þe day is as good
as swyche special myssys and þat it is as good or bettyr to heryn
& to seyn messe of þe day as swyche special messys, me þinkith
þat be swyche maner syngynge of gyldene trentelys soulys ben   49
mychil deceyuyd. PAUPER. þat / ys soth, for þo thretty messys   f. 214ʳ
þat þei askyn, as þey seyn, muste ben in doynge nyhʒ al a ʒer þer
þat þey myʒtyn han thretty messis as goode as þo to helpe of þe
soule withynnyn thretty dayys & so betere and sonere helpyn þe
soulys out of pyne, for in swyche syngynge is don mychil symonye,
mychil ypocrysie & mychil folye, for som prestis faytours tellyn   55

27 þat] om. al.   or] to add. BYL   or seyn] om. D   28–9 but . . . myssis] marg.
TG; om. H   28 þat] om. RDTBYL   mysse] -sys RDTBYL   31 þat] om. L
32 þan] That D; om. H   me þinkyth] trs. G   þat] om. H   whyche] þat al.
messe] -sis D   35 benefyce or sufficient] om. al.; marg. G   36 defendit]
forboden BYL   37 non] ony al.   ne] or al.   38 anuel] an annueler H
or] a H   39 or ony . . . vauntagys] om. G   calle] clepyn BYL   vaun-
tagys] a- Y   40 þat] om. al.   prestis] preest BYL   on] om. BYLH
41 wytoutyn . . . coueytyse] om. G   fals] such fals B   42 Constituciouns]
-cioun al.   44 whyche] why R; þe wich H   messys] om. al.   48 & to]
& R; or Y   49 trentelys] -tal D   51 nyhʒ] om. al.   al] -most L
a] the H   ʒer] nerehand add. al.   52 goode . . . helpe of] helply to al.
53–4 withynnyn . . . soulys] om. DBYLH   54 soulys] soule RT   out]
out add. can. G   pyne] wiþynne þritti daies add. BYL   in swyche] repeat L
55 mychil¹] om. H

þe peple þat but þo myssys ben seyd in þre dayys principal of
þo festis, þat is to seye in þe feste & in þe two dayys nexst folwynge,
ellys þe soulys ben nout holpyn be þo myssys, & so ȝif þe preste
felle seek þo þre dayys so þat he myȝte nout syngyn—alþouȝ
60 he hadde songyn alle þe oþir myssys—þat trentel myȝte nout be
don þat ȝer, be her oppynyon, & so in caas he schulde happyn to
ben aboutyn syngynge of a trentel ten ȝer or twenty ȝer þer he
myȝte euery ȝer syngyn hys anuel. Also ȝif our ladyys day in
Lentyn falle on Good Friday he may nout þan syngyn þo þre
65 myssys. Also som prestis hotyn to fastyn bred & watyr & to
weryn þe hayre euery day whan þey schul syngyn ony of þo
messys for þe soulys & so hem muste fastyn bred & watyr &
weryn þe hayre in Crystemesse day, in Estryn day & nyhȝ al
þe grete festis of þe ȝer. Also þey seyn þat þey mustyn han a
70 special oryson þat is nout of þe messe booc ne approuyd of holy
chirche but oftyn reprouyd or ellys, as þey seyn, þe myssys ben
nout or lytil to profyt of þe soulys; & þus be fayterye many fol
prest hotyth mor & byndith hym to mor for ten schillyngis
þan an anueler wil don for ten marc. DIUES. And þey seyn þat
75 Sent Gregory ordeynyd þat maner of syngynge to han hys
moodir out of purgatorie and þerfor þey cleppyn it Sent Gregoryys
trentel. PAUPER. þey lyyn on Sent Gregory, for hys moodyr
was a wol holy woman, as we fyndyn in hys lyf, & we fyndyn
nout þat Sent Gregory dede ony preste syn[gyn] in þat maner
80 for ony soule. But we fyndyn, lib. iv Dialogorum, þat whan
Sent Gregory knew be reuelacion þat on of his monkys was in
hard purgatorie for he hadde ben a propryetarye up tyme of hys
deyynge, Sent Gregory bad on of hys monkys whiche he leet a
f. 214ᵛ good man syngyn for hym þretty messys day be day, & in / þe

56 but] om. D   þo] þe al.   57 þo] þe YH   þe¹] om. H   feste] -tis
BYL   þe²] om. DBYL   58 þo] þe LH   myssys] messe H   so] om. H
59 þo] þe T   60 alle] om. T   61 her] his H   62 aboutyn] in al.
a] on al.   ȝer²] om. RDTBYH   65 prestis] prest H   hotyn] bi- BYL
66 schul] schuld H   þo] the D   67 þe] þo RDTBL   hem] þei YH
68 in¹] on YLH   in²] om. RDTBYL; & H   69 grete] heye al.   þat]
om. H   a] om. Y   70 messe booc] myssal al.   of²] by Y   71 oftyn]
of D; om. H   72 nout . . . lytil] trs. RDTBLH; but litle worth or naught
Y   to . . . of] trs. H   þus] om. Y   fayterye] and ypocrisy add. RDBYL;
flatrye & ypocrisy TH   fol] foltysch H   73 prest] -tis BYLH
hotyth] be- al.   & byndith . . . mor] om. H   hym] hem BYL   74 an
anueler] a gode prest al.   wil] wold RDTBH   77 on] of R   78 wol]
ful TBYL   79 syngyn] syn G   81 þat] when add. Y   82 up] þe
add. al.

þrettyde day þe dede monk aperyd to þe same monk and þankede 85
hym, for 'Into þis tyme', seyde he, 'Y haue ben in hard pyne,
but now Y am delyueryd.' And Sent Gregory tellith also, lib. iii
Dialogorum, þat a soule apperyd to a prest & preyyd hym þat
he wolde han mende of hym in his mysse, and so he song for
hym seuene dayys by & by, & so þe soule was delyueryd, for betyr 90
it is for to delyueryn a soule out of pyne withynne seuene dayys
or þretty dayys þan so to latyn hym langouryn in pyne al þe ȝer
whan he myȝte ben holpyn withynne þretty dayys, and so wolde
euery man or woman þat is in bodely dishese & in presoun, & he
wer no good frend þat lete his frend lyn in presoun al þe ȝer 95
whan he myȝte han hym out withyn seuene dayys or withynne
þretty dayys.

Cap. xxii

We redyn in þe lyf of Sent Tebaut þat whan fyscherys wendyn
a drawyn up fysch þey drewyn up a gret yhs, whych yhs þey
boryn to Sent Tebaut boþin for woundyr, for it was þan no tyme
of yhs, & also þey boryn it to hym to kelyn þerwith hys feet, for
he hadde brennynge pyne in his feet. On a tyme, þe buschop, Sent 5
Tebaut, hard a mannys voys out of þat yhs and þan he bad hym in
vertu of God þat he schulde tellyn hym what he was. 'I am a synful
soule', seyde he, 'þat haue myn pyne & myn purgatorye in þis
yhs for myn synnys, but ȝif þu woldyst syngyn for me þretty
messis day be day Y schulde ben delyueryd.' þan þe buschop 10
song þo messys day be day tyl he hadde songyn þe haluyndel,
and þe nexste day whan he schulde gon to messe, þorw steryng
of þe deuyl al þe cite fel at debate and was in poynt to a ben gret
manslauȝte. Wherfor þe buschop lefte hys mysse & wente to makyn
pees. The nexste day he gan syngyn forth til he hadde songyn 15
twenty messys. And in þe nexste day whan he schulde a gon to
messe cam tydyngis to hym þat þe cite was besechyd. Onon he
cast of hys uestyment & wente to helpyn þe cite, but onon as tyme
of syngynge was pasyd þat seche vanchyd away. þan þe nexste

85 day] om. L   and] thanne he add. H   þankede] þanke it R   86 Into]
In H   87 now] om. H   delyueryd] outȝ add. H   tellith] seyth L
87–8 lib . . . Dialogorum] eodem libro H   89 of] on al.   90 seuene]
messes by add. Y   by¹] byy G   for] but L   91 for] om. al.
92 dayys] om. BYL   þe] a H   94 or] & RDTYH   &¹] or H   95 þe]
a BYL   96 whan] om. T

1–29 We . . . peyne] om. al.

20 day he sang aȝen day be day tyl he cam to þe laste messe. And
f. 215ʳ whan / he schulde syngyn þe laste messe sodeynly al þe cite and
þe buschopys paleys wentyn on fyr as to mannys syȝte. þan men
bedyn hym leuyn his messe & sauyn his paleys. And þan he
seyde, 'Alþou my paleys & al þe cite brenne Y schal nout leuyn
25 þis mysse.' And onon as þe messe was seyd þat yhs sodeynly
malt away in tokene þat þe soule was delyueryd be his preyere,
and al þat fyr vanchyd away, for it was but fantam of þe fend
to lettyn þe buschop of hys messe, so to heldyn þe soule stille in
his peyne. DIUES. And so [it] may be þat þe fend fond up þe
30 gyldene trentel so to langouryn soulys in her pyne þer þey
schuldyn sonere ben delyueryd. PAUPER. þerfor Sent Gregory,
iii et iv Dialogorum, schewith be many example þat it is best for
to syngyn for þe soulys day be day, ȝif a man be disposyd, & he
schewith þere þat lettynge of on day syngynge is gret dishese to
35 þe soulys, for þey desyryn wol mychil to ben delyueryd out of
her pyne. And in þe Legende of Sentis, in þe legende of Soulyn-
messe day, ben many goode examplys þerto. But þe peple
be fayterye of couetous clerkys is so blent þat þey han leuere to
ȝeuyn twenty schillyngis to langouryn þe soulys in pyne al a
40 ȝer þan to ȝeuyn twenty schillyngis or ten schyllyngis to han hem
out withynnyn a monyth or mychil lesse tyme. ¶ But, leue
frend, betere it were to ȝeuyn twenty schillyngis to helpyn hem
in hast with þe worchepe of God & of holy chirche þan for to
ȝeuyn twenty schillyngis late to helpyn hem, & þat with offens of
45 God & preiudys of holy chirche, and betere it is for to han four
scor messys songyn togedere day be day for twenty schillyngis
þan to han but þretty messys songyn in þe longe ȝer for twenty
schillyngis, for why ȝe mon for twenty schyllyngis don syngyn a
quarter of an anuel & don þe soulys han part nout only of þretty
50 messys but of as many messis as comyn penyys to twenty schil-
lyngis, for þou ȝe ȝeuyn a þousant pound for a messe þe preste

29 his *ins.* G]   And . . . up] So may the fend vpon H   it] *om.* RDTHG
30 so to] *om.* H   31 schuldyn] þe *add.* L   þerfor] seith *add. can.* G
32 many] an *add.* BYL   example] -plys H   for] *om. al.*   33 soulys]
soule R   a man be disposyd] þe prest be wele dysposyd to syngyn so *al.*
34 þat] the *add.* H   on] ony *al.*   35 wol] ful TBYL   36 pyne] -nes Y
36–7 And . . . þerto] *om. al.*   38 fayterye] flat(ri?) T   of] and L   clerkys]
clerke D   40 schyllyngis] *om. al.*   42 were] is H   43 for] *om.* Y
45 for] *om.* BYLH   47 han] *repeat* D   but] *om.* T   48 for¹] þough
add. T   why] *om.* D   49 þe] þe *add. can.* G   50 comyn penyys to]
arn pens in RDTBYL; arn in H   51 þou] *om.* R   ȝe] *om.* L

may nout aproprychyn þat messe to no soule but only preyyn
for hym aftir þat he is boundyn & he muste puttyn his preyere
in þe wil of God & in his plesance, for in caas þe soule þat
he preyyth for is dampnyd. [And perauenter a pore man þat   55
no preste þenkyt3 on in specyal þat deyed in more charyte þan
he þat þe prest prey3yt3 fore in specyal schal raþer be holpyn
be þe messe of þe preste þan he for whom he prey3yt in specyal.]
Ouyrmor, leue frend, 3e schul vndirstondyn þat preycre is a gret
gracious 3ifte of God, for, as seyn þese clerkys, holy preyere is a   60
stey3ynge up of manys herte & womanys to God: oracio est ascen-
sus mentis in Deum. And þat may no man han withoutyn special
3ifte of God, for he seith in þe gospel þat þer may no man comyn
to God but þe fadyr of heuene drawe hym [Io. 14: 6], & withoutyn
swych preyere of þe herte preyere of þe mouth is lytil worth.   65
Therfor, leue frend, 3e schul 3euyn þe preste to preyyn for 3ou
þat boþin 3our elmesse & þe prest mon preyyn for 3ou, and þe
mor 3e 3euyn þe mor is þe prest boundyn to preyyn for 3ou be
weye of charite, withoutyn ony certeyn comenant, & God schal
for 3our elmesse 3euyn þe preste þe mor grace to preyyn & grace   70
þe soner to ben hard. The prest may be good conscience takyn
as mychil as hym nedyth to his honest lyuynge & for honest causis
þat he hath to done to þe worchep of God, 3if he mon nout ellis
performyn is. The deuocioun of þe 3euere helpith þe prest in his
preyere, and þe vndeuocioun of þe 3euere lettyth þe prest in hys   75

52 aproprychyn] approprin *al.*   no] ony RDTBYL; on H   but] and H
53 hym] that H   &] but H   54 his plesance] þe plesaunce of hym L
for] and H   55–8 And perauenter . . . specyal] And, leue frend, þe mor
þat 3e / [f. 215ᵛ G] 3euyn to þe preste for to preyyn þe mor he is boundyn to
preyyn & þe soner he schal ben hard because of þe elmesse for þan he preyyth
and þe elmesse also. G (*In this instance the alternative passage in the other MSS
better follows the logic of the discussion and it is therefore substituted for G.*)
58 prey3yt] for *add.* H   59 Ouyrmor] Moreouer RDTYLH; More B
3e schul] *om. al.*   gret] and a *add.* H   60 þese] þe RBYL; *om.* T
61–2 ascensus] -cencio H   62 withoutyn] a *add.* L   63 he] Crist *al.*
may . . . comyn] comyt3 no man *al.*   64 God] hym *al.*   but] if *add.* H
64–5 & withoutyn . . . herte] be inward (-ly D) gostly mocyon þat is inward
deuocyon and wytoutyn þis (þis *om.* D) inward deuocyon (þis . . . deuocyon]
that H) *al.*   65 þe²] *om.* RDTBYL   lytil] not RDTLH; ri3t nou3t BY
66–87 Therfor . . . artyn] And þerfor it is gode sumtyme to 3yf almesse to a
gode pryst whyche (whyche] that H) hat3 nede (nede] mede D) of almesse to
meue hym to preyen for 3ou þat 3e may haue þe (þe] mor *add.* T; *om.* BYLH)
grace of God and (and] in DH) swetnes in hym (in hym *om.* H) be þe (þe *om.*
Y) prey3our of þe prest and 3our almes; neþeles 3e schal not 3euyn hym almesse
to constreyne *al.* (*not add. to text because, like the passage given in note 55–58
above, it is a summary of part of the text, not additional material*)   71 to] *ins.* G

preyere, for God takith mor heed to þe deuocioun of þe ʒeuere þan
to hys ʒifte, & so must þe preste don. God preysyd mor þe pore
wydue þat offryd to helpe of þe temple but two mytys, dere on a
farþinge, þan he dede al þe ryche men þat haddyn þat day offryd
80 wol gret ʒiftis [Mc. 12: 42–4]. But forsoþe, leue frend, it is a
smal deuocioun to prysyn a messe on a peny meteles on þe day,
for mychil folc wenyth þat ʒif a prest take a peny in þe day to
preyyn for a soule in his mysse þat he myʒte no mor takyn þat
day, but, forsoþe, on peny or twey penyys meteles is ouyr-smal
85 wagis to ony preste for þe day. Therfor, leue frend, ʒe schul
ʒeuyn to þe preste nout to byyn his messe ne his preyere, for it
may nout ben bout ne sold, ne ʒe schul ʒeuyn hym to artyn
f. 216ʳ hym to certeyn preyeres aftyr ʒour / deuys, so to lettyn hym of
hys deuocion. Ne ʒe schul nout ʒeuyn hym [almes] with intencion
90 to lettyn hym to preyyn for whom þat he wile aftyr þat hys
deuocion is & aftir þat God ʒeuyth hym grace, for alwey þe
preste must ben mor fre to preyyn þan ʒe mon ben fre to ʒeuyn,
ne ʒe mon nout with ʒour ʒifte artyn hym to lettyn hym to preyyn
for whom þat he wil preyyn, for alþey þe preste be artyd be
95 þe lawe of his takyng þer may þou no lawe artyn hym of hys
preyere but þat he schal alwey ben fre to preyyn for whom þat
he wil & as his deuocioun is, for alle cristene & for þe conuercion
of heþene folc. And þerfor, leue frend, ʒe schul ʒeuyn frelyche
to þe preste what ʒou lykyth so to excytyn hys deuocioun to
100 preyyn for ʒou & þe mor to han ʒou in loue & in mende in hys
preyerys, nout to lessyn hys charite to preyyn for oþere, for þe
mo þat he preyyth for be wey of charite þe mor profyt it is to
ʒou & to ʒour frendys soulys þat he syngyth for.

Cap. xxiii

DIUES. þi speche semyth to me wol resonable. PAUPER. Y
haue seyd as me þinkyth be good conscience & be sentence of

76–7 þan to] *repeat can.* G   88 preyeres] -ier *al.*   89 Ne] Ner LH
nout] *om.* H   almes] *om.* G   with] -oute T   90 hym] *om.* T   preyyn]
-ier D   whom] þat D; *om.* T   92 mon] *om.* H   fre²] *om. al.*   93 ne]
ner L; *om.* H   ʒe] *om.* T   artyn] constreyne BYL   to¹] ne RDTBYL
94 al-] *om.* Y   95 þer may þou no] ʒit may ʒe nowth be the H   þou] *om.*
T; ʒit *after* takyng LH   no] þe D   98 of] alle *add. al.*   folc] peple H
frelyche] *after* preste H   99 ʒou lykyth] it lekith yow H   100 ʒou¹]
repeat L   to] *ins.* G   102 þat] *om.* H   be] the *add.* H

1 to me] *om.* H   wol] ful TBYL   1–3 PAUPER . . . DIUES] But I prey þe *al.*

doctouris. Aske þu forth what þu wilt. DIUES. 3if religious
or seculer clerkys sellyn ony ground of sanctuary in chirche or
chirche 3erd to beryyng of a ded body is it symonye? PAUPER. 5
Neyþer þe offys of beryynge ne þe ground of sanctuarye may ben
sold to beryynge withoutyn symonye [x]iii, q. ii, Questa, et
c. Postquam, et in Summa confessorum, li. i, ti. xvi, q. i. Mychil
mor þan it is symonye to sellyn þe ground of sanctuarye in chirche
or in chirche 3erd to chapmen to settyn on her boodys & her 10
stallys for to makyn Goddys hous an hous of merchandye &
a dene of þeuys a3enys þe lore of Crist [Mt. 21: 13]. ¶ And
3if collegis or curatis sellyn þe ryngynge of her bellys at beryyngis
or at diriges so þat þey wil nout suffryn her bellys to ben rongyn
but þey han a certeyn monye þerfor it is symonye, and to sellyn 15
þe offys of ryngynge it is symonye. Netheles þe ryngerys mon
takyn for her trauayl & he þat hath þe offys of ryngynge frely
3ouyn to hym may letyn þat offys to hyre withoutyn symonye,
in Summa confessorum, li. i, ti. i. / DIUES. It semyth be þy f. 216ᵛ
speche þat clerkys charchyn mychyl þe vyce of symonye. PAUPER. 20
It muste ben charchyd, for it is a synne þat God punchyth wol
harde, for, as Austyn & Ierom & Gregory, in hys omelye, seyn,
symonye of þe prestys of þe elde lawe was on of þe principal
causys why God dystryyd þe cite & þe temple of Ierusalem &
þe kyngdam of Iewys. ¶ Fel in Engelond, circa annum domini 25
M CCC L, besydyn Couentre wern twey personys & a vykyr
knyt togedere in frenchepe & gret communicacioun of felawchepe.
Fel in a tyme whan þey haddyn ben togedere in her merþis.
In þe ny3t folwynge, þe vykyr drempte þat he stod at þe barre
aforn þe souereyn iuge and boþin þo personys with hym, & of 30
euery stat & degre þer was mychil peple. And þer was hard dis-
cussyng & are[y]nyng & many wern dampnyd & many sauyd.
At þe laste, þe iuge askyd þe on personne how he cam to his chirche.
'Lord,' seyde he, 'be fre 3ifte of swyche a lord.' 'þu lyyst,' seyde

4 chirche or] the churche or in the H   5 a ded body] dede bodyis RTBYLH;
þe dede bodyis D   6 ne] nor H   7 to] ony add. H   xiii] iii all MSS
9 þan] after symonye L   10 boodys] boþis al.   her²] om. Y   11 for]
or for H   13 3if] þe add. BYLH   or] of DBYH; þe add. L   beryyngis]
-yng H   14 to] om. BYL   15-16 and to . . . symonye] om. H   16 it]
om. RDTBL   17 þe] om. H   18 þat] þe Y   20 charchyn] -chedyn
sumtyme al.   mychyl] om. H   þe vyce] they synne H   21 wol] ful TBYL
22 Austyn . . . Ierom] trs. al.   &¹] om. H   in hys omelye] om. al.   24 dy-
stryyd] stroyid R   25 þe] om. H   25-61 Fel . . . menour] om. al.
32 areynyng] arenyng G (emended by ed.)

35 þe iuge, 'þu come þerto be symonye & payyst fourty pound for
to han it.' And onon þe iuge bad a serchaunt arestyn hym &
ledyn hym to prisoun, & so he dede as hym þoute. þan þe iuge
askede þe secunde personne how he cam to hys chirche. 'Lord,'
seyde he, 'be fre ȝifte.' 'þu lyyst,' seyde þe iuge, 'þu seruydyst
40 seuene ȝer to swyche a man in hope & in comenaunt to han þin
chirche.' And onon he dede arestyn hym & ledyn [hym] to pri-
soun. þan he askyd þe vykyr how he cam to hys chirche. 'Lord,'
seyde he, 'forsoþe, Y cam þerto be fre ȝifte & Y neuere ȝaf ȝifte
þerfor ne made mene þerfor ne seruyd þerfor, but frely it was
45 ȝouyn to me.' 'þu seyst soþe,' seyde þe iuge, 'þu come frely þerto
withoutyn symonye. But tel þu me how þu hast spent þe goodis
of þin chirche?' 'Lord,' seyde he, 'Y haue partyd is in þre partis
& so spent is, som in amendement of þe chirche, som in helpe to
þe pore peple & þe þredde part Y kepte to myn owyn lyuynge.'
50 'ȝa,' seyde þe iuge, 'þe part of þe chirche & þe part of þe pore
folc weryn to smale & þin part was to gret.' 'Lord,' seyde he,
f. 217ʳ 'þan Y pote me only in ȝour grace, for Y wil amendyn / me.'
þan seyde þe iuge, 'Aȝenys amendement wil Y nout ben. Loke
þat þu amende þe er þu come aȝen aforn me.' In þis agonye þe
55 vykyr wook & onon he sente two of his seruauns to þo personys,
preyynge þat þey woldyn in al haste comyn & spekyn with hym.
But whan þe messagerys comyn þedyr þei foundyn hem lyynge
dede in her bed al blac as cole. Whan þe vykyr harde þo tydyngis
he dredde hym sore, for he knew wel of her symonye, & withynnyn
60 a fewe dayys he resygnyd up his chirche & forsok þe world &
becam a pore frere menour. DIUES. Is it ony symonye ȝif colegis
of religious or of seculeris, abotis or priouris sellyn out of her
hous leueresonys? PAUPER. Many clerkis seyn þat it is no sy-
monye, but it is a wol vnsekyr merchaundye & Y dar seyn it is
65 sacrilege & þefte wol nyh symonye, for why þe goodis of holy
chirche so wel induyd ben ȝouyn to helpe of þe pore peple and to
kepyn hospitalyte, nout to sellyn is aȝen to riche men to menteþin
hem in onlusthed & in bodely hese but þat þe clerkis þat seruyn
þe chirche schuldyn lyuyn þerby & to spendyn þe remenant in
70 hospitalyte & in elmesse-ȝeuynge to þe pore peple; & so þe goodis

---

41 hym] *supplied by ed.*   61 ony] *om. al.*   62 of¹] or RT   abotis]
abbot BYL   priouris] priour BYL   63 no] *om.* T   64 wol] ful TBYL
seyn] þat *add. al.*   65 wol] ful TBYL   why] *om.* T   66 peple] *om.*
BYLH   67 is] hem *al.*   to²] þe *add.* Y   68 onlusthed] vnlust BYL;
over-lustihede H   þat¹] than H   70 -ȝeuynge] *om. al.*   þe¹] *om.* T

of þat colege ben nout here but as dispensouris, for it ben þe
pore mennys to whom & for whom it wern 30uyn. And be swyche
lyuersonys þe colegis ben brout to pouert, & þe pore folc &
þe seek folc þat schuldyn ben holpyn þerby ben fraudyt & robbyd
of her ry3t, & personys ben mad ryche & þe comounte mad ouyr- 75
pore. And charite is exylyd out of þe congregacion, for whan þe
monye is payyd þe religious þat seldyn þe lyuersonys desyryn
þe deth of þe byere. And comounly swyche lyuersonys ben sold
in hope þat þe byere schal sone deyyn or in hope þat in his endyng
he schal 3euyn to hem al hys good or mychil of his good pasyng 80
hys comenant. And so sellynge of swyche lyuersonys is far from
charite & depe groundyd in fals couetyse, & it is þefte & sacrilege
in þat þey so mystretyn þe goodis of þe pore folc & sellyn is awey
be whyche goodis þe pore folc schulde ben holpyn. And so boþin
þe byere & þe seller don sacrilege. For þese skyllys and many mo 85
/ sellyng and byyng of swyche lyuerysonys ben utterlyche defendyt f. 217ᵛ
be þe lawys of holy chyrche, in Constitucionibus Octoboniensis,
c. Volentes.

Cap. xxiv

DIUES. Is usure & gowyl ony spyce of þefte? PAUPER. In caas
it is wol gret þefte. DIUES. What is propyrly usure? PAUPER.
Vsure is a wynnynge askyd be comenant of lendynge & for lend-
ynge, as seith Reymund, lib. ii, eodem ti., & it is don mest comonly
in þingis of numbre, of why3te & of mesure, as in monye þat 5
is teld, in gold & syluer & oþir metal þat is weyn, [or] in corn,
olee & wyn þat is mesuryd. DIUES. How many spycys ben þer
of vsure? PAUPER. Reymund seith þat þer ben two spycys of usure.
On is spiritual & ry3tful, of whyche Cryst spekyth in þe gospel,
Luce xix [23]: Quare non dedisti pecuniam meam ad mensam, 10
etc., Why 3eue þu nout my monye at þe bord, þat is to seye,

71 colege] -egis BYL   dispensouris] -satouris H   for] but H   it] þei BYL
72 whom¹ whom²] hem T   it] þo BYL   be] þorough L   73 colegis]
colege H   to] in- BYL   73–4 pore . . . folc] pore and seke R; pore & þe
seke al.   75 þe] þo R   mad²] om. al.   77–8 desyryn . . . sold] ben H
79 þat þe . . . hope] om. YL   byere] -eris D   79/80 schal] schuld H
80 of his good] þerof al.   83 mystretyn] mynystren BYLH   goodis] good
H   is] hem al.   85 and] in H   86 defendyt] forboden BYL

2 wol] ful TBYL   3–4 & for lendynge] om. L; marg. G   5 why3te] -tis
R   6 in gold . . . metal] or metal or oþer þyng al.   6–7 þat is . .
wyn] as wyne corn oyle H   6 or] om. G   7 &] om. BL: or Y
11 nout] om. T   at] to BYL

myn grace & myn ʒiftys to profyt of oþir men be opyn com-
munycacion. And so spiritual usure is clepyd multiplycacion of þe
ʒiftis of God & of þe gracys þat God hat ʒouyn to man or woman
15 nout to hydyn is but to comounyn is forth to profyth of oþere
& so, with þe grace & þe ʒifte þat God hat ʒouyn to man, for a
lytyl trauayl wynnyn an hondryd fold mede in heuene. ¶ Anoþir
usure is bodely usure & vnryʒtful þat comyth of fals couetyse be
comenant of lendynge, for ʒif wynnynge come to þe lendere
20 frely for hys lendynge & withoutyn comenant so þat his intencion
wer nout corrupt in hys lendynge but þat he lente principaly
for charity & nout principaly for wardly wynnynge, it is non usure
alþouʒ he hopyd to han avantage be hys lendynge. But ʒif he
lente principaly in hope of [wordly] wynnynge wheþer he lente
25 with comenant or withoutyn comenant of wynnynge for hys false
couetous intencion he doth vsure & is an vsurer. þerfor Crist
seith in þe gospel: Date mutuum nichil inde sperantes, Lendyth
to ʒour euene cristene hopynge no wynnynge þerof, Luce vi
[35], þat is to seye, as seith þe glose, doth it pryncypaly for God
30 & nout for man but hopyth princypaly to han ʒour mede of God
þat byddyth ʒou lendyn. And þan wheþer þe borwer paye or
nout paye, God schal ʒeldyn ʒou ʒour mede. DIUES. May þe
f. 218ʳ lendere askyn non / þing of þe borwere for hys lendynge? PAUPER.
No monye ne þing þat may ben mesuryd be monye, neyþer mete
35 ne drynk ne cloþ ne ʒifte of hond, of tunge ne of seruyce. But oþir
þing þat may nout ben mesuryd be monye he may askyn, as
loue & charite, good wil and good frenchepe for his lendynge.
DIUES. Why is usure letyn so gret a synne? PAUPER. For þe
usurer sellith togedere þe þing þat he lendyth & þe vhs of þe
40 þing & þerfor vsure comyth of sellyng of þe vhs. þe usurer sellith
þe þing þat he lendyth in þat he takyth mor ouyr for þe vhs of þe

13 so] om. H   14 þe] om. L   15 is¹,²] hem al.   to³] the add. H
17 hondryd] wondyr L   Anoþir] And anothir H   20 frely] after come
BYL   &] om. BYLH   21 corrupt] corupcioun T   but] for Y   lente]
it add. H   22 non] nout H   23 hopyd] hope al.   han] & so haue
add. RDTBYL   24 wordly] om. G   lente²] it add. BYL   25 with-
outyn . . . wynnynge] nout H   26 couetous intencion] covetise H   & is
an vsurer] om. H   27 Lendyth] ʒyue ʒe BYL   28 to . . . cristene]
ʒour lone RDTBYL; yowr with love H   hopynge] after wynnynge H
29 doth] ʒe add. BYL   for] om. T   30 hopyth] ʒe add. BYL
31 wheþer þe] om. Y   paye] may DH   33 non] no al.   of þe borwere]
om. Y; of his borower H   34 ne] ner L; nor no H   35 ne¹ ne²] nor
H   ne³] ner LH   38 letyn] holdyn al.   40 of¹] the add. H
41 þat²] þat add. al.

þing. Wherfor þu schal vndirstondyn þat many þingis þer ben
þat mon nout ben vsyd withoutyn wast & distruccioun of þe þing,
as mete & drynk & swyche oþere, & in swyche þe vhs may nout
ben departyd from þe þing but nedys he þat grantyth þe þing, 45
he grantyth þe vhs of þe þing & it mon nout ben seld on sondry,
& in swyche þingis ʒif þe sellere take for þe vhs he sellith þat þing
twyys & sellith þing þat nout is, for þe vhs is ful wast of þe þing,
and for swyche sellynge of þe vhs it is clepyd vsure, for þe usurer
sellith þe þing in þeself & þe vhs ouyr. Som þingis þer ben in 50
whyche þe vhs is nout ful distruccion of þe þing, as vhs of an hous
is þe dwellynge & [þe occupyng þerof]. In swyche, þe lordchepe
of þe þing may ben grantyd withoutyn þe vhs & þe vhs withoutyn
þe lordchepe, and so a man may takyn his hous þat he letyth to
hyre aʒen to hym & ouyr þat takyn for þe vhs of þe hous. But 55
as þe Philosofre seith, v Ethicorum et iii Polliticorum, þe vhs
of monye is chanchynge of on for anoþere to helpe & hese for þe
comounte, whyche chanchynge is distruccioun of þe monye,
& in maner it is a wast in þat he þat chanchyd it for oþir þing
so spente it away; & þerfor it is vnleful for to takyn onyþing for þe 60
vhs þat owyth to ben comoun to alle, as it [is] ordeynyd to helpe
& ese of alle; & þerfor it suffycyth þat þe lendere take aʒen þe
euene value, & ʒif he take mor ouyr for þe vhs he doth vsure &
he is boundyn to restitucion. DIUES. Contra, God ʒaf leue to þe
Iewys to takyn vsure of oþir nacionys. PAUPER. þat was to flen 65
þe mor euyl, for ellys þey woldyn a takyn / vsure of her bretheryn f. 218ᵛ
for coueytyse, & þat God defendyd hem & grantyd to hem to
takyn vsure of oþir nacionys aboutyn hem & amongis hem boþin
to sparyn her owyn nacion & also to getyn so aʒen in party þat
longede to hem be þe grant of God, for al þat lond þer aboutyn 70
inhabytyd with heþene peple longede to þe Iewys be þe grant of

45–6 þe þing he grantyth] om. L   46 he] om. BY   it] þei BYLH   on
sondry] asundre BYLH   48 vhs] of þat þyng add. al.   of þe þing] þerof
al.   50 þe¹] that H   þeself] it- BYL   52 is þe . . . occupyng]
þe dwellyng is nout destruccioun H   &] or DTBYL   þe² . . . þerof] occu-
pacioun þerof BY; þe occupacyoun þerof L; om. G   In] And in RDTBYL;
And of H   53 may ben grantyd] repeat H   54–5 his hous . . . takyn]
om. D   55 ouyr þat takyn] ouertake BYL   56 Ethicorum] om. BYL
Polliticorum] Para. H   57 for²] of al.   58 þe] om. L   59 in maner
. . . wast] wastyng in maner al.   chanchyd] -gyʒt al.   it²] om. H   60 it¹]
a hit L; om. H   61 is] om. G   62 &¹] to add. L   66 þe] om. R
67 defendyd] forbad BYL   69 þat] þat add. H   70 þat] the H
71 with] þe add. al.

God and wrongfullyche þe heþene peple withhyld mychil lond from hem.

Cap. xxv

Ȝif a man lende certeyn monye to anoþir only to makyn a schew or for to leyn it to wedde it is non vsure þou he take a certeyn prys for þat lendynge, for he may sellyn þat vhs of his monye & kepyn to hym þe lordchepe of þe monye, as he may
5 sellyn þe vhs of his syluyr vessel, kepynge to hym þe lordchepe of þe vessel, ita dicitur in Summa confessorum, lib. ii, ti. vii, q. iv. For swyche lendynge to þat vhs may betere ben clepyd a letynge to hyre þan a lendynge and raþere an hyryng in hym þat takyth it þan a borwynge, for lendynge & borwynge schulde
10 ben don frely for charite, Extra, lib. v, ti. De usurys, c. Conquestus, in glosa. ¶ Ȝif þe intencion of þe lender be nout corrupt þou his dettour ȝeue hym somþing for þe lendynge or for to kepyn it stille lengere, þe lendere doth non vsure & he is nout boundyn to restitucioun, so þat he wene þat he ȝaf it principaly for loue.
15 But ȝif he be in gret doute or leue sykyrly þat he ȝaf it pryncipaly to hym for þe borwynge or for to kepyn it stille lengere þan is he bondyn to makyn restitucion of þe ȝifte or for þe ȝifte. ¶ Ȝif a man do vsure only be wyckyd intencion withoutyn comenantmakynge he is so bondyn to restitucion þat þe pope may nout
20 dispensyn with hym, for it is aȝenys þe lawe of kende. But with hym þat takyn out be symonye þe pope may dispensyn, for þat is principaly aȝenys mannys lawe þat holy chirche hat ordeynyd aȝenys symonye. ¶ Ȝif lordys of myllys lendyn monye to baxteris or to oþir folc in comenant þat þey schul nout gryndyn but at her
25 myllys þey don vsure & so lettyn hem þat þei mon nout grendyn frely wher þey wiln, and ȝif þey ben harmyd þerby þe lenderys arn bondyn to makyn recompensacioun. But ȝif þei ben nout harmyd þerby þey ben nout bondyn to recompensacioun; but
f. 219ʳ for þat þei lettedyn hem / of her fredam somdel þey ben bondyn.
30 And þe same is of chapmen þat sellyn to creaunce to lettyn þe

---

1–23 Ȝif . . . symonye] *om. al.*   19/21 pope] *erased* G   23 of] *or* Y
baxteris] bakeris BYL   24 schul] schulde DTLH   25 nout] ne *before*
mon H   26 wher þey wiln] but at her wyl R   lenderys] lordis H
27 recompensacioun] restitucioun BYL   ȝif þei . . .] *beginning of E fragment*
28 þerby] *om.* YH   recompensacioun] restytucyon *al.*   29 for] *om.* R
her] *om.* T

byerys fro oþir chapmen or because of her lendynge sellyn to
hem mor dere þan to oþere. Swyche sellerys arn boundyn to
restitucioun in þat þe byerys ben harmyd & hyndryd. ¶ Ʒif
þe lendere or ony oþir man wil nout ʒeuyn to his dettour lengere
tyme of pay whan he may nout kepyn hys day set and assignyd 35
but he haue som ʒifte, þou he aske no ʒifte opynly ʒit he doth
vsure. And ʒif a chapman selle þe mor dere for þe lendynge of þe
prys þan he schulde sellyn ʒif he payyd onon, he doth usure &
he is bondyn to restitucioun, Extra, lib. v, eodem ti., Consuluit.
¶ Ʒif he þat borwith up usure fayle of hys day of payement he þat 40
becam borw for þat borwere may payyn þat monye with þe
usure to þe lendere & don his dettour for whom he is borw payyn
to hym aʒen þat monye with þe usure, for it is to þe borw non
vsure for he wynnyth nout þerby but so fleth myschef þat schulde
ellys fallyn to hym. ¶ Ʒif a man be compellyd to borwyn monye 45
with usure for falshed of his dettour þat wil nout payyn hym at
his terme þat false dettour is bondyn to makyn hym restitucioun,
nout only of his dette but also of þe usure þat he was compellyd
to payyn for his falshed, or ellys delyueryn hym out of danger ʒif
it be ʒit to payyn, Extra, lib. iii, De fideiussoribus, c. Peruenit, 50
et c. Constitutus. ¶ Ʒif a man or woman lende ten schillyngis at
Estryn or in anoþir tyme to receyuyn as many buschelys of whete
in haruest & þe whete be betere for þat tyme þan is þe monye, &
it be in doute skylfully wheþer þe whete schal ben mor worth or
lesse in tyme of payement, it is non vsure. But ʒif it wer semely 55
þat it schulde ben mor worth in tyme of payement & he lente
þo ten schillyngis in hope of þat lucre he dede usure, Extra,
eodem ti., Nauiganti, et in Summa confessorum, lib. ii, ti. vii.

31 byerys] beier DEBYLH   fro] the *add.* R   lendynge] lyuynge E   to] *om.*
H   33 þat] þat *add.* H   byerys] beier DEBYL   34 nout] *om.* L
35 pay] -ment *al.*   nout] *om.* T   set and] *om. al.*   36 but] if *add.* H
som . . . aske no] *MS illeg.* E   ʒit] *om. al.*   37 ʒif a chapman] *MS illeg.*
E   a] þe Y   38 -ys þan he schu-] *MS illeg.* E   sellyn] it *add.* YH
payyd] were payed H   40 he þat borwith] the borwer *al.*   up] -on
Y   41 becam . . . borwere] is his borwe *al.*   may] wel (?) *add.*,
MS unclear E; welle *add.* H   42 don] to L   43 to hym . . .
monye] þat mony aʒen to hym R   44 so] he *add.* T   46–8 for falshed
. . . usure] *repeat* Y   46 of] for H   47 hym] *om.* DEBYLH
49 ellys] to *add.* H   delyueryn] to lyueryn E   51 a] *om.* RDEH   at] as Y
52 in] at R   anoþir] oþir *al.*   many] *om.* T   53 in haruest] at myʒhyl-
messe *al.*   & þe] *MS illeg.* E   be] *om.* T   &²] if *add.* H   55 ʒif]
om. L   semely] lykly H   57 þo ten schillyngis] þe mony RDTEBYL;
that mony H

¶ 3if þe seller selle a þing for þe mor prys because þat he abydyth
60 of his pay he doth usure. And 3if þe byere bye a þing for lesse
þan it is worth for þat he payyth aforn er þe þing bout may be
takyn to hym he doth usure, ibidem in Summa confessorum. ¶ 3if
a man lende syluer, corn or wyn to han a3en þe same quantite
64 in certeyn tyme only in hope þat þe same quantite schal ben mor
f. 219ᵛ worth in tyme of pay he doth usure. And 3if / his dettour wil
payyn hym his dette aforn þat tyme to flen hys owyn harm & he
wil nout takyn it of hym into þe tyme assignyd of þe pay so to
wynnyn be his lendynge he doth usure. ¶ 3if a man lende monye to
receyuyn at certeyn tyme corn or wyn or oþir þing þerfor he schal
70 takyn as mychil as comyth þerto in tyme of pay & no mor. ¶ 3if
a man lende monye to receyuyn oþir maner monye þerfor in
certeyn tyme to wynnyn þerby & so to charchyn his detour he
doth usure. ¶ 3if a man selle a þing for certeyn prys as þe merket
goth in tyme of þe sellynge in comenant þat 3if it be betere worth
75 or Estryn þat he schal payyn so mychil mor, & þou it be lesse
worth he schal payyn no lesse, he doth usure. ¶ 3if clerk or lewyd
man lende monye to a chapman or to ony oþir pryncipaly in
hope & in comenant þat þey schul lendyn to hem a3en whan
þey han nede þey don usure. ¶ 3if þe byere bye hors or oþir
80 bestis for lesse prys þan it ben worth in tyme of þe byynge to
receyuyn is aftyr in certeyn tyme of feyris it is usure but he wene
sykyrly þat it schul ben þan only so mychil worth or lesse worth;
but 3if he wene þat it schul ben þat tyme mor worþ it is usure.

Cap. xxvi

3if a man lete his hors, hys oxe, his cow to hyre in comenant
þat 3if þe beste dye or apeyre he þat hyryth it schal stondyn to half

59 for] be H   mor] *om.* T   60 pay] -ment L   And] *om.* H   61 payyth]
it *add.* EH   aforn] bi- BYL   63 corn] *om.* BYL   or] of Y   64 only]
om. H   65 pay] -ment *al.*   his] þe DEBYLH   66 aforn] bi- BYL
67 into] on- H   þe²] *om.* R   pay] -ment L   69 receyuyn] *om.* H
at] a DEBYLH   tyme] or *add.* H   or¹] *om. al.*   70 pay] -ment
LH   72 so] for to *add.* Y   74 goth] doth D   75 or] bifore BL;
at Y; aforne H   þat] than H   76 he²] þat *add.* RT; þat *add. can.* G
76–9 3if . . . usure] *om. al.*   80 þan] þat R   it] þei BYLH   in] þe *add.*
L   þe] *om.* RDTEBYL   81 is¹] hem RDEBYLH; *om.* T   in] a Y   of]
þe *add.* L   feyris] feir BY; fayre for mor L   82 schul] schulde DEBYLH
83 but 3if . . . worþ] *om.* L   it¹] þei *al.*   schul] schulden DEBYH

1 hys] *om.* Y   his²] or RDTEBY; or his LH   2 þat¹] *om.* EH   or] *om.*
R   half] þe *add.* H

los & to half wynnyng ȝif it amende, he doth usure, for it is nout
semely þat he schulde han as mychil profyt be amendement of
þe beste as he schulde han harm be þe deth. Netheles þou he þat 5
latyth it to hyre make swyche comenant with hym þat hyryth
it to don hym ben þe mor besy to sauyn þe beste, he doth no synne
ȝif his purpos be nout to takyn ȝif þe beste perche withoutyn hys
defaute. But ȝif he do it for gyle & coueytyse he doth vsure. And
þerfor it is good to flen swyche comenantis for alþey hys inten- 10
cioun be good ȝit þe doynge & þe maner of comenant semyth
wyckyd & slaundrous to folc þat knowyn nout his intencion.
Netheles he þat hyryth a þing may lefullyche takyn to hym þe
peryl & þe myschef of þe þing þat he hyryth. ¶ Ȝif a man betake
to anoþir man schep or oþir bestys in certeyn prys & makyth 15
felawchepe with hym in comenant / þat he schal han up his part f. 220ʳ
or þe oþir take ony part or ellys make comenant þat þe bestis
whyche perchyn be myschef schul ben restoryd aȝen be lambryn
or calfryn of þe bestis er þe oþir take his part, it is usure. Also
ȝif a man betake hys beste to a pore man to hyre or to kepyn in 20
comenant uttyrlyche þat ȝif it dye it schal dye to þe pore man and
lyuyn to hym for he wil han as good þerfor, it is wyckyd usure.
Swyche usereris ben þe fendys charmouris, for to swyche folc
her schep ne her bestis schuldyn neuere dye. ¶ Ȝif men in tyme
of plente byyn corn or oþir nedful þingis to sellyn is forth mor dere 25
in tyme of derþe & of nede, ȝif it be don pryncipaly for fals couey-
tyse it is synne. But ȝif it be don pryncipaly for comoun profyt
& for sauacion of þe contre it is medful, for Ioseph, gouernour
of Egypt, dede so for to sauyn þe peple in tyme of hungyr,
Genesis xlvii. Also a man may don so for hys owyn profyt to 30
flen myschef comynge be wey of prouidence, & þou he selle
forth in tyme of nede to helpe of oþere as þe merket goth he
doth no synne in þat. But ȝif he withhelde it & nout wil sellyn

3 ȝif] ȝit D   4 semely] likly H   han as] so H   as] om. E   be] of
H   5 þou] om. T   he þat] trs. E   þat] om. DH   7 it] om. H
8 ȝif²] þouȝ al.   9 &] or al.   11 doynge & þe] om. al.   of] þe Y
13 lefullyche] lefful T   14 þe²] þat al.   hyryth] ȝyf he wol add. al.
14–19 ȝif . . . Also om. al.   22 þerfor] þerof L   24 schep . . .
schuldyn] bestis H   ne] ner L   schuldyn] schulen BYL; om. E   men]
om. Y   25 byyn] beye in DBYL; ony add. EH   þingis] princypaly add.
al.   is] hem al.   26–7 ȝif . . . coueytyse] om. al.   27 for] þe add.
al.   28 for¹] om. R   contre] thanne add. H   29 for] om. RDTEBYL
32 . . . nede to] end of f. ıᵛ E (second portion is in VIII c. ii)   33 nout wil]
trs. H   sellyn] it add. YH

forth in tyme of nede þing þat he hat pasynge his lyuynge but
35 kepith alwey stille in hope of mor derþe he synnyth greuously,
and þerfor Salomon seith: Qui abscondit frumentum maledicetur
in populis; benediccio domin[i] super capud vendencium,
Prouer. xi [26], He þat hydyth whete in tyme of hungyr he schal
ben cursyd amongis þe peple, & þe blyssyng of God upon þe
40 hefd of hem þat sellyn forth. Also it may be don be comoun ry3t of
merchandye, þei to wynnyn þerby her lyuynge, so þat þei causyn
no derþe be her byynge; and namely þey mon byyn so lefully
þat han nout wherby to lyuyn but swyche merchandye. But
3if þey don it only for auaryce and to compellyn men to byyn
45 of hem at her lykynge & as dere as þey wiln þan þei synnyn
greuously, & namely coueytous clerkys þat han ynowe ellys
wherby to lyuyn, for to clerkis is grantyd no swyche merchandye.
¶ 3if a clerk bye a beste or oþir þing & be his housbondrye or be
f. 220ᵛ craft leful to / hym it be amendit or put in betere degre þan it was
50 aforn, he may sellyn it forth lefullyche for mor þan he bou3te it to,
for swyche doynge is clepyd propirly craft & nout merchandye,
xiv, q. iv, Canonum, in glosa, et De con., d. v, Numquam. ¶ 3if
a man lende elde corn to han þerfor newe corn at heruest &
wil nout takyn eld corn for eld corn, as good for as good, whan
55 þe borwer may payyn it he doth usure, as seith Reymund, et
Summa confessorum, ubi supra. But 3if he do it to sauyn his
owyn good þat ellys schulde perchyn or principaly for helpe of
his ney3ebore he doth non usure. ¶ Be Goddis lawe al usure is
dampnyd. Be emperouris lawe & be mannys lawe somtyme it is
60 suffryd, nout for þat it is good ne leful but for to flen þe mor euyl,
for oftyntyme men schuldyn perchyn but þei my3tyn borwyn
up usure, for ellys þe coueytous ryche men wil nout lendyn to
þe nedful. And so þe lawe of man ry3tfullyche suffryth it for
a goode ende, but þe coueytous man doth it vnry3tfullyche &
65 for a wyckyd ende. And þerfor holy chirche dampnyth it in hem

37 domini] -um TBYLHG   capud] -put RDTBYL   38 he] om. BYL
40 sellyn] it add. H   41 merchandye] -dyse L   her] trewe add. al.
43 but] by add. LH   merchandye] -dyse LH   44 only] om. H   45 þan]
om. H   47 wherby] om. Y   is] it is not TBYL; is nowt3 H   no] om.
TBYLH   merchandye] -dyse LH   48 oþir] an- H   49 hym] if add. H
in] -to H   degre] ware R   50 aforn] bi- BYL   for] mor than it was
aforn or add. H   51 merchandye] -dyse al.   52 xiv] xxiv al.   56 he
do it] it be don principali BYL   61 -tyme] om. al.   but] if add. H
þei] men L   62 coueytous ryche] trs. T   men] man H   63 ry3t-
fullyche] rithful D

þat lendyn up usure but nout in hem þat borwyn for nede or
for a good cause up usure whan he may ellys nout borwyn.
But ȝif he borwe for a wyckyd cause, as for to pleyyn at þe dys
or to spendyn it in lecherye, in glotonye, in pryde & in oþir
wyckyd vhs he synnyth greuously. And þou it be leful to borwyn 70
for a good ende up usure ȝit it is nout leful to lendyn up usure
ne to conseylyn ony man or woman to borwyn up usure, as it is
leful to a cristene man to takyn an oth of þe heþene man þat
sweryth be hys false god & þou it is nout leful to þe cristene
man for to askyn of hym þat oth ne for to steryn hym for to sweryn 75
be his false god, for why oth & swerynge is a dew worchepe
þat longith only to very God. ¶ Also þe notorijs þat makyn
instrumentis up comenantis of usure ben forsworn, for whan
þey ben maad notorijs þei makyn an oth þat þei schul neuer makyn
instrument up comenant of usure and so ȝif þey makyn ony 80
swych instrument þey arn forsworn & þey mon neuer aftir
beryn witnesse in no cause ne makyn instrument in ony cause,
for / þey ben maad þerby of wyckyd name & vnable to euery f. 221ʳ
offys worchepful in þe lawe & to euery dignete. And ȝif ony
prelat vndirwryte to swyche comenant or sette hys sel to swyche 85
comenant wittyngly he is gylty of usure þou he haue no wynnyng
þerby, hec in Summa confessorum.

Cap. xxvii

DIUES. What pyne is ordeynyd in þe lawe for vsureris? PAUPER.
Alle usureris be þe lawe arn boundyn to restitucioun & ȝif þey
ben opyn vsureris þey ben acursyd be þe lawe in þre þingis, for
þey schul nout ben houselyd ne holy chirche schal nout takyn

66 up] yn L; -on H   67 up] of L   he] þei BYL   ellys nout] *trs.* L
68 he] þei BYL   as] or R   to] *om.* B; *ins.* G   69 or] for *add.* H
lecherye in glotonye] gloteny lecchery *al.*   in³] or *al.*   &] or *al.*   70 he]
þei BYL   71 up¹] -on RDTH   up²] -on RH   72 ne] ner L; or H   man
or woman] *om.* RDTBYL; man H   up] -on H   is] nout *add.* H   73 þe]
an Y   heþene] theþen D   74 false] *om.* T   god] -dis TH   þou] ȝit BYL
þe] a T   75 for¹] *om.* RDTH   ne for to] ne to RDBYL; ne T; nor
to H   75-6 for to sweryn . . . god] þerto *al.*   76 dew] dyuyne
al.   80 instrument] -tis DBYL   81 instrument] *om.* H   82 no] ony
BYL   ne] nor H   ony] no T   85 comenant] -tis H   or] & Y   hys]
her H   85-6 to . . . comenant] þerto *al.*   86 þou] that *add.* H   no]
maner of *add.* H

1 vsureris] usure T   3 be þe lawe] *om.* H   4 schul] schulden BYL
ne] nor H   nout] *om.* H

5 her offerynge ne receyuyn hem to cristene byryynge, but þey
amendyn hem aforn her deth. And what preste takith her offerynge
& byryyth hem he schal makyn restitucioun of þat he takyth
to þe buschop in helpe of þe pore folc & he is worþi to ben sus-
pendyt of his offys & of his messe, Extra, eodem ti., Quia in
10 omnibus. ¶ ʒif þe usurer mon nout makyn restitucioun he must
askyn forʒeuenesse of hem þat he is dettour to ʒif he wil be sauyd.
And nout only þe usurer but also his heyr is boundyn to restitu-
cioun & he may be compellyd be þe lawe to restitucioun, Extra,
eodem ti., Tua nos. And ʒif oþir men ben boundyn to hym for
15 usure he may non restitucioun askyn til he hat maad restitucioun
to oþere þat he is bondyn to for usure, Extra, eodem, Quia
frustra. DIUES. Wherby schul men knowyn an oppyn usurer?
PAUPER. ʒif he kepe opyn stacioun or oppyn schoppe to lendyn
or to chanchyn for usure or ʒif he be it aknowe aforn his iuge in
20 doom or [be] conuyct be witnesse or ʒif he bere þe name of an
usurer with dedys oppynly don acordynge to þat name. ʒif
a clerc be an usurer or an eyr to an usurer, but he wil makyn
restitucioun he schal ben suspendit, & but he wil amendyn hym
he schal ben deposyd, and ʒif he be so incorrigyble þat his buschop
25 may nout amendyn hym he schal ben chastysyd be seculer hond,
Extra, li. ii, ti. De iudiciis, c. Cum non ab homine. ¶ The
clerc schal makyn restitucioun of his owyn good ʒif he haue
wherof & nout of þe goodis of holy chirche, but ʒif he haue
29 out spent of swyche usure to profyt of holy chirche. ¶ ʒif a prelat
f. 221ᵛ receyue offerynge of þe usurer, som / clerkys seyn þat he schal
takyn it aʒen to þe usurer in reprof of his synne. Som seyn þat
he schal takyn it to þe buschop, whyche schal takyn it aʒen to
þe usurer, conseylynge hym to makyn restitucion of hys usure,
& ʒif þat þe usurer mon nout ben fondyn þe buschop schal ʒeuyn
35 it to pore folc. ¶ ʒif þe borwere swere þat he schal payyn usure

---

5 ne] nor H   6 aforn] bi- BYL   preste] ellys add. RDTBYL   8 þe²]
om. H   11 askyn] om. D   12 nout] om. DT   15 non] no RDTBYL
17 schul] schulde BYLH   19 ʒif] om. H   be it aknowe] knowleche it al.
aforn] bi- BYL   his] a al.   20 be¹] by L; om. G   21 þat] þe
Y   25 hond] power H   28 þe] om. DBYL   29 out spent] ouʒt
spent RBL; spent ouʒt T; aught spent Y; owth spende H   usure] goodis
Y   to] þe add. H   30 þe] an H   som] as sum H   he] om. T   31 þe]
om. D   Som] And sum H   32 he] om. T   whyche] and he H   33 con-
seylynge . . . usure] om. DBYLH   34 þat þe usurer] he H   þe¹] om. BY;
he L   þe²] than the H   35 to] þe add. R   payyn] þe add. BYL; to
add. H   usure] -rer H

& nout askyn it aȝen he must payyn it to sauyn his oth & he schal
nout askyn it aȝen. But he may makyn denunciacioun to prelatis
of holy chirche of þat usure þat þe usurer mon ben compellyd
be lawys of holy chirche to amendyn hym & so to makyn restitu-
cioun. And ȝif he swere þat he schal neuere bewreyyn hym to 40
holy chirche of þat usure he is nout boundyn to þat oth, for it is
aȝenys þe sauacion of his euene cristene & aȝenys þe preceptis
of God. ¶ Ȝif þe usurer bye an hors, hous or lond with monye of
his usure and ȝeue it to anoþir, he þat receyuyth þat ȝifte is
boundyn to makyn restitucioun ȝif he wyste þat it was so bout 45
& ȝouyn, Extra, eodem, Cum tu. ¶ Seruans & laboreris þat
seruyn usureris in honest þingis mon lefully takyn her hyre of
hem, but ȝif þey seruyn hem in þingis nout leful ne nedful þey
mon nout takyn her hyre of usure. ¶ Ȝif þe seruant borwe monye
up usure withoutyn byddyng of his maystyr þow he borwe it for 50
þe nedys of hys maystyr, or ony man borwe monye up usure for
þe nedys of anoþir withoutyn his byddyng, he þat so borwith it
is bondyn to restitucioun. ¶ Ȝif þe usurer wolde lendyn frely
withoutyn usure he þat conseylyth hym nout to lendyn but up
usure he þat is bondyn to restitucioun, for he lettyth þe profyt 55
of hys neyȝebore. ¶ Ȝif a Iew lende to a cristene man or woman
up usure he synnyth & þey mon ben compellyd be prelatis &
be lordys to makyn restitucion, Extra, eodem, Post miserabilem.
And it is nout leful to ony cristene man or woman to takyn usure
of ony man, cristene or heþene. ¶ No lord, no colege, no man 60
schulde suffryn usureris dwellyn in her lordchepe ne letyn hem
hous to hyre for to dwellyn ynne, but withynne þre moneþis
þat þey knewyn of her usure þey schuldyn potyn hem out &

36 aȝen] *om.* H   it²] *om.* D; and *add.* H   37 aȝen] *om.* H   to] þe *add.* H
38 þat¹] *om.* L   þat þe] and that H   þe] *om.* D   39 be] the *add.*
H   so] *om.* H   40 neuere] not L   41 is²] not *add.* L   42 his] *om.* H
preceptis] precepte BYLH   43 Ȝif] And if H   hors] *om.* Y   hous] *om.*
RDTBLH   with] þe *add.* R; -outyn DBYH   44 his] *om.* H   usure] -urer
B   44-5 is boundyn] *repeat* H   47 honest] -tis H   48 but]
and H   leful . . . nedful] *trs.* BYL   ne] ner LH   49 usure] þe
usurer BYL   49-50 monye up usure] upon vsur H   50 byddyng]
wetyng R   51 nedys] nede H   man] *om.* L   up] *om.* L; on *add.* H
52 þe nedys] nede H   it] *om.* BYLH   53 frely] *after* usure BYL
54 hym] *om.* H   but up] withowtyn H   up] -on L   56 or woman]
om. al.   57 up] -on L   þey] he *al.*   60 ony man] ma T   no¹] ne H
colege] for *add.* H   no²] *om.* T   61 usureris] vsurer to H   ne] nere
LH   62 hous] *om.* DTBYL; -sis H   for] *om. al.*   ynne] þer- LH
þre] nine H   63 þat þey] *trs.* T   knewyn] know- *al.*

64 neuere receyuyn swyche usureris mor aftir; & ȝif buschop or
f. 222ʳ archebuschop / do þe contrarye þey ben suspendit; & þey þat arn
of lesse degre ben acursyd ȝif þey don þe contrarye; and collegys
& comentes fallyn in interdyt; & ȝif þey stondyn stylle on monyth
in her malyce alle her londys ben interdyt. And lewid peple
þat suffryn swyche usureris to dwellyn in her lordchepe or in her
70 housis schuldyn ben compellyd be censure of holy chirche to
puttyn hem oute, secundum Gregorium X, et Concilium Lug-
dunense, ti. De usuris, c. Usurarum, hec in Summa confessorum,
li. ii, ti. eodem. ¶ Also ȝif a man selle a þing for mychil lesse
þan it is worth in comenant to han it aȝen what tyme þat he wil
75 payyn þe prys þat it is worth, it is usure, for so [þe byer getytȝ
aȝen alle þat he payde and as mechyl þerto], as ȝif a man selle
a þing for ten schillyngis þat is wel worth twenty schillyngis in
comenant þat what tyme he wil payyn twenty schillyngis he
schal han it aȝen, for so [þe byer] wynnyth be usure ten schillyngis
80 [ouer þat he payde fyrst].

Cap. xxviii

Be swyche sleyþis & many oþir þat ben nout wrytyn here þe
false usureris cursid of God begylyn & robbyn þe pore peple
aȝenys þe precept of God þer he seyth þus: Ȝif þu lende to myn
pore peple þu schal nout þerfor mysbedyn hym ne trauaylyn
5 hym þe mor þerfor ne ouyrpressyn hym with usure, Exodi

64 receyuyn] hem ner *add.* H   aftir] *om.* H   ȝif] the *add.* H   64–5 or
archebuschop] *om.* H   65 þey ben] he is H   66 þe] *om.* H   67 in]
-to BYL; *om.* H   stondyn] so *add.* H   on] a H   on monyth] *after*
malyce BYL   68 londys] maneris H   interdyt] -tid BYL   lewid] lewe
Y; the lewde H   69 lordchepe] -pis H   in her²] *om.* H   70 censure]
-res YLH   71–2 secundum . . . ti.] Extra H   71 X] decimum BYL
73 eodem] ii H   a¹] *om.* R   74 þan] þat D   what tyme] when Y
75 so] *om.* LH   75–6 þe byer . . . þerto] he getyth aȝen þe þing & as
mychil ouyr as þe oþir man payyd for þat þing G (*the scribe of G seems to have
confused the roles of 'buyer' and 'seller' here; hence I have substituted the version
found in all the other MSS*)   76 as²] and LH   77 wel] *om.* H   77–8 in
comenant . . . schillyngis] *om.* DBYLH   78 he²] and he L   79 for] *om.*
L   þe byer] he G   80 ouer . . . fyrst] þat þe byer payyd fyrst & hat aȝen
þe same þing G   þat] *om.* D   . . . fyrst] *no indication that cap. xxvii ends*
L

1 Be] But DBYL   2 cursid] ben a- H   begylyn &] for they H   3 þer
. . . þus] thus seying H   4 þerfor] *om.* H   hym] hem L   ne] nor H
5 hym¹ hym²] hem L   þerfor ne] nor H   ne] ner L   ouyr-] op- L   with]
-owtyn H

xxii [25]. ȝif þi broþir, seith he, be nedy, pore & feble tac
non usure of hym, tac no mor þan þu ȝeue. Dred þi God þat þi
pore broþir mon lyuyn with þe; þu schal nout lendyn þin monye
at usure ne askyn of hym ouyr-habundance; tak no mor þan þu
lendist; þus seyth God, Leuitici xxv [35–7]. Non fenerabis fratri 10
tuo, etc., þu schal nout lendyn to þin broþir be usure neyþer
monye ne corn ne ony oþir þing but lendyn it to hym withoutyn
usure þat þi lord God mon blyssyn þe in euery warc þat
þu hast to done, Deutero. xxiii [19–20]. For hoso lende to hys
euene cristene withoutyn usure he schal spedyn þe betere, & 15
þei þat lendyn for usure schul spedyn þe warse. And in what lond
usure is usyd opynly þat lond schal mysfaryn. Therfor Dauyd
seith þat wyckydnesse hat besechit þat cite & þat comonte be day
& be nyȝt abouyn þe / wallys, and trauayl and vnryȝth & mychil f. 222ᵛ
wrong is in þat cite, & gyle & vsure faylyth nout from þe stretys 20
of þat cyte, die ac nocte circumdabit eam super muros eius
iniquitas, etc. [Ps. 54: 11–12], for swyche usure & gyle & false oþis
in byyng & sellyng. þe prophete Zacharye seith þat he say a
booc flynge in þe eyr þat was twenty cubitys long & ten in brede
& he askyde þe angyl of God what it myȝte be, and þe angil seyde 25
to hym: 'It is þe curs of God þat goth to þe housys of þeuys &
to mennys housis þat forsweryn hem be þe name of God', Zacharie
v [1–3]. And þerfor Salomon seyth þat hoso gadryth tresouris
with a lyynge tunge he is veyn & euyl-hartyth and he schal stumblyn
to þe snarys of deth. Rauenyys & robberyys of wyckyd men schul 30
drawyn hem doun to helle, for þey woldyn don non ryȝtful doom,
Prouer. xxi [6–7]. To swyche God ȝeuyth his curs: 'Wo', seith he,
'be to ȝou þat ionyyn hous to housis & coplyn feld to feld &
seyn of ryȝt þat it is wrong & of wrong þat it is ryȝt and puttyn
lyȝt into þerknesse and þerknesse into lyȝt, bittyr into swet & 35
swet into byttyr', Ysa. v [8; 20]. For þese false men of lawe

6 he be] þat he is H   &] or RDTBLH; of Y   tac] þu add. H   7 ȝeue]
ȝaf al.   9 at] to al.   ne] ner LH   10 lendist] lentist H   fenerabis]
fenerabilis D   11 nout] om. L   12 ne¹] nor H   ne²] ner L   14 to¹]
om. al.   15–16 spedyn . . . schul] om. D   16 lond] that add. H   18 þat³]
the H   20–1 & gyle . . . cyte] om. H   23 & sellyng] repeat T   26 þe²]
om. T   27 þe] om. T   29 veyn] weyke H   30 snarys] swarde
H   Rauenyys] -enouris H   &] om. H   of²] and H   31 non] no
RDTBYL; on H   32 Wo] Who RD   seith he] om. H   33 hous]
-sis H   housis] house RDTBYL   34 þat it is . . . wrong²] om. L
35 þerknesse¹ þerknesse²] -nessis TB   lyȝt²] and add. H   35/36 swet]
-nesse H

& sley couetous folc, be a mannys cause euere so good, but þey
han monye to stondyn with hym þey schul seyn it is a wyckyd
cause, and be it euere so cler in ryȝt, þey schul seyn it is wol derk,
40 þey connyn seen non helpe þerynne. And be it euere so derc
þat no man can seen non ryȝt þerynne, for monye þei schul seyn
it is cler anowe. And be it euere so sekyr or esy to pursuyn &
swet in þeself, þey schul seyn it is a bittyr cause & vnsauery to
deylyn with but þey haue monye. And be it euere so perlyous
45 & bittyr, for monye þey schul seyn it is sekyr ynow. He þat
robbit his euene cristene of ony good, he dooth aȝenys þre lawys,
first aȝenys þe lawe of kende þat seyth þus: þat þu hatyst to ben
don to þe, do þu it nout to anoþir. Also he doth aȝenys lawe
wrytyn þat byddyt & seith: Non furtum facies, þu schal don non
50 þefte. Also he doth aȝenys þe lawe of grace, for charite þat is
principal heste of þe lawe of grace byddyth þat men schuldyn
ȝeuyn to oþere of her good & nout takyn from hem wrongfully.
We fyndyn in þe booc of Iosue, vi et vii c., þat for Acor stal gold,
54 syluyr & cloþ aȝenys þe hest of God, boþin he & his wyf & his
f. 223ʳ childryn & alle hys bestis, hors, assys, / oxsyn & scheþ wern
stonyd to dede & al þat he hadde & hys pelfre also wern brente
be þe dom of God & þretty men & sexe slayn with enmyys for
þe þefte of Acor þat so stal aȝenys Goddis hest. And God seyde
þat til whanne his þefte was punchyd þe peple schulde neuere
60 han sped in batayle ne in ony oþir iurne. DIUES. It is þan lytyl
wondyr þat our folc sped so euyl þese dayys in warrys up her
enmyys, for þey gon mor to robbyn and to pylyn þan to fyȝte
for ony ryȝth. PAUPER. For þat synne & many oþere þey spedyn
wol euele, for þey arn so blent with synne þat þe lyȝt of grace

---

37 sley couetous] *trs.* T   euere] neuer LH   38 seyn] þat *add.* RDTBYL
39 it¹] so *add.* T   euere] neuer LH   in] and H   wol] ful TBYL; wor
H   40 euere] neuer LH   41 can seen] cause D; may seyn H   non]
om. al.   seyn] þat *add.* BYL   42 euere] neuer LH   or] and H   43 in]
on H   44 euere] neuer LH   46 aȝenys] aȝest H   þre] the H
47 þus] Tobie 4 *add.* T   48 lawe] the lawe H   49 þat byddyt] *after*
facies BYL   & seith] *om. al.*   facies] Exodi 28 *add.* T   non] no *al.*
52 takyn] it *add.* H   53 þe booc of] holy wrytt RDTBYL; *om.* H   for]
om. H   54 of] *ins.* G   boþin] *om. al.*   &³] *om. al.*   55 alle] *after* bestis
H   hors . . . scheþ] *om. al.*   56 dede] þe detȝ RTBYLH   56–7 & al
. . . sexe] fyrst and (browth *add.* H) afterward (and *add.* H) brent wyt al þe (þe]
her H) toþer (toþer *om.* T) gode þat he had and sex and þretty men *al.*   58 so]
om. T   stal] so *add.* D   Goddis hest] the lawe H   60 ne] nor H   ony]
om. al.   61 so] *om.* BYL   up] -on *al.*   62 pylyn] hem *add.* H
64 wol] ful TBYL   with] sum *add.* D

be whyche þey schuldyn ben wyssyd in her dedys is hyd away 65
from hem & so þey wandryn forth amongis her enmyys as blynde
bestys & forsen no myschef til þey fallyn þerynne. For, as Salomon
seith: Obcecauyt eos malicia eorum, Sapientia ii [21], Her
malyce hat maad hem blynd. Tellyt a gret clerc Selynus, De
mirabilibus mundi, þat in þe lond of Sardynye is a welle, of whyche 70
welle ȝif a trewe man drynke his syȝthe schal amendyn but ȝif
a þef drynke þerof þou his syȝthe be aforn euere so clcr he schal
waxsyn blynd. Be þis welle Y vndyrstonde plente of wardly goodis
& of rychesse þat God sendyth amongis mankende, whyche goodis
& rychesse comyn of þe erde & newyn ȝer be ȝer as watyr in þe 75
welle. And alle trewe folc þat drynkyn of þis welle, þat is to seye,
þat comyn trewly to her good & to rychesse of þis world & spendyn
is wel, þey han þe mor lyȝt of grace to sen what is to don & what
may plesyn God. And þey þat falslyche comyn to goodis of þis
world be þefte, be gyle & usure & be false oþis, þey waxsyn blynd, 80
for þey lesyn þe lyȝth of grace & ben blent with her malyce.
þerfor Sent Ambrose, super Lucam, seyth þat in þe rychesse
is no blame but þe blame & defaute is in hem þat connyn nout
wel usyn her rychesse; & as rychesse, seyth he, is lettynge of
vertue to schrewys so it is helpe of vertue to good folc þat connyn 85
& ben in wil to vsyn wel her rychesse. DIUES. Y drede me þat
nyhȝ al our nacioun hat so drunkyn of þis welle of Sardynye þat
þey ben gostly blynde, for ȝif Y take hede what þefte of symonye
regnyth in þe clergye, what þefte of usure regnyth / principaly f. 223ᵛ
amongis þe merchans & ryche folc, what þefte of raueyne & 90
extorcions regnyth amongis þe lordys & grete men, what mycherye
& roberye amongis þe pore comounys þat ben alwey inclynyd
to slen and to robbyn, me þinkyth þat mychil of our nacion is

---

65 be] the add. H   67 &] om. H   forsen] for þei sene DBYLH   Salomon]
þe wyse man al.   69 Tellyt] after clerc H   70 of²] the add. H   71 ȝif¹]
and H   72 be aforn] trs. L   aforn] bi- BYL   euere] neuer L   euere
so] ryght H   schal] schuld H   73 Y vndyrstonde] is vndirstondyn H
goodis] good H   74 rychesse] -sis BYL   75 &¹] in D   & rychesse]
om. H   rychesse] -sis BY   77 good] -des L   to²] om. al.   rychesse]
-sis BY   78 is¹] hem al.   wel] to þe worschyp of God and profyȝt of
her euen cristen add. al.   þe] om. al.   mor] much L   to²] om. L
80 be²] om. L   82 rychesse] riche T; -sis BY   83 but þe blame] om.
D   &] þe add. al.   84 her] om. L   rychesse¹ rychesse²] -sis BY
86 rychesse] -sis BY   88 Y] ȝee H   90 þe] om. BYL   91 ex-
torcions] -ioun BYLH   91-2 þe lordys . . . amongis] om. H   92 &]
repeat D; an L   alwey inclynyd] encludid H   93 slen] stelyn
H

gylty in þefte & ouyr[don] mychil blent with fals couetyse.
95 PAUPER. þerfor God seith þus: A minimo usque ad maximum
auariciam omnes sequuntur, a propheta usque ad sacerdotem
cuncti faciunt mendacium et ideo corruent, From þe leste to þe
meste al þey folwyn auaryce and fals couetyse, from þe prophete
to þe preste alle þey makyn lesyngis & don gyle & falshed, and
100 þerfor þey schul fallyn & Y schal ʒeuyn her women to strangeris
& her londys & her feldis to oþir heyrys, Ieremie viii [10]. And
be þe prophete Ysaye God vndirnemyth þe gouernouris of þe peple,
boþin in temporelte & in spirituelte & seyth þus: Principes tui
[infideles] socii furum, etc., þin pryncys ben false & felawys of
105 þeuys; al þey louyn ʒiftys & folwyn medys & ʒyldyng aʒen, for
þey demyd nout aftir þe ryʒt but aftyr þat men myʒtyn payyn,
Ysaie i [23]. Si uidebas furem currebas cum eo, et cum adulteris
porcionem tuam ponebas [Ps. 49: 18], ʒif þu seye a þef þu ronne
with hym to helpyn hym as false iugis in temporelte don þese
110 dayys, and with lechouris & auouterys þu potist þin part as iugis
in þe spirituelte don þese dayys.

94 ouyr-] ovyn H   don] *unclear in* G   95 seith] seid H   96 auari-
ciam] *after* sequuntur *al.*   97–8 leste . . . meste] *trs.* L   100 women]
wynyng Y   101 oþir] *om.* L; her H   103 in²] *om.* RY   104 infi-
deles] *om.* RDTHG   105 ʒiftys] þeftys L   & ʒyldyng aʒen] *om.* L
ʒyldyng] -gis T; ʒeldyn nout H   106 demyd] -myn H   aftyr] *om.* T
108 tuam ponebas] etc. RDTBY   ronne] ran RDBYL   109 temporelte]
temperelle domys H   110 potist] -tidist BY   111 þe] *om.* H
dayys] Explicit septimum mandatum. Incipit octauum mandatum *add.* RDTH
Heere endiþ þe seuenþe precepte & bigynneþ þe eiʒthe precepte *add.* BL

EIGHTH PRECEPT

Cap. i

DIUES. It is wol mychil to dredyn þat gyle & falshed schal vndon þis lond, as þu seist, but God for his mercy he do bote. Y þanke þe with al myn herte for þu hast wel informyd me in kepynge of þe seueþe comandement. Now Y preye þe for charite þat þu wil enformyn me in þe ey3te comandement. PAUPER. 5 þe ey3te comandement is þis: Non loqueris contra proximum falsum testimonium [Ex. 20: 16], þat is to seye: þu schal spekyn no fals witnesse a3enys þin ney3ebore. In whiche wordys, as seith Sent Austyn & Sent Thomas, De ueritat[e] te[o]logie, libro v, God defendith al maner lesyngis & hydyng of trewþe whan 10 it schulde ben seyd, for, as þe lawe seith, qui tacet consentire uidetur, he þat is stille & nout wil seyn þe trewþe whan he schulde seyn it semyt þat he consentith to falshed & so be his stilhed he witnessith with falshed a3enys / trewþe & a3enys hys ney3ebore, f. 224ʳ & so þou he speke no word 3it he lyhyt & berith fals witnesse & 15 synnyth dedly with his tunge for þat he wil nout usyn it to witnessyn þe trewþe whan he schulde witnessyn it. And þerfor Sent Austyn seith þat boþin he þat hydyth þe trewþe & he þat lyhyt a3enys þe trewþe ben gylty a3enys þis precept, for why he þat is stylle wil nout profytyn to his euene cristene & he þat lyyth desyrith 20 to harmyn his euene cristene, in Epistula ad Cassulanum. For man & woman is bondyn be þis precept nout to harmyn hys neyebore with his tunge & also to profytyn hys neyebore with hys tunge. And þerfor Ion-with-þe-gildene-mouth, scilicet Crisostomus,

1 DIUES] preceded by viiiᵐ preceptum G   wol] ful TBY; om. L   2 for] of RBYL   3 for þu hast] repeat L   5 þat þu wil] om. Y   in] kepyng of add. H   6 proximum] tuum add. BYL   7 schal] not add. L 8 ney3ebore] -boris H   9 seith] after Austyn T   Sent¹] om. H   ueritate teologie] -tibus tealogie G   10 v] primo H   defendith] forbediþ BYL 12 nout wil] trs. al.   13 it] it add. H   stilhed] -nesse BYL   14 with] þe D   15 & so . . . witnesse] om. BYL   16 dedly] after tunge H   þat] om. H   17 þe] of Y   witnessyn it] om. al.   18 seith] before Sent DBYLH   he²] om. H   20 to] a3ens R   20-1 & he . . . cristene] om. T   23 & also] but H   23-4 & also . . . tunge] om. BYL   23 hys neyebore] hym H   24 with . . . scilicet] om. al.   Crisostomus] -ston RH; -stoun DT; -stom BL; -stym Y

25 seith þat nout only he is a tretour to trewþe þat lyyth aȝenys
þe trewþe but also he is a tretour to trewþe þat seith nout frely þe
trewþe þat he owyth to seyn, or nout frely defendyth þe trewþe
whyche he owyth to meynteþin & defendyn. And so al þo þat be
stilhed fenyyn hem nout to knowyn þe trewþe þat þey knowyn &
30 wil nout ben it aknowe in dew tyme þey ben lyerys & fals witnessis.
¶ Netheles, leue frend, ȝe schul vndirstondyn þat þer is þre maner
of stilhed. On is anemist God; anoþir anemyst our euene cristene;
þe þredde anemyst ourself. þe first is wyckyd: whan we cesyn from
dew preysyng of God & from þankynge for his benefycys. þe
35 secunde is wyckyd: whan we cesyn from dew maner of techynge &
vndirnemynge of our euene cristene. The þredde is wyckyd in two
manere: first, ȝif man or woman for dred or schame or for pryde
wil nout seyn þing þat he schulde seyn to plenyyn hym of hys
myschef & to sekyn helpe of soule be schrifte or of body be oþir
40 helpe & be good conceyl but gnawyth & fretyth hymself inward &
nout wil plenyyn hym outward to hem þat woldyn confortyn hym
& spekith so mychil inward withoutyn confort til he fallith in
wanhope & schendyth hymself be angyr & indyr sorwe. þerfor
seith Sent Gregory, lib. viii Moralium, þat mychil folc whan þey
45 han wrong suffryn mychil þe mor disese inward for þey wil nout
spekyn it outward, for why, seith he, ȝif þey seydyn it pesybelyche
f. 224ᵛ / her dysese outward with her tunge, sorwe and dysese schulde
pasyn out of her herte & out of her conscience: Si illatas inquit
molestias lingua tranquille diceret a consciencia dolor emanaret.
50 Somtyme men ben stille in deceyt of oþere þat [þei] mon þe mor
boldlyche acusyn oþere.

25 to] þe add. BYL   26 þe¹] om. Y   is . . . trewþe] om. al.   27 nout
frely] no treuly R   28 so al] also D   29 stilhed] -nesse BYL;
stille and H   fenyyn] enforsen BYL   hem] om. TH   30 ben it
aknowe] knowyn it H   31-2 þre maner of stilhed] triplex taciturnitas add.
marg. T   32 stilhed] -nesse BYL   anoþir] is add. L   34 from]
om. al.   37 manere] -neris BYL   man] a man al.   woman] a woman H
or³] of D   for²] ins. G   39 myschef] -cheuys D   &] so add. H   helpe]
helth Y   schrifte] or of gode counceyle add. R; of good counseile add. D; or
good counseyle add. TBYL; of good conscience add. H   or] ellys add. L
40 be] om. Y   gnawyth & fretyth] -winge & -tinge BYL   41 nout wil] trs.
BYL   41-2 to hem . . . inward] om. H   42 in] -to M   43 indyr]
inward al.   44 seith] after Gregory H   mychil] many H   45 þe] om.
TH   46 it²] om. al.   pesybelyche] -ible Y   47 sorwe] her sorwe H
48 her¹] om. L   50 þei] he G

Cap. ii

DIUES. How many maner ben þer of lesyngis? PAUPER. Sent Austyn, libro De mendacio, potyth seuene maner of lesyngis whyche ben comprehendith in þre: quia omne mendacium uel est perniciosum uel officiosum uel iocosum. For euery lesynge or it is swyche þat it doth harm, & þan it is clepyd in Latyn 5 *perniciosum*, þat is wyckyd in Englych, or it is swiche þat it doth good & non harm & þan it is clepyd in Latyn *officiosum*, þat is profytable in Englych, or it is swyche þat it doth neyþer good ne harm & þan it is clepith in Latyn *iocosum*, þat is bordful in Englych, as whan men makyn lesyngis only to makyn folc myrye. The 10 firste maner lesyng, þat is clepyd *perniciosum* & wyckyd, is alwey dedly synne, but þe oþir two maner of lesyngis arn venyal synne to þe comon peple; but to men of holy chirche & to religious & to alle þat schuldyn ben men of perfeccioun it arn dedly synne ȝif it be don be auysement or be custum, as seith Sent Austyn. 15 þe firste maner of lesynge is don in fyue manerys. First, ȝif man or woman seith or techyt or prechyt onyþing aȝenys þe feith of holy chirche. The secunde is whan þe lesyng harmyth summe & profytyth to non, as lesynge of bacbytynge & fals witnesse of synne þat comoun lawe punchith. The þredde is þat so profytith 20 to on þat it harmyth to anoþir, as fals witnesse in cause of dette or of herytage & swyche oþir. The ferde is whan þe lesyng is maad withoutyn profyth & withoutyn cause [saue] only for lykyng to lyyn & for deceyuyn & for consuetude of lesyngis. The fyuete is whan þe lesyng is maad only for to plesyn, as 25 flaterye. Alle þese maner of lesyngis arn defendit be þis

---

1 maner] -erys L   5 or] if L   &] *om.* L   þan it] þat Y   6 it¹] *om.* L   7 good & non harm] none harm but good L   þan it] þat RDTBYH þat] some þat L   8 ne] nor H   9 þan it] þat *al.*   clepith] *om.* H 10 as] And Y   folc] men YH   11 maner] *om.* H   lesyng] *om. al.*   is²] it is H   12 oþir two] *trs.* BYL   14 to] *om.* H   men] folke *al.*   it] þei BYL 15 ȝif] and Y   it] þei *al.*   be²] of H   16 lesynge] -syngis BL   in] on H; *repeat* G   man] a man H   17 or woman] *om. al.*   or²] *om. al.*   techyt . . . prechyt] *trs. al.*   18 harmyth] to *add.* H; to *add.* can. G   19 lesynge] -syngys RDTB   bacbytynge] -tyngis L   20 þat¹] the *add.* H   21 harmyth] hynderyth L   dette] deth TH   22 &] or of *al.* 23 withoutyn¹] with T   withoutyn profyth &] *om.* D   saue] *om.* G 24 lykyng to] *repeat* L   for¹] to *al.*   & for consuetude . . .] *beginning of f.* 2ʳ *of MS fragment* E   consuetude] custom BYL   lesyngis] -syng H   25 only] *om.* H   as] is *add.* Y   26 flaterye] -teryng BYL   defendit] forbodyn BYL

comandement to al maner folc as dedly synne. The lesyng of flaterye may be don in þre maner, or preysynge a man in þing þat he hat mor þan he is worþi to ben preysyd, or preysynge hym in þing 30 þat he hat nout, or preysynge hym & flaterynge hym in his synne f. 225ʳ & schrewydnesse / and in hys folye; & þis maner of flaterye ʒif it be don wityngly it is dedly synne. The secunde maner of lesynge, þat is clepyd *officiosum* & profytable, it is don in þre manerys, first for sauacion of catel þat schulde ellys ben lost wyckydlyche 35 be þeuys ʒif þey wystyn wher it were. Also for sauacion of man or woman innocent þat is souʒt of hys enmyys. Also for to sauyn man or woman from synne, as ʒif a sengle woman seye þat she be a wyf so to kepyn hyr clene from hem þat woldyn defylyn hyr. Swyche lesyngis þat so profytyn & also lesyngis bourdeful 40 ben venyal synnys to þe comoun peple, but to men of perfeccion it arn dedly synne, namely lesyngis bourdeful whan it arn in vhs custumablyche, for it fallith nout to men of holy chirche & of relygion to ben iaperys ne lyerys but it fallith to hem principaly to flen ydyl wordys, for Crist seith in þe gospel þat men schul 45 ʒeuyn answer at þe doom for euery ydil word þat þey seyn [Mt. 12: 36]. But swyche lesyngis bourdeful in men of perfeccion turnyn lytly into lesyngis pernicious & wyckyd, for it don harm to hem þat heryn is of hem, in þat þey ben aslaundryt of her vanite & of her lesyngis, for hem þinkith, & soth it is, þat men of perfeccion 50 & of holy chirche schuldyn nout ben iaperys ne dysourys ne lyerys ne veyn but sad in cher, in word & dede. þerfor þe Maystyr of Sentence, lib. iii, d. xxxviii, seith opynly þat swyche maner lesyngis ben ven[y]al synnys to hem þat ben of inperfyth stat

27 maner] of add. H   27/31 flaterye] -terying BYL   28 in¹] on H
þre maner] triplex adulacionem add. marg. T   or] as R; of add. L; on is H
a] of L   in²] of H   hat] don add. H   29 worþi] worth Y   or] in add.
H   30 nout] don add. H   &] or H   31 in hys] om. H   33 in]
on H   36 or] & H   for] om. al.   38 so] for H   kepyn] clepyn T
defylyn] -foule BYL   39 Swyche lesyngis þat so] & sweche tha so H
41 it¹] þei BYLH   synne] -nys H   it²] þei al.   in vhs] vsid after custum-
ablyche H   42 custumablyche] -able DEBYL   43 ben] nethir
add. H   ne] and Y; nor H   fallith] longith H   44 to] om. T   men]
thei H   45 answer] om. T   þe] day of add. H   for] of L   word] om. T
seyn] spekyn H   46 lesyngis] -syng H   in] to H   47 into] to H
pernicious] in pernicioun H   & wyckyd] of wickidnesse H   it] þei BYLH
48 is of] om. al.   þat²] þat add. BYL   49–50 perfeccion . . . holy chirche]
trs. al.   50 nout ben] trs. H   ne¹] nor H   50-1 ne lyerys . . . dede]
om. H   51 in²] om. L   &] in RDTE   52 of] of þe Y   Sentence]
-cis BYL   seith] after Sentence H   53 ben] but add. H   venyal] venal
G   to] in RT

& dedly synne to hem þat ben of perfyt stat. And Sent Austyn, libro
Contra mendacium, seith þat þe trewþe schulde nout ben corrupt 55
for ony temporel profyth and no man ne woman schal ben led
to endeles helþe with helpe of lesyngis, for euery lesyng & falshed
is aȝenys Crist þat is souereyn trewþe. And Sent Gregory, libro
xviii Moralium, seith þus: Os quod mentitur occidit animam,
þe mouth þat lyyth sleth þe soule [Sap. 1: 11]; and þe prophete 60
seith: Lorde, þu schal lesyn alle þat spekyn lesyngis [Ps. 5: 7].
And þerfor, seith he, men of perfeccion must with alle besynesse
flen lesyngis insomychil þat for sauacioun of ony mannys lyf
þey schuldyn nout lyyn to helpyn anoþiris body in harmynge of 64
her owyn / soule. And þerfor God seith: Non menciemini et f. 225ᵛ
non decipiet vnusquisque proximum suum, Lyyth nout & no man
ne woman deceyue hys neyebore, Leuitici xix [11].

Cap. iii

DIUES. Contra, we redyn in holy wryt, Exodi i [15–21], þat
Pharao assignyd to þe women of Israel two mydewyfys, Sephora
& Phua, & bad hem slen alle childryn malys & kepyn þe women.
But þey for drede of God & for pyte dedyn nout so but sauedyn
boþe male & femel & with a lesyng excusedyn hem to þe kyng 5
& seydyn þat women of Israel coudyn betere helpyn hemself
þan women of Egypt & haddyn childryn or þey comyn to hem.
And, as holy writ seith þere, þerfor God ȝaf hem hous & lond.
PAUPER. Nout for þe lesyng but for þei dreddyn God & for dred
of God þey sauedyn þe childryn. þerfor God ȝaf hem hous & 10
lond & nout for þe lesyng, & so seith holy writ. Netheles som

54 & dedly . . . stat] *om.* H   55 seith] *after* Austyn H   þe] *om.* DEBYLH
56 ony] no H   ne] ner H   schal] schuld RT   57 lesyngis] -syng Y   for
euery lesyng] *om.* E   58 Crist . . . trewþe] the soueren trowthe Crist Iesus H
And] as Y   59 seith þus] seith *after* Gregory H   60 sleth] *om.* R
61–2 Lorde . . . seith he] ȝe H   61 lesyn] -syng R   62 alle] yowur
add. H   63 insomychil] *repeat can.* G   ony] *om.* R   64 to] ne H
anoþiris body] anoþer H   66 Lyyth] ȝe *add.* BL   66–7 Lyyth . . .
neyebore] *om.* Y   67 ne woman] *om. al.*   Leuitici xix] *after* suum BYL

1 Contra] te *add.* RH   in holy wryt] *om.* H   2 Israel] Egipte H   two] þat
were H   3 alle] þe *add.* DH   childryn malys] male H   þe] *om.* Y
women] childir *add.* H   4 for¹] þe *add.* BL   5 hem] -self H   þe
kyng] Pharao H   6 þat] þe *add.* Y   7 þan] þat R; the *add.* H   8 as holy
. . . þere] *om.* H   hem] *om.* R   9 þe] that H   lesyng] -syngis D   9–10 &
for dred of God] *om.* H   9 for³] þe *add.* BYL   10 childryn] ther and *add.* H

clerkys seyn þat for her lesynge God chanchyd þe endeles mede
þat þey haddyn ellys be worþi into temporel mede of hous &
lond. DIUES. 3it contra te, we fyndyn in þe gospel þat aftyr
15 þat Crist was arysyn from deth to lyue he wente with two of his
disciplis, Cleophas & Amaon, in þe lyknesse of a pylgrym &
spac with hem of his deth & of his passioun, but þey knewyn
hym nout, & up euyn whan þei comyn to þe castel of Emaus he
fenyyd hym to gon farþere, & þou at her preyere he wente yn
20 with hem [Lc. 24: 13–35]. But fenyyng, as Sent Austyn seith, is
a maner of lesyng. Ike þan nout euery maner of lesyng is syn[n]e.
PAUPER. It sempte to her sy3te þat Crist hadde fenyyd & þou
he fenyyd nout [be fals feynyng] but it was in dede as he schewyd
outward, for he was fer from her feith & þerfor he schewyd hym
25 outward to hem swych as he was to hem inward, for he was to hem
inward as a stranger & a pylgrym passynge, for þey knewyn
hym nout ne leuedyn nout in hym stedfastlyche. Also be þat
doynge he schewith þat he schulde pasyn forth bodelyche out of
þis world & wendyn abouyn alle heuenys. DIUES. We fyndyn
30 in holy writ, Genesis xxvii [1–29], þat Iacob in deceyt of his
f. 226ʳ fadyr þat was blynd & in fraude / of his broþer Esau seyde to
Ysaac hys fadyr to han hys blyssynge, 'Y am Esau, þin fyrste
sone'; & þat was fals and þou God approuyd his dede. Ik[e]
þan it semyth þat nout euery lesynge is synne. PAUPER. þat
35 Iacob dede was figure & prophecie of þing þat schulde fallyn,
& for þat prophecie is don in dede þerfor it was no lesyng, for þou
he were nout his firste sone in berþe he was þou his firste sone
in dignete be þe ordinance of God, whyche ordeynyd þat þe

12 þat] om. H   lesynge] -syngis H   endeles] endele D   13 into] to H
&] of B   15 þat] om. RH   arysyn] rysyn RDTBYL   16 Amaon]
anoþir BYL   þe] om. L   18 up] apen T; vpon H   þe] om. TL
19 hym] for add. H   þou] 3it BYLH   20 But fenyyng] fenyng after seith
Y   as] seith add. D; and as Y; he dede seith add. H   21 lesyng¹] -syngis
RD   Ike þan] þerfor al.   nout] before synne H   synne] syne G   22 sempte]
semyd al.   22–3 & þou he fenyyd] om. BYL   22 þou] 3it H   23 be]
om. H   be fals feynyng] om. G   it was] ynward BYL   24 feith] sight
can. H   25 to hem swych . . . inward] om. EBYL   to hem² to hem³] om.
H   25–6 for . . . inward] om. BYL   26 passynge] be the wey add.
H   27 ne] ner LH   leuedyn] bi- BYLH   nout²] om. LH   28 schewith]
-wide BYLH   30 in holy writ] om. al.   32 Ysaac hys fadyr] his fadir
Ysaac H   han] marg. G   33 þou] 3it BYLH   Ike] þerfore BYL; So
H; Ik G   34 þat nout] trs. H   þat] What H   35 dede] it add. H   was]
but add. H   þing] -gis H   36 þat] þere add. L   . . . þerfor it]
end of f. 2ᵛ of MS fragment E   lesyng] -syngis R   37 þou] 3it after berþe
al.   38 þe¹] om. DT   whyche] þat RDTBYL; om. H   ordeynyd] om. H

peple comynge of Iacob schulde ben souereyn to þe peple comynge
of Esau & þat þe grete hest of Cristis berthe maad to Abraham   40
& Ysaac schulde ben fulfyld in Iacob & nout in Esau as her
fadyr wende þat it schulde a ben. And so þou Esau were þe firste
sone & principal to Ysaac be þe dom of Ysaac ȝit was Iacob his
firste sone & his principal sone be þe dom of God, & þou he were
nout Esau bodylyche in persone he was þou Esau in dignete.   45
DIUES. Contra, his fadyr Ysaac seyde þat he cam gylouslyche &
took his blyssynge. PAUPER. Ysaac seyde as he wende but nout
as it was, for he knew nout þan þe wil of God in þat doynge,
for it was non falshed ne gyle in Iacob for why it was nout þe
dede ne þe speche of Iacob but it was þe dede & þe speche of   50
þe holy gost þat warc in hym & spac in hym. And þerfor Crist
seyde to his disciplys: 'It arn nout ȝe þat spekyn but þe holy
gost of ȝour fadir in heuene spekyth in ȝou' [Mc.13:11]; & so he
spac in Iacob & in Rebecca his moodyr, þat conseylyd hym so
to getyn his fadrys blyssynge.   55

Cap. iv

DIUES. Sent Austyn seith þat lesyngis & lyyng is nout only
in fenyyd speche but also in fenyyd dedys. PAUPER. Sent Austyn
seith nout þat alle fenyyd dedys ben lesyng & synne but he seith
þat al fenyyd speche in falshed is lesyng & synne, for man hat mor
fre myȝt to gouernyn his speche þan to gouernyn his dedys, for   5
alwey a man may spekyn as he wil but he may nout alwey don as
he wil. And þe Philosofre seith, i Pery[ar]manyas, þat speche is
tokene of þouȝtis in þe herte, for it is ordeynyd þat man be his
speche schulde schewyn þing to ben or nout to ben as he felyt

39 comynge²] that come H   40 þat] om. H   þe] om. D   hest] bi- BYL;
promes H   41 &¹] to add. H   her] his H   42 þat] om. RYH   Esau]
Iacob H   43 þe] om. T   43–4 ȝit . . . dom of] om. H   44 he]
om. D   45 þou] ȝit after persone al.   Esau²] om. TH   46 gylouslyche]
-fulli BYL   49 non] no al.   falshed . . . gyle] gile . . . falsnesse BYL
ne] ner L   why] om. al.   50 ne] ner L   þe¹] om. T   51 warc]
wrought al.   52 nout] om. H   þat] om. D   53 ȝour] oure D   in
heuene] om. T   54 in²] om. DBY   so] at that tyme for H

1 lesyngis] -syng BY   2/3/4 fenyyd] -nyng H   3 þat] om. RH   lesyng]
-syngys RDBYLH   & synne] om. H   3–4 but . . . synne] om. D
4 speche] -chis H   is lesyng] arn -syngis H   6 he² . . . alwey] not R
alwey don] trs. Y   as²] welle as add. H   7 wil] wold YH   Peryarmanyas]
Perymanyas G; De Interpretatione, ed.   þat] om. R   8 his] om. H   9 þing]
-gis YH   to¹] that H

7126C77   P

10 & þinkyth in his herte; & þerfor Crist seyde in þe gospel: Sit
f. 226ᵛ sermo vester 'est, est, non, non' [Mt. 5: 37], Be / ȝour word &
ȝour speche 'it is, it is, ȝa ȝa, nay nay', þat as it is in þe herte so
it be in þe mouth, þat ȝa of þe mouth be ȝa of þe herte & nay of
þe mouth be nay of þe herte, so þat þe mouth & þe herte must
15 alwey acordyn for, as seith Sent Austyn, in libro Contra mendacium,
þe mout[h] beryth witnesse to þe herte; & þerfor ȝif man or woman
seye oþirwyse þan it is in his herte he beryth fals witnesse aȝenys
his herte & aȝenys hymself & doth aȝenys þe precept of God þat
byddyth hym seyn no fals wytnesse aȝenys his neyebore ne aȝenys
20 his neste, þat is, his owyn herte & his soule. ¶ Anoþir skil is
þis: for dede is nout ordeynyd principaly to beryn witnesse to
þe þout of manys herte but it is ordeynyd to profyt of þe doere
& to profyt of hys neyȝebore & to þe worchepe of God; and
þerfor whan fenyyng in dede is profytable to þe doere & to
25 his euene cristene & to þe worchepe of God it is leful & in cas
wol medful. And þerfor Dauyd whan he was amongis his enmyys
in peryl of deth medfullyche fenyyd hym to ben wood so to sauyn
his lyf to þe worchep of God & to profyth of his nacioun & of his
frendis & of his enmyys þat schuldyn ellys a fallyn in manslaute,
30 I Regum xxi [13]. But speche is ordeynyd of God principaly to
ben trewe witnesse of þout in þe herte, & þerfor hoso seye oþir-
wyse þan it is in hys herte & in his conscience, he synnyth, for he
mysusith hys speche aȝenys þe ordre of kende ordeynyd of God.
DIUES. Syth fenyyng of dede is nout alwey synne as fenyyng of
35 speche, telle me whan it is synne & whan it is nout. PAUPER.
Fenyyng in dede is somtyme don be sleyȝte for a good ende, as we

10 &¹] or T   his] þe Y   Sit] om. H   11–12 word & ȝour] om. DBYLH
12 it is it is] om. al.   þe] your Y; om. H   13 it be] trs. H   þe¹] your
Y; om. H   þat] om. H   be²] & H   14 be] & H   15 as] om. T   seith]
after Austyn H   16 mouth] mout G   man] a man H   or] and L; a add. H
17 oþirwyse] with his mowth add. H   18 his herte & aȝenys] om. H
herte] om. T   doth . . . precept] aȝens the comoundment H   þe precept
of] om. R   19 hym] om. T   seyn] beryn H   19–20 neyebore ne
aȝenys his¹] om. T   19 ne] ner LH   20 herte] om. T   his³] owne add. Y   skil]
resun H   21 is] it H   to¹] for to H   22 to] the add. al.   23 to¹]
the add. H   hys] the H   þe] om. L   24 whan] om. TH   dede] dedis
dede T   24–5 to þe doere . . . cristene] to his evyn cristen to þe doer H
25 to] om. T   26 wol] om. TY; ful BY   27 med-] mad- H   28 þe]
om. H   of God] om. T   to²] þe add. RBYL   &²] om. H   28–9 & of
his frendis] om. L   29 of] om. H   in] -to H   30 to] for to BL
31 of] to the H   þe] om. DTBYLH   þerfor] om. R   hoso] who that H
32 it] om. H   35 me] om. H   it is²] om. al.   nout] none Y   36 som-
tyme don] trs. BYLH

redyn in þe ferde booc of Kyngis [10: 18–28] þat Ieu, þe kyng of
Israel, dede clepyn togedre alle þe prestis of þe false mamet Baal
into a certeyn day as þou he wolde a maad a gret solempte and
worchepe to Baal & dede cloþin alle þe false prestys in on certeyn   40
cloþ þat he ȝaf hem, þat be þe cloþinge men schuldyn knowyn
hem from oþere. And whan þey wern alle gadryd togedere in
her temple to worchepyn Baal, þe kyng Ieu bad men of armys
gon in & slen hem alle, & so þey dedyn. Also Iosue, ledere of
Goddis folc, fenyyd flyȝt for deceyuyn Goddis enmyys, Iosue   45
/ viii. Swyche fenyyng, so þat it be don withoutyn lesyng of þe   f. 227ʳ
mouth, is leful & in caas medful. Also þer is fenyyng for good
techyng, & so Crist fenyyd hym for to gon farþere to steryn his
disciplys to hospitalyte. Also þer is fenyynge of signyficacion,
& so Iacob as be mannys doom fenyyd hym to ben Esau, but in   50
Goddis doom it was no fenyyng of falshed but figure schewid be
þe holy gost þat spac in hym & warc in hym. Also þer is fenyyng
of falshed & of dublehed for to deceyuyn, & swyche is in ypocritis
& in fals folc; & al swyche fenyyng is lesyng & defendyd of God
be þis precept.   55

Cap. v

DIUES. Is it ony synne to leuyn þing þat is fals? PAUPER.
þer is falshed of þe seyere & falshed of þe þing þat is seyd. Falshed
of þe seyere somtyme it is pernicious & wyckyd, & to leuyn
lyȝtlyche swyche falshed it is dedly synne & dampnable. Somtyme
falshed of þe seyere is profytable & nout noyous & somtyme it is   5
neyþer profytable ne noyous, as lesyng maad only for bourde
þat harmyth no man ne profytyth; & to leuyn þese two maner
of falshedys it is venial synne & reprouable. ¶ Falshed of þe þing

37 Kyngis] primo capitulo *add.* T; 4 Regum x *add.* BYL   38 of] *om.* H
40 worchepe to] a worchippid H   þe] þo T   on] a H   41 cloþ]
om. D; -thing H   42 alle gadryd] *trs.* Y   44 in] *om. al.*   ledere]
-deris D   45 folc] peple BYL   for] to *al.*   48 for] *om.* BYL
52 þat] boþe *add.* H   warc] wrought *al.*   53 falshed] -nesse BYL   duble-
hed] -nesse BYL   54 in] *om.* BYLH   swyche] *om.* D   lesyng] -syngis
LH   defendyd] forboden BYL; offence H   of] to H

1 leuyn] -uyng T; bi- BYL   3 it] *om.* BYL   3/7 leuyn] bi-
BYL   4 lyȝtlyche] *after* falshed Y   5 profytable] as touchinge wordly
þing *add.* BYL   noyous] as to þe world *add.* BYL   5–6 & somtyme . . .
noyous] *om.* H   6 noyous] to þe world *add.* BYL   lesyng] -syngys *al.*
7 man] wordly *add. al.*   þese] þe RDT; þo BYLH   8 of falshedys it]
om. H   falshedys] -hed D   &] Also þer is BYL   þe þing] þing þat is
BYL; thinge H

seyd or þat þing longith to nedfulhed of our sauacioun, as ben
10 articulys of þe feith, & to leuyn swyche falshed it is dedly synne;
or it longith nout to þe nedfulhed of our sauacioun, & to leuyn
swich falshed ly3tly it is venial synne or ellys no synne, as seith
Dockynge, super Deuteronomium. Netheles þer schulde no
wyse man ben to hasty to leuyn þingis of charge þat soundyn
15 eyþer gret prosperite or gret aduersite, for Salomon seith: Qui
cito credit leuys est corde, etc., He þat sone leuyth is ly3t of
herte & vnstable, Ecclesiastici xix [4], and þerfor, seith he, leue
nout euery word þat men tellyn þe, ibidem. The fool symple
man, seith Salomon, leuyth euery word, but þe wise man takith
20 heed to hys paas & goth nout ne leuyth nout chanchabelyche
aftir mennys speche ne aftir lesyngis but aftir þe lawe of God
þat is nout chanchable, Prouer. xiv [15], et Ecclesiastici xxxiii
[3]. DIUES. Sith it is so þat a man may synnyn berynge fals
24 witnesse of hymself, wheþer synnyth he mor preysynge hymself
f. 227ᵛ falslyche or lackyng hymself falslyche? PAUPER. / Boþin ben
folye & in caas gret synne, for Catoun seith: Non te collaudes
nec te uituperes ipse, Preys nout þiself ne lac nout þiself. And
Salomon seith: Laudet te alienus et non os tuum, extraneus
et non labia tua, Leet anoþir preysyn þe & nout þin owyn mouth,
30 a stranger & nout þin lippys, Prouer. xxvii [2]. And þerfor be
comoun opynyon of clerkys it is mor synne a man to preysyn
hymself falslyche be auauntement þan it is to lackyn hymself
falslyche. For auauntement comyth of pryde þat is warst of al
synnys but lackynge of hymself may comyn of lownesse medful-
35 lych, for euery man of hymself is mor to lackyn þan to preysyn;
and þerfor seith þe prophete: Omnis homo mendax [Ps. 115: 11],
Euery man & woman of hymself is fals & a lyere. And Salomon
seith þat no man woot wheþer he is worþi loue or hate of God
& so no man woot what he is worþ in Goddis sy3te, and as mychil

9 or] and eiþer BYL; om. H   nedfulhed] -nes BYL   10/11/14 leuyn]
bi- BYL   11 or] and if H   þe] om. H   nedfulhed] -nes BYL   &] om. H
12 it] om. H   14 to²] ins. G   charge] charite D   soundyn] sownen BYL
15 eyþer] euery H   Salomon] þe wyse man al.   15–16 . . . Qui cito] MS
L incomplete after f. 214ᵛ (credit, the word following cito, appears in lower
margin)   16/19/20 leuyth] bi- BY   17 leue] bi- BY   19 Salomon]
þat he R; he DTBYH   19–20 euery . . . leuyth] om. H   20 nout¹] om.
BY   chanchabelyche] chaungeable H   24 mor] in add. H   27 uitu-
peres] culpaueris BY   Preys] þu add. al.   lac] þu add. al.   29 anoþir]
man add. BY   30 a] and a H   þin] owyn add. H   32 falslyche] om. R
37 a] om. RDT   38 God] he knowith nout add. H   39 worþ] worthy YH

as he is worþ in Goddis syȝte so mychil he is worth & no mor. 40
Therfor seith þe Philosofre, iv Eticorum, [vii] c., þat þe auauntere
of hymself is warse þan þe lackere of hymself: Iactator vituperabilior
est quam eyron; et idem dicit Ricardus de Media Villa, super
Sentencias, lib. iii, d. xxviii, q. iv. DIUES. Whiche ben clepyd
be þe lawe fals witnessys? PAUPER. þey ben clepyd fals witnessys 45
in þe lawe þat ben brout to beryn witnesse & ben sworn to seyn
þe sothe & don aȝenys her oth, scyynge fals or hydyng þe trewþe
& þing þat schulde ben seyd or transposyn þing þat schuldyn
ben seyd, or ȝif a man seye þing for certeyn þat he is nout sekyr
of, þouȝ it be trewþe þat he seyth; & also he is fals witnesse þat 50
sweryth a trewþe with sley speche for deceyt. Swyche maner folc
Sent Austyn lykenyth to Iudas & mychil folc, seith he, despysyn
þese dayys þe dede of Iudas & þou þey don þe same þat he dede
or ellys warse, for why, seith he, alle þo þat for mede beryn fals
witnesse þey sellyn Crist souereyn trewþe for mede, et est super 55
illud, Matthei [26: 15]: Quid vultis mihi dare et ego eum uobis
tradam. But swyche fals wytnessys ben warse þan was Iudas,
for he selde Crist for þretty penys but many fals witnesse sellith
Crist for mychil lesse & / sumtyme for nout, only to schewyn f. 228ʳ
malyce or to ben venchyd. Iudas made restitucion of þe monye 60
þat he took to betrayhyn Crist & nout wolde rejoysyn it, but fals
witnessis þese dayys makyn non restitucioun but lyuyn be swyche
synful lucre. Iudas leuede nout þat Crist schulde rysyn from deth
to lyue & deme þe quycke & þe dede, but we leuyn þat he roos from
deth to lyue and schal comyn to demyn al mankende, verey God 65
& verey man, & þerfor cristene men, fals witnessys, ben mor to
blamyn þan was Iudas.

41 Therfor] There H   seith] after Eticorum H   þe Philosofre] Arystotyl al.
vii] xiv RDTBYG; om. H   þe²] om. D   43 eyron] uituperator BY
44 xxviii] xxiv R   45 witnessys¹] -nesse H   45-6 þey . . . lawe] Tho
H   ben clepyd . . . lawe] om. al.   47 þe²] om. R   48 &] of H   48-9 or
transposyn . . . seyd] om. Y   48 þing²] -gys RDTBH   49 seye] a add. H
for] of Y   51 for] in R   maner] of add. Y   53 þese dayys] after Iudas
R; marg. G   þou] om. R; ȝit BYH   55 Crist] þat is add. BY   57 was
Iudas] trs. TH; Iudas Y   58 witnesse sellith] -sys sellyn al.   59 only]
for add. H   60 or] for add. R   61 nout wolde] trs. BY   62 non]
no al.   swyche] fals add. B   63 synful] om. H   leuede] bi- BY
64 leuyn] bi- BYH

Cap. vi

DIUES. Mon alle maner folc beryn witnesse in doom? PAUPER.
Nay, for bonde seruans schul beryn no witnessys in causys of
her lordys, neyþer aȝenys hem ne with hem, but inasmychil as
þe cause touchith oþir of his seruans, iv, q. iii, [Item] in criminali,
5 verbo Item serui. Ne women schul beryn no witnesse of prof in
causis of felonye; but in matrimonye & in causis of purgacion of
womennys euyl name þey mon beryn witnesse of prof; and women
mon acusyn in causis of felonye. Also non ȝong folc withynnyn
fourtene ȝer ne folys ne beggerys ne wol pore folc ne heþene
10 men ne cristene men losyd [opynly] of falshed or onys teynt
fals & forsworn ne opyn wyckyd lyuerys & of euyl name—non
of þese is able to beryn witnesse in doom aforn a iuge. Versus:

Condicio, sexus, etas, discrecio, fama,
Et fortuna, fides in testibus ista require.

15 Be fals witnessis þe Iewys slowyn Sent Stefene & be fals wit-
nessis þey slowyn Crist & be fals witnessis þey slowyn þe
trewe man Nabot & be fals witnessis þey woldyn a slayn þe
holy woman Susanne, but God sauede hyr & broute þo fals
witnessys to þe same deth þat she schulde an had ȝif her witnesse
20 hadde ben trewe, for þat was þe lawe þat tyme & ȝit it is lawe in
many londis; and ȝif þey disherytyn ony man or woman or don
hym lesyn onyþing be fals witnesse þey arn boundyn to restitucion.
Also bacbyterys forfetyn aȝenys þis precept whyche be malyce
bacbytyn hem þat ben goode & be lesyngis diffamyn hem. Also
25 flatererys þat falslyche preysyn hem þat ben wyckyd so to fauouryn
hem in her synne; & so boþin þe bacbytere lackynge þe goode
f. 228ᵛ   man / & þe flaterere preysynge þe wyckyd man han Goddis curs
þat he ȝeuyth to alle swyche, þus seynge: Ve qui dicunt bonum

---

1 folc] men BY   2 witnessys] -nesse BYH   in causys] om. H   3 ne]
nor H   4 Item] ¶ all MSS   5 Ne] Nor H   schul] schuld H   no] om. H
witnesse] -sys RY   6 causis¹ causis²] cause H   7 witnesse] -sis D
8 mon] beryn witnesse & add. H   causis] cause H   non] no al.   withynnyn]
inne D   9 ne¹ ne²] nor H   wol] ful BY   10 opynly] before losyd
BY; om. G   teynt] -tid H   11 &¹] or H   12 aforn] bi- BY   14 Et]
est H   15 witnessis¹, ²] -nesse RDTYH   16 be fals . . . slowyn]
false D   witnessis] -nesse RTYH   þey slowyn²] om. BY   þe] that H
17 witnessis] -nesse RTYH   18 þo] þe al.   19 witnessys] -nesse DH
þe same] shameful H   witnesse] -sys RY   20 for] and BY   it] om.
BYH   lawe²] om. al.   21 and] om. H   22 hym] hem YH   arn]
om. R   24 diffamyn] -myd D   26 boþin] be T

malum et malum bonum, Wo be to alle þo þat seyyn þe goode
wyckyd & wyckyd good, Ysa. v [20], and namely þey þat ben 30
nyh3 to lordis & to grete men & ben her gouernourys & her con-
celourys [or confessourys] and for to plesyn hem & to flateryn
hem seyn and don only þyng þat may plesyn hem, be it neuere
so fals, & takyn non hede to God ne to þe trewþe but only to
plesyn and seyn nay or 3a nout aftir þe trewþe is but aftir þat þe 35
lord wil han it and so hartyn hym & blendyn hym in hys folye.
Swyche flatererys arn lykenyd to a beste þat is clepyd camelyon,
whiche beste chanchyd his colour aftyr þe þingis þat arn besydyn
hym, now whyt, now blac, now red, now grene, now blew, now
3elw. Ry3t so, swyche flatereris chanchyn her speche aftir þat 40
þey hopyn best to plesyn her lordis & oþir men, for now þey
spekyn good of a man whil þe lord is hys frend, and 3if he falle
enmy to hym onon þey spekyn hym harm & vylanye so to plesyn
þe lord and oþir þat ben þat mannys enmyys. In presence of
hys frendys þey spekyn sumtyme a man good þou þey woldyn 45
hym no good, and in presens of hys enmyys spekyn hym euyl
& so chanchyn her speche as þe camelyon doth hys colour. And
as þe vane turnyth on þe stepyl aftir þat þe wynd blowyth so
turnyn flatereris and bacbyterys her speche as company spekyth
þat þey ben ynne. The mosel & þe face of þe camelyon is lyk 50
swyn & ape, for euery flaterere is a bacbytere, and as þe swyn
hat mor lykynge to lyn in a foul slow3 þan in a fayr grene and with
wrotynge of his snowte defylyth the place ther he goth so hat þe
bacbytere mor lykynge to spekyn of oþir mennys defautis and of
her inhonesteis & of synne and schrewydnesse þan to spekyn 55
of her goodnesse & of her honeste and with sley speche wrotyn up

29 þo] om. H   30 &] the add. H   31 to²] om. R   &³] or RDTB   32 or con-
fessourys] om. G   and] om. H   for] om. BY   33 seyn. . . plesyn hem] om.
DBYH   34 ne] nor H   þe] om. H   35 and] or H   nay] om. D   or]
of Y   þat] om. H   36 hartyn] hard- al.   hym¹ hym²] hem H   hys] her
H   37 lykenyd] lyke RDTB; like unto Y   a] þe Y   clepyd] callid H
38 chanchyd] -chith DTBYH   43 hym¹] hem R   hym harm] harme
of hym H   44 lord] -dis H   þat²] om. T   enmyys] om. R; enmy H
45 sumtyme] om. al.   46 no] non H   hys] om. T   enmyys] þei add. al.
47 & so . . . colour] om. al.   48 turnyth] after stepyl al.   on] of TBYH
þat þe wynd blowyth] þe wynde al.   49 as] the add. H   50 The] In R
51 swyn . . . ape] an swyn . . . an ape H   þe] a al.   53 his snowte]
his nose and of his snowte he H   defylyth] -fouliþ BY   hat] after bacbytere
H   54-5 and of her inhonesteis & of] or of her H   55 of] om.
RDTBY   and schrewydnesse] om. al.   56 of her²] om. al.   wrotyn]
-tyng DBY

her defautys for to apeyryn and defylyn her goode name. And
in þat he is a flaterere he is lyk þe ape þat what he sy3th oþir
59 men don he wil don þe same. For flatererys reulyn her tunge nout
f. 229ʳ aftir þe trewþe / but aftir þe plesance & speche of oþir men.
But þis beste camelyon þou it be fayr whil it is on lyue 3et whan
it is ded it is wol foul, as seyth þe Maystyr of Kende. Ry3t so,
swyche flatererys and fayr spekerys þat spekyn wel & don wol
euele, alþou þey semyn fayre and worchipful in þis world, in þe oþir
65 world aftir h[e]r deth þey schul ben wol foule and fendys felawys
in helle-pyne, but þey amendyn hem. And alle þat spekyn wel
& don nout þeraftyr forfetyn a3enys þis precept, for þey denyyn
be her dedys þe trewþe þat þey seyn with her mouth. Of swyche
Sent Powyl seyth þat with her mouth þey knowlechyn hemself
70 to knowyn God but with her dedys þey denyyn it: Confitentur
se nosce Deum factis autem negant [Tit. 1: 16]. And þerfor God
warnyth folc of swyche fals witnessis þat spekyn þe trewþe with
her mouth and denyyn it in dede & seith þus: Omnia quecumque
dixerint vobis facite, secundum vero opera eorum nolite facere
75 [Mt. 23: 3], Alle þing þat þey byddyn 3ou don, doth it, but do
3e nout aftir her wyckyd werkys.

Cap. vii

Also þese men of lawe þat for mede meynteþin falshed a3enys
þe trewþe or for mede hydyn þe trewþe þat þey schuldyn meynteþin
or for mede withdrawyn hem to letyn falshed han his forth, þey
fortetyn a3enys þis precept, whiche defendyth al maner falshed.
5 I rede þat on a tyme þer wern two men of lawe dwellynge in on
town. The on at euyn cam hom from þe sysys and þe oþir askyde
hym what he hadde wonne þat day & he seyde, 'Twenty marc'
and þat he hadde ry3t mychil trauayl þerfor. '3a', seith þe oþir,

---

57 for] om. al.   58 þe] to an H   58–9 þat what . . . men] for what thinge
an ape seith H   58 what] þat T   59 tunge] -gis H   60 &] þe add. T
61 on lyue] alyue BY   whan] as sone as al.   62 wol] ful BY   foul] ful T
63 swyche] om. H   wol] ful TBY; om. H   64 semyn] leuyn R   65 her] hyr
G   wol] ful BY   66 but] if add. H   alle] tho add. H   71 negant] Titum
i add. T; Tite primo add. BY   72 folc] vs H   witnessis] -nesse H
74 facere] Mt. xxiii add. BY   75 þing] -gis H   doth] 3e add. BY

2 þe¹] om. R   for] om. Y   3 to] suffre or add. BY   han his forth] om.
RDTH   4 defendyth] forbediþ BY   maner] of add. H   5 þat] om.
BYH   on²] a T   6 on] of hem add. H   at euyn] after hom H   hom]
om. D   sysys] syse RDTH; assise BY   7 he²] om. T   8 ry3t] om.
DTH   trauayl] -yld H   seith] seid H

'& Y haue wonne as mychil and mor to ben at hoom & nout
to trauaylyn.' Swyche men of lawe and batterys of lawe þat han non 10
conscience mon wel seyn þat is wrytyn in þe booc of Ysaye þe
prophete: Concepimus et locuti sumus de corde uerba mendacii,
etc. [59: 13]. We han conceyuyd be studie and be good informa-
cioun knowyng of þe trewþe & of our owyn herte and of our owyn 14
contrewynge we han spokyn wordis / of lesyngis and of falshed, f. 229ᵛ
& þerfor ryȝtful doom is turnyd bacward and ryȝtfulnesse stood
from far & myȝthe nout neyhyn; trewþe fel doun in þe strete &
equite myȝte nout entryn; þe trewþe is al forȝetyn, and he þat
wente away from wyckyd þing & wolde a lyfyd in pees and trewþe,
he was opyn pray to false men: Qui recescit a malo prede patuit, 20
Ysaye lix [13–15]. But wolde God þat þey woldyn amendyn hem
& seyn þat is writyn in þe same chapitele: Lord God, our synnys
arn multiplyyd afor þe and our synnys answeryn to us, for our grete
synnys ben with us and acusyn us. We knowyn our wyckydnessys
for we han synnyd & lyyd falslyche aȝenys our lord God. We 25
turnedyn us awey & nout woldyn gon aftir our God to folwyn
hym in trewþe but spokyn aȝenys hym falshed and pasyng of
Godys lawe for to endaungeryn þe symple folc. ¶ Also prechourys
of Goddis word þat prechyn mor for wynnyng of wardly good
þan for wynnyng of mannys soule and sekyn mor her owyn 30
worchepe þan Goddis worchepe in her prechynge & nout prechyn
þe trewþe ne wil men seyn her soþis in reprouyng of her synne,
þey ben fals witnessis and don aȝenys þys precept; for ȝif þey
hydyn þe trewþe in fauour of synnerys & nout wil prechyn aȝenys
her vycys, or ȝif þey prechyn falshed and errouris to schewyn her 35
wit be curyouste of speche or prechyn heye materys nout pro-
fytable to þe peple ne helpely to mannys soule, alle swyche pre-
chouris arn clepyd fals witnessys. Also þey þat prechyn so harde

---

9 and] or H   10 to] om. H   batterys] bacbyteris RDH   non] no
RDTBY   11 þat] it add. TG   þe²] om. T   11–12 þe prophete] om. H
14 owyn²] om. al.   15 lesyngis] lesing BY   17 neyhyn] neythyn H
19 þing] -gis H   21 wolde] to add. H   23 afor] bi- BY   to]
om. H   24 wyckydnessys] -nes RDH; witnessis BY   26 us] om. H
nout woldyn] trs. BYH   God] lord God YH   27 hym²] in add. Y   28 for]
so H   to] om. D   Also prechourys] caue predicator ubi dei add. marg. T
29 word] -des YH   29–30 wynnyng . . . for] om. D   good] -des YH
30 þan] that YH   mannys] mennis BY   soule] -les Y   31 nout prechyn]
trs. BY   32 ne] nor H   men seyn] trs. al.   synne] -nys al.   34 nout
wil] trs. BY   35 errouris] errour BY   37 ne] noth DYH   helpely]
helpyng H   38 Also] alle add. H

aȝenys þe mercy of God þat þey bryngyn folc in wanhope, and
40 also þey þat prechyn so mychil of þe mercy of God & so lytyl
of hys ryȝtfulnesse þat þey makyn folc to bold in synne, swych
prechourys arn fals witnessis of Crist, for al hys mercy is medelyd
with ryȝtwysnesse & al his ryȝtwisnesse is medelyd with mercy.
44 Therfor Dauid seyth: Vniverse vie domini misericordia et ueritas
f. 230ʳ [Ps. 24: 10], Alle þe weyys & þe / domys of our lord ben mercy
and trewþe. Deus iustus et misericors [Ps. 114: 5], God is ryȝtful
& he is mercyable to alle þat wil amendyn hem. Alle prechourys
of Goddis word schuldyn ben witnessys of Crist þat is souereyn
trewþe. And þerfor Crist seyde to his disciplis: Eritis mihi
50 testes in Ierusalem, etc., ȝe schul ben witnessys to me in Ierusalem
& in al þe Iewerye and in Samarye and in euery lond to þe laste
ende of erde, Actus Apostolorum i [8]. And þerfor prechouris
schuldyn auysyn hem wel þat þey prechyn no falshed ne seyyn
noþing for certeyn þat is in doute to hem & þat þey hydyn nout þe
55 trewþe þat schulde ben seyd & þat her lyf and her techyng acordyn
with þe techyng & þe lyf of Crist, for ȝif þey techyn oþirwyse
þan Crist tauȝte & lyuyn nout as Crist lyuede þey ben false
witnessys to Crist. Crist tauȝte chaste and commendyt pouerte
& lownesse, and þerfor ȝif þe prechour of Godys word be a lechour
60 and a charnel man, proud of herte & coueytous, he is nout trewe
witnesse of Crist. And ȝif he reproue pouert & chaste & seye
þat Crist was nout pore for mannys sake, he lyyth on Crist and
he is to hym ouyrdon a fals witnesse, for he seyde þat þe foxis
haddyn her denys & þe bryddys her nestis but þe maydenys
65 sone hadde nout wher he myȝte restyn hys hefd, Mathei viii
[20]. And Sent Powyl seyde þat Crist becam nedy for us in þis
world to makyn us ryche with his mischef: Propter uos egenus
factus est cum esset dives ut illius inopia diuites essetis, II ad
Corinth. viii [9].

39 þat] þan DT   þat þey] and H   folc] men T   wan-] whan- G   and] om. T
40 also] alle R; om. H   41 ryȝtfulnesse] -wysenes al.   42 witnessis]
-nesse D   43 al] om. H   is medelyd] om. H   44 seyth] om. T   48 schul-
dyn] schuln T   witnessys] -nesse H   þat] he add. Y   50 witnessys]
-nesse H   51 þe¹] om. BY   52 of] þe add. RDTBY   of erde] om. H
53 prechyn] -edyn al.   no] non H   ne] nor H   55 ben] a ben H
56 techyng . . . lyf] trs. R   56–8 for ȝif . . . witnessys to Crist] repeat Y
60 nout] no H   61 of] to Y   reproue] in his dede add. RDTH; in his
dedis add. BY   62 lyyth] it add. D   on] vp- BY   63 he¹] om. H
a] om. al.   he²] Cryst al.   þe] om. al.   64 þe¹] om. R   65 restyn]
on add. H   66 becam] man add. BY   67 his] om. T

Cap. viii

Also al men mynystris of holy chirche, & namely men of relygion, schuldyn ben witnessis of Crist to edificacioun of þe peple & of her neyeborys þat ben alle men and women. And þerfor men of holy chirche ar betokenyd be Galaad, þat is to seye, an hep of witnesse, for al her lyuynge in hert, in word, in warc & in 5 cloþing schulde beryn witnesse to Crist. DIUES. How schuldyn men of holy chirche beryn witnesse in cloþinge to Crist? PAUPER. For in cloþinge þey schuldyn schewyn sadnesse, honeste & lownesse as nyh3 folwerys and witnessys of Crist þat tau3te sadnesse / a3enys vanyte, honeste a3enys glotonye and lecherye, lownesse f. 230ᵛ a3enys pryde, and pouert a3enys coueytyse. And þerfor þe out- 11 cloþinge of men of holy chirche, and namely of men of religioun, schulde nout ben to streyt ne to schort to schewyn þe schap of her body for pryde & vanite and to temptyn women ne to precious a3enys pouert ne ouyrdoun feble a3enys her dignete & honeste 15 of holy chirche to ben in scorn of þe peple. DIUES. Of þys materye þu speke aforn. Y coueyte no mor to heryn þerof, for as þu soþly seydyst, men of holy chirche, and namely men of religion, pasyn in gret aray and pompe temporel lordys. PAUPER. Also as oftyn as þe preste syngith hys messe he representith þe persone 20 of Crist þat deyyd for us alle upon þe tre and be hys cloþinge & be hys messe-syngynge he beryth witnesse of Cristis pascioun and schewyd þat al þat he doth in seyynge of his messe he doth it in mende of Crystis pascioun, & 3if he haue no mende of Cristis pascioun aftir þat hys cloþinge betokenyth ne is nout swyche as 25 hys cloþynge schewith þat he schulde ben he is a fals witnesse in deceyt of his neyhebore. þerfor Sent Gregory seith þat no man doth mor harm in holy chirche þan he þat hat a name and

---

1 al] *om.* H   men¹] *om.* RBY   2 witnessis] -nesse H   4 hep] hope DBYH   7 chirche] *marg.* G   in] the *add.* H   in cloþinge] *om.* Y   to] of H   8 þey] *om.* Y   honeste] *om.* T   9 nyh3] nere H   and] of RTBH; to Y   witnessys of Crist] Cryst and wytnessys RTB; Crist witnessis D; Crist & witnesse H   þat] he *add.* H   11 a3enys¹] *om.* T   12 of men²] *om.* H   13 schulde] schul D   to¹] *om.* H   ne to] nor H   14 and] ne R   to²] *om.* T   15 ne] nor H   her] *om.* DT   dignete] degre *al.*   16 to ben . . . peple] ne to syde and (and] ne Y) wyde a3ens mesure RDTBY; nor to syde nor to wide H   17 speke] spak RBYH; spoke T   aforn] bi-BY   19 pompe] as *add.* H   21 tre] rode tre H   23 schewyd] schewyt *al.*   his] *om.* D   24 no] *om.* T   25 cloþinge] and his aray *add.* RT   25-6 betokenyth . . . cloþynge] *om.* DBYH   28 þan] þat R

ordre of holynesse & lyuyth wyckydlyche: Nemo amplyus
30 nocet in ecclesia quam qui peruerse agens nomen et ordinem
sanctitatis habet. DIUES. What betokenyth þe cloþinge of þe
preste at messe? PAUPER. The amyte þat þe preste hyllyth with
his hefd at þe begynnyng betokenyth þe cloþ þat Cristys face
was hild with in tyme of his pascioun whan þe 3ewys hyldyn his
35 face and bobetyd hym & boxsedyn hym & bedyn hym redyn who
smot hym. The longe aube betokenyth þe white cloþ in whyche
þe kyng, Heroudys, cladde Crist in scorn as he hadde ben a
fool. The fanoun, þe stole and þe gyrdil betokenyn þe boundys
with whyche Crist was boundyn as a þef in tyme of hys passioun.
40 The fanoun betokenyth þe bondys of his handys, þe stole þe
rop and þe bond þat he was led with to hys deth, þe gyrdil
betokenyth þe bondys þat he was boundyn with to þe peler & to
þe cros. The chesyple betokenyth þe cloþ of purpure in whyche þe
f. 231ʳ kny3tis claddyn hym for / scorn and kneledyn to hym & seydyn
45 in scorn, 'Heyl be þu, kyng of Iewys!' ¶ The buschop pasynge oþir
prestys hat a mytre & a croos. The mytre on þe buschopys hefd
betokenyth þe coroune of þornys þat Crist bar on hys hefd
for mannys sake and þerfor þe mytre hat two scharpe hornys
in tokene of þo scharpe þornys. The two tungis þat hangyn doun
50 on þe mytre betokenyn þe stremys of blood þat ronnyn doun from
Cristis hefd þorw pryckyng of þe coroune of þornys. The croos
þat þe buschop berith in his hond betokenyth þe reed spyr þat
þe kny3tys tormentouris puttyn in þe hand of Crist in scorn for
a ceptre, and þe archebuschopys croos betokenyth þe cros þat
55 Cryst deyyd on for us alle. The buschopys glouys at messe in hys
handys betokenyn þe naylys in Cristys hondys, and þe sandalyys
& þe schon [on] his feete at messe betokenyn þe naylys in Cristis
feet. 3if it be so þan þat men of holy chirche hauynge þese tokenys

32 þat . . . hyllyth with] on al.   33 þe cloþ] om. H   34 hyldyn] hid
H   35 bobetyd] bobet H   & boxsedyn hym] om. al.   bedyn] bad al.
redyn] a- B; gessyn H   36–7 in whyche þe kyng] þat al.   37 cladde]
with add. BY   Crist] wyt add. RDTH   he] om. R   39 with whyche]
þat RH; whiche DBY; with þe which T   boundyn] wyt add. RBYH
40 betokenyth] token- H   þe¹] om. BY   41 and þe bond] om. al.
42 betokenyth] om. RDTBY; token- H   43 betokenyth] token- H
44 claddyn] cloþiden BY   for] in BY   46 þe buschopys] his al.   47 be-
tokenyth] token- H   Crist] he H   48 for mannys sake] om. H   sake]
om. R   48–9 hornys] . . . scharpe] om. H   49 þo] þe RDBY; om. T
50 on] om. T   51 þorw] be al.   coroune] garland H   53 tormen-
touris] om. H   in þe hand] into þe handis H   55 on] up- RDTBY
in] on al.   57 & þe schon] om. al.   on] in G

of Cristis passioun in her messe-syngynge han non deuocion in
Cristis passioun ne mende of hys passion þey beryn fals witnesse, 60
for it is nout with hem inward as þe tokenys schewyn outward.
¶ Also þe amyte betokenyth þe basnet of helþe þat is hope of þe
lyf þat is to come and forsakyng of erdely goodis. þe longe aube
betokenyth chaste of body & soule. þe gyrdil, fanoun & stole
betokenyn þe comandementis and þe conseylys of Crist in þe 65
gospel be whyche men of religion & of holy chirche ben boundyn
pasyng oþere to seruyn God. The chesyple betokenyth þe hool
cloþ of Cryst withoutyn seem, al wouyn in on, whyche betokenyth
perfyt charite. The mytre on þe buschopys hefd with two hornys
betokenyth connynge of two testamentys, elde & newe, whyche 70
connyng he owyth to han and to techyn with two tungis, with
tunge of dede and with tunge of speche, & schewyn is boþe in
dede be good example-ʒeuynge and in speche wel techynge; &
þat betokenyn þe two tungis þat hangyn doun behyndyn on þe
mytre. And þe same betokenyn þe two tungis hangynge behyndyn 75
on þe aube on þe prestis schuldre, for euery preste schulde connyn
Goddis lawe & prechyn it with tunge of dede & of good example
and with tunge of speche. þese / two tungis hangyn heyere on f. 231ᵛ
þe buschop þan on þe symple preste in tokene þat þe buschop is
mor heylyche boundyn to þe tunge of good example and of good 80
techynge þan a symple prest. DIUES. It is a comoun sawe þat
þo two tungis on þe prestys schuldryn betokenyn þat þis lond
hat ben twyys renegat & peruert. PAUPER. þat is fals, for syth
þis lond took first þe feyth þe peple was neuere renegat, but þe
peple of þis lond was slayn nyhʒ al up for þe feith tyl þer was non 85
cristene man to dwellyn þerynne but only heþene peple þat so
hadde slayn cristene peple and be þe swerd keptyn þis lond þat þey

59 -syngynge] seyng RDTBY; and H   non] no RDTBY   60 ne mende
. . . witnesse] they ben false witnessis H   64 betokenyth] om. H   65 be-
tokenyn] -nyth H   þe³] om. D   66 of²] om. Y   67 hool] holy al.
68 al wouyn in on] or wem H   69 with two] withouten T   two] þe
DBY; þe ii H   70 elde . . . newe] þe old . . . the new H   72 with]
om. RY; þe add. H   is] hem RDTBY; om. H   73 be good] and in H
74 betokenyn] -nyth H   þe¹] þo R   two] om. D   þat² . . . doun] hangyng
al.   75 þe¹] þo R   behyndyn] om. H   76 schuldre] -dris H
77 of¹] om. T   of²] om. BYH   78 and] om. YH   79 þat] om. H
80 tunge] -gys al.   of²] om. DTBYH   good²] om. R   81 þan] is add.
Y   a symple] þe R; the symple DTBYH   82 betokenyn] -nyth H
83 peruert] -tyd al.   84 þis] the H   þe¹] om. H   85 of þis lond] om.
H   was²] om. T   86 so] om. al.   87 be] om. D   þe] om. H   þey]
had add. R

wonnyn of cristene men. Therfor Beda, De officio diuino, seith
þat it betokenyn two tungis þat men of holy chirche owyn to
90 han, as Y haue seyd, & þerfor it arn clepyd tungis. Also þe
prestys coroune betokenyth þe coroune of þornys on Cristis hed
& þe dignete of presthod. And his schauynge, as seith þe lawe,
betokenyth pouert in soule and forsakynge of wardly goodys.

Cap. ix

DIUES. What betokenyth þe buschopys croos in maner of
lyuynge? PAUPER. As seith a gret clerk, Bede, lib. i, De diuino
officio, þe buschopys croos in Latyn is clepyd a schepherdis
staf to steryn þe buschop to lownesse & to þinkyn on þe cure and
5 þe besynesse & þe charche þat he takyth upon hym whan he is
maad buschop. He beryth no sceptre of wardly dignete to steryn
hym to pryde ne he beryth a swerd þat is tokene of cruelte but
he beryth a schepherdys staf, nout to slen ne to smyte but for to
sauyn his schep þat ben his sogettis. Whyche staf abouyn is
10 wrong in þe maner of an hooc to drawyn aȝen þat wolde nout
comyn or ellys gon awey, for þe buschop schuld pryncipaly
trauaylyn to drawyn synful men & women with fayrnesse, be
good wordis and be good example to þe mercy of God and nout
ben to fers ne to fel to þe synful. And þerfor, as Bede seith,
15 abouyn on þe hooc of þe cros is wrytyn þus aboutyn: Cum iratus
fueris, misericordie recordaberis, Whan þu art wroth, þu schal
þinkyn of mercy. In þe rounde knot beneþyn þat hooc is wrytyn
f. 232ʳ *homo*, þat is to seye 'a man', to don þe buschop þinkyn / þat he
is but a man as anoþir is and nout ben to proud of hys dignete.
20 Beneþyn besydyn þe pyc of yrn is wrytyn *parce*, þat is to seye
'spar', for he must sparyn hys sogetis & schewyn grace to hem as

---

88 men] peple *al.*   89 betokenyn] -nyth H   90 han] and *add. can.* G
it] þei BY   91 prestys coroune] crown of prestis H

1–2 of lyuynge] abovyn crokyd H   2 lyuynge] louyng D   3 in Latyn]
om. al.   4 and] on *add.* BYH   5 takyth] hatȝ takyn RH   whan] *om.*
D   5–6 he is . . . buschop] *om.* R; made bischop D   5 is] was H
7 ne] nor H   he] *om.* BY   a] no *al.*   tokene of] *repeat* T   8 ne] nor
H   smyte] fyghtyn H   for] *om.* RH   9 sogettis] spiritualy *add. al.*
10 wrong] crokyd *al.*   þe] *om.* BYH   aȝen] the schep *add.* H   12 to]
for to R   13 þe] *om.* T   14 ben to] *trs.* BYH   to¹] *om.* T   to³]
with H   15 hooc of þe] *om.* T   aboutyn] *om.* H   16 art] schalt be
al.   17 of] on *al.*   þat] þe RDBYH: *om.* T   18 a man] *om.* D
19 to] *om. al.*

he wil han grace of God; and in toke[n] þerof þe pyc of þe cros
schulde nout ben scharp but blont, for þe doom of þe buschop
schulde nout ben to scharp but alwey medelyd with mercy.
The staf of þe croos is ryȝt & nout wrong, in tokene þat þe buschop 25
schulde demyn ryȝtfullyche & gouernyn his sogetis in ryȝt and
equite and don no man wrong, vnde versus: Contrahe per primum,
medio rege, punge per ymum. Be þese tokenys outward buschopys
& prestys witnessyn hemself to ben swyche inward as þe tokenys
schewyn; but ȝif þey ben non swyche þey ben fals witnessys 30
to Crist and to Cristis lore in damage of her euene cristene, for
be ypocrisye þey deceyuyn þe peple. Forsoþe, it is a lesynge ony
man knowelechyn hymself a buschop, preste or clerc or man of
religion & warkyn contrarye þingis to his ordre and aȝenys þe
tokenys þat he beryth of holynesse. It is a lesyng ony man or 35
woman to seyn hymself cristene & doth nout ne lyuyth nout as a
cristene man or woman but perauenture worse þan Iew, Sarcyn
or paynym. Therfor seith Sent Ion in his pystyl þat hoso seye
þat he knowith God and kepith nout his comandementis he is a
lyere & þer is non trewþe in hym, I Io. ii [4]; and he þat seith 40
þat he louyth God & he hatyth his broþir he is a lyere, [I] Io. iv
[20]. And so euery wyckyd lyuere is a lyere. And þerfor Sent
Ambrosye seith in þis maner: Breþeryn, fle ȝe lesyngis, for al
þat louyn lesyngis ben þe childryn of þe fend, for, as Crist seith
in þe gospel, alle swyche han þe fend to her fadyr, whyche hat 45
euere ben a lyere and fadyr of lesyngis and neuere stod in trewþe
but with a lesyng les al mankende, as Crist hymself seith in þe
gospel, Ion viii [44]. And ȝit into þis day oneþis he bryngith ony
man or woman to synne but with lesyngis, & so with lesyngis he
sleth mannys soule and womannys & euere hat ben a cruel 50
mansleere and a fals lyere, as Crist seith in þe same / gospel.   f. 232ᵛ

22 token] toke G   23–4 scharp . . . ben] om. D   24 to] om. Y
25 nout] croked add. T   27 no] om. T   versus] -so R; om. TH   28 punge]
parce BY   29 & prestys] om. H   30 schewyn] owthward add. H   ȝif]
om. T   non] nout H   witnessys] -nesse H   31 to Crist and] om. H
33 knowelechyn] -lechyng T   hymself] hym DBYH   a] om. R   36 hym-
self] hym DBYH   doth] it add. Y   doth . . . nout as] levith nout like H   ne
lyuyth] ne lyuyn R; ne lif D; þe lif T   nout²] þerafter add. RDBY; þerafter T
37 or woman] om. H   þan] a add. H   38 seith] after pystyl H   40 non]
no al.   40–1 I Io. . . . Io. iv] om. H   41 he²] om. BY   is] om. T
I] om all MSS   46 lesyngis] -syng Y   48 þis day] these dayes H
49 to] in- R   & so with lesyngis] om. H   50 soule] after womannys H
15 a] om. RDTH   same] om. H

Cap. x

DIUES. Tel me, Y preye þe, how witnessys schuldyn han hem in doom for to beryn trewe witnesse. PAUPER. The witnesse in doom & þe iuge also schuldyn ben indifferent to boþin partyys & seyn þe trewþe for boþin partyys, and þe iuge may nout be
5 þe lawe takyn mede to demyn trewly ne þe wytnesse may nout be þe lawe takyn mede to beryn trewe witnesse. Mychil mor þan þe witnesse owyth takyn no mede to beryn fals witnesse ne þe iuge to ӡeuyn vnryӡtful dom, xiv, q. v, Non sane. Netheles þe wytnesse may lefullyche takyn hys costys of hym þat bryngith
10 hym to witnesse. And ӡif a man see þat hys neyebore schulde fallyn in hys trewþe & lesyn his ryӡt for defaute of witnesse, ӡif he knowe þe trewþe & mon beryn witnesse in þe cause, but he bere witnesse & seye þe trewþe for sauacioun of his neyebore ellys he synnyth greuously þou he be nout brout to beryn witnesse.
15 And in þat caas men of holy chirche mon & owyn to beryn witnesse, so þat it be nout in cause of blood ne of greuous synne. And ӡif a man take mede for his witnesse he is bondyn to restitucion. DIUES. To whom schal he makyn restitucion? PAUPER. Ӡif he took mede to beryn fals witnesse, þou he bore trewe witnesse
20 or no witnesse he schal makyn restitucion, nout to hym þat ӡaf it—for he is nout worþi to han it aӡen sith he ӡaf it for falshed and for synne—but he schal makyn restitucioun to hym aӡenys whom he tooc it to don hym wrong. And in þe same maner he schal makyn restitucion ӡif he tooc mede nout to beryn witnesse but for
25 to ben stille & nout seyn þe trewþe. And ӡif þe witnesse take mede to seyn þe trewþe he schal makyn restitucioun to hym þat ӡaf it to hym in helpe of his ryӡt, for it was leful to hym so to ӡeuyn, but it was nout leful to þe witnesse so to takyn. And ӡif it be in doute for what ende þe ӡifte was ӡouyn, þan he schal
30 makyn restitucioun and ӡeuyn it to pore folc be þe dom of holy

---

1 witnessys] -nesse H　　　2 beryn trewe witnesse] bene trewe wytnessys
(-nesse H) al.　　witnesse²] -nessis BY　　in²] om. T　　3 boþin] þe add. Y
4 . . . nout be] in MS T nout be ends f. 230ᵛ; f. 231ʳ contains Com. VIII xi, lines
8–12; f. 231ᵛ is blank; the text resumes without omission on f. 232ʳ　　5 ne]
nor H　　wytnesse] -nesses Y　　5–6 may nout . . . mede] om. H　　7 owyth]
to add. R; nout to add. H　　no] om. H　　ne] nor H　　12 but] if add. H
13 þe] om. D　　16 ne] nor H　　17 to] make add. H　　19 mede] for
add. H　　bore] bere DTBYH　　20 or no witnesse] om. H　　22 makyn]
om. T　　23 to] erased R　　hym] om. H　　24 beryn] fals add. Y　　30 it
to] to RT; om. D; it þe B

chirche, hec Reymund, lib. ii, ti. De testibus. DIUES. How many
witnessis ben nedful in dom? PAUPER. Aftir þat þe cause is so
must ben þe numbre of witnessys, & aftir þat þe persone or þe
personys ben aȝenys whom þe witnessys ben brout, / for aȝenys f. 233ʳ
buschopys and prestys & aȝenys men of holy chyrche and aȝenys 35
personys of temporel dignete must ben brout mo witnessys &
of mor worchepe þan aȝenys symple folc. DIUES. Why so?
PAUPER. For þer schulde no man ben in dignete neyþer spirituel
ne temporel but trewe folc to wose trewþe men schuldyn ȝeuyn
mor credance þan to þe speche of symple folc whyche knowyn 40
nout wel what is trewþe ne what is fals, what is profytable to þe
comounte ne what is noyous to þe comounte, and oftyn wol lytil
dredyn God. Also personys in dignete, in þat þey ben souereynys
& iugis and gouernouris of þe peple, for her ryȝtful doomys and
somtyme for vnryȝtful getyn hem mychil hate of þe peple, & 45
oftyn withoutyn gilt and for her goode dede, & so þey han many
aduersarijs, for it is nout in þe power of þe gouernour to plesyn
alle but nedis or he must offendyn God or ellys men þat nout dredyn
God. And þerfor þe iuge schal nout lyȝtly leuyn a fewe witnessis
aȝenys swyche personys. Also ȝif personys of dignete myȝtyn 50
lyȝtly ben dampnyd be þe symple folc, þe peple schulde ben to
bold aȝenys her souereynys & lytyl letyn be hem, and so dignete
boþin spirituel & temporel schulde ben in dispyt & comyn to
nout. And þerfor somtyme it is betere to suffryn a schrewyd
prelat or a schrewyd curat and a schrewyd man to regnyn þan 55
lyȝtly at þe request of þe peple [to] deposyn hym, but his synne
be wol opyn & wol slaunderous and wol noyous. DIUES. Is
þer ony caas in whiche it is leful to stondyn to on witnesse?
PAUPER. In þing þat is non preiudys to anoþir it is leful to stondyn
to on witnesse, as ȝif it be in doute ȝif a child be cristenyd or 60
a chirche halwyd or auter halwyd or vestiment halwyd. Also be

32 witnessis] -nesse H   33 or] on D   34 witnessys] -nesse H
35 aȝenys¹] om. H   36 personys] men Y   of] the add. H   witnessys]
-nesse H   37 of] þe Y   38 neyþer] om. H   40 þe] om. RDTBY
42 ne] and H   to þe comounte] om. al.   and] thei add. H   wol] ful al.
43 dredyn] -dyng BY   44 &] om. H   46 and] om. H   47 þe¹]
om. T   48 or¹] eiþer BY; thanne H   must] schuld H   nout dredyn]
trs. BY   49 witnessis] -nesse H   51 þe¹] om. R   52 letyn] sette BY
55 a schrewyd¹] om. al.   56 to] for G   but] if add. H   synne] om. T
57 wol¹] ful T   wol²] ful T; om. H   and] or H   wol³] om. al.   59 non]
no al.   60 ȝif²] wheþer al.   61 chirche] be add. R   or¹] an add. al.
halwyd²] om. al.   or²] a add. H

assent of boþin partyys, men mon stondyn to þe witnesse of on.
Also men mon stondyn to þe witnesse of þe preste, seyynge þat
his parychen is amendyt, ȝif þe synne be nout opyn, vt dicit Hostien-
65 sis in Summa, lib. ii, rubrica De testibus, ¶ Quotus [est] numerus.
¶ Also þe witnesse schal seyn for certeyn þat he knowith for
certeyn and seyn in doute þing þat is to hym in doute. DIUES.
Oftyn tyme a man wenyth to ben sekyr of þing & ȝit is he deceyuyd.
f. 233ᵛ PAUPER. Ȝif he do his deuer to knowyn þe / trewþe þou he be
70 deceyuyd so seyyng aȝenys trewþe, he synnyth nout dedly, for it is
nout his wylle to beryn fals witnesse.

Cap. xi

DIUES. Is a man boundyn to kepyn conceyl of þing þat he
knowit be pryue tellyng? PAUPER. þat man knowith only be
schrifte he is boundyn to kepyn pryue and no witnesse beryn þerof,
for he knowyth it only as Goddis ministre nout as man, but yif
5 he knewe it nout only be schrifte but be oþir weye þan be his
tellyng þat is schryfn to hym þerof ȝif it be swyche þat it be to
gret harm of þe comounte or of ony persone þan is he boundyn to
tellyn it out for sauacioun of his euene cristene, sauynge as mychil
as he may þe persone þat tolde it to hym. Ȝif it be swyche þat
10 it be nout to harm of þe comounte ne to gret harm of ony persone
ȝif he haue boundyn hym to conceyl he schal nout ben it aknowe
for no byddyng of his souereyn, for it is a lawe of kende to kepyn
conceyl þat man knowyth be conceyl ȝif þe kepyng of conceyl be
nout aȝenys charite, for aȝenys charite may no man ben boundyn
15 neyþer be hot ne be oth. And for to discuryn conceyl þat is teld
to hym for conceil whan he may lefullyche kepyn it conceyl it is a

62 þe witnesse of on] oon witnesse H   63 þe¹] a T   64 parychen]
-chenys D   65 est] om. G   66 certeyn] -teynte B   67 þing þat]
trs. H   68 tyme] om. al.   of] om. R; a add. H   ȝit] om. al.   is he] trs. al.
70 aȝenys] the add. H

2 þat] þat a BY   man] þat add. H   3 pryue] secrete Y   4 he] om.
H   Goddis] priuy add. al.   nout as man] om. al.   5 knewe] know H
6 þat . . . þerof] of his schrifte H   swyche] thinge add. H   7–10 þan
is . . . persone] require retroacto in iii folio add. marg. T; see Com. VIII x,
note 4 above, on displacement of this passage in MS T   9 to] om. DBYH
hym] so þat he be ware (ware] warde T) of more harme be (be] for H) his tell-
yng add. al.   10 nout to] gret add. T; non H   of¹,²] to H   11–12 boun-
dyn . . . aknowe for] om. H   13 man] he H   be] is H   kepyng] kepere D
15 hot] biheeste BY   for] so H

falshed, and þerfor Salomon seith þat ho discure þe priueteis of
his frend he lesith feyth, Ecclesiastici xxvii [17], for þat is þe
maner of false frendys whan þey turnyn to enmychepe þan to
tellyn þe pryueteis of her frendis to lesyn hem, as seith Salomon, 20
Ecclesiastici vi [9]. ¶ Witnessis mustyn acordyn in þe þing, in þe
persone, in þe place, in þe degre, in þe tyme. ¶ ȝif on witnesse
stonde aȝenys manye witnessys his witnesse is nout aȝenys hem
but he be writyn with hem in ony instrument. ¶ ȝif þe witnessis
contraryyn amongis hemself þe iuge schal demyn aftir þe mor 25
partye, but þe lesse partye pase þe oþir partye in worchepe &
dignete and in good name or ellys ȝif her witnesse be mor semely
to þe trewþe and þat þey prouyn betere her wordis þan þe oþir
partye; but þat must stondyn in discrecion of þe iuge. ¶ þey
þat schul ateyntyn oþir witnessys must be mo in numbre & of 30
mor worchepe and of / betere name þan þe oþir wern. ¶ ȝif f. 234ʳ
witnessys ben euene in boþe partyys in numbre & in dignete þe
iuge schal delyueryn hym þat stant for gylty, for mercy must ben
principal vertu in þe iuge; & þerfor seith Sent Iamys [2: 13]
þat mercy enhaunsith þe doom, hec in Summa confessorum, 35
li. ii, ti. De testibus. ¶ Also þer is witnesse of dede & be dede
withoutyn witnesse of word, as whan þe dede schewith þeself,
Di. xxviii, Priusquam. ¶ þer may no man ben iuge & witnesse
[&] acusour togedere in þe same cause, but in caas þe iuge may ben
witnesse of trewþe to excusyn, iv, q. iv, Nullus v[m]quam. ¶ In 40
euery doom mustyn ben four maner personys, a iuge & acusour,
a defendour & witnessys, ibidem. ¶ In cause of felonye and of
gret synne schulde no man be witnesse aȝenys þe gylty þat hadde
born witnesse aȝenys hym aforn in ony doom, for it is tokene of
enmyte, iv. q. iii, Testes, ¶ Item in criminali. ¶ The witnessys 45
schuldyn ben worchipful, trewe & sadde, ibidem. ¶ Swych folc

17 Salomon] þe wyse man *al.*   ho] -so BY   þe] *om.* T   priueteis] priuete
H   19 enmychepe] enmyte *al.*   20 lesyn] schendyn *al.*   Salomon]
þe wyse man *al.*   21 Witnessis] -nesse H   in²] & in DTBY   22 in¹] *om.*
BY   in²] & in RDTBY   þe²] *om.* D   in³] & in *al.*   23 witnessys] -nesse
H   24 but] if *add.* H   witnessis] -nesse H   26 but] if *add.* H
pase] to *add.* H   &] in *add.* H   28 her] his H   30 schul] schuldyn
H   oþir] oþiris H   witnessys] -nesse DH   31 þe] *om.* DT   32 wit-
nessys] -nesse H   in boþe] on both þe Y   33 for¹] *om.* R   39 &]
om. G   40 vmquam] vn- RDTBYG   41 maner] of *add.* YH   &] *om.*
al.   42 a] *om. al.*   defendour] -fensour H   witnessys] -nes *al.*   and]
om. DBY; or H   of²] a *add.* BY   44 aforn] bi- BY   is] a *add. al.*
45 witnessys] -nes R   46 worchipul] & *add.* T   folc] -kis H

schulde ben witnessis in dom þat knowyn best þe trewþe, xxxv,
q. vi, c. 1. ¶ Be witnesse of on schal no man ne woman ben
dampnyd but his trespace be so opyn þat þe dede schewe þeself,
50 [iv], q. iii, Testes, et Deutero. xix [15], et Numeri xxxv [30].
¶ No man is sufficient witnesse in his owyn cause, xv, q. iii,
Sane, in fine; item iv, q. iii, Testes, ¶ Item in criminali post me.
¶ Euery man may ben witnesse in dom aȝenys hymself but nout
for hymself, iv, q. ii, ¶ i. ¶ þe defendour may forsakyn witnessis
55 þat ben his enmyys, iv, q. iii, Testes. ¶ No man may ben compellyd
be þe lawe to beryn witnesse aȝenys his kynnysman ne aȝenys
ony of nyh alyance, ibidem. ¶ An heretyk & an heþene man may
beryn witnesse aȝenys anoþir heretyc & aȝenys anoþir heþene man,
in helpe of a cristene man, but aȝenys a cristene man schul þei
60 beryn no witnesse, xxiv, q. i, Miramur.

Cap. xii

He þat is vnable to ben a preste schulde beryn no witnesse
aȝenys a prest in cause of felonye and of gret synne, ii, q. vii,
Ipsi apostoli. ¶ He þat beryth fals witnesse forsakyth Crist,
f. 234ᵛ soueryn trewþe, xi, q. iii, Abiit. ¶ Ȝif prestis or deke/nys ben
5 takyn with fals witnesse berynge þey schuldyn ben þre ȝer sus-
pendit from her offys and don harde penance, v, q. vi. [Si quis].
¶ Euery fals witnesse schulde don seuene ȝer of penaunce, xxii,
q. v, Si quis, and be þe lawe he is vnable to euery offys & lawful
dede of ony worchepe, worþi to lesyn his good and to ben betyn
10 & harde chastysyd & punchid; & þe same pyne is he worþi
þat bryngith men wyttyngly to beryn fals witnesse, xxii, q. v,
Si quis se. And, as þe lawe seith þere, he schulde fastyn fourty
dayys in bred and watyr and seuene ȝer folwynge don harde
penaunce & neuyr aftir ben withoutyn penaunce of sorwe &
15 contricion for his synne. And alle þat wern assent to fals witnesse

47 witnessis] -nesse T   48 ne] nor H   49 but] if add. H   his] om. D
50 iv] iii all MSS   52 q. iii] q. ii, c. i H   52–4 Testes . . . i] om. H
53–4 but . . . hymself] om. R   54 defendour] fendour D; -fensour H
witnessis] wytnes be þe lawe R; -nesse H   57 of] his add. al.   nyh] om.
H   58 & aȝenys . . . man] om. H   59 schul] schuld BY   60 Mira-
mur] Mirantur BY; cum aliis capitulis sequentibus add. H

5 ben] after ȝer H   6 from] of R   Si quis] Quis in fine all MSS   7 of]
om. al.   8–12 and be . . . quis] om. H   9 his] om. T   and] om. H
to²] om. T   11 witnesse] om. T   12 as þe] repeat can. G   14 neuyr
. . . sorwe &] sorowyn & han H   15 assent] -tinge BY   to] a add. T

& to periurie schuldyn don þe same penance, ibidem. ¶ þe
wordis of witnesse schuldyn ben takyn to þe beste vndirstondyng
& most benygne, Extra, lib. ii, ti. De testibus, c. Cum tu.
¶ þe witnesse þat geynseith hymself is of no credence, Extra,
li. ii, ti. De probacionibus, c. Licet. ¶ Men schul stondyn to þe 20
firste speche þat man or woman seith in his cause, ȝif he varie
anoþir tyme, eod. ti., Per tuas. ¶ Ȝif þe witnesse be distraccion
seye omys it is leful to hym onon to amendyn his speche; but
ȝif he abyde with an entyrual, þou he chanche his word & amende
it he schal nout ben acceptyd ne hard, Extra, li. ii, ti. De testibus 25
cogendis, c. Preterea. ¶ Witnessis in doom schuldyn nout ben
hard aȝenys hym þat is absent but he were obstinat & wolde nout
comyn, Extra, De testibus et attestacionibus, c. ii. ¶ He þat seith
first þe trewþe must be takyn for on witnesse, eod. ti., In omni.
¶ Ȝif a man haue sworn to þe partye nout to beryn witnesse of 30
þe trewþe with þe oþir partye his oth is vnleful and þerfor nout-
withstondyng his oth he may beryn witnesse of þe trewþe, eod.
ti., Intimauit. ¶ No man schal beryn witnesse to anoþir in his
cause ȝif he haue þe same cause or ony lyc þat for to spede for
hymself, for swyche a persone is suspect þat he wolde don fauour 35
to þe oþir mannys cause / for to han hym fauourable to hym in f. 235ʳ
hys cause, eod. ti., Personas. ¶ No mannys witnesse schal ben
receyuyd in doom in preiudys of anoþir but he swere, þou þe
witnesse be a man of religion, eod. ti., Nuper. ¶ þe honeste & þe
worchepe of þe witnessis is mor to charchyn þan þe multitude, 40
eod. ti., In nostra. ¶ For discussyn irregulerte of bygamye
boþin lewyd man & lewyd woman may be takyn for witnesse,
eod. ti., Tam literis. ¶ Sek folc, eld folc & pore folc mon nout ben
compellyd to comyn aforn þe iuge to beryn witnesse, but þe iuge
may sendyn to hem wise men to wytyn of hem þe trewþe, eod. 45
ti., Si qui. ¶ Euery man & woman schulde hatyn fals witnesse
for God hatith euery fals witnesse, as seith Salomon: Deus odit
testem fallacem, Prouer. vi [19]; and euery lyere is a fals witnesse

16 schuldyn] *om.* T   17 þe] *om.* H   19 geyn-] a- *al.*   20 schul]
schuldyn *al.*   21 his] þis D; the H   26 Witnessis] -nes RDTBY;
A witnesse H   28 et attestacionibus] *om.* BY   29 on] a Y   30 þe]
to *add.* T   31 þe²] *om.* T   34 for¹] *om. al.*   36 þe] *om.* TB   for] *om.*
al. hym in] *om.* H   37 hys] *om.* RDT   38 but] if *add.* BY   40 þe¹]
repeat T witnessis] -nesse H   41 For] to *add. al.*   42 lewyd²] *om.* H
43 literis] is BY   eld folc] *om.* BY   44 aforn] be- RBY þe¹] a RH
45 of] *om.* Y   trewþe] towþe H   47 euery] *om. al.*   fals witnesse] hem
H   48 and] *om.* H   a] as T

& ful of gyle, & þe sodeyn witnesse disposyt & ordeynyth a tunge
50 of lyynge, for he þat is to redy to beryn witnesse or he be auysyd
he disposith hym to lyyn, Prouer. xii [17; 19]. But, as Salomon
seith, þe fals witnesse schal nout ben vnpunchyd & he þat spekyth
lesyngis schal perchyn, Prouer. xix [9].

Cap. xiii

Farþermor, leue frend, 3e schul vndirstondyn þat þer ben
þre maner of witnessis. Ther is a witnesse abouyn us þat knowith
al & may nout ben deceyuyd, þat is God whych seth al, and he
schal ben to us at þe doom boþin iuge & witnesse: Ego sum iudex
5 et testis, Y am iuge, Y am witnesse, seith our lord God, Ier.
xxix [23]. And Iob seyde: In heuene is my witnesse & he þat
knowith al myn conceyl is abouyn in hey [Iob 16: 19]. And þer
is a witnesse withynnyn us þat is our conscience, for, as Sent
Powil seith, our ioye is witnesse of our conscience [2 Cor. 1: 12].
10 And þer is a witnesse withoutyn us þat is our neyhebore &
alle creaturys whiche schul beryn witnesse a3enys us at þe doom
aforn þe heye iuge but we amendyn us betyme & demyn wel our-
self; for Moyses seyde: Testes inuoco celum et terram, etc.,
Y clepe heuene & erde to witnesse þat 3if 3e makyn 3ou ony lycnesse
15 or ymage to worchepyn it and brekyn Godys lawe 3e schul sone
perchyn, Deutero. iv [26]. And in anoþir place he seith þus: Y
f. 235ᵛ clepe heuene & erde to witnesse þat Y haue set a/forn 3ou lyf
and deth, good and wyckyd, blyssyng and curs, & þerfor chese
3e lyf þat 3e mon lyuyn & louyn 3our lord God & obeyyn to hys
20 voys & cleuyn to hym be feyth & be loue, for he is 3our lyf &
leneþe of 3our dayys, and 3if 3our herte be turnyd awey from
hym & 3e wil nout heryn his lawis but worchepyn false goddis, Y
seye it to 3ou aforn þat 3e schul sone perchyn, Deutero. xxx [19-
20; 17]. And þerfor, leue frend, 3if we wil ben sekyr at þe laste
25 doom and comyn sekyrliche aforn our souereyn iuge þat knowith al,

50 of] gyle & add. R   is] om. T   or] bifore BY

2 þre . . . witnessis] tres modi testamentum add. marg. T   witnessis] -nesse
H   Ther] Her Y   3 whych] þat al.   he] þat add. T   4 at þe
doom] at þe dai of doom after schal BY   5 Y am²] & al.   God] om. H
7 in] on H   8 a witnesse] om. H   9 seith] before Sent D   10-11 þat is
. . . a3enys us] om. H   11 whiche] þat RDTBY   12/17/23/25 aforn]
bi- BY   13 Testes] Testem al.   18 wyckyd] yuell BY   curs] -syng H
20 be²] om. al.   21 leneþe] lengþe al.   22 3e] om. H   23 it] om. BY
schul] schuld H   sone] nout H   24 we] 3e DTH

us must demyn wel ourself in þis world, for Sent Powil seith þat
ȝif we demptyn wel ourself and discussedyn wel our lyf we schuldyn
nout ben dampnyd, I ad Corinth. xi [31]. DIUES. How schulde
we demyn ourself? PAUPER. As þe glose seith þere, þu schal
ben þin owyn domysman, þin sete schal ben þin herte, and set 30
þinself gilty aforn þinself domysman. þin þout & þin conscience
schul ben þin two witnessis for to acusyn þe. þin tormentouris
schul ben dred and sorwe þat in maner schul schadyn þin blood
be wepyng of saltc terys whan be witnesse of þin owyn conscience
& of þin þout þu hast demyd þiself gylty & nout worþi to comyn 35
to Goddis bord ne to heuene blysse. And þer seith þe glose
þat seknesse, febelnesse & sodeyn deth fallyn comounly aftir
Estryn amongis þe peple, for men in Estryn receyuyn vnworþiliche
Goddis flesch and his blood: Ideo, inquit, multi infirmi et imbe-
cilles et dormiunt multi per mortem, I ad Corinth. xi [30]. But 40
for þat euery man is fauorable to hymself & to his owyn cause,
þerfor þu schal han with þe two assessouris be wose conceyl
þu schal demyn þiself. And þo schul ben treuþe & resoun. Tac
with þe trewþe þat þu make no fals excusacion of þin synne ne
lye þu nout for to excusyn þinself ne for to accusyn þiself falslyche 45
ne to greuouslyche but as þin oþir assessour, resoun, wil acordyn.
And ȝif þo two witnessis, þat is to seye þin þout & þin conscience,
suffysyn nout to beryn witnesse ne to ful enformyn þe of þin
synful lyf, tac to þe þe þredde witnesse þat is þin feith and so let
þin dom stondyn in witnesse of two or þre. And feyth seith þus: 50
Fides sine operibus mortua / est, Feith withoutyn good warkys f. 236ʳ
is ded [Iac. 2: 26], fo[r] alþou þu leue as a cristene man, but þu
lyue as a cristene man ellys þu art ded in soule and worþi to deyyn
withoutyn ende. Feyth þat faylyth in word & þout is dehd &
helpyt nout but to helle-pyne. And onon conscience & mende 55

26 us] we H   demyn wel] trs. H   seith] om. R   þat] om. H   27 wel²]
oure self & add. Y   schuldyn] schulen BY   29–83 þe glose . . .
couetyse] om. D   30–1 þin sete . . . domysman] om. H   31 aforn]
bi- BY   32 schul] schulde BY   witnessis] -nesse H   33 schul¹]
schulde BY   schul²] schulde BYH   schadyn] schewe BY   34 of¹] om. H
36 ne] nor H   37 þat] thow H   38 peple] it is no wondir add. H
men in] þei at H   39 inquit] om. al.   40 multi] scilicet
add. al.   41 þat] om. al.   44 no] non H   fals] om. H   ne] nor H
45 þu] om. H   46 to] om. R; ins. G   47 witnessis] -nesse H   48 ne
to ful] nor fully to H   49 þe²] om. T   so] om. H   50 of] in
H   or] of Y   52 for] fo G   leue] be- al.   53 art] but add. R
54 word . . . þout] trs. H   55 but to helle-pyne] to blysse al.

schul acordyn to hym and seyn þus: 'He þat usyth omys his
fre wil, þat he deye it is skyl, withoutyn remedy, sauynge Goddis
mercye.' And tac hede þat þin clergie may nout sauyn þe, for holy
writ and clergie seith: Anima peccatoris morietur, þe soule of
60 þe synner schal deye [Ez. 18: 4 & 20]. Also þin clergie may nout
sauyn þe ʒif þu be in dedly synne, for þu art bigamus and twyys
weddit, first to Crist in þin bapteme and aftir to þe fend be assent
of synne. And so þu art widue from Crist, weddit to anoþir widwe
þat is þe fend, forsakyn of God for his pryde, to whom he was
65 weddit at þe begynnynge of þe world. Ne trost þu nout in þin
dom on a good contre, for ʒif þe quest come yn of þe ten comande-
mentis whyche þu hast brokyn & of þe two preceptis of charite
aʒenys whyche þu hast offendit and of þe twelue articulys of þe
feith aʒenys whiche þu hast erryd & of þe seuene dedys of mercy
70 whyche þu hast nout fulfyld and of þin fyue wittys whych þu
hast mysspent and þe four cardinal vertuys aʒenys whiche þu
hast trespasyd, þis solempne quest of fourty trewe witnessis schul
dampnyn þe as a manquellere of þin owyn soule and as a þef
tretour þat hast robbyd þin owyn lord of his good, for why robberye
75 is clepyd al maner mystretyng of anoþir mannys good aʒenys
his wil and þu hast robbyd Crist of þat precious soule þat he
bouʒte with his dere blood and mysusyd & mysspendit hys
creaturys aʒenys his wil. For, as seith Sent Gregori in his omelye,
alle þinge þat we takyn of God to vhs of good lyuynge we turnyn
80 it into vhs of wyckyd lyuynge: Quicquid ad vsum recepimus
uite in usum conuertimus culpe. For þe helþe of body þat God
sent [us] we spendyn it in synne & in schrewidnesse—fayr wedyr
in veyn occupacioun of pryde & of couetyse, pes in veyn sekyrnesse,
f. 236ᵛ plente of vitalyys in glotonie & in lecherye. / And so þis solempne
85 quest of fourty wil dampnyn þe for gylty. And þerfor þer is
non oþir remedie but trewly demyn þinself & ʒeldyn þe gylty
and takyn þe to þe mercy of God and punchin þiself be dred &
sorwe of herte and puttyn þe in þe dom of Goddys iuge þat is

56 schul] schuld H 56–8 He . . . mercye] *this passage can be read as four
lines of rhyming verse* 56 usyth omys] mysusith T 58 þe] there *add.* H
60 Also] And H 63 of] to RBYH 64 God] Crist T 66 good]
ins. G þe²] *om.* T 67 þe two] þo H 68 of¹] *om.* H 72 wit-
nessis] -nesse H 73 a²] þe *add.* G 74 þat] þou BY his] owyn *add.*
H why] *om. al.* 78 creaturys] -ture H seith] *after* Gregori H
81 helþe] welþe T 82 us] *om.* G in²] *om.* BY schrewidnesse] wyckyd-
nesse *al.* 84 in²] *om.* BY 87 þe²] *om.* RDT

þin confessour and makyn amendys aftir his doom and be his
assent. For God aȝenys whom þu hast so heylyche offendith wil 90
stondyn to hys [ryȝtful] dom and acceptyn swyche satisfaccion as
he assignyth to þe ȝif þu do it with good wil.

Cap. xiv

þus deme þu þiself & þan schal þu be sekyr at þe dredful dom
whan Crist our broþir, verey God & verey man, schal comyn
doun to deme þe quyke and þe dede. And, as seith Sent Powil,
he schal comyn doun with þe voys of a trumpe, þat is to seye,
with þe voys of angelys & of archangelys, whiche schul cryyn & 5
seyn: Surgite mortui, uenite ad iudicium, Rysyth up ȝe þat ben
dede and comyth to þe dom [cf. I Thess. 4: 15–16]. And onon
in þe twynk of an eye we schul alle awakyn of þe longe slep &
rysyn up & comyn to þe dom, pope and prince, kyng & cayser,
lord and lady, fre & bonde, ryche & pore, gret and smale, alle 10
þey schul awakyn & rysyn up, body & soule aȝen knyt togedere.
That voys schal ben so hydous, so dredful & sterne þat heuene
& erde schul gynnyn to quakyn, þe stonys schul ryue & alle þe
dede arysyn fro deth to lyue, yche man & woman to answeryn
for hymself, no man per aturne. ¶ Now our iuge, Crist, is as a 15
lamb, merciful and meke. þan he schal ben as a lyon, dredful &
sterne. And as þe lyon with his cry abaschith al oþir bestis & makith
hem to stondyn stylle, saue his owyn welpys whiche with his
cry he reysith from deth to lyue, so þe voys of Crist at þe day of
dom schal areysyn us alle from deth to lyue, whiche voys schal 20
ben wol dredful to hem þat lyuyn bestialyche & takyn non hede
to God ne to Goddis lawe. Hem it schal arestyn & don hem stondyn
stille as presonerys in erde and abydyn her iuge, for þey schul

90 so] *om.* H   91 ryȝtful] *om.* G   92 to] *om. al.*   þe] be þe lawe of
God to don *add.* RDTBH; *om.* Y   ȝif þu do] *om.* H   with] a *add.* RDTBY

2 verey²] *om.* H   3 doun] *om.* H   seith] *after* Powil RH; þenk on þe
dome *add. marg.* R   Powil] Thessalonicenses 4 *add. marg.* T   5 of²] *om.*
R   schul] *om.* T   6 up ȝe] *trs.* BY   þat] *om.* D   6–7 þat ben dede]
om. H   7 comyth] ȝe *add.* BY   8 twynk] twynklyn R; -lyng DTBYH
9 comyn] -myth H   pope] *can.* HG   13 gynnyn] be- BY   15 no
man . . . aturne] *om.* H   per aturne] for oþir *can.,* per aturney *add. marg.*
T   as] *om.* RBYH   16 as] *om.* T   18 his¹] *repeat* T   19 he]
ins. G   20 areysyn] areryn *al.*   21 wol] ful DTBY   bestialyche]
beestly BY   22 ne] nor H   Goddis] his *al.*   don] make BY   23 in]
on þe *al.*

so ben charchit with synne þat þey schul nout wendyn up aȝenys
25 Crist as þe goode schul wendyn up & metyn with Crist, for to
hem þat ben Goddis childryn þat voys schal ben wol swete &
f. 237ʳ wol lykynge / to heryn and makyn hem so lyȝte þat þey schul
wendyn up & metyn with Crist in þe eyr, as seyth Sent Powil
[1 Thess. 4: 16]. To his childryn Crist schal seyn: Venite, etc.,
30 Come ȝe, myn fadrys blyssede childryn, and takyth þe kyngdam
of heuene þat was ordeynyd to ȝou aforn þe begynnyng of þe
world. But to þese bestial folc and wykyd lyuerys, to þe proude,
to þe coueytous, to enuyous folc and to lechourys & glotounys
and to venchable folc his voys schal ben wol dredful & wol byttyr
35 whan he schal seyn to hem: Discedite a me, maledicti, etc.
[Mt. 25: 34; 41], Wendyth henys from me ȝe cursyd wrechis into
þe feer of helle withoutyn ende, þer to dwellyn with þe fend and his
angelys; & so he schal sendyn hem to sory place and to sory
company withoutyn ony remedye. Was þer neuer þondyr blast
40 so dredful as hys voys þan schal ben to hem þat schul ben dampnyd.
And was þer neuere song so merye ne melodye so lykyng as hys
voys schal ben þan to alle þat schul ben sauyd. And þerfor deme
wel þinself here þat þu be nout dampnyd þere. Stond her to þe
sawe of þe grete quest of trewe witnessis whyche Y haue nemelyd
45 to þe and deme þiself þeraftir and be a trewe domysman of þiself,
or ellys þu schal han þe same quest aȝenys þe at þe dredful doom,
& þerto alle angelys and archangelys & alle þe sentis in heuene
and in erde & alle creaturys schul þan beryn witnesse aȝenys
þe & askyn venchanche on þe. Than, as seyth Ion-with-þe-
50 gyldene-mouth, super illud: plangent se omnes tribus terre
[Apoc. 1: 7], þe angelys schul bryngyn forth þe cros, þe spere,
þe naylys, þe scorgis & þe garlond of þornys with whiche Crist

24 so ben] trs. H   schul] schulde D; þe add. T   25 with] om. H
26 wol] ful al.   27 wol] ful BY   heryn] her eris H   28 Sent]
ins. G   29 Crist] om. T   Venite etc.] Thessalonicenses 4 add. marg. T
30 takyth] ȝe add. BY   31 to] om. H   aforn] bi- BY   33 to²] þe
add. TBYH   folc] om. al.   and to] to the H   &] om. al.   glotounys]
-enous H   34 to] the add. H   wol¹] ful al.   wol²] ful BY   36 Wen-
dyth] ȝe add. BY   37 with] repeat T   40 schul] schulde D   41 neuere]
ne H   ne] so add. T   42 þan] om. T; after voys H   44 sawe] lawe
Y   grete] om. T   witnessis] -nesse H   whyche] that H   46 or
ellys] om. RDT; ellys after schal H   same] om. TH   quest] om. D   dred-
ful] day of H   47 þerto] -for H   þe] om. YH   48 &] om. H
alle] the add. D   þan] om. H   49 askyn] abydyn R   49–50 with
. . . mouth] Crysostome al.   50 se] super H   52 with] the
add. H

þolde his passion. Than Crist schal sittyn on hey to demyn þe
quyck and þe dede. He schal departyn þe goode from þe wyckyd
and settyn þe goode on þe ry3t syde, þe wyckyd on þe 55
lyft syde. He schal turnyn hym to þe wyckyd on þe lyft
syde & schewyn hem þe cros, þe spere, þe naylys, þe scorgis
and þe garlond of þornys & his wondys alle fresche whiche
he suffryd for al mankende and seyn to þe wyckyd folc on þis
wise: Ecce miseri et ingrati quanta pro uobis sustinui propter 60
vos homo factus sum, etc., Seth 3e, vnkende cursyd wrechis,
what Y suffryd for 3our sake, for whan Y was God and kyng of
kyngis & lord of lordys / and neuere hadde wyst of wo, for 3our f. 237ᵛ
sake Y becam man & for 3our sake Y suffryd to ben betyn & boun-
dyn, bespatelyd and dispysyd, benaylyd to þe cros, becorounyd 65
with þornys, bestongyn to þe herte with a spere and was slayn—
dispittous deth, as 3e mon se—to byyn 3ou from endeles deth.
Wher is þe raunsom of myn blood? Wher ben þo soulys þat
Y bou3te so dere? Wher is þe seruyce þat 3e schuldyn a don to me?
Wher is þe loue þat 3e schuldyn a schewyd to me? I louyd 3ow 70
abouyn alle creaturis; Y louyd 3ou mor þan Y dede myn owyn
worchepe, for why for 3our loue Y putte meself to sorwe & care,
and 3e louedyn mor a lytyl muc & a lytil lust of þe flech þan 3e
dedyn me or my ry3tfulnesse and lytyl or nout woldyn don for
my loue, for whan Y was hungry 3e woldyn nout fedyn me, whan 75
Y hadde þrest 3e 3ouyn me no drynk, whan Y was nakyd 3e hilde
me nout, whan Y sou3te myn herberwe 3e receyuedyn me nout,
whan Y was seek & in prisoun 3e vysitedyn me nout, and þerfor
wendith henys from me into þe fer of helle withoutyn ende, þer
to dwellyn with þe fend & his angelys. O, seith Sent Gregory, 80
þu synful wreche, what schal þu do? Fle my3t þu nout, ne hyde
þe my3t þu nout; and 3if þu apere, as nedys þu must, þu art
but schent, for þer þu schal han alle þing a3enys þe. Abouyn
þe þu schal han þe dredful domysman redy to dampnyn þe.

53 þolde] suffryd al.   Crist schal] trs. BY   55 syde] and add. H
56–7 He . . . syde] om. YH   56 hym] om. T   57 cros] & add. H
58 and þe . . . þornys] om. H   59 folc] om. al.   62 whan Y was] whas
[sic] H   64 & for 3our sake] om. H   65 bespatelyd] & spatelid H
dispysyd] to be scorgid add. marg. T   benaylyd] & nayled YH   becorou-
nyd] corynyd al.   66 bestongyn] stongyn al.   slayn] and suffrid add. H
67 to byyn] for to savyn H   68 þo] þe al.   70 to] un- Y   72 loue]
lust T   76 hadde þrest] was thristy Y   no] non H   77 whan . . .
nout] om. H   78 &] om. Y   79 wendith] 3e add. BY   81/82 my3t]
mai BYH   81 ne] nor H

85 On þe ryȝt syde þu schal han þin wyckyd warkys for to accusyn
þe. On þe lyft syde þu schal han þe foule fendys redy to drawyn
þe to helle. Beneþin þe þu schal han þe endeles depnesse redy
to swolwyn þe yn. Withoutyn þe þu schal han alle þe world redy
on feer to brennyn þe, withynne þe þu schal han þin owyn con-
90 science, warst of alle, gnawyng þe and fretynge þe withoutyn
ende. þan, as seith Salomon, alle creaturys schul fyȝtyn aȝenys
us, Sapien. v [18]. þan as seith þe grete clerk Crisostomus, heuene

f. 238ʳ and erde & watyr, sonne & mone, / nyȝt and day & al þe world
schal stondyn aȝenys us in witnesse of our synnys, and þey
95 alle þing wer stylle our þoutis & our conscience & our warkys
schul accusyn us and stondyn witnessis aȝenys us. Therfor Sent
Austyn in his omelye super illud, Estote misericordes [Eph.
4: 32], seith þus: Bretheryn, takyth hed to þe mercy of God and
to þe harde dom of God. Now is tyme of mercy; aftir it schal ben
100 tyme of dom. Now God clepyth aȝen þat ben turnyd awey from
hym and forȝeuyth hem her synnys þat turnyn aȝen to hym, and
he is wol pacient & abydith of wreche þat men schuldyn turnyn
hem to hym & be sauyd. And onon as synnerys turnyn hem aȝen
to God he forȝit synnys þat ben past and hotyth ioyys to comyn.
105 Now God sterith & monestith hem þat ben slaw to goode dedis,
he confortyth hem þat ben dishesyd, he techith hem þat ben
studious and helpith hem þat fyȝtyn aȝenys vycis, he forsakith
no man ne woman þat trauaylyth to don wel ȝif þey clepyn to
hym. He ȝeuyth to us þat we schul ȝeuyn aȝen to hym to plesyn
110 hym whan we han offendit hym, for we han nout to ȝeuyn hym
ne wherwith to quemyn hym but þat we han takyn of hym.
The tyme of mercy is wol gret. Y preye ȝou, bretheryn alle, letyth
nout þis tyme pasyn ȝou but takit it whil ȝe mon. Aftir þis tyme

85 for] *om. al.*   86 syde] hand Y   þu schal han] *om. al.*   87 to] *om.*
H   þe²] *om.* YH   88–9 alle . . . schal han] *repeat* D   88 redy] *after*
feer RDTBY; *om.* H   89 þe¹] and *add.* H   91 Salomon] þe wyse man *al.*
92 us] the H   93 &¹] *om. al.*   &²] *om.* RDTBY   94 in wit-
nesse of] ther witnessing H   96 schul] schuld H   witnessis] -nesse H
97 omelye] seith *add.* T   98 takyth] ȝe *add.* BY   100 aȝen] tho *add.*
H   102 wol] ful BY   103 &] thei schuln *add.* H   104 forȝit]
-yeuytȝ *al.*   hotyth] behetiþ BY   comyn] -mynge BY   105 slaw] slow
RDTBY   to] in H   108 þey] we H   109 to¹] *om.* H   schul]
schuld YH   aȝen] *om.* H   110 hym¹] *om.* H   110–11 nout . . . hym ne]
ȝovyn no H   110 to] *om.* TBY   111 han] TBYH   112 wol]
ful BYH   gret] in this lif therfor *add.* H   alle] *om.* H   letyth] ȝe *add.* BY
113 ȝou . . . tyme] from yow in ydilnesse but do ȝe sum good dedis of
penaunce for ther H   takit] ȝe *add.* BY

schal comyn þe tyme of dom whan men schul don harde penaunce withoutyn frwt, for it schal nout helpyn hem. þan synnerys 115 þat haddyn her welþe in þis world schul syhyn & seyn with gret sorwe: Quid nobis profuit superbia, etc. [Sap. 5: 8], What hat profytyd to us pride? What hat now holpyn us our pompe, our bost, & our richesse? Alle þese ben pasyd awey ryȝt as þe schadwe. þese ben þe wordys of Sent Austyn.   120

Cap. xv

Than þey þat schul ben dampnyd schul mon seyn a sawe of sorwe þat neuere schal han ende: Defecit gaudium cordis nostri, versus est in luctum corus noster, cecidit corona capitis nostri; ve nobis, quia peccauimus.

þe ioy of our herte is don and pasyd awey,   5
To sorwe and care is turnyd our play,
þe gerlond of our hefd is fallyn to grounde;
þat euere dede we synne, welaway þe stounde.

Trenorum [5: 15–16]. þerfor, leue frend, take we to us þe tyme 9 of mercy & amende / we us whil we mon, for ellys we schul nout f. 238ᵛ whan we woldyn; & þe lengere þat God suffryth folc to regnyn in her synne and þe mor pacience þat he hat with hem þe harder he schal smytyn, but þey amendyn hem. And þerfor þe doom of God is lykenyd to a bowe, for þe bowe is mad of two þingis, of a wrong tre and of a ryȝt stryng. So þe dom of God is maad of 15 two maner folc, of hem þat arn wrong þorw synne & lyuyn wrongfullyche & don mychil wrong and of hem þat ben ryȝt & ryȝtful in lyuynge. The archer schetynge in þis bowe is Crist, and þe mor þat þe bowe is drawyn abach þe hardere it smyt whan þe archer losyth. So þe lengere þat Crist abydyth and so drawith hys 20 dom abach þe hardere he schal smytyn, but folc amendyn hem.

114 of dom whan] that H   whan men] om. T   harde] her H   117 etc.]
vestra et diuicie omnia transient vt umbra H   118 profytyd] profite H
to us . . . holpyn] now H   pompe] or oure pride add. H   119 &] om. BY;
or H   þe] a BY   120 Austyn] to kepyn vs from synne add. H

1 Than] Also H   2 neuere schal han] hath non H   3 versus] -sum H
8 dede we synne] we synnyd R; we dide synne BY   9 5: 15–16] iv all MSS
10 of] om. T   11 we] ins. G   14 þe] a Y   15 of¹] om. al.   ryȝt]
lytill H   16 folc] folkes H   hem] om. T   17–18 wrongfullyche . . .
lyuynge] nout rythfully and of hem that levyn rithfully H   19 þe²] om. RT
abach] bake H   20 losyth] losenyth H   so] om. R; ins. G   21 dom]
so add. can. G   but] yf add. H

And as þe archer in hys schetynge takith þe wronge tre in his
lyft hond & þe ry3t stryng in his ry3t hond and drawith hem
onsondre, so Cryst at þe dom schal settyn þe wrong lyuerys on his
25 lyft hond and þe ry3tful lyuerys on his ry3t hond & settyn þe
arwe in his bowe þat schal ben þe dredful sentence of his dom and
drawyn þe ry3tful from þe wronge, þe goode from þe wyckyd,
whan he schal seyn to þe ry3tful, 'Come 3e with me up into heuene
blysse withoutyn ende', and to þe wronge lyuerys he schal seyn,
30 'Wendyth henys from me down into helle-pyne withoutyn ende'
[Mt. 25: 34; 41]. Of þis bowe þe prophete seith: Arcum suum
tetendit et parauit illum, etc. [Ps. 7: 13–14], God hat bent his
bowe and mad it redy & he hat ady3t þerynne takyl of deth &
hat mad his arwys hote with brennynge þingis, for hem þat ben
35 brent with synne he schal brennyn with þe feer of helle withoutyn
ende. Of þis bowe also Dauyd seith in anoþir place: Dedisti
metuentibus te significacionem ut fugiant a facie arcus [Ps.
59: 6], Lord, þu hast 3ouyn a tokenynge to hem þat dredyn þe
to flen away from þe face of þe bowe.

Cap. xvi

DIUES. What tokenys be þo? PAUPER. þer is dom in special
and dom in general þat schal ben in þe laste day of þis world.
Doom in special iche man hat onon as he deyyth, and þerfor
Crist seith: Nunc iudicium est mundi [Io. 12: 31], Now is doom
5 of þe world, for onon as þu art ded þu schal be demyd or to
heuene or to helle or to purgatorie. Of þis dom spekith Salomon
f. 239ʳ & seith: / Memor esto iudicii mei, etc. [Eccli. 38: 23], Haue
mende of myn dom, for swyche shal ben þin dom. 3istyrday
it fel to me, tomorwyn it schal fallyn to þe. Aforn þis dom gon

22 And] om. D　　in . . . schetynge] om. H　　wronge] om. D　　23 þe ry3t
. . . hond] in his rith hand takith the rith string H　　ry3t¹] om. Y　　24 on-
sondre] -sundry RDT; atwynne BY; sundri H　　schal] schetyn and add.
H　　his] the H　　25 ry3tful] ryght H　　his] þe H　　þe²] his H
26 his¹] þe H　　27 wronge] & add. Y　　28–9 whan . . . blysse] om. H
29–30 and to . . . down] om. D　　and to . . . ende] om. Y　　30 Wendyth]
3e add. B　　into] to H　　33 ady3t] araied or (or] & Y) made redi
BY　　&²] he add. H　　34 þingis] thing H　　hem] he Y　　36 also]
om. H　　in anoþir place] om. al.　　38 tokenynge] tokyn RY　　39 from þe]
repeat T

4 seith] Iohannis 12 add. marg. T　　4–5 is doom . . . demyd or] om. H
5 or] eiþer BY　　6 helle . . . purgatorie] trs. H　　þis] hys H　　7 & seith]
om. al.　　mei] om. H　　9 Aforn] Bi- BY

many tokenys of warnynge to synful wrechis, as age, sekenesse, 10
febilnesse, daswyng of syth, blyndhed, defhed, rymplyng of
skyn, fatyng of colour, faylynge of mende, los of catel & of frendis
and deth of oþere. ¶ Aforn þe general dom, as seith Sent Austyn,
schul gon fyuetene sondry tokenys in fyuetene sondry dayys
afor þe doom. The firste day þe se schal rysyn up fourty cubytis 15
heyere þan ony hil upon erde and stondyn al day ryȝt up as
a wal. þe secunde day it schal gon doun aȝen so lowe þat folc dwell-
ynge besydyn þe se schul nout wytyn wher þe se is becomyn.
þe þredde day þe whalys & oþir fyschis schul houyn up on þe se
and makyn swyche cry & swiche noyse up to heuene for doute 20
of þe dredful doom þat al men hem heryng schul ben abachyd
þerof. þe fourte day þese & oþir watrys schul gon on feer. þe
fyuete day þe dew þat schal ben on tre, gres and herbe schal ben
red blood, & þan bryddis and bestis schul flockyn togedere in
feldis & forest and ben al day meteles & drynkeles for sorwe and 25
dred of þe dom. The sexte day castelys & tourys, hallys and bourys
& oþir housyng sodeynlyche schul fallyn to grounde. The seuenete
day þe stonys schul flyyn & fyȝtyn togedre & brestyn in pecys.
The eyȝte day al erde schal so schakyn and quakyn þat no man
schal mon stondyn ryȝt up on his feet. The nynete day þe hyllys 30
schul cleuyn and fallyn doun into þe valeyys & al erde schal
waxsyn ȝefne. The tente day men and women schul comyn out
of cauys and pyttis from vndir þe erde & rennyn aboutyn as mad
folc, & no man ne woman spekyn to oþere for dred & for schame.
The eleuete day þe dede bodyys schul rysyn up and stondyn al 35
day upon her grauys and þe bonys schakyn and clateryn for dred
of þe dom. The twelfte day þe starrys schul fallyn doun from
heuene. The þrettenete day al men & women schul deyyn.
The fourtente day heuene and erde schul gon on fere. The 39
fyuetente day we schul / han newe heuene and newe erde, & f. 239ᵛ
alle we schul rysyn to come to þe dom. And þan Crist schal comyn
into þe vale of Iosaphat to deme þe qwycke & þe dede; þus seith
Sent Austyn, De ciuitate, li. xviii, & Sent Ierom also, & many
oþir clerkys. DIUES. Whan schal þat day of general dom fallyn?
PAUPER. As Crist seith in þe gospel [Mt. 24: 36; Mc. 13: 32], 45

11 febilnesse] & *add.* H   blyndhed] -nesse BYH   defhed] -nesse BY; *om.* H
rymplyng] or ryveling *add.* BY; ruggyng H   of²] þe *add.* H   12 &] *om.*
al.   13 and] be *al.*   and deth] deth and *marked for reverse order* G   of] and
RDTBY; & many H   13–44 Aforn . . . clerkys] *om. al.*   44 þat] þe Y
general] *om.* H

þer is non angil ne sent in heuene þat whot whan it schal fallyn, but sodeynly and vnwarly it schal fallyn and comyn as a þef & as deth doth to many man þat wil nout be war be tokenys aforn. No mor schul men þan blent with synne ben war of þe laste
50 dom, ne of þe firste þat schal ben deth, no mor þan men woldyn be war be þe prechyng of Noe to flen þe flood þat drynchyd alle saue ey3te soulys. DIUES. Syth iche man & woman is demyt onon as he is ded, wherof schal seruyn þe general dom? PAUPER. þat alle men, heþene and cristene, schul mon sen þe ry3tful dom
55 of God nout only in hemself but in alle oþere; þat heþene men schul mon sen and knowyn her fals beleue for whyche þey ben dampnyd; and cristene men sen & knowyn her vnkyndenesse and how ry3tfullyche þey & alle oþir ben dampnyd [þat dyen in dedly synne].

Cap. xvii

Mannys dom is peruert be foure þingis, as seith þe lawe, xi, q. iii, Quatuor: be dred, be coueytyse of 3iftis, be hate, be loue. But Crist he is almy3ty, he dredyth no man, he is lord of al, he nedith no mede, no 3iftis. He hatyth no good man ne woman,
5 and þerfor he schal dampnyn no good man ne woman. And he louyth al maner ry3th & þerfor he schal don no wrong. He know[y]t al and þerfor þer schal no fals witnesse ne sleyþe of men of lawe deceyuyn hym. Euery man schal ben þer trewe witnesse of hys owyn dom, for his owyn conscience schal sauyn hym or dampnyn
10 hym. And þerfor, leue frend, be 3e a trewe witnesse of 3ourself in þis world to sauyn 3ourself her in tyme of grace, and þan schul 3e ben a trewe witnesse to 3ourself to sauyn 3ourself in tyme of þe doom. Fals witnessys in þis world hastyn her ry3tful dom of dampnacion in þe oþir world, for þey ben fals witnessis to hem-
15 self & to oþere also, as seith Sent Ion-with-þe-gyldene-mouth,

48 many] a add. BYH   aforn] bi- BY   51 alle] peple add. H   54 ry3t-ful] ry3t T   56 whyche] suche D   57 men] to add. H   58 ry3tfullyche]
-fulle H   &] om. DT   58–9 þat dyen . . . synne] om. G

1 peruert] -tyd al.   2 iii] iiii BYH   of] þe H   3 he¹] om. H   4 no²]
ne RDTBY; nor H   ne] nor H   5 and þerfor . . . woman And] om.
DH; marg. T   ne] no gode add. R; good add. B   And] om. RTBYH
6 knowyt] knowt G   7 þer] om. YH   8 þer] a add. BY   10 leue]
3e H   3ourself] 3oure D   11–12 her in . . . schul 3e] in þe oþer warld
and here to rewlyn yow in this tyme of grace þat 3e may H   12 to
sauyn 3ourself] om. H   13 witnessys] -nesse TH   14 witnessis]
-nesse T

super Matheum, Opere / inperfecto, Omelia vi, þer is no man f. 240ʳ
able to ben a trewe witnesse to anoþir man but he be first a trewe
witnesse to hymself in hys owyn doom. ¶ At þe doom, God schal
askyn of us rekenyng & answer of þe benefycis þat we han takyn
of hym. He schal askyn is aȝen in numbre, in whyȝte, in mesure. 20
He schal askyn of us how oftyn we han receyuyd of his ȝiftis,
how mychil we han receyuyd & how we han spente is. And þe
lytteris and þe talyys of our conscience schul answern & seyn
þat we han receyuyd goodis of kende, þat is to seye, of body, of
soule. Also goodis of fortune þat ben temporel goodis and temporel 25
richesse. And goodis of grace þat ben vertu and connynge. þan
þe souereyn iuge schal askyn us answer of his benefycis in þe
plurer numbre, seyynge: Esuryui, etc. [Mt. 25: 42], Y hadde
hungyr and ȝe ȝeue me no mete. Y hadde þrest and ȝe ȝeuyn me
no drynk. Y was nakyd and ȝe cladde me nout. Y souȝte myn 30
herbarwe & ȝe receyuyd me nout. Y was sek & in prisoun and ȝe
vysytyn me nout ne confortyn me. And sith þe dom schal ben so
hard to hem þat holpyn nout her euene cristene with her good at
nede, mychil mor streyt it schal ben to hem þat robbedyn her
euene cristene, to þeuys, pylouris, extorcionerys, to manquelleris, 35
lechouris and to alle wyckyd doeris. þan men schul ȝeuyn answer
of euery idyl word þat þey spekyn, as Crist seith in þe gospel
[Mt. 12: 36]. And, as Sent Bernard seith, þe riche man schal
ȝeuyn answer of euery þred in his cloþ, of euery crom of bred in
his bredskepe, of euery droppe of drynk of his barel and in his 40
tonne & in his vessel. Also Crist schal askyn rekenyng be hool
mesure, for, as Crist seith in þe gospel, men schul þer rekenyn
and ȝeldyn to þe laste farþing withoutyn forȝeuenesse [Mt. 5: 26].
And swyche mesure as men metyn hyr to oþere schal ben þer
netyn aȝen to hem, mercy for mercy, hard for hard [Mt. 7: 2]. 45

18 At þe doom] *om.* H   19 of¹] *om.* H   &] *om.* H   answer] answeryn
DT; -swering B; *om.* H   20 is] hem RDTBY; vs H   aȝen] *om.* H   in³]
and RTBY; & in H   21 He . . . us] and H   22 receyuyd] of his ȝiftes
add. Y   is] hem RDTBY; it H   24 body] & *add.* BYH   25 temporel²]
om. H   26 vertu] vertuys *al.*   27 askyn] of *add.* BY   us] an *add.*
H   28 hadde] have H   29 and²] *om.* H   30–1 Y souȝte . . . nout]
after confortyn me H   31 &²] *om.* Y   32 vysytyn] visitiden BYH
nout] *om.* H   confortyn] -tiden BYH   me²] nouȝt *add. al.*   33 hol-
pyn] -ped Y   34 robbedyn] robbyn DTBYH   35 to¹] as to RDTBY;
as H   pylouris] robbers *add.* Y   to²] *om.* RDTH; & BY   36 answer]
-sweris H   37 þey spekyn] hath be spokyn H   gospel] Matthei 12 *add.*
marg. T   38 as] *om.* T   40 of³] in RYH   41 & in his vessel] *om.* H
42 as] *om.* TH   gospel] þat *add.* H   þer] *om.* H

Also God schal þan askyn of us rekenynge in whyȝte of streyt
dom, for al our dedys schul þer ben wown be þe dom of God & of
f. 240ᵛ our owyn conscience, and aftir þat it weyn it schul ben re/wardyd,
þe goode in blysse, þe wyckyd in pyne. þan þe hond of God
50 schal wrytyn in þe conscience of euery man and woman þat schul be
dampnyd þese þre wordis, 'mane, techel, fares', whiche þre wordis
he wrot on þe wow of þe kyngis halle, Baltasar, to dampnacioun
of þe kyng Baltasar, Daniel v; whiche visioun aperyd to þe kyng
in tyme of þe grete feste þat he made in despyt of God and dede
55 men drynkyn in þe vessel of Goddis temple, whiche vessel was
halwid to God. For 'mane' is to seye in Englych God hat numbryd
þin kyngdam and dayys of þin regne & maad an ende þerof.
'Techel' is to seye þu art wown in a belaunce and þu weyst
to lityl. 'Fares' is to seye þi kyngdam is departyd from þe, for
60 aftir þe dom þe synful man may no lenger lokyn aftir þe kyngdam
of heuene whiche was ordeynyd to hym ȝif he wolde a deseruyd it,
but þan he schal ben departyd fro þat kyngdam þat he hat lost
be hys folye and gon to þe prisoun of helle withoutyn ende, whiche
he hat deseruyd. For þan Crist schal seyn to euery man & woman:
65 Tolle quod tuum est et uade [Mt. 20: 14], Tac þat is þin and þat
þu hast deseruyd & go þin way, to heuene ȝif þu haue do wel
& to helle ȝif þu haue don omys and nout amendyt þe. ¶ Than
alle wyckyd cristene men schul ben demyd and dampnyd, but
heþene men schul ben dampnyd & nout demyd, for, as Crist
70 seith in þe gospel, he þat nout leuyth in Crist now he is demyd.
Som schul ben demyd and sauyd as good cristene men, comoun
lyuerys, and sum schul ben sauyd and nout demyd, as men of
perfeccion, for þey schul demyn oþere. As Crist seith in þe gospel:
Vos qui reliquistis omnia, etc. [Mt. 19: 28], ȝe þat han forsakyn
75 alle wordly goodis for my sake and folwyd me in pouert & in
perfeccion, ȝe schul syttyn on twelue setys demyng þe twelue
kynredis of Israel, þat is to seye, alle þat schul ben demyd.

46 þan] after Also H   rekenynge] om. H   47/58 wown] weyed BY
47 of²] om. al.   48 it¹ it²] þei al.   49 in¹ in²] to H   52 wow] wal BYH
kyngis halle] halle of þe kyng H   52-3 dampnacioun . . . Baltasar] hys damp-
nacyon al.   54 in¹] þe add. T   dede] made BY   55 vessel¹ vessel²]
-selis BY   whiche vessel] that H   was] weren BY   56 in Englych] om. H
57 and] the add. H   maad] om. H   59 from þe] om. H   61 whiche]
þat H   62 þat¹] þe RH   63 þe] om. BY   67 &] or al.   68-9 but
heþene . . . demyd] om. H   70 nout leuyth] bileuyth nout BY   he is] trs. H
71 Som schul . . .] of foure degreis in þe dome add. marg., in contemporary hand
T   73 in þe gospel] om. H   76 on] the add. H   77 alle] tho add. H

Cap. xviii

DIUES. It is a dredful þing to þinkyn on þis dom. PAUPER.
It schal ben mor dredful to heryn it & to sen it and mest for to
felyn it, and namely to ȝou riche folc þat han receyuyd so many
goodis of God & nout spent is ne dyspensyd is to his worchepe.
And Sent Gregory in his omely seyth þe mor þat þe ȝyftis of 5
/ God comyn to a man þe mor waxsyn rekenyngis and answerys f. 241ʳ
of þe ȝiftis and for þe ȝiftis. Therfor Sent Iamys spekyth to ȝow
ryche men in þis maner: Agite nunc diuites, etc., Now ȝe ryche
men, doth so þat ȝe mon sauyn ȝourself, wepith & weylith for
ȝour mischeuys þat schul comyn to ȝou, but ȝe amendyn ȝou. 10
Ȝour rychesse is rotyn, ȝour cloþing is etyn with mohthys, ȝour
gold and ȝour syluer is rustyd & þe rust þerof schal ben witnesse
aȝenys ȝou at þe dom and etyn ȝour flech as fyr. For ȝe keptyn
ȝour good so harde from þe pore folc, þerfor ȝe han tresoryd
wretthe and wreche to ȝou in þe laste dayys, Iac. v [1–3]. DIUES. 15
Wel is hym þat is wel ded. PAUPER. And wel is hym þat wel
lyuyth, for, as Sent Austyn seith, he þat lyuyth wel may nout
euele deye. Therfor, as Y seyde first, deme wel þinself in þis world
and be a trewe witnesse to þiself & of þiself, for, as Salomon seith,
þe trewe witnesse delyueryt soulys out of wo, boþin his owyn 20
& many oþere, Prouer. xiv [25]. And, as þe prophete seith, sekyth
up our lord God with elmesse dede whil he may be foundyn,
clepith hym whil he is nyhȝ [Is. 55: 6]. Now he is nyhȝ, now he
clepyth us to his mercy, now he may be foundyn benygne and
bonere to alle; but aftir þe dom and aftir our deth he schal ben 25
fel and fers to us, but we amendyn us. Than schul we fyndyn
no mercy but þat we deseruedyn be our lyue. And þerfor, leue
frend, doth as Sent Powyl seith: Dum tempus habemus operemur
bonum ad omnes [Gal. 6: 10], Whil we han tyme, warke we good

1 a] om. DTBY   2 it¹] om. TH   3 so] om. BY   4 is¹ is²] hem
al.   ne dyspensyd is] om. H   6 waxsyn] the add. H   answerys]
-swere BY   7 þe²] þo H   8 in] on H   9 wepith] ȝe add. BY
weylith] ȝe add. BY   10 but] if add. H   11 is¹ is²] arn RDTH; ben BY
rotyn] rotid H   cloþing] cloþingys RDTB; clothes YH   etyn with mohthys]
mowȝh-etyn al.   12 ȝour] om. al.   13 keptyn] kepyn H   16 wel³]
louyȝt add. T   18 deme] do H   þinself] him- T   18–19 þinself
. . . witnesse] om. BY   19 and be . . . þiself²] om. H   as] om. T   20 boþin]
in add. BY   21 &] in add. BY   many] om. H   sekyth] ȝe add. BY
22 our] ȝour R   23 clepith] ȝe add. BY   Now he is nyhȝ now] For H
24 his] om. H   25 our] yowur H   ben] foundyn add. H   27 þat] if
H   deseruedyn] deserue BY; haue deseruyd it H   28 doth] ȝe add. BY

30 to alle. And Salomon seith what good þin hond may don, do it besilyche whil þu myȝt, for þer schal ben no warkynge ne resoun ne connynge ne wisdam aftir þin deth to wynne þe mede, Ecclesiastes ix [10]. Therfor Crist seith in þe gospel þat þer schal comyn a nyȝt whan no man schal mon warkyn to wynnyn hym mede

35 [Io. 9: 4]. þe day is our lyf, þe nyht is our deth, for be we dede we mon no mor warkyn to wynnyn mede ne to amendyn us.

30 to] *om.* D   Salomon] þe wyse man *al.*   31 myȝt] mayst H   32 ne¹ ne²] nor H   þin] þe R   33 Therfor] And therfor H   34 a nyȝt] *om.* T   no] *om.* T   wynnyn] getyn H   35 be we] whan we be H   36 to wynnyn mede ne] ne getyn to vs mede H   us] Explicit viii mandatum. Incipit ix. *add.* RDT; Heere endiþ þe eiȝtþe precepte & heere bigynneþ þe nynþe precepte *add.* B; Incipit nonum mandatum *add.* H; ixᵐ preceptum *add.* G

NINTH PRECEPT

Cap. i

DIUES. God sende us grace to don as þu seist. Y þanke þe
for þis informacioun, for Y hope it schal don profyt. Now Y
/ preye þe þat þu wil informyn me in þe nynte comandement. f. 241ᵛ
PAUPER. þe nynte precept is þis: Non concupisces domum proximi
tui, Exodi xx [17], þu schal nout coueytyn þin ney3eborys good 5
with wrong, hous ne lond. In þe ey3te preceptis aforn, God
defendith alle wyckyd warkis. In þese two laste he defendith alle
wyckyd willis and consent to synne, for of wyckyd wille comyth
euyl dede. And þerfor Crist seith in þe gospel þat out of þe harte
comyth al maner synne, for withoutyn wil & assent of þe herte 10
is no synne don: De corde exeunt cogitaciones male, homicidia,
adulteria, fornicaciones, furta, falsa testimonia, blasphemie,
Mathei xv [18–19]. And þerfor Sent Powil seith þat coueytise
is rote of al euyl [1 Tim. 6: 10], and þerfor God defendyt al
wyckyd coueytyse boþin of þe world & of þe flesch. Coueytise 15
of þe world is clepyd coueytyse of þe eye in oþir mennys good.
Coueytise of þe flesch is clepyd wil to lecherye and to glotonye.
And ry3t as a wyckyd weed is clene clensyd out of a lond whan
þe rote is drawyn away, and til whan þe rote is drawyn up þe
lond is nout clene clensyd ne wel wedyd, and bodely seknesse 20
is nout wel curyd ne wel helyd til þe rote of þe seknesse be
distryyd, ry3t so mannys soule and womannys may nout be clene
clensyd ne ful helyd of synne, ne Goddis lawe may nout ben
kept, til coueytise of þe herte, whiche is rote of al maner synne

---

1 seist] hast seyde H   2 profyt] to many sowlis add. H   6 ne] nor H
ey3te] viiᵗᵉ [sic] H   preceptis] comaundment H   aforn] bi- BY   7 defendith¹]
forbediþ BY; dendid H   he] God H   defendith²] forbediþ BY   8 con-
sent] -tyng H   wille] willys H   comyth] -myn H   9 dede] -dis
H   10 maner] of add. H   12 blasphemie] hec sunt que coinquinant
hominem, non lotis autem manibus non coinquinat animam [Mt. 15: 20] add. H
13 And] om. RDTBY   Sent] sey3t T   14 defendyt] forbediþ BY
15 wyckyd] om. H   16 þe¹] om. H   16/17 clepyd] callid H   16 in]
of H   good] and add. H   18 a¹] om. D   clensyd] om. D   a²] þe RH
19 whan] om. H   20 ne] nor H   wedyd] wed H   and] also H
21 nout wel] repeat T   wel²] om. al.   be] þus add. BY   22 clene] om.
RT; welle H   23 ne ful helyd] om. al.   ne²] nor H   ben] welle add. H

25 & of al gostly seknesse, be drawyn out of þe lond of mannys herte
and distryyd. And þerfor whan God hadde ȝouyn eyȝte preceptis
be whiche men schuldyn flen alle wyckyd warkis he putte þerto
oþir tweyne preceptis aȝenys fals coueytyse, byddynge þat men
schuldyn puttyn wyckyd coueytyse out of her hertis. For fals
30 coueytyse is principal lettere of kepyng of Goddis lawe and rote
of al wyckydnesse. Therefor in þis comandement God defendith
principaly fals wordly coueytyse, and specialy of þingis nout
meuable be hemself, whan he byddith þat þu schalt nout coueytyn
34 þin neyȝebouris good with wrong, hous ne lond. In þe seuete
f. 242ʳ hest, God defendith þe dede of al wrongful / takynge whan he
byddith þe nout stelyn. In þis hest, he defendith al maner wrongful
desyr and myscoueytise to ony mannys good, of hous, of lond,
of gold, of syluyr, of cloth, of corn and of alle swyche oþir þingis
þat mon nout steryn hemself. ¶ This precept is principaly aȝenys
40 false purchasouris, whyche for false coueytyse ben besy be gyle
& with falshed to robbyn men of hous & of lond and to puttyn
hem out of her heritage. To swyche false purchasouris God
ȝeuyth his curs & seith þus: Ve, qui cogitatis inutile et operamini
malum in cubilibus uestris, etc., Wo be to ȝow þat þinkyn vnprofyt-
45 able þing and warkyn wyckyd þing in ȝour beddys in þe morwyn
whan ȝe mon nout slepyn, for þan þey castyn gyle & falshed
aȝenys her euene cristene. þey han coueytyd oþir mennys feldys,
seith he, and be myȝt takyn is away from hem & robbyd men of
her housys and falslyche chalanchedyn þe man and hys hous and
50 hys heritage, for oftyn þey chalangyn men for bonde and so
entryn into her hous and lond and han alle her heritage with
Goddys curs, Michee ii [1–2]. Also God ȝeuyth hem hys curs be
þe prophete Ysaye, þer he seith þus: Ve, qui coniungitis domum
domui et agrum agro copulatis, etc., Wo be to ȝou þat falslyche

25–6 & of . . . herte and] be H   26 ȝouyn] the add. H   27 be] the add.
H   28 tweyne] two Y   29 wyckyd] alle false H   of] om. B   her] om.
RDBYH   hertis] herte BYH   29–30 fals coueytyse] it H   30 lawe]
comaundmentis H   31/35/36 defendith] forbediþ BY   32 þingis]
thing H   34 ne] nor H   35 hest] precepte al.   35–6 dede . . .
stelyn] to stelyn and H   36 maner] of add. H   37 desyr] -ris H
to] of al.   38 of²] or H   swyche oþir] trs. T   39 This precept]
And þerfor this comaundment H   40 whyche] þat al.   ben besy] om. H
be gyle] to begyle RDTBY; begylyn H   41 to¹] om. H   &²] om. H   of²]
om. Y   to²] om. YH   45 þing¹ þing²] -gis H   46 for] & Y   48 is] hem al.
robbyd] -byn DTBYH   men] hem DBY   49 chalanchedyn] chalangyn
DTBYH   and²] of Y   52–3 be þe prophete . . . þus] whan he seith H
54 falslyche] om. Y

ionyyn hous to hous and coplyn feld to feld to þe ende of þe place 55
þat ӡe mon seyn al þis is myn & no man hat out withynne me.
Wene ӡe, seith God, þat ӡe alone schul dwellyn upon erde?
This false coueytise, seith he, soundith in myn erys and þerfor
many a fayr hous & gret schal ben forsakyn and no man ne woman
dwellyn þerynne, Ysaye v [8–9]. And Salomon seith þus: Non 60
attingas terminos paruulorum, etc., Towche nout þe boundys
of þe smale pore folc to reyuyn hem of her ryӡth, and entre þu
nout into þe feld of fadirles childryn to puttyn hem out of her
heritage. For almyӡty God þat is her nyh frend schal makyn her
cause wol greuous & wol harde aӡenys þe, Prouer. xxiii [10–11]. 65

Cap. ii

We fyndyn in [ho]ly writ, þe þredde booc of kyngys, xxi ca., þat
þer was a kyng of þe childryn of Israel whose name was Acab,
and þer was a / man dwellyng by hym þat hyӡte Nabot whyche f. 242ᵛ
hadde a fayr vynyӡerd þat lay nyhӡ þe kyngis paleys, and þerfor
þe kyng desyryd gretly to hauyn it & seyde to Nabot, 'Ʒeue me 5
þin vyneӡerd and Y schal ӡeuyn þe a betere þerfor or ellys as
mychil mony as it is worþi.' þan Nabot seyde, 'God forbede
þat Y schulde chanchyn myn fadrys herytage. Y wil neyþer
chanchyn it ne sellyn it.' Than þe kyng was wroth and for malan-
cholye leyde hym on his bedde & wolde neyþer etyn ne drynkyn. 10
þe qwene, Iesabel, þat was his wyf cam to hym and askede hym
what hym eylede. þe kyng seyde þat he hadde spokyn to Nabot
to han hys vyneӡerd & he wolde nout grauntyn it hym. þan
Iesabel þe qwen seyde, 'Be of good confort and tak me þin ryng and
Y schal ӡeue þe þe vyneӡerd.' þan she wrot leterys in þe kyngis 15

56 out] a foote H   57 God] ther add. H   alone] om. T; after erde H
upon] þe add. H   58 soundith] sown- BY   59 fayr . . . gret] trs. H
ne] nor H   woman] schall add. H   60 Salomon] þe wyse man al.
65 wol¹] ful BYH   wol²] ful BY

1 holy] ly (ho obscured at end of line) G   2 of¹] in H   þe childryn of] om.
al.   whose name was] þat hyӡt RDTBY   3 by] besydyn H   þat hyӡte]
whos name was H   whyche] þat al.   4 nyhӡ] nere H   paleys] place H
4–5 perfor þe kyng] he H   5 Ʒeue] Selle H   7 worþi] wertӡ al.
8 neyþer] neuer al.   9 chanchyn] -chyd R   ne] nor H   it²] nor puttyn it
awey from the rightful eyer add. H   10 neyþer] not RDTBY   ne] nor H
11 þe] Thanne the H   þat was] om. al.   hym²] om. DTBY; of hym H
12 hym] he H   he] om. T   13 to han] for H   it] to add. H   14 Iesabel]
after qwen H   Be] ӡe add. H   þin] yowur H   15 ӡeue] to add. B
þe þe] yow this H   wrot] ii add. H

name to þe principalys of þe cite vndir þe kyngis signet & bad
hem gadryn togedere her court & makyn a solempne fastynge
(so to blendyn þe peple with ypocrisye) and bad hem ordeynyn
two false witnessis whyche schuldyn acusyn Nabot & seyn þat
20 he spac euyl of God and of þe kyng & so dampnyn hym as gylty
and stonyn hym to þe deth; & so þey dedyn, for it was þe lawe
þat hoso speke euyl of God or of þe kyng or cursyd hem he schulde
be slayn. Whan Iesabel hadde tydyngis þat Nabot was slayn she
cam to þe kyng and bad hym rysyn up & ben merye and takyn
25 þe vynyȝerd to hym, for Nabot was ded. And onon þe kyng roos
up and wente into þe vynyȝerd & tooc it to hym. Than, at þe
byddyng of God, Helye þe prophete mette with hym and seyde
to hym in Goddis name, 'þu hast slayn & þu hast þat þu coueytist
but, Y telle it þe forsoþe, in þe same place þer þe houndys han
30 lykyd up þe blood of Nabot houndis schul lykyn up þin blood
and houndis schul etyn þin wyf, Iesabel, & houndys and bryddys
schul etyn þin body, & God schal distryyn þin houshold &
slen al þin kynrede and þin alyance'; & so it fel sone aftir. And
34 þus of fals couetyse cam periurie, fals witnesse, morde & man-
f. 243ʳ slaute / & dystruccioun of þe kyngdam. ¶ We redyn also in þe
passioun of Sent Beatrice þat þer was a fals couetous man whose
name was Lucret, and he coueytyd mychil þe place of Sent Beatrice.
And for coueytyse to han þe place he accusyd hyr to an heþene
iuge þat she was a cristene woman, and so be his accusacioun
40 sche was slayn, for sche wolde nout forsakyn Crist ne Cristis lawe.

16 þe²] that H   17 her court] *after* gadryn BY   18 ordeynyn] hem
add. T   19 witnessis] -nesse TH   20 dampnyn] -nyd DT; they
damnyd H   21 stonyn] -nyd DT; thus they stonyd H   & so þey
dedyn] *om.* H   lawe] thanne *add.* H   22 hoso] who YH   speke] spak
BYH; ony *add.* H   or²] & H   he] *om.* H   23 Whan] And whan H
Iesabel] the quene *add.* H   hadde tydyngis] hard H   24 cam] anon *add.*
H   kyng] Acab *add.* H   up] owth of his bed H   25 to] on- H   hym]
that he desirid aforn so moche *add.* H   was] slayn and *add.* H   26 up]
om. al.   þe¹] *om.* B   Than] Aftir that this wickid dede was don H
27 hym] the kynge Achab H   28 slayn . . . hast] now H   coueytist] aforn
add. H   29 it] *om.* RDTH; *ins.* B   in] þe Y; that in H   þe³] *om.* H
30 houndis schul] ther schall houndis H   up²] *om.* H   31 Iesabel] the quene
Iesabel for her false councelle H   bryddys] of the eyer *add.* H   32 þin
body] *om.* T   33 so it . . . aftir] sone after it fel so *al.*   34 þus] *om.* T
of] for H   cam] in *add.* H   morde] *marg.* G   34-5 morde . . . kyng-
dam] and inordinatly don may ben destruccioun of a kyngdom and gret peyne
withoutyn ende H   37 Lucret] Lucres DTBYH   38 þe] her H   39 and
so be his] to that intente to han hir place and be þis H   40 sche² . . . lawe]
the feythe & the lawis of Crist H

Whan sche was þus ded Lucret entryd into hyr place for to han it
in possessioun, and for ioy of þe place he made þeryn a gret feste
to hys frendys. And whan he was mest myrye and iocund in
þe myddys of þe feste a ȝong sokande child þat was þer in hys
moodrys arm seyde al aloud þat alle men myȝtyn heryn it, 'Audi,   45
Lucreci', 'Her now, Lucret, þu hast slayn and þu art entryd
falslyche into þis place & hast it at þin wil, but ryȝt now þu art
ȝouyn into þe myȝt and into possessioun of þin mest enmy.'
And onon in tyme of þe feste aforn alle his frendis and his gestis
þe fend entryd withynnyn hym & þre hourys togedere so for-   50
trauaylyd hym & so forrente hym aforn hem alle til he slow hym
& for hys false coueytise bar his soule to helle. Here þu myȝt
sen what peryl it is to purchasyn onyþing omys be fals coueytyse,
and þerfor ȝif þu haue purchasyd onyþing be falshed or ȝif þu
occupye onyþing myspurchasyd loke þat þu make restitucion for   55
sauacioun of þiself and of þin eyrys, for it is a comoun prouerbe:
De male quesitis vix gaudet tercius heres, Of euyl-gotyn good þe
þredde eyr hat no ioye.

Cap. iii

DIUES. Ȝif Y hadde out purchasyd omys myself, Y lete me
boundyn to restitucion; but of my forme-fadrys purchas haue
Y nout to don, wheþer it wer ryȝtful or nout ryȝtful, but þat þey
leftyn to me Y wil kepyn it, as þe goode man Nabot dede of whom
þu spoke wol late. PAUPER. Nabot wolde a kept stille hys fadrys   5
herytage whyche longyd to hym be ryȝt & be sent of heritage but
ȝif þu kepe onyþing wittyngly þat þin forme-fadrys purchasedyn
falslyche, in þat þu kepist nout þin fadrys herytage as Nabot dede
but þu kepist oþir mennys herytage, to whiche neyþer þu ne   9
þin fadyr haddyn ryȝt, and þerfor / but þu make restitucioun   f. 243ᵛ
þu schal rewyn it, and al þyn eyrys, as Acab dede and hys eyrys,

41 Whan . . . Lucret] And thanne that wickid man Lucres H   hyr] his H
for] *om. al.*   45 arm] armys H   seyde] þer *add.* R; spake H   al aloud]
lowde H   alle men] iche man H   it] hym and seyde H   45–6 Audi
Lucreci] *in MS H, written within a scroll design in lower marg.; text breaks off
here and continues on next page with Com. IX iv, line 19, profytyn . . .*
46 Lucret] -cres BY   art] hast BY   47 ryȝt] *om. al.*   49 aforn]
among R; bi- BY   51 forrente] rent *al.*   aforn] bi- BY   54 be falshed]
falsly *al.*   56 a] *om.* T   58 hat no] vneþe haþ BY

1 out] *om.* Y   lete] holde BY   3 wheþer] wer T   5 wol] ful BY
6 whyche] þat *al.*   sent] descent BY   10 ryȝt] to *add. can.* G   þu] þi T
11 and²] alle *add.* R

whyche lostyn nout only þat þey haddyn mysgotyn of Nabot be
morde and be gyle but þerto þey lostyn her lyf, her worchepe, her
heritage foreuere. ¶ Y rede þat þer was a gret ryche man dwell-
15 ynge in a contre whyche dede mychil elmesse, and for his elmesse
God wolde han hym sauyd. It fel in a euenynge he rombyd alone
vndir hys wodys-syde be hys place. Cam an angil in a mannys
lycnesse and bad hym gon with hym. Sodeynly þey wern togedere
in a dep valey and in þe myddys of þe valey was a dep pyt ful of
20 feer smoþerynge medelyd with pyc and brenstone wol foul styn-
kynge. Than þe angyl bad þis man lokyn into þis pyt. He lokyd
doun into þe pyt and þer he saw3 þre galwys stondynge in þe
feer. On þe firste hyng a man be þe tunge; on þe secunde hyng
a man be þe hondys; but on þe predde hyng no man. þan þe
25 angil askyd hym what he saw. 'Y se', seyde he, 'þre galwis in þis
horrible feer. On þe fyrste hangith a man be þe tunge, on þe secunde
hangith a man be þe hondys, but on þe predde hangith no man.' þan
seyde þe angil, 'He þat hangith be þe tunge is þin fadris fadyr
whyche purchasyd þis place þat þu dwellist ynne be gyle of his
30 tunge, be fals oþis, be lesyngis, be periurye, be fals witnesse and
dede many men forswern hem; and þerfor is he punchid prynci-
paly in hys tunge and hangith be his tunge in þis horryble fyr
& schal don withoutyn ende, for he wolde nout makyn restitu-
cion. He þat hangith on þe secunde galwys be þe hondys is þin
35 fadyr, whyche kepte stille be my3ty hond þat his fadyr hadde
myspurchasyd and wolde nout makyn restitucioun. þe predde
galwys in whyche hangith no man ben ordeynyd for þe, but þu
amende þe & make restitucioun.' And onon þe angil pasyd awey
from hym & he was a3en vndyr his wode-syde. The nexte day he
40 sente aftir þe eyris of þe place & made restitucion. Hys wyf, his
childryn wern wol sory and seydyn to hym, 'Allas, allas, now arn
we beggerys.' Than he answeryd and seyde, 'Leuere Y haue þat

---

13 her³] and her B   14 ryche] om. BY   14–15 dwellynge in a
contre] om. al.   16 It] marg. G   fel] be- al.   17 Cam] þer cam al.
in] -to DT   20 smoþerynge] smulderyng Y   pyc] fyre R; picche
BY   wol] ful BY   21 þis²] foule add. R; þe Y   22 into þe pyt] om.
al.   23 firste] ferdest DTB   24 but] om. Y   25–7 Y se . . .
man²] and he told hym al þe soþe al.   29 þis] þe al.   30 witnesse]
-nessis BY   31–2 punchid principaly] trs. BY   33 wolde] wol T
34 be þe hondys] after hangith R   35 hadde] harde T; om. BY   38 And]
om. al.   39 day] aftir add. BY   40 his] & his BY   41 wol]
ful BY   41–2 arn we] trs. Y   42 we] but add. R   Than] And
þan R

we beggyn in þys world þan / to bryngyn ȝou and me to þat endeles f. 244ʳ
pyne þat Y saw, and betyr it is to us for to lesyn a place in erde
to whyche we han no ryȝt þan to lesyn our place in heuene blysse 45
withoutyn ende.'

Cap. iv

DIUES. Y assente wel to þi speche. Sey forth what þu wilt.
PAUPER. Many harde venchance hat fallyn for fals coueytise.
Gyesy was smytyn with foul meselrye for coueytyse made hym
to sellyn þe helþe of Naaman, whyche helþe cam only be þe grace
of God, IV Regum v [1–27]. For coueytise Iudas solde Crist, 5
Goddis sone, for þretty penyys and betraythyd hym, and aftir
he wente & heng hymself til hys bely brast, and þer þe deuyl
þat was in hym fleyy out and bar hys soule with hym to helle.
DIUES. Why wente þe fend nout out of hys mouth? PAUPER.
For his mouth hadde touchyd Cristis mouth whan he kyssyd 10
Crist in gyle and seyde, 'Heyl, Maystyr.' DIUES. þe skyl is good.
Sey forth what þu wilt. PAUPER. Also for coueytyse Ananye
& Saphira his wyf deyedyn sodeyn deth and dispittous deth, for
þey lyedyn to þe holy gost & forsokyn her monye to Sent Petir
[Act. 5: 1–11]. For coueytise Nakor was stonyd to þe deth, for 15
he stal gold & cloth aȝenys Goddis forbode, Iosue vii [16–26].
¶ We fyndyn yn þe lyf of Sent Barlaam þat on a tyme an archer
tooc a nyȝtyngale and he wolde a slayn it. God ȝaf speche to þe
nyȝtyngale, whyche seyde to þe archer, 'What schal it profytyn
þe to slen me? þu myȝt nout fyllyn þin wombe of me, Y am so 20
lytil. Saue my lyf and let me flyyn and Y schal techyn þe þre
wisdammys whyche ȝif þu kepe wel it schul don þe mychil profyt.'
þan þe archer was awondryd of hyr speche and hyȝte hyr sykyrlyche
þat he schulde letyn hyr flyyn ȝif she tauȝte hym þo wysdammys.

43 beggyn] be beggers Y   ȝou] alle add. BY   to²] in- BY   þat] om.
RDT   44 for] om. Y; ins. G   45 we han] om. T   to²] om. B   our]
us T

2 venchance] veniaunces B   hat] han B; have Y   6 hym] om. T
7 he] om. Y; ins. G   hys bely . . . þer] repeat B; body brast & þere his bely
brast Y   9 nout] after wente al.   of] at BY   11 þe] þi BY   19 it] I
D   profytyn . . .] in MS H, text resumes after break at IX ii l. 46   profytyn]
to add. BY   20 myȝt] may al.   wombe] mowth H   of] wyt al.   21 Saue]
But saue H   and . . . flyyn] om. Y   21/24 flyyn] fle B   22 kepe]
hem add. H   it] þei al.   don] om. H   23 þan þe archer] And he H
hyr¹] the H   23–4 hyȝte . . . wysdammys] lete hir flyen and H   23 sykyr-
lyche] marg. G   24 þo] þe BY

25 þan she seyde, 'Besy þe nout to takyn þing þat þu my3t nout
takyn. For þing þat is lost and may nout ben recuryd ne gotyn a3en
mac no sorwe. þing þat is nout semely to ben soth, leue it nout.'
þan þe archer leet þe ny3tyngale flyyn. Whan þe ny3tyngale was up
in þe eyr she seyde to þe archer, 'þu fool! A feble conseyl hast
30 þu takyn, for þu hast lost a gret tresor, for Y haue a margery
ston in myn wombe mor þan an ostrychis ey.' þan þe archer was
sory & preyyd þe ny3tyngale comyn a3en to hym and hy3te hyr

f. 244ᵛ to kepyn hyr saf / and þat he schulde letyn hyr gon a3en at hyr
wille. þan seyde þe ny3tyngale, 'Now Y wot wel þat þu art a fool
35 and al myn lore profytyth þe nout, for þu makist mychil sorwe
for þat þu hast lost me, & þou3 þu my3t nout getyn me a3en.
þu trauaylyst to takyn me, and þu my3t nout takyn me ne pasyn
þe weye þat Y pase by. And, ouyr þat, þu leuyst þat Y hadde swyche
a precious ston in my body as mychil as an ostrychis ey, and al
40 my body is nout half so mychil.' DIUES. What is þis to purpoos?
PAUPER. Be þis ny3tyngale þat syngyth so swetely Y vndirstonde
Crist, Goddis sone, þat song to mankende songis of endeles
loue. And a ny3tyngal[e] is in Latyn *philomena*, þat is to seye in
Englyche, a swete louere, as seith Catholicon; and a swetere louere
45 þan Crist was [þer] neuyr non. He tau3te us many wysdammys
in whiche he tau3te us þese þre: first he bad þat þu schuldist
nout ben besy to takyn þing þat þu my3t nout takyn, whan he
bad þe nout stelyn ne coueytyn þin ney3boris good with wronge,

25 þan . . . seyde] *marg.* G   Besy þe nout] Be þou not besy H   þing] -gis H
my3t] mayst H   26 For] Also for H   recuryd] recouered Y   27 mac]
þou add. H   sorwe] Also for add. H   semely] likly H   28–9 þan . . .
eyr] And as sche was flying vp the tre H   28 flyyn] fle BY   29 hast]
as D   30 hast lost] haste D; haddist T; hast forgon H   margery] mar-
garite H   31 mor þan] as grete as Y   an] *om.* D   32 preyyd] to add. H
comyn] to comyn YH   to hym] *om.* Y   hy3te] he behight H   33–4 to
kepyn . . . wille] wel BY   33 schulde] wold H   a3en] *om.* H   hyr³]
owyn add. H   34 Y] *om.* D   þat] *om. al.*   35 and] for H   profytyth] to
add. H   for] *om.* H   36 for] *om.* H   þat] *om.* RDTBY   hast] *om.* T
þou3] 3it BY; *om.* H   þu²] *om.* T   36/37 my3t] mayst H   37–8 takyn²
. . . ouyr þat] and also H   38 þat¹] *om.* T   leuyst] be- H   Y hadde] *om.*
H   39 ostrychis] estrege YH   40 to] the add. H   41 Y] is H
42 Crist . . . sone] owur lord Iesu Crist H   to mankende songis] *om.* H
43 loue] whan he was with vs in this present life add. H   a] an G   -gale]
-gal G   is¹] *om.* H   44 as . . . Catholicon] *om.* H   45 þan] that H
þer] *om.* G   He] And he H   us] to vs H   46 in whiche . . . þese] and
specyally he tawth vs H   þese] þe D   þu] we H   47 þu my3t nout]
wold nout ben H   48 ne] ner H   þin . . . wronge] oþer mennys good
wrongfully H

for, as þe lawe seith: Hoc solum possumus quod de iure possumus,
Only we mon don þat we mon don laufullyche. And þerfor ȝif 50
þu trauayle to getyn þing vnlaufullyche þat þu myȝt nout han be
þe lawe, be it hous or lond, worchepe [or] dignete, þan þu besyyst
þe to getyn a þing þat þu myȝt nout takyn. And þerfor Salomon
seith: Noli laborare ut diteris, etc. [Prov. 23: 4], Trauayle nout
to mychil to ben riche but put mesure and maner to þin wisdam 55
& to þin sleyþe, þat alþou þu myȝtist getyn a þing be sleyþe
and be sotelte alwey tac hed to þe ryȝt & to þe lawe: Ne erigas
oculos tuos ad opes quas habere non poteris, scilicet, de iure,
etc., Lyft nout up þin eyne, seith Salomon, to richessis þat þu
myȝt nout han ryȝtfullych, for it schulde makyn hem wengis as of 60
an egle and flyyn into heuene, þat is to seye, it schulde flen awey
from þe & accusyn þe aforn God of þin falshed & of þin coueytyse,
Prouer. xxiii [5]. Also coueytous folc don aȝenys þe secunde
lessoun þat þis nyȝtyngale, Crist Iesus, tauȝte us to kepyn, for
whan þey lesyn onyþing be myshap or be aduersite or be deth of 65
wif [or] childryn þei makyn so mychil sorwe þat þey reneyyn
God & fallyn in wol harde seknesse boþin of soule & of body.
But Dauyd þe kyng, kepyng þis / wisdam, dede nout so, but whyl f. 245ʳ
hys sone lay seek, as longe as he was of hope to han his lyf, so
longe he wepte & fastyd & preyyd for hys lyf to God; but whan 70
þe child was ded, onon he cesyd of hys wepynge and eet & drank
& made myrie, for he wiste wel þat he myȝte nout getyn hym
aȝen, II Regum xii [15–23]. Also coueytyse makith men to leuyn
þing þat is nout semely to ben soth and to leuyn many stronge
lesyngis, for þing þat is mychil desyrid is sone leuyd, as seith 75

49 as] *om.* H   50 þat] that thyng þat *add.* H   51 getyn] good *add.* D
þing] wardly goodis H   myȝt] mayst H   52 or²] *om.* RDTG   52–3 þu besyyst
þe] art þou besy H   53 Salomon] þe wyse man *al.*   54 Trauayle] þou *add.*
BYH   55 to¹] *om.* H   56 alþou] þouȝ RDTBY; *om.* H   56–7 sleyþe²
. . sotelte] *trs.* H   57 and] or *al.*   tac . . . lawe] hold to the the rith and the
lawe of God and drede it H   58 scilicet] *om.* H   59 eyne] ey syght H
60/61 schulde] schulen BYH   61 and] to H   it] þei RDTBY; *om.*
H   62 aforn] bi- BY   63 folc] fals T; men H   don] dome DT;
falshed *add.* H   64 þat þis] of this worthi H   Crist . . . kepyn]
Iesu Crist H   66 wif or childryn] frendis H   or] of DTBG   67 wol]
ful *al.*   soule . . . body] *trs.* H   68 þe kyng] *om.* Y   but] ful R
69 hys sone] he H   of] in H   to han his] of his sunnys H   his] *om.* T
70 for . . . God] *om.* H   71 was] onys *add.* H   onon] *after* cesyd Y
he . . . drank] began to etyn and drynkyn H   and] *om.* RDT   72 hym]
his child H   73 men to] folk H   74 þing] *om.* R; -gis H   is] arn H
semely] likly H   leuyn] bi- BYH   stronge] straunge H   75 lesyngis]
thingis H   þing] -gis H   is¹ is²] arn H   seith] of *add.* T

þe Maystir of Storiis. And forasmychil as couetous folc desyryn
to han mychil þing þat þey han no ryȝt to, þerfor þey leuyn
lyȝtly many false talys and assentyn to falshed, for þe coueytouse
and þe false cordyn sone togedre. For ȝif a fals man come &
80 telle þe coueytouse man a fals tale of wynnyng or tellyth hym
þat he hat ryȝt to a þing, he leuyth hym sone, be it euere so fals.
But þerfor þis nyȝtyngale, swete Iesus, seyde: Qui cito credit
leuys est corde, etc. [Eccli. 19: 4], He þat sone leuyth is lyȝt
of herte & wol chanchable from vertu to vyce, from trewþe to
85 falsnesse, from charite to couetyse; et minorabitur, and he þat
sone leuyth schal ben lessyd in worchepe and lytil set by, for
sone leuyng of lesyngis bryngith þe peple to mychil folye. þis
makith men to begynnyn pleys & brygis & on neyȝebore to hatyn
anoþir, þe housebonde to hatyn his wyf, þe wyf hyr housebonde,
90 þe fadir his sone, þe sone his fadir, þe moodir hyr douȝtir, þe
broþir his sustyr. þis hat brout Engelond on byttyr balys. Therfor
Salomon seith: Non omni uerbo credas, Leue nout euery word,
Ecclesiastici [19: 16]. He þat sone leuyth lesyngis, his word & his
loue and his feith wawyth aboutyn as þe wynd. Therfor Seneca
95 þe gret clerk seith in his pistil þat no wis man leuyth ony newe
tale lyȝtlyche.

Cap. v

Also we redyn in holy writ, Numeri xxii [1–41], þat Balaam
þe false prophete wolde a cursyd Goddis peple for coueytyse of
þe ȝiftis whyche Balac, kyng of Moab, profryd hym, noutwith-
stondyng þat God forbad it hym and bad hym nout comyn þer.

77 leuyn] bi- BY		78 lyȝtly] redely H	and] sone add. H	for] and therfor
H	coueytouse] man add. H		79 false] man add. H	cordyn] accord-
al.	a] þe R		80 telle] to add. H	man] om. T		81 he leuyth . . .
sone] om. H	hym] it R	81–2 sone . . . seyde] om. D	81 euere] neuer
BYH	82 swete] blyssyd RTBY	swete Iesus] our lord H	83/86 leuyth]
bi- BYH		84 wol] ful BY		85 falsnesse] -hed H		86 sone] so H
87 lesyngis] lesyng Y	88 makith] -kyn H	begynnyn] makyn H		89 þe¹]
and the H	hyr] the H	90 his¹ his²] the H	hyr] the H	91 his]
the H	þis] And all þis lyght beleue H	balys] bale betwyx vs and Fraunce
and H	92 Salomon] þe wyse man al.	Leue] Bi- BY		93 19: 16]
xiv all MSS	He] For he H	sone leuyth] trs. BY		93/95 leuyth] bi-
BY	94 loue] leue RD	wawyth] -wyn RDTBY; wavyn H; walwyn
with 1 marked for omission G	Therfor] And therfor H	Seneca] after clerk
RDTBY	95 þe gret . . . pistil] seith H	pistil] e- BY		96 tale] -lis
BYH	lyȝtlyche] om. H

3 þe] om. H	profryd] to add. H	4 forbad . . . and] om. H

Wherfor as he rood to þe kyng, Balac, his asse þat he rood on 5
vndirnam hym and hurte his foot wol euele aȝenys a walle, for
þe asse saw an angil stondynge with a swerd drawyn aȝenys
hym in þe weye and þerfor þe asse fledde out of þe weye / into f. 245v
þe feld. Balaam was wroth and beet hys asse wol harde with a
staf for he bar hym so out of þe weye. þan þe asse cam in a streit 10
weye atwoxsyn two wallys and þer he sawȝ also þe angil aȝenys
hym, and for dred he fledde on syde & bar Balaam aȝenys þe
wal & hurte his foot wol euele aȝenys þe wal. þan Balaam beet
hym eftsonys wol euele. Sone aftir þe angil stood aȝenys hym in
so streit a weye þat þe asse myȝte flen on neyþer syde, wherfor 15
þe asse fel doun to grounde and wolde no farþere gon. þan Balaam
was wol wroth and leyde on wol sore. God vndede þe assis mouth
& he seyde to Balaam, 'What haue Y don aȝenys þe? Why betist þu
me now þe þredde tyme? I haue alwey ben þin beste & þu hast
alwey redyn on me and Y seruyd þe neuer þus til now.' þan God 20
openyd þe eyne of Balaam and he saw þe angil stondynge aȝenys
hym with a nakyd swerd, whiche reprouyd hym of hys false
coueytise & of his wickyd purpoos, and for þat he beet so his
asse withoutyn gylte and seyde þat but þe asse hadde gon out of
þe weye he schulde ellys a slayn hym, for hys weye was aȝenys 25
þe plesance of God. DIUES. What betokenyth þis tale? PAUPER.
Balaam is to seye in Englych a deuourour of þe peple and storblour
of þe folc, interpretatur, deuorans populi et turbans gentem,
and þerfor Balaam betokenyth fals couetyse of þis world whiche
deuouryth þe pore peple & storblyth euery nacion, for nyh al þe 30

5 þe kyng] om. D; þe T; after Balac H   6 wol euele] om. al.   7 an
angil] the aungelle god H   9 feld] and add. H   beet] smot al.   wol]
wold D; ful BY   10 þan] And RDTBY; And whan H   11 weye]
strete H   atwoxsyn] bitwene BY   and . . . also] ther the asse saw aȝen H
12 on syde] asyde BYH   þe] a H   13 wol euele] om. al.   aȝenys þe wal]
om. H   13–14 beet . . . eftsonys] eftsones bet his asse H   14 wol] ful BY
stood] was after hym H   15 a] om. RTBY   myȝte] not add. al.   on] in H
neyþer] ony RDTBY; no H   15–16 wherfor þe asse] but RDTBY; and than
he H   16 to grounde] om. al.   gon] om. al.   þan] And H   16–17 Balaam
. . . sore] efte (-sonys R) he smot þe asse RDTBY; ȝit aȝen he smot the asse
H   17 vndede] openyd al.   18 he . . . Balaam] the asse spak to Baalam his
master and seid H   þu] om. H   20 alwey] om. H   21 angil] of
God add. H   stondynge] -dyn H   22 whiche reprouyd] reprevyng
H   23 for] of H   so] om. RDTBY; also after asse H   24 gylte]
cawse H   þat but] trs. RD; þat but ȝif T; but if Y; to hym but if H
25 weye[1]] purpos H   27 storblour] a trubbeler H   29 and þerfor]
wherfor H   30 storblyth] trubulith H   euery] euer T; eiþer (? MS
blurred) B   þe[2]] om. H

debat in þys world is for myn and þin. And þerfor seyde a philo-
sofre: Tolle duo uerba, meum et tuum, et totus mundus erit
in pace, Put out of þys world two wordis, myn & þin, and al þe
world schal ben in pees. Balaam first in hys prophecie worchepyd
35 Goddis peple & prophecyyd to hem mychil prosperyte as he was
compellyd be þe my3t of God to seyn, but at þe laste with his
schrewyd conceyl þat he 3af to Balac to han his 3iftis he deceyuyd
Goddis peple & brou3te hem to lecherye & to ydolatrye & so to
39 offendyn God. Wherfor xxiv þousant of Goddis peple wer slayn and
f. 246r alle þe pryncis of / þe peple wern hangyn up on gebettis [a3en þe
sonne] at þe byddyng of God [Numeri 25: 1–9]. Ry3t þus coueytise
of þe world first puttith men in hope of gret prosperite and hotith
hem welþe & worchepe. 'Se,' seith Coueityse, 'swyche a clerc
is þer þat may spendyn so mychil be 3ere, and þou was he but a
45 pore mannys sone as þu art. Be of good herte, for swyche as he is
þu my3t ben.' And so Coueytise put example of kny3tis, of mer-
chauntis, of prelatis, of lordis & of ladyys. '3if þu haue richesse,'
seith Coueytyse, 'þu my3t don mychil elmesse and han many
prestys to preyyn for þe and delyueryn þe out of purgatorye.'
50 But bewar, for be swyche behestis þe fend and wordly coueytise
ben aboutyn for deceyuyn þe & bryngyn þe in glotonye and in
lecherye & to ydolatrye, as Balaam broute Goddis peple to schen-
chepe. He wil makyn þe mor to trostyn in þin good þan in þi
God, for what þing þat man or woman louyth mest and set his
55 herte mest ynne þat is his God, as seith Sent Ierom. Therfor
Sent Powil seith þat auaryce & coueytise is seruage of mametrye
[Col. 3: 5], for gold is god to þe couetouse man to whom he doth
mest worchepe, whyche fals god is betokenyd be þe ymage of gold
þat was sexty cubytis in heyþe and sexe in brede whyche þe kyng
60 Nabugodonosor reysyd up in þe feld of Duram and compellyd al
men to worchepyn it; and hoso wolde nout worchepyn it he dede

35 as] and H   36 þe²] om. Y   39 xxiv] foure and twenti BY   40–1 a3en
þe sonne] om. G   41 of God] Numeri 25 add. marg. T   þus] so al.
42 þe] þis al.   first] om. H   44 þat] om. H   þou] 3it BY   was he] trs.
BYH   45 of] a add. H   46 þu my3t] may þou H   so] al- H   of²] and
of H   47 &] om. H   48 my3t] may al.   49 to] for to H   of] peyne of add.
H   50 be] om. H   51 for] to al.   in¹] -to YH   and in] om. RDTY;
& BH   52 to¹] om. al.   peple] pepeple B   53 mor to trostyn] to trostyn
mor TY; trostyn more H   þan] that H   þi] ins. B; om. YH   54 þat]
om. H   55 ynne] þer- RDTBY   his] om. D   seith] after Therfor T
56 & coueytise] om. al.   59 þat] whiche T   61 hoso] ho that H
61–2 worchepyn² . . . hym] abeyin therto wern H   61 it²] om. D

hym ben put in an ouene ful of fyr, in tokene þat hoso worchepe
nout in þis world þe false god of gold and of fals coueytise &
ȝeuyth no tale of þis world & wil nout obeyyn to fals couetyse
to seruyn it with gyle, falshed and periurie but lyuyn in trewþe 65
& in charite, þat man schal han mychil wo in þis world [Dan.
3: 1–6]. And þerfor Sent Powil seith þat þey þat wiln lyuyn
mekely & goodly in Crist þey suffryn mychil tribulacion in þis
world [2 Tim. 3: 12]. þerfor, as Sent Gregory seith, þis world
is a forneys and an ouene to tryyn in Goddis childryn be angwich 70
and tribulacioun. Be war of þe behestis of couey/tyse, for fayre f. 246ᵛ
behestis makyn sottis bly[n]de. He wil so intrykyn þe in dette
and in synne þat it schal ben wol harde to þe for to askapyn and
so bryngyn þe to dyyn in dedly synne. And ȝif þu dye in dedly
synne al þe gold vndir þe cope of heuene, þou it wer þin, ne alle 75
þe prestis vndyr sonne mon nout helpyn þe. Therfor Sent Powil
seith: Qui volunt diuites fieri incidunt in temtacionem et [in]
laqueum diaboli, etc., þey þat coueytyn to ben ryche in þis world
fallyn in hard temptacion and into þe fendis snare, into wyckyd
desyris & vnprofitable & wol noyous whiche drynchyn men into 80
þe deth of helle & bryngyn hem to perdicioun, for why, seith he,
rote of al euele is coueytise, I ad Tymo. vi [9–10].

Cap. vi

DIUES. Y wende þat alle men myȝtyn ben holpyn with her
rychesse aftir hyr deth. PAUPER. It is nout so, but only þey
schul ben holpyn with her goodis aftyr her deth þat deseruedyn

---

62 hym ben put] puttyn hem RDTBY   hoso] he þat H   63 gold]
gloteny H   63–5 & ȝeuyth . . , seruyn it] om. H   65 gyle] and add.
H   68 mekely . . . goodly] trs. H   & goodly . . .] in MS T, change of
hand, T f. 246ʳ (hand No. 1 continues as corrector)   in¹] for H   þey]
schulen BY; schuln add. H   69 þerfor] And H   as] om. BY   seith]
after as D   70 and an ouene] om. RDTH   in] om. TH   in Goddis]
gode RD   71 behestis] -heste D   72 makyn] -kith H   blynde] bliþe
BYH; blyde G   73 wol] ful BY   to þe for to] for þe to R; to þe to Y
74 so] to add. al.   74–5 ȝif . . . synne] than H   75 wer] alle add. H
75–6 ne alle þe] and alle H   76 vndyr] þe add. RH   77 temtacionem]
-ciones al.   in²] om. G   79 in] -to al.   temptacion] -cionys al.   fendis]
deuelys R   snare] & add. al.   80 desyris] -sire H   & wol noyous]
marg. G   wol] ful BY; om. H   81 þe] om. H   to] in- RH   he] for
add. H

1 wende] wene DBY   3 goodis] good BY   þat] þei add. T   deseruedyn]
-seruyn H

be her lyue to ben holpyn with her rychesse aftir her deth, as
5 þey þat don elmesse aftir her stat and spendyn wel þe good þat
God hat sent to hem and payyn wel her dettis & don swyche oþir
goode dedys & kepyn hem from dedly synne; þus seyth Sent
Austyn, in glosa, I ad Tessalo. iv [12], super illud: Nolumus
uos ignorare de dormientibus. And þerfor be war & tac hed to
10 þre tokenys and warnyngis þat God ȝaf to Balaam to flen þe
swerd. First his asse wente out of þe weye. Aftir þat he hurte
hys foot and dishesyd al his body. At þe laste he fel doun vndir
hym and wolde no farþer beryn hym. Be þe asse Y vndirstonde
welþe of þis world þat stant pryncipaly in rychesse and bodely
15 helþe, whyche berith a man up in þis world as þe asse bar Balaam.
But be war, for ryȝt as þe asse is a wol dul beste and whan a man
hat mest nede and mest hast in his iorne þan he wil nout gon but
at hys owyn lust & so deceyuyth his maystir, ryȝt so wardly welþe
deceyuyth hem þat trostyn þerynne and faylith hem at nede.
20 þis asse of wardly welþe first goth out of þe weye, þat is whan
God sent a man aduersite, and his causis & his trauayl goth nout
forth as he wolde ne as he wende it schuldyn don, but whan he
wenyth to wynnyn he lesith and spedith nout as he wende to
24 spedyn, and þer he wenyth to fyndyn frendys he fyndith enmyys.
f. 247ʳ And in cas ȝif he wil pasyn þe / see, þe wynd is aȝenys hym and
cachyth hym out of hys weye, and ȝif he plete, sum sleyþe put
hym out [of] his purpoos, and þat he wende to spedyn in a
monyth he schal nout spedyn it in a ȝer, & perauenture neuyr
bryngyn hys cause into þe ryȝt weye þer he wolde han it. Whan
30 þin asse goth þus out of þe weye, tac heed to þin weye & to þi
purpos, & ȝif þi weye and þi purpos ben aȝenys þe plesance of
God, as was þe weye of Balaam, þan wend aȝen and cese of þin
euyl purpos. And ȝif it be nout aȝenys þe plesance of God, dispose
þe to pacience & þank God of al and tac heed what þe angil seyde

---

5 wel þe good] wil D   6–7 payyn . . . synne] *marg.* G   6 wel] truly
H   6–7 & don . . . dedys] *om.* H   7 synne] to her lyuys ende or
namely þan *add.* RDTBY; and *add.* H   10 tokenys . . . warnyngis] *trs.* BY
and warnyngis] of warnyng D   11 Aftir] And after H   13 no] not T
16 as] at H   wol] ful BY; *om.* H   16–17 and whan . . . hast] *om.* H
17 þan] for H   21 sent] sendith BYH   a] *om.* H   causis] cause H
22 it] he BY   don] a don H   but] for H   23–4 to spedyn] *om.*
RDTH   24 þer] -for DT   25 ȝif he wil] that he wold H   26 cachyth]
dryuyȝt *al.*   27 of] *om.* G   to] a H   28 schal] can H   it] *om.* RDT
29 þe] *om.* H   þer] wher H   30 þin¹] þis BY   þin²] þe Y   31 þi¹]
þe RDT   þi²] *om.* BYH   33 nout . . . God] to Goddis plesauns H

to Balam: but þe asse, seyde he, hadde gon out of þe weye Y 35
hadde slayn þe. For but welþe of þe world went sumtyme out of
þe weye be aduersite and be seeknesse ellys it schulde ben cause
to mychil folc of deth, boþin bodylyche and gostlyche, for ȝif
man or woman hadde alwey hys welþe and his wil in þys world
he schulde ȝeuyn no tale of God ne of man. ¶ The secunde tokene 40
was þat he hurte his foot and so dishesyd hys body. þat is whan
God sent man or woman seeknesse & castith hym doun in his
bed & makith hym so feble þat hys feet mon nout beryn hym.
Than tac þu heed to þin weye & to þi lyf ȝif it be out contrarie to
God, & ȝif it be, ament þe. ¶ The þredde tokene was þat þe 45
asse fel doun vndir his feet in a streyt weye and wolde no farþere
beryn hym. þis streit weye and so narwe a pas is deth wher no
man may fle. þan welþe of þis world, lykenyd to þe asse, fallyth
doun to grounde & wil no lengere beryn man up in þis world.
þan pasith helþe and welþe & al lust of þe flesch. And þerfor 50
whan þu comyst to þat poynt tac hed to þin weye & to þin lyf,
and ȝif it be contrarye to God, ament þe þan foreuere as þu wilt
flen Goddis swerd. ¶ Rychesse & welþe of þis world is lykenyd to
a iugolouris hors. We fyndyn þat on a tyme cam a proud iettere
into a stable and fond a mynstralys hors stondyng be his hors, 55
and for it was betere þan hese he tooc it and rood awey þeronne &
lefte his feble hors þer. þe menstral perceyuyd þat and ran be a
gayn path and mette with hym in pasyng of a watyr & cryyd,
'Flectamus genua!' þe hors knew wel his maystrys voys and as he 59
was / wone to do in pley he dede þan and knelyd doun in þe watyr. f. 247ᵛ
þan þe menstral seide, 'Leuate!' and onon þe hors roos up as he
was tauȝt & kest þat proude iettere in þe watyr and ran aȝen to
hys maystir. þis menstral is þe world, whych pleyth with folc
of þis world as a menstral, as a iugolour and as a dysour. His hors

35 seyde he] *om.* H   of] *om.* H   36 þe²] *om.* R; þis Y   37 þe] *om.* R
and] *om.* H   be²] *om.* T   seeknesse] and sweche oþer *add.* H   37–8 cause
. . . of] many folkis H   38 ȝif] a *add.* DH   39/42 or woman] *om. al.*
41 so] *om.* H   dishesyd] al *add.* Y   42 sent] sendiþ BYH   man] a man H
43 hym²] *om.* H   44 Than] Thus H   lyf] selfe H   45 &] *om.*
H   ament þe] that it be amendid H   46 his] *om.* H   47 weye] & wol
narow *add.* H   so narwe a pas] þis narow path H   wher] that H   48 may]
om. B   þan] The H   world] thus *add.* H   þe] an H   49 to] þe *add.* T
man] *om.* H   50 al] the *add.* H   lust] -tis D   51 þat] þe *al.*   54 a¹]
om. H   55 stable] stale H   and] ther *add.* H   58 gayn] nyȝ BY   of]
ouer *al.*   59 þe] þis Y   wel] *om.* H   and] *om. al.*   61 þe hors] he
R   62 þat] the H   64 as²] or H

65 is rychesse of þis world, whyche oftyntyme at þe voys of þe world
pleyyth 'flectamus genua' and bryngith hem wol lowe and to
gret pouert and forsakyth hem in her mest nede & folwyt þe
pley of þis world and folwyt nout þe wil of coueytouse folc þat
woldyn han hem. But wol oftyn þei þat trauaylyn mest to ben
70 ryche ben mest pore, and namely euyl-gotyn good sone pleyyd
'flectamus genua' with hem þat han mys-gotyn it, or be myspurchas
or be withheldynge of dette or be fals executrye or be robberye
or be mycherye. Therfor it is a comoun prouerbe: De male
quesitis vix gaudet tercius heres, Of euyl-gotyn good ioyyt nout
75 þe þredde eyr.

Cap. vii

DIUES. þi speche is nout plesant to wardly coueytous men, &
þou experience schewith þat þu seist soth. PAUPER. It faryth
be mychil folc as it doth be many schep, for many schep be nout
payyd to gon with her felawys in comoun pasture but sekyn her
5 mete amongis buskys, þornys and brymbelys to han þe bettir byt
til þey ben so wyskid & snarlyd amongis brymbleys and þornys
þat þey mon nout gon awey. Than comyth þe pye or þe rafne
and billyth out þe on eye and aftirward þe oþir eye. Than comyth
þe wolf or an hound or sum oþir beste and sleth hym. Ryȝt
10 so it is of couetous folc, for þey wiln nout lyuyn in pleyn pasture
amongis her neyȝebourys ne ben nout payyd with comoun
lyuynge þat God hat sent to hem but outragyn & seekyn to ben
in heyer degre of rychesse and of worchepe þan her neyȝeborys
ben and sekyn her lyuynge amongis brymbelys & þornys, þat
15 is to seye amongis fals rychesse, as Crist seith in þe gospel [Mt.
13: 22]. þey borweyn of on ten pound, of anoþir twenty pound,
of anoþir fourty pound & þinkyn neuyr to payyn, & þus þey

65 is] the add. H   -tyme] om. al.   þe²] this H   66 hem] hym T   wol]
om. al.   and²] om. Y   67 hem] hym T   68 folwyt] om. al.   69 But]
ȝet after oftyn H   wol] ful al.   70 sone] oftyn H   pleyyd] pleyitȝ al.
71 it] hem al.   or] om. al.   72 or¹] of H   or²] of H   72–3 robberye
... mycherye] trs. BY   74 gaudet] gaudebit H; gaudebit, bi can. G   ioyyt
nout] oneþe ioyetȝ al.

2 þou] ȝit BY   3 mychil] many BY   4 payyd] plesid H   5 buskys]
and add. H   to] for to H   6 so wyskid &] om. H   amongis] þe add. T
8 billyth] pikeþ BY   Than] And thanne H   9 or sum oþir beste] om. H
11 ne] nor H   12 lyuynge] levyth H   15 Crist seith] trs. BY   gospel]
Luce viii add. marg. T   16 þey] The H   of anoþir twenty pound]
om. H   17 of anoþir fourty pound] & so fortȝ al.

getyn mychil good and lyuyn a mery lyf with oþir mennys good.
Also þei becomyn executours & attornes to sum ryche man in 19
/ hys dyynge and hotyth hym wel to ben trewe to hym, but whan f. 248ʳ
he is ded þey kepyn al to hemself, and þus þey snarlyn hemself
so in dette and in fals richesse to ben heldyn grete in þis world
þat þey mon nout payyn her dettis. Than comyth þe fend and
pykith out her ryȝt eye & doth hem lesyn conscience anemyst
God. Aftirward he pykith out her lyft eye and doth hem lesyn 25
shame anemyst þe world, so þat neyþer for dred of God ne for
schame ne for speche of þe world þey cesyn nout to borwyn ne
to getyn falslyche oþir mennys good and so fallyn deppere &
deppere in dette til at þe laste þe fend sleth hem body and soule.
And þerfor loke þat þu paye wel þin dettis whil þu myȝt, for 30
ellys þu schal nout mon whan þu woldist; for as a schep þat goth
mychil amongis þornys leuyth sum of hys flees in euery busch
þer he goth til he is nakyd, ryȝt so þe þornys of fals rychesse
& swyche dettis schul takyn þin fles from þe, þat is to seye þin
trewe catel ȝif þu ony haue, so þat þu schal han ryȝt nout to helpyn 35
with þinself, til whan þu schal gon nakyd of good & han lesse
þan nout. Therfor seith a gret clerk, Tullius, lib. ii De officijs,
þat noþing sauyth mor a comounte þan feyth, but feyth may non
be, seith he, but men wil payyn her dettis. And in þe þredde
booc, De officijs, he seith þat it is a synne aȝenys kende to takyn 40
awey falslyche anoþir mannys good and to makyn hymself ryche
with anoþir mannys los, for þat, seith he, destryyt charite and
þe felawchepe of mankende, for men dur nout comounyn her
good togedere be lendynge for dred of falsnesse. DIUES. þat
is soth, for Y hadde leuere han myn good in anoþir mannys hond 45
þan in myn hond ȝif Y wyste þat he wolde trewely payyn it aȝen,
but Y fynde so many false and so fewe trewe þat Y dar nout lendyn
but to wol fewe. Sey forth what þu wilt.

---

18 good²] -dis H   19 becomyn] bene comoun RDTH   20 hotyth
hym] hotyn H   24/25 doth] makiþ BY   24–5 anemyst God] aȝens
Goddis lawe H   25 her] þe TH   26 anemyst] aȝens H   þat] thei add.
H   27 cesyn nout] settyn no tale H   28 so] to add. H   30 myȝt]
may al.   33 þer] þat T   38 non] not al.   39 be] om. H   41 to] om.
H   hymself] hem- H   44 falsnesse] fals coueytyse al.   45 anoþir] oþer
al.   hond] -dys al.   46 hond] om. al.   he] þei al.   it] om. T   47 Y¹]
ins. G   48 to] om. D; tyl T   wol] ful al.

Cap. viii

PAUPER. Two þingis pryncipaly schuldyn abatyn coueytise of mannys herte: vnstabilte of þis world and dred of deth. First vnstabilte of þis world, for þis world & welþe of þis world is lykenyd to four þingis wol vnstabil, to a whel aboutyn turnynge, to a
5 schip in þe see seylynge, to a flour þat sone fatith & fallyth to
f. 248ᵛ grounde, and to þe / schadwe þat alwey pasith and dwellith but a stounde. First welþe of þis world is lykenyd to a whel aboutyn turnynge, for whan þe whel goth aboutyn, þat is beneþin onon it is abouyn and þat is abouyn onon it is beneþin, & þat is on þe on syde
10 onon it is on þe oþir syde. Ryȝt so it is in þe whel of fortune of þis world, for now a man is beneþin in his ȝougþe and in his begynnyng, in myddyl age he is abouyn in his welþe & in hys flouris, but onon þe whel turnyd doun aȝen to gretere age, to pouert, to seknesse and febilnesse, til at þe laste he fallith of þe whel & deyyth and
15 lyth þer a clod of erde be þe wowe. Therfor in þe whel of fortune is wrytyn þis vers: Regnabo, regno, regnaui, sum sine regno. Man in his ȝougþe whan he is toward in hope of welþe he seith 'regnabo', Y schal regnyn. But whan he is in his myddil age and hat þe world at wille & so syt abouyn on þe whel, þan he seith
20 in his pryde 'regno', now Y regne, now Y am al abouyn. But onon þe whel turnyth donward, onon comyth age, seknesse, febilnesse, los of catel and aduersite. þan he may seyn 'regnaui', Y haue regnyd, sumtyme Y was a man. But whan he lyth on deyynge he may seyn 'sum sine regno', Y am withoutyn kyngdam,
25 myn regne, myn kyngdam, myn welþe is don. Also in þe whel of fortune þat is now in þe on syde, onon it is on þe oþir syde, for þey þat ben þis day a mannys frendys and stondyn on his syde to helpyn hym, þe nexste day þey schul ben hys enmyys and stondyn aȝenys hym with his aduersarie. Of þis whel spekyth
30 Dauyd: In circuitu impii ambulant [Ps. 11 : 9], þe wyckyd couetous

---

1 Two . . .] *beginning of MS fragment M*   schuldyn] shuln H   2/3 vnstabilte] -stabilnesse BY   3 &] þe *add.* BY   of þis world²] therin H
4 wol] ful BY   5 to²] þe *add.* TBY   6 þe] a BYH   pasith] pastit M
8 þat] þat *add.* BY   9 þat¹ þat²] þat *add.* B; at *add.* Y   is³] *om.* D
10 on] to M   12 his] *om.* Y   13 turnyd] -nytȝ *al.*   14 and¹] to Y
15 þer] as *add.* RDTBYH   wowe] wall BYH   20 now²] *om.* DTBYH
21 onon comyth age] age comyth H   seknesse] & *add.* T   26 now] *om.*
H   in] on RYM   on¹] to M   it] *om.* H   27 frendys] frend H   and]
to H   29 aduersarie] aduersite D   Of þis whel] Here of wel H   whel]
welþe T   30 þe] *om.* BY

folc gon aboutyn as a whel. Posuisti eos ut rotam et sicut stipulam
ante faciem venti [Ps. 82: 14]. Lord, seith he, þu hast put hem as
a whel and as stubbyl aforn þe face of þe wynd, for as þe stubbyl
whyl þe wynd blowith waueryt & flyyth aboutyn in þe eyr, now
hey3 now lowe, but onon as þe wynd pasith it fallyth doun to þe   35
erde and lyth þer stille, ry3t so þis proud coueytous folc waueryn
in þis world in welþe and worchepe, now heyer now lower, and
as þe stubbyl and þe straw in his fly3t kepyth no certeyn weye
so kepyn þey no weye of Goddis lawe, til at þe laste þe wynd pasith   39
/ out of her body and þey fallyn doun into her graue and many of   f. 249
hem into þe pyt of helle. ¶ Also þis world is lykenyd to a schip
in þe see seylynge, for be þe schip euyr so gret of hymself and
haue þe wynd with hym al at wille, & bere he hys seyl euyr so
hye and go he euere so 3erne, be he past, þer is non tokene wher
he went. Ry3t so, be a man euere so gret in þis world and haue he   45
þe wynd of mennys mouþis euere so wel with hym to beryn hys
name, to preysyn hym & to flatryn hym, þou his name sprynge
euere so wyde and bere he hym euere so hye in pryde and be so
solempne & so my3ty þat no man dar qwychyn a3enys hym ne
don a3enys hym, be he ded and pasyd out of þis world, sone is   50
he for3etyn. Men schul fyndyn non tokene of hym withynne a
fewe 3eris. Onneþis schal he fyndyn on frend þat wil don syngyn
on messe for hys soule. Go to þe chirche 3erd and þu schal nout
knowyn be þe bodyys þe ryche from þe pore, þe fayre from þe
foule, þe wyse from þe folys, þe fre from þe bonde, but alle þey   55
turnyn þer to erde & aschyn and to wormys mete & to stync
and to vnclenesse. Alle þese grete kyngis þat wer sumtyme so gret

31 folc] man H   33 as¹] a add. R; a BY   aforn] be- al.   þe³] om.
RDTH   34 whyl] qwlil M   aboutyn] aboue BY   35 hey3] hi3t M
36 erde] grownd H   þis] þese RDTBH; þe (blot) Y; þe3e M   folc] men TH
37 in²] and han H   39 þe¹] om. M   pasith] pastit M   40 fallyn]
thanne add. H   42 be þe schip] thow the schippe be H   43 haue]
hevy H   with hym] om. H   at] his add. M   he] om. HM   euyr] neuer al.
44/45/46/48¹ ᵃⁿᵈ ² euere] neuer al.   44 go he] thow he seylith H   be
. . . þer is] 3it is ther H   non] no BYHM   45 haue he] haue BYM; trs.
H   46 mennys] mannes Y   mouþis] mouþ BY   47 &] ins. G
hym²] om. D   48 wyde] fer H   he] om. DTBYH   and be] or be he
RDTBY; and thow he be neuer H   49 qwychyn] whiche H   ne] nor H
50 a3enys hym] om. RDTBYH   he] onys add. H   51 schul] schuldyn
H   52 he] be H   wil] om. DT; shal YH   syngyn] sey H   53 on]
a RTBYHM; om. D   55 þey] þat add. D   56 þer] after alle H   and]
om. TBYH   &²] om. TBYH   to³] om. DT   57 to] om. RDTB   þese
grete] tho H

of name, wher ben þey becomyn? Alexander, Nabugodonosor,
Iulius Cesar, Octovian, Arthur, Kyng Charlys & alle swyche
60 oþere, wher ben þey becomyn? þerfor þey mon seyn þat is wrytyn
in þe Booc of Wysdam: Quid nobis profuit superbia, etc., What
profytyd us our gret pryde, what halp us our bost, our pompe
and our gret richesse? Al is pasyd away as a schadwe & as þe
schip þat pasyth þe wawys of þe se, of whyche be it past men mon
65 fyndyn non tokene, Sapien. v [8–10]. Mannys lyf may wel ben
lykenyd to a schip whyche is streit & narw at boþe endys but in
þe myddys it is wyd and large. Ry3t so mannys lyf, for his berþe
& his begynnyng is wol streyt and wol narwe, for he comyth into
þis world nakyd & pore, wepyng & weylyng, vnmy3ty, vnwitty
70 and nout ne may ne can helpyn hymself and with mychil trauayl
is brout forth til [be] lytil and lytil he comyth to mannys age
þer þe schip of his lyf is sumdel wyd & large, for in his myddyl
age he hat mest his my3t and his wit at wille. But onon þe schip
f. 249ᵛ of his lyf drawith to anoþir streyt / ende. Onon comyth age, febil-
75 nesse, seknesse, aduersite, los of catel & pouert, and at þe laste deth
makith a wol streyt ende whan he dyyth with byttir pyne in mychil
dred and mychil sorwe & wendyth henys nakyt & pore ry3t as he
cam & nout beryth with hym but his dedis good or wyckyd. Of
þese two streyt endys Iob in his booc seith þus: Nudus egressus
80 sum de utero matris mee et nudus reuertar illuc, Nakyd Y cam out
of myn moodrys wombe and nakyd Y schal wendyn a3en into þe
erde, moodyr of alle [Iob 1: 21]. And 3if a man wil steryn wel a
schip or a boote he may nout stondyn in þe myddys of þe schip ne
in þe forme ende but he must stondyn in þe last ende and þer
85 he may steryn his schip as he wil. Ry3t so, he þat wil steryn wel

58–9 Nabugodonosor . . . Iulius Cesar] *trs.* RDTBYH   59 alle swyche]
many H   60 þerfor] For Y   þey²] þu R   62 profytyd] -fyt3 RDTH
63 gret] *om.* H   64 schip] -pis T   of] *om.* H   of whyche] for M   be
it] whan it is H   65 non] no BYHM   66 whyche] that H   67 is]
boþe *add.* H   so] is *add.* BY   68 wol¹ wol²] ful BY   wol²] *om.* M
69 þis] the D   pore] & *add.* M   vnmy3ty vnwitty] vnwytty & vnmyghty
T   70 ne²] *om.* RDTBYH   helpyn] hepin [*sic*] M   71 be] *om.* MG
72 large] larde H   73 at] and RDTB; & his Y   at wille] and his strengthe
H   onon] as *add.* H   schip] *om.* M   74 age] *ins.* G   74–5 febilnesse
seknesse] *trs.* Y   76 wol] ful BY   in] with T; & Y   78 dedis
wyckyd] good dedis and badde H   or] & Y   79 endys] ende D   Iob]
Iap (*sic*) M   in his booc] *om.* RDTBYH   seith] *before* Iob RDTBYH
81 wendyn] turne BY   82 And] but M   a man] he H   man] *om.* D;
ins. T   83 stondyn] *ins.* G   of þe schip ne] nor H   84 he . . . stondyn]
om. H   85 his] þe RDTBYH   as he] at his H   he þat wil] if he schall H

þe schip of his lyf in þis world he may nout stondyn in þe myddys
of his schip, nout settyn his þout and his herte in welþe þat he
hat in his myddil age, ne he schal nout stondyn in þe forme ende,
nout settyn hys herte ne his þout in his berthe ne in his begynnynge
to þinkyn mychil of his kynrede ne of his alyance to steryn hym 90
to pryde, but he must stondyn in þe last ende of his schip & of his
lyf and þinkyn of hys deth and of his ende, how mischeuous-
lyche & how perlyously he shal wendyn henys, & how, whidyr,
ne whanne woot he neuere; & in þat maner he schal best steryn
þe schip of his lyf to þe sykir hauene of heuene blysse. Therfor 95
Salomon seith: Memorare nouissima tua, et in eternum non
peccabis, þink yndyrly of þin laste & of þin ende and schal þu
neuer don synne, Ecclesiastes vii [40]. In þe begynnyng of euery
dede þink of þe ende, what ende it may han and what may fallyn
þerof. 100

Cap. ix

Also welþe of þis world is lykenyd to þe flour þat sone fatyth
and fallyth to grounde, for as þe rose flour is fayr to þe sy3th,
swet in smellyng, softe in handelynge, so welþe of þis world
is fayr to þe sy3te of man and lykynge in þe hauynge. But ry3t as
þe rose waxsith alwey amongis þornys and he þat gaderith rose, 5
but he be þe mor war, he schal ly3tly pryckyn hym & hurtyn
hym, ry3t so welþe & richesse of þis world waxsith al amongis
þornys of harde trauayle, of þou3t, of be/synesse and of many f. 250r
perylys boþyn bodely and gostly, for a man hat mychil trauayl
in þe getynge, mychil dred in þe kepynge, mychil byttyr sorwe in 10

86 in¹] of H   87 þout] 3ougthe H   þout . . . herte] trs. R   his³] om. H
88 ne] nor H   þe] his M   89 ne¹] and H   ne in] nor H   90 to¹] nor
H   of¹] of can., on R; on DTH   ne] nor H   91 þe] his M   schip
& of his] om. H   92 of¹ of²] on al.   92–3 mischeuouslyche & how]
om. H   93 shal] om. M   whidyr] weyþer H   94 ne] & Y; nor
H   woot he] trs. H   þat] this H   95 þe¹] his H   his] om. H
96 Salomon] þe wyse man RDTBYH   seith] after Therfor H   97 yn-
dyrly] inwardly B; inward Y   of¹] on H   laste] þingis add. BY   & of þin]
om. HM   schal þu] trs. BYHM   98 In] And in H   þe] om. T   99 of]
on al.   100 þerof] in tyme to come add. H

1 þe] a RDTBYH   2 to¹] to þe BY; doun to the H   þe²] om. D   3 in¹
in²] the add. H   smellyng] and add. H   4 to] in H   in þe hauynge]
om. H   hauynge] handling M   5 waxsith alwey] growith H   rose²] -sys
RDTBYM; hem H   6 þe] om. BY   þe mor . . . ly3tly] war may sone H
he²] om. BY   pryckyn . . . hurtyn] trs. BY   7 hym] om. H   & richesse]
om. R   al] -wey H   10 in þe getynge] to getyn goodis H   þe²] om. H
kepynge] & add. M

þe lesynge. Diues diuicias non congregat absque labore nec
tenet absque metu nec deserit absque dolore. And whan a man
hat trauaylyd al hys lyf to gaderyn good togedere and to han welþe
and worchepe in þis world it wil sone welkyn, fatyn and fallyn
15 awey as þe rose. Sodeynly comyth moryn, & his bestis dyyn;
comyth aduersite & los of catel, and at þe laste deth takyth awey
euery del. And hoso wil ben besy to gaderyn þe rose of wordly
welþe and of rychesse, but he be ryȝt war, he schal hurtyn hym
boþyn bodyly and gostly. And þerfor Sent Powyl seith þat þey þat
20 coueytyn to ben ryche in þis world þey fallyn in þe fendys snare
and in wol hard fondynge [1 Tim. 6: 9]. For þese skyllys Sent
Iamys seyth þat þe ryche man schal pasyn awey as þe flour of
þe gres and of þe hey, for whanne þe sonne schynyth hote onon
þe hey welkyth and dryyth & hys flour fatith & his beute pasyd.
25 Rith þus, seith he, þe ryche man welkyt & fatith in his weyys,
þat is to seye, in his lyuynge, Iacobi i [10–11]. ¶ Also wardly welþe
is lykenyd to þe schadwe alwey pasynge, for alle our lyuynge in
þis world is but a pasynge & a wantyng of lyȝt of heuene blysse.
In þe myddys of þe day, whan þe sonne is hyest þan is þe schadwe
30 schortest. Ryȝt so, whan a man wenyth to ben but in þe myddys
of hys lyf and is hyest in his welþe & in his pryde þan is his lyf
schortest, for þan men dyyn sonest in her mest prosperyte.
And þe nyher euyn and þe ende of þe day þe lenger is a mannys
schadwe. Ryȝt so, þese wardly couetouse men þe lenger þat þey
35 lyuyn and whan þey ben at her lyuys ende þan þey þinkyn
mest to lyuyn lengere. þan þey purchasyn, þan þey housyn, þan þey

11 þe] om. H   lesynge] therof add. M   nec] non RDTBYH   12 metu]
ins. G   13 lyf] -tyme RDTBYH   togedere] om. RDTBYH   14 wel-
kyn] & add. R   15 Sodeynly] For sumtyme H   comyth] a add.
H   16 comyth . . . catel] and oþer aduersite H   deth] comyth and add. H
17 euery del] al after takyth H   hoso] shose M   ben] om. Y   to gaderyn]
om. Y   18 welþe . . . rychesse] goodis H   ryȝt] welle add. H   19–26 And
. . . Iacobi i] om. M   19 þat¹] repeat H   20 to ben ryche] richesse H
in²] -to H   21 in] -to BYH   wol] ful BY   fondynge] tempta-
ciouns BY   For] And for H   skyllys] cawsis H   23 onon] on BY; in
H   24 hey] it add. RDTBYH   welkyth] sone add. H   flour] flous H
pasyd] -sytȝ RDTBYH   25 þus] so RDTBYH   weyys] woþis D; woyis
T   26 lyuynge] in itineribus suis marcescet add. H (from Iac. 1: 11)
27–8 for . . . pasynge] om. D   29 In] For in H   30 but] om. H   31 is¹]
in his H   in his welþe] prosperite H   his¹] om. RDTB   32 þan]
oþerwhile add. H   prosperyte] welth H   33 euyn] þe evyn H   34 þese]
þis Y; in this H   wardly] warld H; worli M   35 whan þey] om. H   her
lyuys] the H   36 lengere] For H   36–7 þan² . . . begynnyn to]
ȝa and H

begynnyn to pletyn, til her lyf sodeynly pasyd awey as þe schadwe
at euyn. Therfor mannys lyf in þis world is lykenyd to a sledyr
weye, for whan a man goth be a sledyr weye þe mor þat he gase
aboutyn and þe farþere þat he loke from hym þe sonere and þe   40
hardere he schal fallyn; but ӡif he loke wel to hys feet and to / hys   f. 250ᵛ
weye he schal mon kepyn hym on lofte, and þouӡ he falle he schal
takyn non gret harm. Ryӡt so it faryth be þe lyf of þis world. It
is so sledyr þat þer myӡte neuer man ne woman pasyn be þis
weye but at þe laste he slederyt into seknesse and myschef and   45
fel doun & dyyd. And comely whan men lokyn farþest from hemself
and þinkyn to lyuyn lengest & begynnyn mest to housyn & to
purchasyn and purposyn many schrewyd turnys and to lyuyn mest
in welþe & in delys þan þey dyyn sonest & pasyn awey sodeynly
as a schadue at euyn. Example Crist tellith in þe gospel, Luce   50
xii [16–21]; there was, seith Crist, sumtyme a ryche man, &
fel þat in a ӡer he hadde a wol plenteuous cropp on his lond, in-
somychil þat he hadde nout housys ynow to leyn it in. He þankyd
nout God of hys ӡifte but turnyd hym al to proude coueytous
þoutis and seyde to hymself, 'What schal Y don? Y haue non   55
housynge to leyyn in myn corn and my good. Y schal destryyn
myn elde bernys and garneris & makyn newe, lengere & largere,
& stoffyn is ful of good, & þan schal Y seyn to myn soule, "Now,
soule, þu hast good ynow for many ӡerys; now tac þin rest; now
et and drink & make myrie."' So he þoute al of his lyf in þis world   60

37 sodeynly pasyd] passytӡ sodeynly RDTBYH   38 Therfor] And therfor
H   in þis world] om. H   sledyr] seder M   39 be] in H   40 þe
farþere . . . hym] om. H   41 he schal] schall he moun H   42 mon
kepyn . . . falle] ellis moun haue a falle and if he falle ӡit H   on] a M   schal²]
not add. D   43 non] no RDBYHM   non gret] lesse T   harm] if
he doo his deuer to kepyn hym add. H   44 so] om. H   sledyr] seder
M   þat] for H   ne] nor H   45 slederyt] -drid RD; slidith H   and
myschef] om. H   46 fel] fallyn H   dyyd] or ellys schal come to þe same
ende add. RDTBY; deyin H   47 lengest] before þinkyn H   &¹] thanne
thei H   mest] om. H   &²] om. H   48 and purposyn . . . and to]
ӡe and to pletyn and H   49 delys] delyce RDT; delices BYH   þey dyyn
sonest] oftyntymys onware sone deyen H   50 Crist] om. H   51 there
. . . Crist] that ther was H   52 fel . . . wol] had in a ӡer a RDTBY; had
oon ӡer a H   in-] om. H   53 housys] -sed Y   it in] in his corn H
53–4 He . . . nout] ne he thankid H   54 ӡifte] -tys R   hym] om. H
coueytous] and to covetise after þoutis H   56 housynge] -sis RH   good]
-dis H   destryyn] brekyn down H   57 and garneris] om. H   newe] now
DT   lengere &] om. H   58 is] hem al.   schal Y] trs. H   to] myn self and
to add. H   59 rest] ese H   now²] om. R   60 make] þe add. M   myrie]
feste RDTBY; festis H   So] And so H   of] on HM   60–1 in þis
world &] but H

& nout of þe lyf in þe oþir world. Onon God seyde to hym,
'Fool! þis ny3t þe fendis schul takyn þin soule from þe. Whos
schul þan ben alle þese goodys þat þu hast adyth and gaderyd
togedere?' He my3te seyn þat it schuldyn ben here þat nout
65 trauaylydyn þerfor.

Cap. x

Clerkys þat tretyn of kende seyn þat þe fox in wyntyr whan he
goth to sekyn hys pray, 3if he come to a watyr & fynde it frosyn
he leyth hys ere doun to þe yhs, & 3if he heryth ony watyr re[n]nynge
vndirneþin he wil nout pasyn ouer þer, for þe yhs is nout sekyr,
5 but he withdrawith hym and sekith hym a mor sekyr weye.
þus Y wolde þat alle synful coueytouse men dedyn whan þey
gon aboutyn to sekyn her pray of fals couetyse, of fals purchas
or to robbyn and begylyn ony man of his good. þan Y wolde þey
leydyn her eryn to þe yhs and þou3tyn how frele a mannys lyf
10 is, for as þe yhs comyth of watyr and turnyth a3en into watyr,
f. 251ʳ ry3t so alle we comyn / of þe erde and schul turnyn a3eyn into
þe erde. And 3if þey woldyn þus leyn her ere to þe yhs þey schuldyn
heryn watyr rennyng. [þey] schuldyn heryn seyn þat þer deyyth
a pope, þer a kyng, þer a prynce, þer a dwc, þer a buschop, þer
15 a kyn3t, þer a sqweer. þey schuldyn heryn þat as sone deyyn
þe ryche as þe pore, þe grete as þe smale, þe 3onge as þe elde. þerfor
holy wryt seith: Omnes morimur et in terram quasi aqua dilabimur,

---

61 of] on HM   world] and therfor add. H   62 þe¹] om. BYH   63 schul
þan] trs. RDTBYH   þese] þo R; the DBY; þi TH   adyth] arayid RDTBY;
om. H   and] om. H   64 þat¹] om. H   it] þei RTBYH; om. D   schuldyn]
schul RH   64–5 nout trauaylydyn] trs. BYH   65 þerfor] for hem H
1–17 Clerkys...seith] om. M   1 kende] þe add. can. G   2 watyr...frosyn]
frosyn water al.   3 he leyth...watyr] om. D   doun] om. H   watyr] om. H
rennynge] waveryng H; regnynge G   4 pasyn] gon H   5 he] ins.
G   withdrawith...mor] sekyt3 hym (hym om. H) anoþer al.   6 Y] om. H
wolde] to God add. H   coueytouse] om. H   dedyn] schuld don H   whan]
þan R   7 of¹] be H   8 or to robbyn and] to H   ony... good]
men of her goodis H   9 þou3tyn] wold thynkyn H   a] om. H   10 is]
and how schort and how perlyouys add. H   of] the add. al.   a3en] om. T
in-] ins. G   into] þe add. B; to H   11 alle we] trs. H   and] we add. Y
a3eyn] erde Y   into] to H; in- ins. G   12 þe¹] om. RDTH   þus] om. H
þe²] þis RDTB   13 watyr ... heryn] om. H   þey] he G   þat] om. BY
deyyth] deyid D   14 a¹] erased R; the H   pope] erased RG   þer³] &
ther H   dwc] duke al.   14–15 þer⁴ ... sqweer] & so forth H   15 deyyn]
deyit3 al.   16 þe ryche] a ryche man H   þe²] a H   þerfor] And therfor
H   17 in terram] om. H

Alle we dyyn and sledryn into erde as watyr, II Regum xiv [14].
Therfor Sent Bernard in his Meditaciounys reprouyth þe proude
couetous folc of þis world and seith þus: Vbi sunt amatores seculi 20
qui nobiscum ante pauca tempora fuerunt? etc. Tel me, seith
he, wher ben now þese lordys & lederys, þese proude ietterys and
þese false couetouse men þat wern here wyth us withynnyn a
fewe ʒerys? Wher ben he now becomyn? þer is, seith he, noþing
left of hem but aschyn & poudyr and wormys. Tac hede, seith he, 25
what þey wern and what þey ben. They wern men as þu art,
etyn & dronkyn as þu dost and leddyn her dayys in mychil merþe,
& in a twync of an eye many of hem sonkyn doun into þe pyt of
helle; hyr her flesch is ʒouyn to wormys, þer her soule is put
into endles fyr. What halp hem, seith he, her veyn glorie, her 30
pompe, her pryde, her merþe, her gamyn and her gle? Wher is
now alle her gamyn & her lawhynge, her bost & her hye berynge?
Al is pasyd as a schadue. From gret merþe þey ben fallyn into
endeles sorwe; from lust and lykynge þei ben fallyn to byttyr
pyne; from plente into endeles myschef. DIUES. þese wordys 35
steryn me & so it mon steryn oþir lytyl to settyn be welþe and
worchepe of þis world. But wel is he þat may han helpe of hys
good aftir his deth and þan fyndyn frendis and trewe atturnes.
PAUPER. But mychil bettir is he þat hat grace to helpyn hymself
aforn his deth with hys owyn good, for on peny schal profytyn 40

18 sledryn] slyde Y   into] the add. H   watyr] into the brook add. M
19 in his Meditaciounys] after couetous H   Meditaciounys] -cioun BYH
20 couetous] man & couetouse add. Y   folc . . . þus] thus seyng H   amatores]
huius add. H   22 þese¹] this H   þese²] the H   23 þese] om. R; the
H   24 he¹] þei BYH   becomyn] comyn T   seith he] om. RDTBYH
25 left of hem] of hem left BY   &] om. RDTBY   poudyr] of the erthe
add. H   wormys] mete add. H   seith he] om. RDTBY   he] seynt Bernard
H   26 wern¹] aforn vs add. H   ben] nowe add. H   27 mychil merþe]
prosperite H   28 a] om. BY; the H   twync] -lyng al.   many of hem]
thei H   29 hyr her] where her B; where is Y; her H   to] the add.
H   wormys] in helle add. M   þer] & where BY   29–30 þer . . . into] and
to helle is put her sowle onto H   29 is²] ar M   29–30 put into] ʒeven
to Y; put to M   30 fyr] peyne al.   What] And now what H   seith he]
om. RDTBYH   31–3 her merþe . . . schadue] her rychesse H   31 her³]
repeat Y   and] om. R   her⁴] om. DTBY   32 alle] om. al.   hye] om.
M   33 ben] om. T   into] -to ins. G   34 lust] -tis H   34–5 and
lyyknge . . . plente] of her bodyes H   34 þei ben fallyn] om. R   to] in- BY
35 myschef] misch M (end of word missing at edge of page; this is the end of this
portion of D&P in MS M)   36 so] om. H   it] þei BY; om. Y   steryn²] many
add. al.   lytyl to settyn] to settyn ful lytill H   36–7 welþe . . . worchepe] trs. Y;
prosperite H   38 good] -dis H   fyndyn] fyne R   and²] om. H   39 bettir]
it add. can. G   is he] trs. RDTB   to] for to H   40 aforn] bi- BY

more aforn his deth þan twenty penyys aftir his deth, and mor
profytyth on candele aforn a man þan tweyn behyndyn hym.
þerfor Sent Lucye tauȝte hyr moodyr to don elmesse be her lyue
and nout abydyn til aftir hyr deth and seyde to hyr, 'Moodyr,
45 her ȝe myn conseyl. It is non ȝifte ful plesant to God whan man
f. 251ᵛ or woman ȝeuyth þing / þat he may nout usyn hymself, and þerfor
ȝif ȝe wiln þat God be plesyd with ȝour ȝifte ȝeuyth to hym þing
þat ȝe mon vsyn ȝourself, for þat ȝe ȝeuyn in ȝour deyynge þerfor
ȝe ȝeuyn it for ȝe mon nout beryn it with ȝou. And þerfor, moodir,
50 whil ȝe leuyn and han helþe of ȝour body ȝeuyth to God þat ȝe han.'

Cap. xi

Whan a man wil nout don for hymself whil he may, þouȝ
hys executouris & his attornes don noȝt for hym, it is no gret
wondyr, for iche man & woman is mest holde to hymself. But it
farith oftyn be hem þat deyyn & be her executouris as it dede onys
5 be two foolys. I fynde þat sumtyme wern two foolys dwellynge
in a lordis court. þe on was a fool sage, þe oþir was a naturel
fool. Fel on a day þei comyn togedere into þe bac hous whan men
wern at þe ofne, and þe ofne was glowynge & brennynge hoot.
þan seyde þe fool sage to þe naturel fool, 'Whor þe ofne be now
10 as hoot as it semyth?' 'Wil we asayyn?' seyde þe oþir. 'Helde be
it,' seide þe fool sage, 'but whiche of us schal gon into þe ofne
for to asayyn?' þan seyde þe naturel fool, 'Y schal gon yn and
þu schal han a bolle ful of watyr and stondyn at þe ouene mouth,
and ȝif Y fele hot & crye "cast! cast!" onon cast þe watyr aftir

41/42 aforn] bi- BY   41 penyys] om. H   his deth] om. RDTBY   and] as R
42 man] brennyng add. H   tweyn] twenty RDTBY; many H   44 and²]
þus add. H   45 non] no al.   ȝifte ful plesant] plesaunt ȝift H   whan] a
add. H   46 þing] -gis H   þerfor] om. H   47 wiln] wold Y   ȝifte]
-tis H   ȝeuyth] ȝe add. BY; ȝe now add. H   þing] om. H   49 for] þat
add. R   moodir] good modir H   50 ȝeuyth] ȝe add. BY

1 Whan . . . may] om. H   2 hys] om. H   his] om. H   hym] the dede H
no] not D   3 holde] beholdyn H   hymself] don for themself H   4 oftyn]
of Y; -tyme H   5 I fynde . . . dwellynge] þat dwelledyn al.   6 court]
howsold H   oñ] of hem add. H   þe] and the H   7 Fel] It befelle al.
on a day] after comyn Y; that add. H   togedere into] boþe to H   þe] to
TBY   men] folke al.   8 þe¹] om. R   & brennynge] om. al.   9 Whor]
Wher RDTB; Wheþer Y; For H   þe³] this H   now] om. H   10–11 Helde
be it] ȝa al.   11 whiche of us] who H   12 for] first H   13 ful of]
with TH   ouene] ouenys BY   14 hot] heete BY   &] I add. RDTB
cast¹ cast²] om. H

me & qwenche þe feer aboutyn me.' 'It schal be don', seyde 15
þe oþir fool. Than þe fool naturel tooc þe fool sage a bolle ful of
watyr in his hond and he wente & crepte into þe ofne, and onon
he gan to brenne. And þan he cryyd, 'Cast! cast!' Whan þe
oþir fool say hys folye he low so endyrlyche at hys folye þat
oneþis he my3te stondyn on hys feet. þan þe fool in þe ouene 20
cryyd, 'Cast, man cast! Y brenne to þe dede!' þan þe oþir fool
answeryd, 'Brenne 3if þu brenne wilt, deye 3if þu deye wilt,
Y lahwe so þat Y may nout castyn.' & so þe fool brente to dede
in þe ouene. Be þese two foolys Y vndirstonde men þat deyyn
and her false executouris, for boþin þey ben folys. For þe execu- 25
touris arn grete folys in þat þey byndyn hem to helle pyne for her
falshed, but þey þat deyyn arn mor foolys in þat þey trostyn mor
to oþere men þan to hemself. For whan þey schul crepyn into
purgatorye þat is hattere þan ony ofne þan þey takyn to her /
executouris a bolle ful of watyr in her hond, þat is to seye, gold f. 252ʳ
and syluer & oþir rychesse for to don elmesse for hem and be 31
elmesse dede and be messis syngynge & holy preyerys refreschyn
hem in her pynys and so kelyn þe feer aboutyn hem. But comounly
whan þey han þis bolle of watyr in her hond & han þe goodys
at her wil þey lawhyn so and makyn so myrye and faryn so wel 35
with þe goodys of þe dede þat þey mon noþing castyn aftir hem,
for hem is wol loth onyþing to forberyn of þo goodis. And þer
whilys þe synful soule lyth in purgatorie and suffrith wol mychil

15 & qwenche . . . me] *om.* H   16–18 þe oþir . . . cast²] he and he had redy
a bolle with water and whan the naturall fooll felt gret hete in the ovyn he cried
But H   17 þe] *ins.* G   18 gan] bi- BY   19 folye¹] *om.* T   he] ded *add.*
H   endyr-] entere- *al.*   20–1 fool . . . cryyd] naturall fooll cryed a3en in the
ovyn H   21 man] *om.* Y   cast²] watyr *add.* H   þe¹] *om. al.*   21/23 dede]
deþ BY   21 oþir fool] foolle sage H   22 brenne wilt] *trs.* H   deye
wilt] *trs.* H   24 þe ouene] þat ovyn for defaute of helpe H   þese] þe RDT;
þo BY   25 þey ben] *trs.* BY; ben H   26 þat] þat *add.* BYH   to] in
Y   helle pyne] peyne euerlestyng H   27 falshed] in kepyng the dedis
goodis forasmoche as they dysposyn nout hem to the intente of the dede *add.*
H   but] 3it *add.* H   in þat] for H   28 to¹] on H   schul] schuld H
into] owth of H   29 her] the H   30 ful of] with H   hond]
-dis H   31 and¹] *om.* H   and²] *om.* RDTBY   be] with that H   32 be]
om. H   syngynge] syng Y   &] with oþer H   32–3 refreschyn hem] to
ben refreischid H   33 so] to *add.* H   aboutyn hem] of purgatori that thei
arn inne H   34 hond] -dis H   han þe] thoo H   goodys] of the
dede *add.* H   35 wil] thanne *add.* H   35–6 so and . . . dede] and
make meri thewith H   36 noþing] not R   37 hem . . . forberyn] þei
arn ful (ful] woll H) loth to forgone (-beryn H) ony *al.*   þo] þe BY   þer]
om. H   38 synful] *om.* H   38–9 in purgatorie . . . wo] in so gret peynys H
38 wol] ful *al.*

wo and cryyth aftir helpe ny3t & day, seyynge in þis maner:
40 Miseremini mei, miseremini mei, saltem vos, amici mei, quia
manus domini tetigit me, Iob xix [21], Hath mercy on me, hath
mercy on me, namely 3e þat myn frendis ben, for þe hond of
God wol harde hath touchid me. And whan þey fyndyn non
helpe of hem þat schuldyn helpyn hem þei askyn venchance
45 on hem ny3t and day. ¶ Tellith a gret clerk, Turpinus, De iestis
Caroly, þat þe kyng, Charlys, hadde with hym a kny3th in hys
host, a man of good conscience, and whan he schulde deyyn
he clepyd to hym hys neue, preyynge hym þat whan he were dede
he schulde sellyn hys hors and hys harneys and 3euyn elmesse
50 and don syngyn þretty messis for hys soule. He hy3te hym wel,
but lastyd hym wol euele & kepte it stille to his owyn vhs and dede
nout as he bad hym don. Whan þe þrettyd day was pasyd, in þe
ny3th folwynge þe knyth aperyd in slep to hys neue & askyd why
he hadde nout don as he bad hym don. Than he excusyd hym
55 be sondry besynessis (þat he fenyyd, nout þat he hadde) and askyd
his hem how he ferde. And þan he answeryd and seyde, 'Y schal
tellyn þe how Y fare & how þu schalt faryn. Alle þese þretty dayys
Y haue ben in purgatorie and suffrith wol mychil pyne for defaute
of helpe, but now, þankyd be God, Y am pasyd purgatorie and
60 go up to heuene blysse withoutyn ende. But for þat þu woldist
nout helpyn me as Y bad þe þerfor or þis day mydmorwe þu schalt
deyyn & gon to helle withoutyn ende.' On þe nexte day folwynge

39 in] on H   maner] as holy writ seith add. H   40 mei[1]] ins. G   41 Hath]
3e add. BY   hath] 3e add. BY   42 þat] om. al.   myn] dere add. H   ben]
om. al.   43 wol] ful B; om. Y   harde] om. Y   fyndyn] om. T   44 hem[1]]
in purgatory thanne add. H   45 on hem] om. R; of hem DTBY; that
schuld helpe hem add. H   day] iuxta illud letabitur iustus cum viderit
vindictam. Thow that ben in charite in purgatori add. H   Tellith] after Caroly
BY; Ther tellith H   46 with hym . . . a kny3th] trs. Y   48 clepyd]
kallyd H   to] tyll T   neue] kynnysman H   49 3euyn] done
RDTBY; don it for his sowle in H   50 and] also add. H   soule] loue
BY   He] his kynnysman H   hy3te] bi- B; behestid H   51 lastyd . . .
euele &] nout he dede but H   wol] ful BY   it] om. H   51-2 dede . . .
don] om. H   52 þe þrettyd day was] 30 dayes wern H   in þe] on the
nexte H   53 þe] dede add. H   in] his add. Y   in slep . . . neue] to his
kynnysman H   askyd] him add. BYH   54 don[2]] om. H   55 sondry]
dyuerse BY   besynessis] menys H   nout . . . hadde] om. H   and] he
add. RDTBY   56 his hem] the knyth H   And . . . seyde] om. H
57 how[1] . . . faryn] om. H   & how . . . faryn] om. T   58 and] ther add. H
suffrith] -ryd al.   wol] fulle TBY   mychil] woo & add. BY   59 now]
om. H   60 go . . . ende] schall goon to endles blisse H   up to] unto Y
þat] om. H   61 as Y bad þe] at myn gret nede H   62 helle] peyne H
On . . . folwynge] And anon H

/ as he rood in þe host on þe same hors and tolde þis drem to hys   f. 252ᵛ
felawys as for a iape, at mydmorwe sodeynly cam a blac skye
with þondyr and lefne & a gret numbre of fendys in lyknesse of   65
rafnes and rokys & hentyn hym up from þe hors in þe myddys
of þe host & flown forth with hym so þat þey seyyn no mor of
hym til þey comyn foure dayys iorne þenys amongis þe montis
of Nauerne. þer þey fondyn hym al forrent and drawyn lyth from
lyth, but his soule was drawyn to helle. Be hys cote armure þei   70
knewyn wel þat it was þe same man.

Cap. xii

DIUES. Be a man ded he fyndyth fewe frendis. PAUPER. Y rede
in Vita Barlaam þat þer was a ryche man whyche hadde þre frendys.
þe firste frend and þe secunde he louede with al his herte, but
þe predde frend he louede lytil or nout. This man fel in swyche
a daunger aȝenys hys kyng þat al hys good was forfetyd and achetyd   5
to þe kyng and hymself wende a ben slayn. Than he wente to
hys firste frend þat he louede so mychil, preyynge hym of helpe
and þat he wolde gon to þe kyng & spekyn for hym and sauyn
his lyf ȝif he myȝte. And þan he answeryd and seyde, 'Farwel
faste, Y knowe þe nout. Y haue oþir felawys & frendys anowe   10
with whyche Y haue myn merþys & myn solas. Netheles ȝif
þu ben slayn Y schal ȝeuyn þe a schete to ben beryyd yn.' Than
wente he to þe secunde frend þat he louede so mychil, preyynge
hym also of helpe. And he excusyd hym and seyde, 'Y preye þe,
haue þu me excusyd, for Y am so besy þat Y may nout attendyn   15

63 and] he H   þis drem] þese dremys RBY; hys dremys T; this vision H
64 at] þe add. T; and at H   sodeynly] þer add. T   65 lefne] liȝtnyng BY
a] om. DTBY; therwith a H   in] the add. H   of²] blake add. H   66 and
rokys] om. H   hentyn] cawt H   67 flown] dedyn flyen H   so þat] til H
67–8 no mor of hym] hym no more H   68 dayys] om. R; day DT   iorne]
iorneys R   69 þer] -for R; And ther H   hym] his body H   forrent]
torent BY   70 but . . . helle] and H   71 wel þat] om. H   it] he T
man] that deceyvid the knyth on this maner add. H

2 Vita] the lif of H   þer] om. T   ryche] ins. G   3/4 frend] om. H
4 or nout] om. H   This] The H   5 hys¹] the H   good was] goodis wern
H   and achetyd] om. H   6 a] to H   7 so mychil] most H   of] for
H   helpe] at that nede add. H   8 þat] at Y   and²] to H   9 And]
om. BYH   þan] om. H   10 felawys &] om. H   felawys . . . frendys] trs.
RY   11 whyche] whom BYH   merþys] myrthe H   myn²] om. BY
12 schete] wyndyng shet Y   to ben beryyd] for to byrien the H   13 wente
he] trs. BY   so mychil] om. H   14 also] om. H   And] But H   15 þu]
om. YH   so] om. H

to þe. But ȝit, for elde felawchepe, Y schal gon with þe o wey
to þe ȝate.' Than wente he to þe þredde frend þat he louyd
so lytyl and preyyd hym of helpe and seyde, 'Leue frend, Y am
ashamyd to spekyn to þe, for Y haue ben to þe wol vnkende and
20 lytil loue schewyd to þe, but Y preye þe haue rewþe on me and
for Goddis sake helpe me in þis nede.' And þan he answeryd &
seyde, 'Leue frend, wol wolcome be þu, and be of good confort,
for Y am þin frend & wil ben þin frend, & to þe helpe þat Y
may don þu schal fyndyn me redy.' And onon he wente & dede
25 so & spac so to þe kyng þat he sauyd hys lyf and delyueryd
f. 253ʳ hym out of al hys daunger. DIUES. So it fa/ryth þese dayys. As
longe as a man is in his welþe so longe he schal han frendis ynowe
to takyn of hym what þey mon and to flatryn hym and to plesyn
hym, but ȝif he gynne gon dounward þan fynt he fewe frendis
30 & many enmys. þerfor seith þe wise man:

> Tempore felici,
> Multi numerantur amici;
> Cum fortuna perit,
> Nullus amicus erit.

35 In tyme of welþe, a man schal fyndyn frendis anowe, but whan
richesse and hap is gon he schal fyndyn fewe frendys and fele
fon. Sey forth þi tale. PAUPER. Be þis ryche man Y vndirstonde
euery man þat hat rychesse and goodis of þis world. Be his fyrste
frend þat he louede so mychil, whyche ȝaf hym but a shete to
40 ben beryyd yn, Y vndyrstonde þe world which wordly men louyn
so mychil þat for loue þerof þey trauaylyn nyȝt and day & puttyn

16 ȝit] om. H   o wey] on wey RDTB; in þe way Y; on the wey H   17 ȝate]
kyngis gate and ȝeuyn the councell as me thinkith H   18 so lytyl] lest of
hem alle H   and²] thus he add. H   19 wol] ful BY   20 to]
unto Y   20-1 but Y . . . þan] and H   20 on] of T   22 wol] om.
al.   þu] ȝow H   of] good chere and of add. H   23-4 þin frend² . . . redy]
for to helpyn the that I may H   23 to] do D   þe helpe] trs. BY   Y²]
om. D   24-5 wente . . . spac] laborid H   25 so²] om. RDTBY   kyng] -e
marked for om. G   26 al hys] his gret H   faryth] in add. H   27 his] om.
DTBY   28 þey] om. T   to² to³] om. H   hym²] om. H   29 hym] om.
H   ȝif] om. H   gynne] bi- BY   he²] but add. H   30 &] but H   þerfor]
And therfor H   man] on þis maner add. H   35 In] the add. D   welþe]
prosperite H   anowe] om. Y   36 he] than add. H   and fele] but many H
37 Sey . . . tale] and therfor I prey the sei forth H   38 þis] the H   Be]
And be H   his fyrste] þis Y; the first H   39 he louede . . . whyche] om. H
but] om. H   39-40 to ben beryyd] to beryin hym H   40 þe] þis H
41 for] the add. H

hem in peryl boþin of body & of soule and oftin lesyn hemself
boþin body & soule; and þouȝ at þe laste ende oneþis ȝeuyth it to
hem a shete to ben beryyd yn, for many of hem whan þey deyyn
þey han lesse þan nout, and þouȝ þey han out ȝit her executouris 45
wil seyn þat þey han nout & þat þey owyn mor þan þey han.
Be þe secunde frend þat wente with hym to þe ȝate Y vndirstonde
a mannys wyf & his childryn and his bodely frendys, and a
womannys housebonde & hyr childryn & hyr bodyly frendis,
which whan þey ben dede schul gon with hem on weye to þe ȝate 50
and bryngyn hem to her graue & perauenture stondyn & wepyn
on hem. But be man or woman ded and doluyn vndir clay, he is
sone forȝetyn and out of mende pasith away. Be þe bellys rongyn
& þe messe songyn, he is sone forȝetyn; oneþis schal he fyndyn
on frend þat wil don syngyn for hym on messe onys in þe ȝer. 55
Be þe þredde frend whyche he louyd so lytyl and whych halp
hym at his nede Y vndirstonde elmesse dede whyche þese wordely
couetous men louyn wol lytil, & þouȝ at þe dredful dom whan
þey schul stondyn at þe barre aforn þe souereyn iuge, Crist
Ihesus, þan elmesse dede schal ben þe beste frend þat þey schul 60
han, for þat schal spekyn for hem & preyyn for / hem and sauyn f. 253ᵛ
hem ȝif þey schul ben sauyd. And þerfor Salomon seith: Conclude
elimosinam in sinu pauperis et ipsa pro te exorabit ab omni malo,
Schet þin elmesse in þe bosum of þe pore man, þat is to seye, do

42 hem in peryl] hemself in meche travell H   boþin] om. RDTBY   of²]
om. RDTBY   42–3 oftin . . . soule and] om. YH   43 boþin] om. R
þouȝ] ȝit BYH   43–4 ȝeuyth it to hem] he ȝeuyth a man H   43 it]
om. TY   44 ben beryyd] beryin hym H   hem . . . deyyn] this wardly
louerys whan thei haue payed her dettis H   45 þey¹] om. BY   þouȝ] ȝyf al.
45–6 þouȝ . . . þey²] many H   48 &] om. al.   48–9 and a womannys
. . . frendis] om. H   50 þey ben] he is H   50–1 hem . . . to her] hym
to þe chirche to offeryn for hym to the H   51–2 & wepyn . . . hem] wepyng
on hym a peraventur while H   52 on hem] om. D   be] the add. H   ded
. . . clay] doluyn and leyd in the graue H   53 and out . . . Be] For whan H
pasith] -syd al.   bellys] ben add. H   54 songyn] ysongyn BY   he is] aftyr
is he H   forȝetyn] and no mervell for he dede the same aforn for his frendis
and therfor add. H   schal he] trs. H   55 for hym] after messe RH   on²] a H
onys] onethis DBH; om. Y   þe] long add. H   56 frend] I vndirstonde add.
D   56–7 and whych . . . nede] om. H   57 elmesse dede] his elmes
dedis and oþer good warkis H   þese] þe RDTBY; om. H   57–8 wordely
couetous] trs. H   58 wol] ful BY   þouȝ] ȝit BYH   dredful] of add. T
58–9 whan. . . barre] om. Y   59 aforn] bi- BY   þe souereyn iuge] om. H
60 dede] om. D; -dis H   þe beste frend] his best frendis H   61 þat] thei H
hem¹ hem²] hym H   62 Salomon] holy writ H   Conclude] Include
H   63 pro te] after exorabit H   ab omni malo] etc. H   64–7 Schet
. . . euyl] om. al.

65 it for þe loue of God pryuelych and nout for pompe and pryde of
þis world and þan it schal preyyn for þe & kepyn þe from euery
euyl, Ecclesiastici xxix [15]. Therfor, leue frend, doth as Tobye
tauȝte hys sone: Ex substancia tua fac elimosinam, etc., Do
elmesse of þin good and of þin catel and nyl þu nout turnyn
70 awey þin face from ony pore man, & as þu myȝt so be þu merciable.
Ȝif þu haue mychil, ȝeue þu mychil, and ȝif þu haue but lytil,
studie þu to ȝeuyn lytil with good wil, for þan þu tresoryst to þe
a gret ȝifte in þe day of nede, for why elmesse delyuerith soulys fro
euery synne and from deth & suffrith nout þe soule to gon into
75 þerknesse, Tobie iv [7–11].

Cap. xiii

DIUES. To whom schal Y don myn elmesse? PAUPER. Do
as Crist byddith in þe gospel: Omni petenti te, tribue, Ȝif to
euery nedy þat askyth þe, ȝif þu myȝth, Luce vi [30]. DIUES.
Contra, Crist in þe gospel, Luce xiv [12–14], seith þus: Whan
5 þu makyst a feste nyl þu nout clepyn þerto þin frendis, þin
neyȝeborys, þin cosynys & ryche men, but clepe þu pore men,
feble, blynde and halte. Be whyche wordis it semyth to me þat Y
schulde don non elmesse but to þe pore þat ben feble, blynde
and halte. PAUPER. Crist defendit nout men to byddyn her
10 frendis & her neyȝeboris and ryche men to þe feste, but he bad
hem þat þey schuldyn nout only byddyn her frendys and þe
ryche but also pore folc & nedy and feble. Also he bad þat
men schuldyn nout byddyn þe ryche folc & her frendis to
þe feste with non wyckyd intencioun, in hope of fals wynnyng

65 of¹] *ins.* G   67 doth] ȝe *add.* B; to þe Y   68 Do] þou *add.* H
69 good . . . turnyn] goodis and turne nout H   nout] *om.* BY   70 myȝt]
maist H   þu²] *om.* H   merciable] wheþer thow haue mekille or litille *add.*
H   71 and] *om.* H   but] *om.* H   72 þu¹] *om.* RDTY   73 gret]
grace Y   why] *om. al.*   74 synne] pyne R   75 þerknesse] that is to
seyn to gon to the gret peynys þat arn in helle *add.* H

1 To] Where and to H   2 in þe gospel] *om.* H   3 nedy] man *add.* H
myȝth] may H   4 in þe gospel] *om.* H   þus] *om.* H   5 nyl . . . clepyn]
call þou nout H   nout] *om.* BY   frendis] frend H   6 neyȝeborys]
-bour H   clepe] calle H   7 feble] and *add.* H   halte] lame H   7–9 Be
. . . halte] *om.* H   8 þe] *om.* DTBY   þat ben feble] *om.* R   feble blynde]
trs. Y   9 defendit] forbediþ BY   10 her neyȝeboris . . . ryche
men] *trs.* H   11 þe] *om.* H   12 ryche] men *add.* RH   &] *om.* H
13 men] thei H   nout] *om.* H   14 þe] *om.* BY   non] no *al.*   wyckyd]
corupt H   in hope . . . wynnyng] *om.* H

ne of ʒeldynge aʒen hyr in hirde ne so to getyn name and fauor of 15
þe world, but pryncipaly for to norchyn þes & charite. And in
tokene þat swyche festis maad with good entencioun boþin to þe
ryche and pore ben plesant to God, þerfor Crist clepith us alle,
ryche and pore, to þe endeles feste. And / Crist hymself alþou he f. 254ʳ
were pore in our manhed he was nout feble, blynd ne halt whan þe 20
Pharisen to whom he seyde þo wordis bad hym to mete, ne whan
he was at þe brydale with his moodir in Cana Galilee, ne whan
Marie Maudeleyn and hyr sustir Martha & Zacheus madyn hym
grete festis, & þou þey arn preysyd of Crist for her dede. And alle
þat feddyn Crist and his apostolys and his disciplis whan þey 25
wentyn aboutyn þe world prechyng & techynge ben preysyd, and
þou þe apostolys and his disciplis wern stronge men & neyþer
blynd ne halt. And Crist hymself fedde his disciplis, neyþer
blynd ne halt, and somtyme he fedde foure þousant of men, som-
tyme fyue þousant of men, þat folwedyn hym from contre to 30
contre to heryn hys prechynge & to seen þe wondrys þat he dede,
and þou wern þey nout blynde ne halte. For, as þe gospel seith,
he made hem hole of her bodyly seknessys er he fedde hem, Luce
ix [11], & Mathei xiv [14]. Also þe two disciplis þat tokyn Crist
to herbarwe in þe lyknesse of a pylgrym on Estryn day at euyn 35
ben preysyd, & þou was he neyþer blynd ne halt [Lc. 24: 13 ff.].
Also Abraham & Loot & many oþir holy men receyuedyn angelys
in þe lyknesse of worchipful men neyþer blynde ne halte to

15–16 ne of ʒeldynge . . . world] for pompe for gloteny for lecchery or for
(for] om. BY) to getyn (hem add. BY) a wordly grete (greet worldli BY) name
RDTBY; for pompe for pride for glotenye for lecherie or for getyng of ony
wordly favor H   17 swyche] om. al.   festis] may be add. H   with] in Y
þe] om. al.   18 and] to add. H   ben plesant to] rith plesyng H   þerfor]
om. al.   clepith] callith H   19 alþou] þouʒ al.   20 our] kend in his add.
H   feble blynd] trs. H   ne] nor H   21 þo] the H   bad] biddyng H
21–2 ne whan . . . moodir] om. T   22 brydale] -dalis B   Cana] þe
Channe BYH   ne] nor H   23 hym] to hym a H   24 festis] fest H   þou]
ʒit BYH   arn] weren BY   Crist] God D; Iesu Crist H   24–5 for her
. . . Crist] om. Y   24 dede] -dis B; good dedis H   25 Crist] Iesu
Crist H   his²] om. H   26 þe world . . . techynge] to prechin to alle the
warld H   27 þou] ʒit BY; ʒit thow H   his] om. H   &] om. BYH
28 ne halt] nor lame of bodies H   29 ne halt] nor lame H   of men]
and H   30 of men] om. al.   31 þe] his myraclys and H   dede]
schewid H   32 þou] ʒit BY; om. H   nout] noþer H   ne] nor H   halte]
lame H   33 seknessys] -nes al.   34 þe] þo RDBH; om. T   tokyn]
receyuyd H   35 herbarwe] herborewe B; here borowe Y; in the nyth add.
H   36 preysyd] of God in the gospell add. H   þou] ʒit BYH   was he]
thei wer H   ne halt] nor haltyng H   38 ne] nor H   halte] lame al.

mete and to herbarwe. And Sent Petyr receyuede knyȝtis and
40 worchipful men to mete & to herbarwe whyche comyn to hym on
massage from þe grete lord Cornelye, as we redyn in holy writ,
Act. x [1–48]. And alle þese ben preysyd of God & haddyn mychil
þank of God for her elmesse dede. Therfor, as Y seyde first,
Crist bad þat men schuldyn don elmesse to alle þat nedyn, boþin
45 frend and foo. And þe apostle seith: ȝif þin enmy haue hungyr,
fede hym; ȝif he haue þrest, ȝif hym drynkyn [Rom. 12: 20].
The charite of cristene feith outtakith no persone, man ne woman,
no stat, no degre, no secte heþene ne cristene from elmesse dede
whan þey han nede, but us must han pyte on alle & helpyn alle
50 aftir our power. Netheles us must kepyn ordre in ȝeuynge and
takyn hede to þe cause & to þe maner of nede in hem þat we
f. 254ᵛ ȝeuyn elmesse to, for why som / ben pore be her wyl and som
aȝenys her wil. And þey þat arn pore be her wil, som arn pore for
þe loue of God and som for þe loue of þe world. þey þat ben pore
55 for þe loue of God must ben holpyn pasyng oþere, for her pouert
is medful, perfyt and vertuous. þey þat ben pore wilfuly, nout
for God but for þe world, as þe Romaynys wern—and þese dayys
mychil folc dismettyn hem of her owyn good and takyn it to her
childryn to makyn hem grete in þis world, & mychil folc takyn
60 so mychil hede to oþir mennys profyt þat þey takyn non hed
to hemself and so fallyn in pouert & in nede—swyche pore folc
must pryncipaly ben holpyn of hem to whom her pouert profytyd
& raþere helpyn hem þan oþere þat ben pore aȝenys her wil;
but þey schul nout ben put aforn hem þat ben pore for þe loue
65 of God, but þe nede be þe mor.

39 mete] and drynke add. H   to] om. H   39–40 And Sent . . . herbarwe]
om. H   41 as we . . . writ] om. H   42 And] om. D; therfor add. H
mychil] om. H   43 dede] and add. H   Therfor] And therfor H   45 seith]
byddytȝ al.   46 fede hym] ȝeue hym mete H   drynkyn] drynke BYH
47 The] And therfor H   no] non H   persone] -nys H   48 no¹ no²
no³] ne BY   dede] -dis H   49 han] haddyn DTB   & helpyn alle]
om. H   50 aftir] at RDTB; to Y; vpon H   us] we H   kepyn] and
add. H   in] owr add. H   51 takyn] -kyng BY   52 her] owyn add. H
53 And] om. H   be] with H   55 God] thei add. H   56 þey] And
the H   57 wern] after as H   and] as add. BY   58 mychil] many H
good] -dis H   it] hem H   59 grete] ryche H   mychil folc] many
men H   61 in¹] -to H   & in nede] om. H   pore] om. H   62 pouert]
goodys al.   63 raþere] after helpyn hem Y   64 schul] schuld H
aforn] bi-BY   65 but] if add. H   mor] Extra, De religiosis et aliis
qui secuntur Christum add. H

Cap. xiv

Of hem þat ben pore aȝenys her wil, som arn pore be fortune, be mysauenturis, as þey to whom fortune seruyth nout at her wil ne God multiplyyd nout her good as þey woldyn, and þat þey han þey lesyn be mysauenturis & be þe doom of God. And som ben pore only be synne & for þe loue of synne, as þey þat wastyn her good in lecherye and glotonye, in prydc & plctynge and in mysvhs at þe dyys, in ryot & in vanyte. Swyche pore folc ben last in þe ordre of elmesse doynge, but her nede be þe mor. And netheles ȝif þey han pacience with her pouert þey schul han mede for her pacience ȝif þey repentyn hem of her mysdedys. And in þe same maner som arn feble, blynd and lame for Goddis cause & for Goddis loue, som aȝenys her wil be cours of kende, som aȝenys hyr wil for loue of synne, as þeuys, fyȝterys, baratourys, whiche in fyȝt & baret lesyn her eyne, her feet, her hondis and oftyn arn so punchyd be þe lawe. God forbede þat swyche pore feble folc, blynde and halt, schuldyn ben put in þe ordre of elmesse doynge aforn hem þat ben pore & feble be uertu and for Goddis sake. Swyche schuldyn ben holpyn nout to lust of her flesch ne to don hem worchepe but only to sauyn her kynde til þe dom of God pase upon hem be proces of lawe and be Goddys ministre. DIUES. Michil folc þinkith þat it is non elmesse for to don good to swyche folc. PAUPER. Ȝys, / forsoþe, for God wil þat men helpyn hem, and at þe dom he schal seyn, 'Y was in prisoun and ȝe visytedyn me, & þat ȝe dedyn to þe leste of myn ȝe dedyn it to me' [Mt. 25: 36; 40]. DIUES. Sent Austyn, De verbis domini, sermone xxxv, seith þat God schal seyn þo wordys to hem þat pore in spryt and lowe of herte and þat swyche ben clepyd

5

10

15

20

f. 255ʳ

25

2 be] and H   mysauenturis] -tur TH   as] and H   3 multiplyyd] -plyitȝ
al.   good] -dys H   4 mysauenturis] -ture H   doom] -mys H   5 pore]
nout add. H   6 good] -dys H   lecherye . . . glotonye] trs. Y   and¹] in H
6–7 & pletynge . . . mysvhs] in pleyng H   7 þe] om. Y   in ryot &] and riot
H   vanyte] Diues add. ins. H   8 þe¹] om. H   her] þer H   9 netheles]
dowthles H   schul] schuld T   han²] mekill add. H   10 of] for al.
12 cause] sake H   som] arn pore add. H   12–13 be cours . . . wil] om. Y
13 fyȝterys] faitoris H   13–14 baratourys] om. H   14 fyȝt & baret]
her fityng H   her eyne] om. H   her³] or H   15 so] om. YH   16 feble]
om. DTBYH   halt] lame RH; lame & halte D   in þe ordre] om. H
17 aforn] bi- BY   18 schuldyn] schul- B   to] the add. H   19 to¹]
om. H   20 upon] on H   of²] þe add. T   21 ministre] -tris DTBYH
Michil] Many H   for] om. al.   23 he] God H   24 &] for H
24/25 dedyn] don H   26 þo] þe DTB   27 of] in H   clepyd] callyd H

þe bretheryn of Crist and lest for lownesse be whyche þey letyn
lest be hemself. PAUPER. þer ben non folc pore in spryt but
30 þey þat ben pore for Goddis sake, and so Sent Austyn schewith
þere þat God schal acceptyn mor þe elmesse þat is don to hem
þat ben pore for Goddis sake þan to hem þat ben pore aȝenys
her wil and for synne sake, whyche conclusion alþou it be soth
ȝit me þinkith þat Crist schal seyn þo wordis for þe elmesse þat
35 hat ben don to al maner pore men, boþin perfyt and vnperfyt,
for þan he schal ȝeldyn mede for euery good dede, for why wyckyd
doerys and synful pore men ben clepyd þe leste of Goddis mene
for þey ben lest set by in þe court of heuene. And þerfor he
seith in þe gospel þat hoso breke on of his leste comandementis
40 and teche oþere be word or be euyl example so to brekyn his
comandementis he schal ben clepyd lest in þe kyngdam of heuene
[Mt. 5: 19]. God schal schewyn at þe doom gret pyte and mychil
mercy whan þing þat is don for his sake to hys enmyys & to his
leste seruans mest vnworþi, he schal acceptyn it and medyn it
45 as it wer don to his owyn persone & seyn, 'Y þanke ȝow, for þat
ȝe dedyn to þe leste of myne ȝe dedyn it to me.' DIUES. Why
shal he clepyn hem breþeryn þat ben lest worþi and many of
hem to whom þe elmesse was don schul ben dampnyd? PAUPER.
Er he shal ȝeuyn þe sentence of dampnacioun he schal clepyn
50 alle men breþeryn for lycnesse of kende. For in þat he is man he
is broþir to us alle be lycnesse of kende, but noȝt be grace ne be
blisse but only to hem þat ben in grace. Than þe meke iuge schal
clepyn alle men bretheryn to confort of hem þat schul ben sauyd
and to gret disconfort of hem þat schul ben dampnyd, whan þey
55 schul sen þat meke iuge nout forȝetyn þe broþirhed ne lycnesse
in kende whyche he hat with hem and þou cachid & in maner
f. 255ᵛ compellyd be his ryȝtwysnesse for to dampnyn hem. / Gret
materie schul þey han þan to syhyn and sorwyn whan þei schul
knowyn her synnys so greuous & so grete and her vnkendenesse
60 so mychil þat her owyn broþir so meke a iuge must dampnyn

28 be] þe T   letyn] settyn al.   30 þat] om. D   34 þo] þe T   35 hat
ben] he haþ BY   maner] of add. TY   boþin] om. T   36 why] wyche Y
39 his] the H   leste] om. T   40–1 and teche . . . comandementis]
om. H   41 heuene] heuenes BY   44 medyn] rewardyn al.   50–1 For
in . . . kende] om. Y   51 grace ne be] om. Y   53 to] the add. H
54 to] the add. H   of] to H   55 þat] þe BY   iuge] hath add. H
ne] the add. H   56 þou] ȝitt BY   56–7 cachid . . . compellyd] he be
compellid in maner H   58 and] to add. H   59 vnkendenesse] wykked-
nesse Y

hem. DIVES. þis oppynyoun is mor plesant to ryche men and to
oþir synful wrechis þat hopyn þan to ben holpyn be elmesse
dede, for in many contres arn but fewe pore folc in spryt ne be
her wil, fewe þat forsakyn þe world for Goddis sake, but many
þer ben þat þe world hat forsakyn, many þat for synne sake ben 65
wol pore, and many for her mysdedys lyn boundyn in presoun
in gret pouert, hungyr and cold & byttyr pynys, & to swyche folc
in many contres men don mest comounly her elmesse in hope
to ben þankyd & rewardyd þerfor at þe laste dom. PAUPER.
þey schul ben þankyd and medyd þerfor, as Y seyde first, & 70
syth Crist, ry3tful iuge, shal þan þankyn men for þe elmesse þat
þey dedyn for his loue to his enmyys and wyckyd doeris, as many
swiche ben, mychil mor he schal þankyn hem for þe elmesse
þat þey dedyn to his frendis & to his trewe seruans. And syth
þey schul ben dampnyd whych woldyn nout 3euyn to his enmyys 75
at nede for hys sake, mychil sonere schul þey ben dampnyd þat
woldyn nout helpyn hys frendis and his trewe seruans at nede for
his sake þat puttyn hemself for his loue to pouert & mychil trauayle
for helpe of mannys soule. And 3if it be so plesant & medful to
3euyn elmesse to swyche pore folc forsakyn of þe world, of whyche 80
many neyþer schul ben receyuyd into endles tabernaculys of
blysse ne schul mon receyuyn oþir into þat blysse, mychil mor it is
plesant to God and meritorie to helpyn hem þat ben pore in spryt
and in wil for þe loue of God, for, as Crist seit[h] in þe gospel
[Mt. 5: 3], þe kyngdam of heuene is here and it is grantyd to hem 85
to receyuyn folc þat han holpyn hem into endeles tabernaculis.

Cap. xv

And þerfor, leue frend, witith it wel þat 3if man or woman haue
mor wil to 3euyn to hem þat ben pore a3enys her wil & for þe

61 hem] at that tyme add. H   62 þat hopyn] hoping H   hopyn] holpyn
T   be] her add. H   63 dede] -dis H   but] ful H   ne] nor pore H
65 sake] that schall H   66 wol] ful BYH   mysdedys] -dede Y   67 and]
om. H   69 þankyd &] om. H   laste] om. R   dom] ende Y   70 and]
be add. BY   first] beforn H   71 þe] her H   73 schal]
thanne add. H   þe] her H   74 þey] he Y   75 whych] þat al.
75/77 woldyn] wille H   76 nede] ne [sic] H   mychil] mor & add. Y
sonere] mor H   78 to] wilfulle add. H   &] to add. H   80 forsakyn
of] forsakinge BY   þe] this H   81 neyþer] om. D   of] the add.
H   82 ne] neiþer BY; nor H   into] in H   þat] þer T   84 seith]
seit G   85 heuene] -enes BY   it] om. H

1 And þerfor] om. H   witith] 3e add. BY   3if] ony add. H   2 to²] om. H

loue of synne þan for to ȝeuyn to hem þat ben pore for Goddis
f. 256ʳ sake and for / Goddis cause þey synnyn wol greuously and lesyn
5 þe mede of her elmesse, in þat þey puttyn Goddis enmyys
aforn his frendis and vyce aforn vertue. And þerfor ȝe schul releuyn
alle þe pore & nedy as ȝe mon, but pryncipaly ȝe schul helpyn
hem þat ben pore for Goddis sake and be weye of vertue, for
ȝif ȝe leuyn be fals oppynyon þe mor elmesse for þe lesse whan
10 ȝe mon don boþin in good maner ȝe lesyn mede boþin for þe
mor & for þe lesse. Therfor Sent Austyn seith þus: þu schalt
nout don to þe pore prechour of Goddis word as þu dost to þe
beggere pasynge be þe weye. To þe beggere þu ȝeuyst for Crist
byddith þat þu ȝeue to iche þat askith þe. But to þe pore prechour
15 þu owyst to ȝeuyn þouȝ he aske nout. And þerfor looke þat þe
pore prechour, Cristis knyth, nede nout to askyn þe, for ȝif hym
nede to askyn for þin defaute and þin lachesse, he schewith þe
dampnable er he askyth. And ryȝt as it [is] seyd of þe beggere
þat sekyth þe 'Ȝeue þu euery man þat askyth þe' so it is seyd of
20 hym þat þu owyst sekyn 'Leet þin elmesse swetyn in þin hond
til þu fynde hym to whom þu must ȝeuyn.' Ȝeue þu to euery man
þat askyth þe but mychil raþer and mychil mor ȝeue to Goddis
seruant, to þe knyth of Crist, þouȝ he aske nout, hec Augustinus,
et ponytur in glosa super illud, Psalmi [103: 14], Producens fenum
25 iumentis. And þerfor seith þe lawe þat hoso wil nout ȝeuyn elmesse
to men þat folwyn þe lyf of þe apostolys in pouert and to þe
pore prechouris for her nedful vhs, he dampnyth hymself, xvi,
q. 1, Apostolicis. For, as þe apostole seith, it is dew dette to þe
pore prechour of Goddis word to lyuyn be his prechynge. Therfor
30 þe gret clerk Reymund, De hospitalitate ordinandorum, seith þat

4 cause] ȝif þei knowyn þe circumstaunce of boþe *add. marg. in corrector's hand*
T   wol] ful BY   5 þe] ther H   6 aforn¹ aforn²] bi- BY   þerfor]
om. H   ȝe] þei Y   7 pore] men *add.* H   ȝe¹] þe Y   but] put Y   7–8 ȝe
schul . . . ben] hem þat ben nedy & *al.*   8 be] þe *add.* T   11 Therfor]
And therfor H   14 byddith] þee *add.* BY; so biddith he the H   15 aske]
þe *add. al.*   þe] *om.* T   17 þin defaute] the fauȝte D; þe defaute TY;
defaute H   þin¹ þin²] *om.* H   and] of YH   18 askyth] the *add.* H   is]
om. G   19 þu] *om.* H; *ins.* G   askyth] sekyȝt T   20 owyst] to *add.*
al.   22 mychil²] *om. al.*   to Goddis] þou to the H   23 seruant] -tis
BY; -tis & H   knyth of Crist] knytis of God H   he aske] thei askyn the
H   hec] *om.* R   25 iumentis] et herbam servituti hominum *add.* H
hoso] who þat H   26 men] hem Y; a man H   folwyn] -with H   þe²]
om. BY   apostolys] apostel H   þe³] *om.* H   28 dew] *om.* Y   29 pore]
om. Y   Therfor] And therfor H   30 þe gret clerk] *om. al.*   30–1 seith
þat som] summe that H

som askyn elmesse of dette, som only for nede to susteynyn þe
body. þey þat askyn elmesse of dette, eyþer þey ben knowyn for
swyche eyþer nout knowyn for swyche. ʒif þey ben knowyn for
swyche þey must nedly ben holpyn. ʒif þey ben nout knowyn
þey schul ben examynyd wyslyche [wheþer] it be as [þey] seyn, 35
for it wer gret peryl to lettyn hem ʒif it be so, for in þat þey ʒeuyn
gostly þingis, bodyly þingis / ben dew dette to hem, as seith Sent   f. 256ᵛ
Powil [1 Cor. 9: 11] and þe lawe, [Di. xlii], Quiescamus. And
ʒif þey askyn only for sustenance of þe body, or þu myʒt ʒeuyn
alle for stede & tyme or þu myʒt nout ʒeuyn alle. ʒif þu mon ʒeuyn   40
alle þu owist to ʒeuyn alle aftir þe nede þat þey pretendyn and
aftir her stat, takynge example of Abraham and Loot, whyche
receyuedyn folc indifferently to hospitalite, & so þey receyuedyn
angelis [Gen. 18 & 19]. And ʒif þey haddyn put som awey,
perauenture þey schuldyn a put awey angelys for men, as seith   45
Ion-with-þe-gildene-mouth, super Epistulam ad Ebreos, þer he
seith þat God schal nout ʒeldyn þe þin mede for þe gode lyf of
hem whyche þu receyuyst but for þin goode wil and for þe worchip
þat þu dost to hem for Goddis sake, for þin mercy & for þin
goodnesse. And þerfor þe lawe seith þat men owyn ʒeuyn her   50
elmesse to cursyd folc & to synful folc, ben þey euere so wyckyd,
xi, q. iii, Quoniam multos, et Di. lxxxvi, Pasce, et Non satis, in
fine. But þey don þe warse for þat þey ben sekir of her lyflode,
for, as Sent Austyn seith, ʒif þe synnere do þe warse for mennys
elmesse it is betere to withdrawyn it from hym þan to ʒeuyn it   55
hym, v, q. v, Non omnis. Netheles ʒif he be in uttyr nede he must
ben holpyn, Di. lxxxvi, Pasche.

32 þey þat] *trs.* DTH   þey] to be H   33 eyþer] *or al.*   nout] be *add.* H
knowyn¹] *om.* Y   34 nedly] nedis H   ʒif] And if H   35 schul] schuld
T   wyslyche . . . seyn] *om.* H   wheþer] for G   þey] he G   36 wer] a *add.*
H   37 hem] as elmesse *add.* H   38 and þe] in the comown H   Di.
xlii] xlii d. *all MSS*   39 for] the *add.* H   or] eiþer BY   ʒeuyn] to *add.* H
40 alle¹] *om.* Y   or] eiþer BY   ʒeuyn²] to *add.* H   41 ʒeuyn] to *add.* H
42 stat] wele reulyd *add.* RDTBY; degre well rewlid H   takynge] take BY
43 folc] alle folke H   46 Ion . . . mouth] Crysostom *al.*   þer] þerfore BY
46–7 þer he seith] *om.* H   47 ʒeldyn] to *add.* H   48 but] also *add.* H
þin] þe Y   for²] *om.* Y   49 for²] and for H   for³] *om.* DTBY
50 owyn] to *add.* BYH   ʒeuyn her] don H   51 folc¹ . . . wyckyd] men
thanne meche more to othir H   to²] þe *add.* Y   euere] neuer BY   52 Pasce]
Fame morientem *add.* H   52–3 in fine] *om.* H   53 But] if *add.* H
þat] that *add.* H   ben] so *add.* H   54 seith] *after* as H   synnere] -neris
H   55 it³] to *add.* H   56 Netheles . . .] *beginning of cap. xvi* R   must]
nedis *add.* H   57 Pasche] fame morientem *add.* H

Cap. xvi

And in cas whan þu my3t nout helpyn alle þu must takyn hede
to ten þingis: to feith, cause, place, tyme, maner, nede, ny3hed
of blod & of affinite, age, febilnesse, nobeleye. First tac hed to
feyth, for in þat cas þu schal puttyn a cristene man aforn an heþene
5 man. Also tac hede to cause of his nede, wheþer he is comyn to
nede for Goddis cause or because of synne. Tac hede also to þe
place, as whan þe ry3tful man is tormentyd in presoun for dette,
& help hym 3if þu mowe, for syth we ben bondyn to helpyn
alle 3if we mon, mychil mor we ben boundyn to helpyn þe ry3tful
10 man or woman. Also tac hed to þe tyme, for 3if he gete noþing
of þe in tyme of hys tribulacioun & in tyme of peryl whan he is
led to hys deth vnry3tfullyche, but þu settyst mor by þin monye
þan þu dost be his lyf it is nout ly3t synne. Also tac hed to þe
f. 257ʳ ma/ner of 3euynge, þat þu 3eue so on day þat þu mon 3euyn
15 anoþir day, and so to on þat þu mon 3euyn anoþir, but þu wil
forsakyn þe ward al at onys for Goddis sake & for perfeccioun.
Also tac hede to nede and 3if hem aftir þat þey han nede. Also
tac hede to n[yh]ed of blood & of affinite, for be wey of kende
þey must ben holpyn raþere þan strangeris 3if þe nede of boþin
20 be euene. Also tac hede to age, for old folc must ben put aforn
3ong folc. Also tac hede to febilnesse, for blynde & lame and
oþir febil folc must ben holpyn raþere þan heyl folc in euene
nede. Also tac hede to þe nobyleye of þe persone, namely in hem
þat withoutyn synne be fallyn to þouert & myschef, for come[n]ly
25 swiche ben schamefast to askyn, Di. lxxxvi, Non satis, et eadem
dicit Ambrose, libro De officiis [unde versus: Causa, fides,

1 my3t] mayst H   2 ny3hed] -nesse BY   3 nobeleye] -nesse H
4 þat] *om.* DBYH; *ins.* T   aforn] bi- BY   5 tac hede] to he H   hede]
om. R   to¹] þe *add. al.*   6 cause or] sake of Y   because] for cause H
9 þe] a Y   10 or] & *al.*   10–12 Also . . . deth] *repeat after* synne (13),
with last three words can. T   11 in¹] *ins.* G   12 hys] þe T   vnry3t-
fullyche] and þou mytist an holpin hym and woldist nout *add.* H   þin] his R
monye] mowth H   13 nout] no *al.*   ly3t] litille H   14 þat þu . . .
day] *om.* Y   15 anoþir¹] to anoþer BH; to anoþer & anoþer day Y   but]
if *add.* H   16 for²] gon to H   17 to] at H   þat] *om.* YH   Also²] and
Y   18 to] at H   nyhed] -nesse BY; nhyed G   blood] kynrede H   be]
the *add.* H   kende] kynrede H   20 to] at H   aforn] bi- BY   21 folc]
in summe cas *add.* H   to] at H   22 heyl] hool BY   folc²] *om.* H
23 to] at H   þe¹ þe²] *om.* H   nobyleye] -nesse H   24 & myschef] *om.*
H   comenly] comely G   25 Non satis] *om.* H   26 unde versus]
per longum processum H   26–8 unde . . . teneris] *om.* G

tempus, sanguis, locus ac modus, etas; debilis ingenuus verecundus
factus egenus; hiis bona personis prudens erogare teneris]. And
Sent Austyn acordith þerto in þe booc of cristene lore, lib. i,
c. x. DIUES. I suppose þat Y mete with two pore men, strangeris, 30
alyk nedy. Boþin þey askyn, and Y haue nout þat Y may ȝeuyn but
only to þe on of hem. PAUPER. Sent Austyn in þe same place
byddyth þat þu schuldist þan ȝeuyn it be lot. DIUES. Y assente.
Sey forth what þu wilt. PAUPER. Also in þin ȝeuynge þu must
takyn hede to þe holynesse & to þe profytabilhed and to þe nyhed 35
of þe persone þat nedith helpe, for to þe holyer man and to hym
þat is or hath ben mor profytable to þe comounte, ȝif þey nedyn,
þu schal ȝeuyn raþere and betere þan to a persone nyh of kenne
or of affinite nout so holy ne so profytable, but þu haue þe mor
special cure of hym and but he be in þe gretere nede. Also to hem 40
þat ben pore for Cristis sake & to þe pore prechouris þu schal
ȝeuyn of þe betere þingis and helpyn hem worchipfuly as Goddis
frendis and his disciplis. But to oþir pore folc þat ben pore aȝenys
her wil, whiche þe world hat forsakyn nout þey þe world, it
suffycyth to ȝeuyn of þin relef, for it is synne to ȝeuyn de[y]nteys 45
to swyche pore comoun beggeris whan it be nout conuenient to
hem, as þe lawe seyth, Di. xxv, Vnum, ¶ Multi, et Di. xli, Non
cogantur. Of oþir pore men spekyth Sent Austyn in a sermoun of
clerkis lyf & seith þus: ȝif þe ryche man haue but on child, wene 49
he þat Crist be his / oþir child. ȝif he haue two chyldryn, wene f. 257ᵛ
he þat Crist be þe þredd. ȝif he haue ten, make he Crist þe
eleuenete, þat is to seye, ȝeue he to Crist þat he schulde spendyn
on þe eleuenete, xiii, q. ii, Si quis irascitur. ¶And þus, leue frend,

27 ac] as H   29 Sent] om. T   Austyn] seith & add. H   þe booc . . . lore]
De doctrina cristiana al.   30 suppose] put cause H   with] þe add. T; om.
H   pore] om. R   32 of hem] om. H   Austyn] seith add. H   place]
and add. H   34 þin] the H   35 profytabilhed] -nesse BY   nyhed]
-nesse BY   36–7 man . . . hath] or to hem þat han H   37 þey]
he BY   38 ȝeuyn] om. R   of] of thy H   39 of] of þin H   ne]
nor H   þe] om. H   40 Also] And H   41–3 þu . . . disciplis] þat
prechyn (-chyng R) princypaly for þe worschyp of God and helpe (-pyng Y)
of mannys soule, puttyng awey alle spycys of fals coueytyse, þu schal
ȝeuyn hem þat is nedeful to hem after þe tyme and after þi powere, as to þe
dyscyplys of Cryst RDTBY; þat prechin principally for Goddis worschip
& helpe of mannys sowle puttyng awey alle spicis of covetise þou schalt
ȝeuyn to hem þat is nedefull to hem aftir þin powir H   45 relef] honest
and holsom add. al.   deynteys] dent- G   46 whan] for H   it] þei al.
48 spekyth] seith H   sermoun] þat he makith add. H   51 Crist¹] is þe
[sic] add. T   ȝif] ȝeue R; And if H   52 ȝeue he] lete hym ȝeuyn H
52–3 spendyn on] ȝeuyn to H   53 xiii] xiv DTBYH

ȝe mon sen þat ryche men whyche arn Goddis reuys and Goddis
55 baylys owyn so to ordeynyn for hem þat ben pore for Goddis loue
& wilfoly han forsakyn þe world for hys sake þat þey han non
nede. But to comoun beggeris & nedy folc whiche þe world hat for-
sakyn it suffycyth so to helpyn hem and to ȝeuyn hem þat þey
perchyn nout. Also, leue frend, as seith Sent Austyn in þe booc
60 of þe cite of God, lib. xxi, c. xxvi, þey þat wil nout amendyn her
lyf ne forsakyn her grete synnys don non plesant elmesse, for why,
seith he, elmesse schul ben don to getyn forȝeuenesse of synnys
þat ben pasyd, nout to getyn leue to dwellyn stille in synne &
to don omys.

54 reuys and Goddis] *om.* H   55 so] *om.* BYH   pore] *after* loue H   56 þat]
þan RD   non] no RDTBY   58 so] *om.* H   and . . . hem] *om.* H
59–60 leue . . . God] Augustine, De civitate dei H   60 þey þat] *trs.* D
61 ne forsakyn . . . synnys] *om.* H   non] no *al.*   62 seith he] her H
schul] schuld *al.*   63 pasyd] and *add.* H   64 omys] Explicit ix
mandatum. Incipit x *add.* RDT; Heere endiþ þe nynþe precepte & biginneþ þe
tenþe precepte *add.* B; as many don. Et nota quod quatuor custodiunt hominem
in precepto primo, spes longe vite, secunde, spes nimia de misericordia dei, iii,
comparacio vite aliene, iv adulacio. Explicit nonum mandatum et hic incipit
Decimum mandatum. Verte. *add.* H

TENTH PRECEPT

Cap. i

DIUES. Me þinkith þin speche skylful, good and profytable and wel confermyd be gret autorite. Y þanke þe for þin wordis and þin good informacion in þys nynte comandement. Nou, Y preye þe, enforme me in þe tente comandement. PAUPER. The tente comandement is þis: Non desiderabis vxorem proximi 5 tui, non seruum, non ancillam, non bouem, non asinum, nec omnia que illius sunt, Exodi xx [17], þu schal nout desyryn þin ney3eborys wyf, nout his seruaunt, nout his maydyn, nout his oxe, nout his asse ne noþing þat to hym longyth. In þe nynte comandement God defendith coueytyse of anoþir mannys good 10 nout meuable; in þis laste he defendit al maner fals couetyse of anoþir mannys good meuable. Also in þe nynte precept he defendit couetyse of þe eye. In þis laste pryncipaly he forfendyth couetyse of þe flesch. And þerfor seith Sent Austyn þat þe tente precept is þis alone: þu schalt nout desyryn þin ney3eborys wyf, & al 15 þat folwith aftir whan he seyth 'nout his seruaunt, nout his oxe, nout his asse ne noþing þat to hym longith' it is of þe nynte precept, and it is also a newe forbedynge / of al maner myscoueytyse, f. 258ʳ boþin of þing meuable and nout meuable, boþin of couetyse of þe eye and of þe flesch. And þerfor 3if a man myscoueyte anoþir 20 mannys seruant or his wyf or his child as for possessioun and seruyse it is a3enys þe nynte precept and pryncipaly a3enys couetyse of þe eye. And 3if he coueyte hem for myslust of þe flesch þan it is a3en þe tente comandement. DIUES. Y hope þat nout

1 speche] is add. H   . . . good] MS B is incomplete from this point (B f. 212ᵛ); remainder of text is collated with the Pynson edition of 1493 (P), which was typeset from MS B, see Vol. I, xi, note 5   and] om. H   2 gret autorite] good autoritees H   3 þys] þe RDTPY   nynte] x Y   comandement] precepte PY   4 me] om. T   8–9 nout his oxe] om. D   9 nout] nor H   ne] nor H   10 comandement] om. H   defendith] forbed- PY 11 nout meuable] onmevable H   in] and in H   laste] comaundment add. H   defendit] forbed- PY   11–12 al maner . . . defendit] om. H 13 In þis laste] and H   pryncipaly] precept Y   forfendyth] de- RDTH; forbedith PY   couetyse²] om. R   17 nout] ne P   to hym] after longith H 18 maner] of add. H   19 and nout meuable] repeat D   nout meuable] unmovable Y   20 þe¹] om. H   23 3if] om. Y   þe flesch] his body H   24 þat nout] trs. T

25 euery myscoueytyse is dedly synne ne aȝenys Godis precept,
for coueytyse boþin of þe eye & of þe flesch fallyth lyȝtly in
mannys herte, & it is nout in our power alwey to flen þouȝtis
of fals couetyse, for, as Sent Powyl seith, þe flesch coueytith
alwey aȝenys þe spryt [Gal. 5: 17]. PAUPER. God defendith nout
30 swyche couetyse þat is nout in our power to flen, but he defendit
al maner myscoueytyse with assent to performyn it & long lykynge
þerynne. And þerfor þou men don nout in dede her fals coueytyse,
ȝif þey ben in wil to don it in dede ȝif þey myȝtyn or durstyn for
dred of þe world, þan þey synnyn dedlyche aȝenys Goddis hest.
35 DIUES. Syth it is so þat fals couetyse with assent and wil to
performyn it is dedly synne & aȝenys Goddis precept &, as
Sent Powil seith, it is rote & begynnyng of euery euyl, radix
omnium malorum est cupiditas [1 Tim. 6: 10], syth þan wyckyd
wil goth aforn wyckyd dede, why putte nout God þe forbedynge
40 of fals coueytyse and of wyckyd wil in þe ordre of þe ten comande-
mentis aforn þe inhibicionys and forfendynge of þe dedys of
lecherye & of þefte, syth fals couetyse and euyl wil is begynnyng
of boþin? For wyckyd wil goth aforn euery synne, insomychil
þat ne wer wyckyd wil þer schulde no synne ben. PAUPER.
45 God ȝaf þe ten comandementis to þe peple as souereyn techere
and as souereyn leche, and euery techyng must begynnyn at þingis
þat ben mest esy to knowyn, & euery cure and lechecraft boþin
of body and of soule must begynnyn þer þe seknesse is felt mest
greuous; & forasmychil as þe vnwyse peple hadde mor knowynge
50 þat mysdede was synne, mor þan myswil, and feltyn hem mor
f. 258ᵛ agreuyd be mysdede þan be myswil þerfor/God defendith hem first

25 ne] *om.* RDTPY; and H   26 in] -to H   27 herte] & into womannys
add. H   nout] now H   29 defendith] forbed- PY   30 defendit]
forbed- PY   31 maner] of *add.* H   31–3 & long . . . don it] *om.* H
32 nout] it DT   32–3 her fals . . . dede] *om.* DT   34 world] they
woldyn *add.* H   dedlyche . . . hest] and aȝens Goddis precept H
36 precept] -tis H   37 it is] the H   euyl] is couetise *add.* H   37–8 radix
. . . cupiditas] *after* seith H   38 þan] þat DT; *om.* P   39/41/43 aforn]
bi- PY   39 dede] -dis H   þe] þat H   40 þe²] *om.* RDTP   40–1 ten
comandementis] tenth commaundement Y   41 inhibicionys and forfen-
dynge] forbedyng *al.*   dedys] dede *al.*   42 syth] þat *add.* DTPYH
43–4 insomychil . . . ben] secundum Augustinum adeo peccatum est volun-
tarium H   44 ben] *after* schulde T   45 þe¹] *om.* H   ten comandementis]
tenthe commaundemente P   as] a *add.* H   48 of²] *om.* RDT   49 hadde]
hath DTPYH   50 mor¹] *om.* RDTPH; *before* synne Y   50–1 and feltyn . . .
myswil] *om.* RY   51 agreuyd . . . þan be] grevid be her dedis than be her
H   mysdede] his dede DT   be²] *om.* DTP   defendith] -dyd R; forbed-
PY   hem] *om.* P

þe dede of fals couetyse and aftir he defendith þe wil & þe assent
[to] myscouetyse. DIUES. Ʒet contra te, God defendith non þing
but synne, and synne of dede & wil is al on, for synne begynnyth
at euyl wil & endith in euyl dede, as we redyn in þe secunde booc 55
of Kyngys, of þe kyng Dauyd. First he desyryd þe fayre woman
Bersabee þat was wyf to þe noble trewe knyʒt Urye, and from
þat wyckyd desyr he fel into auouterye, and from auouterie into
glotonye, & from glotonye into fals treterye, from treterye into
morde and manslaut and blasphemye & despysynge of Goddis 60
heye maieste. Wherfor God punchyd hym wol harde, for þe child
so mysbegotyn deyyd sone aftir þe berþe, and his sone Absolon
lay opynly be his wyfis in syʒte of þe peple & kech hym out of
his kyngdam. Hys oþir sone, Amon, lay be his owyn sustyr,
Tamar, and þerfor Absolon, her broþir and his, slow hym. 65
And Salomon his sone slow his broþir Adonye, & so Dauyd hadde
lytil ioye of his childryn because of his auouterye. And was þer
neuer stabilite aftir in his kyngdam for þat auouterye and morde
& oþir synnys þat comyn alle of hys wyckyd desyr & his euyl
wil, for þat he so mysdesyryd anoþir mannys wyf aʒenys þe hest 70
of God whan he seith: Non desiderabis uxorem proximi tui, þu
schal nout desyryn þin neyʒebourys wif. PAUPER. Whan wyckyd
dede is knyt to wyckyd wil it is on synne and boþin ben defendith
be þe same comandementis in whiche he defendith lecherye and
þefte. But whan þe wil and þe assent ben nout don in dede þan 75
þe synne stondith only in euyl wil, and swiche synne principaly is
defendit be þese two laste comandementis, in whyche God schewith
opynly þat euyl wil withoutyn þe dede is dedly synne.

52 couetyse] and aftir he add. can. G   defendith] -dyd R; forbed- PY   þe³]
om. YH   53 to] of G   non] no al.   54 &] of add. R; synne of add. H
56 of þe . . . First he] þat David first H   þe¹] om. PY   57 noble] om. al.
from] for Y   59 from¹] fals add. can. G   from²] & from PYH   into²]
to H   60 and¹] om. T   blasphemye] -myng H   &] to add. P   60–1 Goddis
heye maieste] the hey mageste of God H   61 wol] ful TPY; sore add. can. G
harde] fare Y   62 mysbegotyn] mysgotyn al.   his] owyn add. H   63 wyfis]
om. H   in] the add. H   kech] drof al.   64 Hys] And his H   65 her
broþir and his] his broþer RH; hir broþir DT   66 his sone] om. Y; his owyn
sone H   67 auouterye] and mordre and oþer synnys that comyn alle of
his wickid desiris add. H   68 stabilite aftir] trs. RDPYH; stabilyte T
and] om. H   69 desyr] -siris H   his] om. al.   70 þat] that add. H
wyf] om. D   hest] comaundmet H   72 Whan] What H   73 dede] -des Y
73/74 defendith] forbod- PY   74 comandementis] -ment PYH   lecherye]
alle maner of lecherie H   75 þe²] om. Y   76 principaly] after defendit R;
after is H   77 defendit] forbod- PY

Cap. ii

DIUES. Whan God ȝaf þe comandementis in þe mont of
Syna to Moyses þer he defendit first coueytyse of þe eye, but
whan Moyses rehersid aȝen þe lawe to þe childryn of Israel whan
þey schuldyn entryn into þe lond of behest þer Moyses defendyd
5 first coueytyse of þe flesch and potyth it aforn, as we redyn in
f. 259ʳ holy writ, Deutero. v [6–21]. What / was cause of þis diuersyte?
PAUPER. Whan God ȝaf hem þe lawe in þe mount of Syna þey wern
in desert in gret myschef, and þerfor þey wern þe mor enclynyd
to robberye þan to lecherye, & þerfor God for þat tyme defendit
10 hem first couetyse of þe eye and þan coueytyse of þe flesch. But
whan Moyses rehersyd aȝen þe lawe to hem in hys laste dayys þey
wern at þe entre of þe lond of behest in a wol plenteuous contre
wher þey wern mor enclynyd to lecherye for welfare þan to robberye
for mysfare, and þerfor Moyses for þat tyme defendyd hem first
15 couetyse of þe flesch and þan couetyse of þe eye & of rychesse.
¶ Anoþir skyl, leue frend, is þis: for alle þe pilgrimage of þe
childryn of Israel, fourty ȝer in desert, betokenyth our pilgrimage
hyr in þis world from our begynnyng into our endyng, in tokene þan
þat man and woman in hys ȝougþe and in his begynnyng is soner
20 temptyd to couetyse of þe eye & of wordly good þan to coueytyse
of þe flesch and in his endyng & in his age lattere temptyd to
coueytyse of þe eye & of wordly good þan to coueytyse of þe
flesch. For in eld folc whan al oþir temptacionys cesyn þan is
þe temptacioun of coueytyse of þe eye & of wordly good mest
25 breme, for ryȝt as her body be age neyȝhith to þe erde so her
herte cleuyth þan mest to erdly þingis. And þerfor in þe begyn-
nyng of her pylgrimage in desert, as to begynnyng folc, God

1 in] -to T   2 defendit] -dyd RT; forbade PY   4 þey] he Y   de-
fendyd] forbad PY   5 þe] om. PY   aforn] bi- PY   5–6 in . . . writ]
om. al.   8 þe] om. RTPY   mor enclynyd] trs. Y   9 þat] the H
defendit] forbedith PY   10 þan] aftirward H   12 in a] and in
H   wol] ful PY   13 wher] wheþir D   for] her add. H   14 for
mysfare] om. H   þat] the H   defendyd] forbade PY   16 leue] om. T
pilgrimage] -gis H   18 hyr] after betokenyth Y   into] vn- PY; till
H   our²] last add. Y   þan] om. RDTH   19 hys] her H   his] her
H   is] arn H   20 eye] can., flech ins. T   & of . . . good] scribbled over
T   of²] the add. H   good] -dis H   to²] the add. H   21 flesch] can.,
ey ins. T   his¹ his²] her H   endyng] -dynd H   age lattere] trs. Y   lattere]
lithlier H   to] the add. H   22 &] om. H   good] raþþer add. Y; -dis
H   to] of TH   to coueytyse] om. H   24 þe¹] om. al.   good] -dis H
25 her¹] the H   26 þan] om. H   27 in] the add. H   begynnyng] of add. H

defendit hem first and pryncipaly couetyse of þe eye; & in þe
ende of her pylgrimage, as to folc nyh3 her ende, he defendit hem
principaly and last & mest opynly with oftyn rehersynge coueytyse 30
of þe eye, for comonly þe mor þat men nyhyn her ende þe mor
couetous þey ben.

Cap. iii

DIUES. þin skyllys ben goode. Sey forth what þu wilt. PAUPER.
God in þe sexte heste forfendit þe dede of lecherie and of spouse-
breche. In þis hest he forfendith þe wil and þe consent of herte
to lecherye and to spousebreche, for as þe dede of lecherye is
dedly synne so is þe foul consent & þe desyr of herte dedly synne. 5
For, as Crist seith in þe gospel, Mathei v [28], he þat seth a woman
and coueytith hyr be desyr to don lecherye with hyr he hat don
lecherye in his herte þou3 he do it nout in dede. / And þerfor f. 259ᵛ
iche man & woman schulde takyn hed besyly what þoutis entryn
into hys herte, and 3if ony þoutis ben aboutyn to drawyn þe resoun 10
of hys soule to consentyn to ony synne, onon pote he awey þo
þoutis my3tyly and let hym þinkyn of þe byttir pynys þat Crist
suffryd in hys syde, hondis and feet & so turnyn his myslust into
deuocioun of Cristis passioun & quenchyn þe brennynge þoutis
of lecherye with þe blood and þe watyr þat ran out of Cristis syde 15
whan his herte was clouyn on two with þat scharpe spere, and
þinkyn of þat endeles loue þat Crist schewyd þan to hym & to al
mankende & so turnyn his foule stynckande loue þat he gynnyth

28 defendit] forbadde PY; -dyd H   first and] *om.* H   pryncipaly] þe *add.* R
eye] *can.,* flesh *ins.* T; fleish H   29 to] *om.* H   defendit] forbedeth PY;
-did H   hem] most *add.* T   29–30 hem . . . and] *om.* H   30 with]
-outen PY   31 men] and women *add.* H   ende] of deth *add.* H

1 what þu wilt] *om.* H   2 God] *before* forfendit (*in* H, defendid) H   heste]
bi- P; precept H   forfendit] -bidith PY; defendid H   2–3 spousebreche]
-brekyng H   3 In] And in PY   3–4 In . . . -breche] *om.* H   3 forfen-
dith] -bidith PY   4 þe] *om.* H   5 of] the *add.* H   6 in þe gospel]
om. H   he] who H   7 be] wickid *add.* H   be desyr] *marg.* G   8 do]
did Y   9 & woman] *om. al.*   9–10 þoutis . . . hys] thingis ben to
entryn into his mende a H   11 consentyn . . . onon] the consent of
dedly synne thanne H   to ony] of RDT; to PY   he] hem DT; *om.* H
12 and let . . . þinkyn] be the passioun of Crist and H   of] on RDTPY
Crist] he H   13 syde] & *add.* Y; and crepyn therto and in his *add.* H   feet]
interly *add.* H   15 of¹] *repeat* D   and] with *add.* T   þe²] *om.* H
16 was] *om.* R   on two] atwo P; in two Y   with þat] which a H   and]
also *add.* H   17 of] on *al.*   þat¹] the H   18 so] to *add.* PY   gyn-
nyth] be- PYH

to fallyn yn to schame and schenchepe into þe swete clene loue
20 of Iesu, ful of ioye & of worchepe. Tellit þe Mayster of Kende,
lib. xii, þat þer is a bryd in Egypt whyche is clepyd a pellycan,
and of alle foulys he is mest cher ouyr his bryddys & mest louyth
hem. Ther is a gret enmyte atwoxyn hym & þe neddre, wherfor
þe neddre waytyth whan þe pellican is out of his nest to sekyn
25 mete for hym and for hys bryddys, and he goth into þe nest of
þe pellican and styngyth hys bryddis & enuenymyth hem &
sleth hem. Whan þe pellycan comyth aȝen and fynt his bryddis
þus slayn he makith mychil sorwe & mychil mone, and be way of
kende þre dayys & þre nyȝth he mornyth for deth of his bryddys;
30 & at þe þredde dayys ende he set hym aȝen ouyr hys bryddis and
with his byl he smyt hymself in þe syde & lat his blood fallyn
doun on þe bryddis, and onon as þe blood touchyth þe bryddys
onon be weye of kende & be vertue of þe blood þey qwykyn
aȝen & rysyn from deth to lyue. Be þis pellican þat louyth so
35 wel hys bryddis is vndirstondyn Crist Iesus, Goddis sone, þat
louyde mannys soule & womannys mor þan euere dede þe pellican
his bryddis. And he seith hymself: Similis factus sum pellicano
solitudinis [Ps. 101: 7], Y am maad lyk to þe pellican of desert.
Be þe bryddis, Y vndirstonde Adam & Eue & al mankende. Be
40 þe nest, Y vndirstonde þe blysse of paradys, for ryȝt as bryddis
arn brout forth in þe nest so mankende hadde his begynnynge
f. 260ʳ and was brouȝt forth in paradys. Be þe / neddre, Y vndirstonde
þe fend whiche aperyd in þe lyknesse of a neddre to Eue and stang

19 to²] om. PY; into H   þe] that H   clene] om. H   20 Iesu] Crist add.
H   of³] om. PYH   Tellit] as telith Y; And therfor tellyth H   Kende] -dis
H   21 whyche] þat al.   clepyd] callid H   22 cher] -fulle T;
-y H   23 atwoxyn] bitwene PY; be- H   24 waytyth] om. Y   is] om.
H   sekyn] fettyn H   25 for hym and] om. H   hys] hir Y   and²]
þan add. RDTPH; þan Y   he] þe addir Y   26 &²] so add. H   27 Whan]
And whan H   comyth] home add. H   28 mychil²] om. al.   be]
the add. H   29 nyȝth] nightes PYH   for] the add. H   his bryddys]
hem H   30 hym] -self H   ouyr] on Y   hys] the H   31 hymself]
hem- T   32 þe bryddis¹] hem H   32–3 as þe . . . onon] om. T
32 þe²] his H   þe³] his PY   33 onon] thanne H   be¹] the add. H
þe] his H   34 þis] the H   35 wel] mech H   Crist Iesus] trs. H
sone] of hevyn add. H   36 louyde] -uytȝ RDTPY; -vyth so well his briddis
that is to seyn H   euere] om. H   37 And] therfor add. H   38 to]
om. Y   39 Be¹, ²] And be H   þe] these H   39–40 Adam . . .
vndirstonde] marg. G   40 paradys] heuyn H   40–2 for ryȝt . . .
paradys] om. Y   41–2 hadde . . . begynnynge and] om. H   42 Be] And
be H   43 whiche] the whech H   aperyd] first add. H   to] on- H   stang]
envenemyd H

hyr wol euele, & Adam also, with his wyckyd fondyng & slow
hem boþin body and soule; & nout only he slow hem but also he 45
slow al mankende in hem, for ȝif Adam hadde nout synnyd we
schulde neuer a deyyd ne a wyst of wo. Wherfor þis pellican,
Crist Iesus, seynge þe myschef þat mankende was fallyn yn be gyle
of þe fend, he hadde rewþe on mankende and for þe grete loue þat he
hadde to mankende, as Sent Powil scith [Phil. 2 : 7], he anyntechyd 50
hymself and tooc flech & blood of þe maydyn Marye & becam
man in þe lyknesse of a seruaunt and in our manhod & in our
kende suffryd to ben takyn and ben boundyn & betyn, be forspatlyd
and dyspysyd, be scorgyd at þe pyler, ben corounyd with þornys,
ben naylyd to þe tre, hondis & feet, and ben hongyn on þe cros 55
as a þef amongis þeuys and ben stoungyn to þe herte with þe
scharpe spere and so deyyd byttyr deth al for our gylt & nout
for his gilt, for he dede neuyr omys in word ne in dede, as seyth
Sent Petyr in his pystil [1 Pet. 2: 22]. And þus for our loue þat
ben to hym wol vnkende he schadde his precious blood out of 60
euery party of his blysful body born of þe maydyn and his
yndyr-herte blood so to waschyn us from our synnys & to reysyn
us from þe deth of synne into þe lyf of grace and aftir from bodyly
deth into þe lyf of endles blysse. Therfor Sent Iohn seith: Dilexit
nos et lauit nos a peccatis nostris in sanguine suo, He louede us 65

44 wol] ful TPY   his . . . fondyng] wickid promes H   45 boþin] *repeat*
H   also] *om.* T   47 a²] *om.* RTH   48 Crist Iesus] *trs. al.*; Goddis
son *add.* H   þe] gret *add.* H   48–9 þat mankende . . . fend] of mankend
that was fallyn into the fendis power be gile and deceyvid H   49 rewþe
. . . mankende] pite H   þe²] *om.* PYH   50 Powil] ad Philippenses 2 *add.*
marg. T   seith] *before* Sent Y   50–2 anyntechyd . . . man in þe] come
into this erthe and toke H   51 þe] *om.* H   52 and] *om.* TH   in³]
om. RTH   53 kende] and becam man and *add.* H   suffryd] hym *add.* H
ben²] *om.* H   53–6 & betyn . . . ben] to a peler & to be skorgid ther ful dis-
pitously and alle torent and betyn with tho skorgis that a man myght seyn his
nakid bare ribbis, as Seynt B[r]igitte seith. Also to be crownnyd with thornys
tylle the brayn poplyd owth and to ben naylid to the hard crosse as he had ben
a theff, bothe handis and feete, and so henge on þe crosse, he that wasse kyng
of blisse, among to theuys, and afterward H   53 be] *om.* RDTPY   for-
spatlyd] -spited PY   54 and] *om.* RDTPY   dyspysyd] *om.* Y   55 ben¹] &
be Y   ben hongyn] hongyd RDTPY   56 þe²] a RH   58 gilt]
trespaas H   omys] of mys T   ne] nor H   seyth] *after* Petyr H   59 our
loue] vs H   60 to] un- Y   wol] ful PY; *om.* H   precious] blissid H
61 blysful] -sid H   body] that was *add.* H   þe] a H   61–2 and his
. . . so] thus H   62 yndyr-] inner P; inward Y   blood] he shed *add.* PY
63 us from] awey H   þe¹] *om.* H   into] onto H   63–4 þe lyf . . . into
þe] *om.* H   65–7 He louede . . . Apocalypsis i] and H   65 louede]
-veth Y

so mychil þat he wesch us from our synnys with hese precious blood, Apocalypsis i [5]. Loue drow hym doun from heuene into erde; loue ledde hym into þe maydynys bosum and brout hym into þis wyckyd warld; loue bond hym in cradyl and wond
70 hym in cloutys wol pore and leyde hym in þe oxsys stalle; loue held hym hyr in sorwe & care, hungyr & þrest and mychil trauayl two & þretty ȝer and more. At þe laste, loue tooc hym & bond hym and set hym at þe barre aforn þat synful iustice, Pounce
74 Pylat. Loue leyde hym on þe cros & naylyd hym to þe tre. Loue
f. 260ᵛ ledde hym to hys deth and clef hys herte on two. / And wose loue, leue frend? Forsoþe, loue of ȝou and of me & of oþir synful wrechis þat neuyr dedyn hym good ne mon don hym good but offendyn hym nyȝt and day & ben to hym wol vnkende. Therfor he may wel seyn þe word þat Salomon seyde: Fortis est ut mors
80 dileccio, Loue is strong as deth. Ȝa, forsoþe, mychil strengere þan deth, for loue ledde lyf to his deth, and he þat neuere myȝte deyyn be weye of kende loue dede hym deyyn for mankende. And as Salomon seith þere, Canti. viii [6], brondys of hys loue ben brondys of fyr & of flammys boþin for þe loue þat he schewyd
85 to mankende & also for þe loue þat we auȝtyn to schewyn to hym. For ryȝt as þe hete of þe sonne with hys lyȝt whan he schynyth in þe fyr in þe hous wastyth þe fyr & quenchyth it, so þe loue of God & þe endeles charite of his passioun, ȝif it schynyt in mannys soule and womannys with his hete, it schulde quenchyn & wastyn
90 þe brondys and þe fyr of lecherye brennynge in mannys soule and womannys be foul lust & wyckyd desyr. And þerfor, leue frend,

66 wesch] wesshed PY   67 Apocalypsis i] *after* suo (65) PY   68 into¹] to H   erde] and *add.* H   þe] *om.* T   bosum] wombe H   68-9 brout . . . warld] *om.* H   69 into] to D   in] the *add.* H   cradyl] bond *add.* G   69-70 wond . . . pore] was woundyn in wolle pore clothis H   70 wol] ful PY   hym²] *om.* H   þe oxsys] an oxe PY; an oxis H   loue] and love H   71 & care] *trs.* H   &²] *om.* H   and] *om.* H   72 ȝer] wyntur H   At] And at H   þe] *om.* P   &²] *om.* H   73 þe] *om.* Y   aforn] bi- PY   þat] þe DTPY   Pounce] *om.* H   74-8 Loue . . . vnkende] which conde[m]pnyd hym to the deth and H   74 leyde] led Y   on] to Y   75 on two] atwo P; in two Y   And] for *add.* DTPY   76 Forsoþe] For þe T; for *add.* PY   77 ne mon . . . good] *om.* PY   78 offendyn] -dyd PY   wol] ful PY   79 word] -dis DTPYH   81 ledde] his *add.* P   neuere myȝte] *trs.* H   82 dede] made PY   83 as] so DPY; *om.* H   Salomon seith] *trs.* PY   Canti. viii] *after* dileccio (80) PY   hys] *om.* H   85 to¹] *repeat* H   87 wastyth] waschith T   87-8 loue . . . charite of] sunne of God and his love endeles of his charite and H   88 schynyt] shone P   89/90-1 and womannys] *om. al.*   89 with his hete] *om.* H   90 and¹] of H   90-1 brennynge . . . desyr] and of couetowus and of alle fowle lustis and desiris H   91 leue frend] *om. al.*

he seyt to ʒou & to euer[y] cristene soule: Pone me ut signaculum
super cor tuum, Set me as a tokene on þin herte, Canti. viii
[6]. And Sent Powil seith: Spiritu ambulate et desideria carnis
non perficietis, Go ʒe with þe holy gost þat is clepyd wel of   95
lyf and gostly fyr & ʒe schul nout don þe desyrys of þe flesch,
ad Galathas v [16]; for deuocioun & mende of Cristys passion is
best remedye aʒenys þe temptacioun of lecherye.

Cap. iv

And also it is a good remedye to man & woman for to þinkyn
of her deth & of her frelte and of þe byttyr pynys of helle euere
lestynge and of þe heye offens of God & of þe endeles ioyys þat
þey lesyn ʒif þey assentyn to lecherye. Therfor Salomon seith:
Memorare nouissima tua et in eternum non peccabis, þink of   5
þin laste þingis and schal þu neuere don synne, Ecclesiastici
vii [40]. Iche man and woman schulde ben war þat neyþer be
nyce contynance ne be foly speche ne be nyce aray of body þey
steryn man or woman to lecherye, and þouʒ resounable aray &
honest ben comendable boþin in man & woman aftir her stat;   10
ʒit þey must ben wol war þat be swyche aray þey fallyn nout in
pryde ne in lecherye ne steryn / oþere to lecherye wylynge and   f. 261ʳ
wytynge. We redyn in holy mennys lyuys, in Vitis patrum, þat
þer was an holy woman wose name was Alexander, and she was
a wol fayr woman; and whan she harde seyn þat a man was   15
fallyn into harde temptacioun of lecherye because of hyr bewte
she closyd hyrself in an hous and neuere wolde sen man aftir
ne comyn out of þat hous but tooc hyr lyuynge in to hyr be a
smal wycket. Men askedyn hyr why she ded so, and she seyde
þat she hadde leuere to shettyn hyrself al qwyc in þe graue þan   20

92 to ʒou &] om. al.   euery] -ere G; trewe add. Y   cristene] mannys H
93 on] up- Y Canti. viii] after tuum PY; illud Canticorum viii before Pone H
94 ... And] MS H incomplete from this point: And has been can. and Finis has
been written in the lower marg. of H f. 182ᵛ in later hand   95 þe] repeat P
gost] host P   96 lyf and] om. PY   desyrys] desire DTPY   97 ad Gala-
thas v] after perficietis PY   is] the add. P; it is Y   98 þe] om. P

1 And] om. al.   & woman for] om. al.   2 of¹ of² of³] on al.   her¹ her²]
his PY   5 of] on al.   6 schal þu] trs. P   6–7 Ecclesiastici vii] after
peccabis P; om. Y   7 schulde] schul D   9 steryn] any add. PY   and]
om. Y   þouʒ] al- Y   9–10 resounable...honest] trs. R   9 aray] after honest Y
10 honest] -estie P   comendable] -mendyd PY   11 ʒit] reulyd be Goddys
lawe & reson and so al.   13 in holy . . . lyuys] om. al.   15 wol] ful
PY   whan] om. D   17 closyd] chosid D   20 to] so R

to harmyn ony soule þat God made to hys lycnesse and boute it
so dere with his precious blood. We redyn also in þe lyf of Sent
Bryd þat a man wolde a weddyt hyr for hyr bewte, and she preyyd
to God þat he wolde sendyn hyr som blemchynge of hyr face
25 wherby þat mannys temptacioun my3te cesyn; and onon hyr on
eye brast out of hir hed, wherfor hyr fadyr made hyr a nonne,
as a woman vnable to þe world. And whan she was mad a nonne
& hadde so forsakyn þe world onon she hadde her eye and her
sy3the a3en. þus schulde women besyly kepyn hem in chaste &
30 clennesse, maydenys in chaste of maydynhod, wyduys in chaste
of wyduehod, wyfis in chaste of wedlac and kepyn her body trewly
to her housebounde. And so schuldyn houseboundys kepyn
trewly her body to her wyfys, for syth it is a dedly synne a man for
desyryn anoþir mannys wif or hys maydyn or his dou3tyr to
35 fleschly lust, mychil mor it is dedly synne to oppresyn hem and
defylyn hem & ly by hem.

Cap. v

DIUES. Sent Powil seith þat þe flesch desyryth & coueytyth
alwey a3enys þe soule [Gal. 5: 17]; and it is wol hard for to with-
stondyn his lustis & hys desyrys. PAUPER. þerfor man and woman
schulde gouernyn and chastysyn hys body as a good man of armys
5 gouernyth & chastysith his hors, for, as Iob seith, al our lyuynge
upon erde is kny3thod and fy3tynge a3enys þe fend, þe world
and þe flesch, Iob vii [1]. And in þis bataylie our body is our hors
whyche us must chastysyn & reulyn as a kny3t doth his hors, for
3if þe hors be to proud & euyl techyd it may ly3thlyche lesyn
10 his maystir and ben cause of his deth; & 3if it be tame to his
f. 261ᵛ   mayster / and wel techyd it schal don hym worchepe and helpyn
hym at nede and in caas sauyn hys lyf. Thre þingis ben nedful to
þe kny3t to reulyn wel hys hors: he must han a brydil & a sadyl
and two sporys. Be þe brydyl, Y vndirstonde abstinence & trauayl
15 be whyche þe flech must ben refreynyd from his lustis and his

---

21 lycnesse] likyng Y   it] *om.* P   23 a¹] *om.* D   24 to] *om.* P   of]
for D   25 þat] *om.* T   mannys] mennys R   and] *om.* DTPY   28 so]
om. PY   31 wyduehod . . . chaste of] *om.* D   body] bodyes Y
32 housebounde] -bondes PY   32-3 schuldyn . . . body] þe housbondys
trewly *al.*   33 syth] sothe *al.*   for²] to *al.*   36 defylyn] -foule BY

2 wol] ful PY   for] *om. al.*   3 and woman] *om. al.*   8 us] we P
9 it] he *al.*   10 it] he PY   13 wel] wyl T   &] *om.* RY   a²]
om. TP   15 be] the *add.* P

euyl techis whan he gynnyth waxsyn to proud & wynsyn aȝenys
his maystir þat is hys soule. And ȝif he be ouyr proud & ouyr rebel
to hys maystir he must han a scharp brydyl of scharp abstinence
and of hard trauayl; & ȝif he be meke and tretable ȝif hym a smoþe
brydil of esy abstinence & of comoun trauayl. The reynys of 20
þis brydil schul ben two partyys of temperance, þat is to seye,
neyþer to mychil ne to lytil, knyt togedere in a knot of good
discrecioun, and held þe renys euene be þe knot of resoun &
of discrecion and þan þin hors schal gon ryȝth forth in þe weye
of lyf & beryn þe to heuene blysse. Ȝif þu ȝeue þin flesch to mychil 25
mete and drync & to mychil ese it wil ben þin maystir & slen
þe. And ȝif þu ȝeue it to lytil it schal ben to feble & faylyn þe
at nede & lettyn þe of þin iorne. The sadil of þin hors schal ben
pacience and meknesse, þat þu be pacient in aduersite & in
seknesse, þat þu folwe nout þe grochyngis & þe steryngis of þin 30
flesch. The styropys of þis sadil schul ben lownesse and sadnesse,
lownesse aȝenys pryde, sadnesse aȝenys þe world & þe flech,
þat þu be nout to sory for no wo ne to glad for no wele ne for
non welfare. Sit sadly in þin sadil and kep wel þin styropys,
& for no pryde, for no wretthe, for no seknesse, for no aduersite 35
lat nout þin hors castyn þe down out of þe sadyl of pacience but
þan sit faste be þe vertue of gostly strengþe and kepe þin soule
in þe sadil of pacience as Crist byddyth in þe gospel, whan he seith:
In paciencia vestra possidebitis animas vestras [Lc. 21: 19],
Ȝe schul kepyn ȝour soulys in ȝour pacience. And as þe sadil 40
makyth an hors semely & plesant to þe syȝth, so pacience makith
man & woman plesaunt to þe syȝth of God and of men & doth
hem han loue in euery companye wher þey ben, and wretthe &
inpacience and hastynesse / makyth man & woman vnplesaunt f. 262ᵛ
and withoutyn loue. Of þis sadyl God spac to Cayn whan he was 45
wroth with Abel hys broþir: 'Why', seyde he, 'art þu wroth and

16 gynnyth] be- PY   waxsyn to] trs. PY   wynsyn] -syng & kikyng PY   17 hys]
þe RTPY; om. D   ouyr²] to al.   19–20 & ȝif . . . trauayl] om. T   20 of²]
om. Y   21 þis] þine TP; þe Y   schul] shulde P   ben] þe add. Y
23–4 and held . . . discrecion] om. PY   24 of] om. RDT   25 heuene]
-enly PY   26 to mychil] om. al.   29 in²] om. RT   30 grochyngis]
-chyng Y   & þe steryngis] of þe strengesse Y   31 þis] þi al.   schul]
shulde PY   lownesse . . . sadnesse] om. T   33 wele] welth Y   34 non]
no PY   35 for²] ne for PY   no³] noone Y   no⁴] non RD; second n can.
G   42 man] om. D; a man PY   & woman] om. al.   doth] maketh PY
44 man] men R; a man PY   & woman] om. al.   46 Abel] after broþir al.
he] God al.

why is þin face & þin cher so fallyn?' [Gen. 4: 6] For he was
fallyn out of þe sadyl of pacience. ȝif þu do wel þu shal receyuyn
of me good mede, and ȝif þu do euele onon þin synne comyth
50 at þe ȝate to ben punchyd. But þe desyr of synne shal ben vndir
þe and in þin power, as þe hors vndir þe knyȝt, & þu schal ben
lord þerof ȝif þu wilt, Genesis iv [6–7]. But Cayn be mysgouer-
nance of his hors fel out of hys sadyl of pacience into manslaute
of his broþir, for he wolde nout kepyn hym in þe sadyl of pacience
55 ne refreynyn þe wyckyd desyr of his flesch; and þerfor God cursyd
hym first of alle men. Therfor, leue frend, kepith ȝou wel in þe
sadyl of pacience and letyth non angyr, no los of catel, no deth
of frendys, non aduersite, no tribulacioun ne seknesse vnsadlyn
ȝou out of pacience but sittyth faste as Iob dede & seyth as he
60 seyde whan he hadde lost al hys good and alle his childryn wern
slayn & hymself smet with harde seknesse, foul & horryble. þan
he seyde þus: ȝif we han takyn goode þingis of Goddis hond why
schulde we nout suffryn wyckyd þingis and peyneful þingis of his
sonde? God ȝaf and God hat takyn awey; as God wolde so it is
65 don, blyssyd be our lordys name, Iob i [21] et ii [10]. þus, leue
frend, syttith sadlyche in þe sadyl of pacience & rewly[þ] ȝour
hors be þe brydyl of abstinence and be þe renys of temperance,
& ȝif ȝour hors be to dul in Goddis weye, pryckith hym with two
sporys þat ben þe dred of helle pyne & loue of God and of heuene
70 blysse. And so with dred & loue compellyt ȝour hors to hyyn
hym forth in Goddis weye. Letyth nout ȝour hors þat is ȝour flesch
ben to charnel be ese and welfare ne to feble for mysfare & ouyr
trauayl.

Cap. vi

Tellith þe Mayster of Kende, lib. iv, De qualitate elementari,
þat þer is a maner of bryd whyche som men clepyn a bernac.
þys bryd waxsith out of a tre ouyr þe watyr, but as longe as it /

51 in] vnder R   57 non] no PY   angyr] angry Y   no¹] ne TY   no²] ne
TPY   58 no] ne Y   ne] no RDTP   59 out] om. PY   sittyth] ȝe add. PY
seyth] ȝe add. PY   61 seknesse] and add. PY   foul...horryble] trs. PY
63 we nout] trs. PY   þingis²] om. al.   64 God²] om. T   wolde] wyl al.
65–6 leue frend] om. al.   66 syttith] ȝe add. PY   rewlyþ] reule ȝe
RDTPY; rewlyd G   67 renys] reyne Y   68 to] soo P   dul] tul R
69 þe] om. TPY   70 compellyt] ȝe add. PY   72 ese] easy Y

1 Tellith] after elementari PY   2 maner of] om. al.   whyche ... clepyn]
þat is callyd RDT; that is clepyd P; clepyd Y   3 longe as] om. R

hangyt on þe tre it is ded, but onon as it losyth from þe tre and f. 262ᵛ
fallith doun into þe watyr onon it qwyckyth & swymmyth forth. 5
þis bryd, he seith, hat lytil flesch and lesse blood. Be þys tre
is vndirstonde mankende þat cam al of Adam & Eue, as þe tre
his branchys & bowys comyn al of þe rote beneþin. Be þis bryd
Y vndirstonde euery cristene man & woman whyche whan
þey ben first born of her modyr þey arn dede be original synne 10
of Adam and nout able to þe lyf of grace ne of blysse. For, as
Sent Powil seith, we ben alle born childryn of wretthe & of deth
[Eph. 2: 3], but onon as we fallyn in þe font ston & in þe watyr
of bapteme & ben baptysyd, onon we receyuyn þe lyf of grace
and ben able to þe lyf of heuene blysse, ȝ[i]f we kepyn us besylyche 15
from þe blood of synne and from charnelte of þe body and from
wyckyd desyrys of þe flesch. For Sent Petyr seith: Abstinete
vos a carnalibus desideriis que militant aduersus animam, I
Petri ii [11], Abstynyth ȝou from flechly desyrys þat fyȝtyn
aȝenys þe soule. But forasmychil as Iob seith þat al a mannys lyf 20
and womannys upon erde is a knyȝthod and a fyȝtynge aȝenys
gostly enmyys: milicia est uita hominis super terram, Iob vii
[1], þerfor it is nedful to euery cristene man & woman nout only
to gouernyn wel þe hors of his body, as Y haue seyd, but ouyrmor,
as Sent Powil seyth, he must armyn hym with gostly armure 25
aȝenys þe dyntys & þe dartis of þe fendys fondyng [Eph. 6: 11].
For, as Sent Powil seith, ad Ephesios vi [12–17], al our fyȝtynge is
aȝenys þe wyckyd sprytis of þerknesse whyche ben pryncis &
powerys & gouernouris of synful men and women. Therfor, seith
he, cloþit ȝe ȝou in þe armure of God þat ȝe mon withstondyn þe 30
buschementis and þe sleyȝthis of þe fend and stondyn perfyt in
alle þingis. Stondith, seith he, in trewþe & gyrdith ȝour lendys with
þe gyrdil of chaste and doth on þe haubirchoun of ryȝtfulnesse

4–5 as it losyth . . . onon] om. D   4 and] it Y   5 into] in R   watyr]
& add. Y   7 is] I al.   8 & bowys] om. al.   9 cristene] om. PY
10 of her modyr] om. Y   13 ston] om. D   &] ins. G   15 ȝif] ȝef
G   16–17 from wyckyd] om. PY   17 seith] byddytȝ þus R; biddith us
DTP; seith & biddith us Y   19 Abstynyth] ye add. PY   20 a] om. al.
21 and womannys] om. al.   aͥ a²] om. al.   23 & woman] om. al.   nout only]
om. PY   24 ouyrmor] more ouir PY   26 &] of Y   fondyng] -dyngis
T; temptacion PY   28 þerknesse] derknessis P; derk- Y   29 powerys]
powere P   and women] om. al.   29–30 seith he] trs. PY   30 cloþit]
armytȝ al.   ȝeͥ om. T   31 andͥ] of Y   fend] deuyl al.   32 Stondith]
ye add. PY   gyrdith] ye add. PY   33 doth] ye add. PY   ryȝtfulnesse]
-wisnesse Y

& schoȝyth ȝour feet in dyȝtynge of þe gospel of pees. And
35 in alle þingis takith to ȝou þe scheld of feith with whyche
ȝe mon qwenchyn alle þe brennynge dartis of þe wyckyd fend,
f. 263ʳ and takyth to ȝou þe basenet of / helþe and þe swerd of þe holy
gost þat is Goddis word, whych, as he seith in anoþir place, is
scharper þan ony two-egyd swerd, ad Hebreos iv [12]. And be
40 al maner preyeris and besekynge preyyt euery tyme and alwey in
spryt & wakyth alwey in hym in al maner besynesse. And þus
Sent Powil be þe lyknesse of bodyly armure techit us gostly
armure and techith us wel to armyn our lendys be þe uertue
of chaste whan he byddith us gyrdyn wel our lendys. And þan
45 he byddith us don on þe haubyrchon of ryȝtfulnesse in defens
boþin of body & of soule þat we don ryȝt to alle & ȝeldyn to God
and to euery creature þat longith to hym, boþin to our souereynys
& to our felawys and to our sogettis & to hem þat ben aforn us
pasyd out of þis world, be elmesse ȝeuynge and ȝeldyng of dettys
50 for hem þat ben dede and to hem þat ben behyndyn us ȝet to
comyn, be sauynge of her ryȝt & of her dew heritage, and þus
armyn us behyndyn and aforn and in euery syde with þe hau-
birchoun of ryȝtfulnesse. And ryȝt as in þe haubyrchoun euery
[r]ing acordith with oþir and is knyt with oþir, so schul al our
55 ryȝtfulnesse acordyn togedere and so be knyt togedere þat we don
so ryȝt to alle þat we don no man ne woman wrong, for ȝif we
don so mychil ryȝt & fauour to on þat it be hyndryng to anoþeris
ryȝt þan þe ryngis in our haubyrchoun of ryȝtfulnesse acordyn
nout ne ben wel knyt togedere but þer is an hole wherby þe fend
60 may hurtyn our soule. Also he byddyth us armyn our feet and our
leggis with leg harneys þat is gostly pouert þat we withdrawyn
our hertys & our affeccionys from erdely þingis & nout settyn
our loue to mychil in erdely þingis ne in wardly goodys—nout
to stryuyn, nout to pletyn for no wardly good, but þe mor nede
65 compelle us þerto, but sekyn to lyuyn in pes with alle men ȝif
it mon ben—and þus armyn with gostly pouert our leggis &

34 schoȝyth] ye add. PY   35/37 takith] ye add. PY   37 to] om. P
40 preyyt] ye add. PY   41 wakyth] ye add. PY   42 bodyly] body Y
43 us] om. Y   46 of²] om. PY   48 aforn] bi- P; to- Y   50 ȝet]
om. P   51 comyn] -myng Y   52 armyn] we add. PY   aforn] bi- PY
54 ring] þing G   schul] schuld al.   55 acordyn] to oþer & add. Y
56 so] after alle PY   60 Also] & Y   61 leg harneys] lightnesse Y
62–3 & nout settyn . . . goodys] om. Y   64 good] -des P   66 armyn]
us add. al.

our feet, þat is to seye our loue and our affeccionys, aȝenys þe
temptacionys of fals couetyse. And þerfor he byddit us schoyȝyn
our feet into þe dyȝtynge of þe gospel of pes, for euery cristene 69
man and / woman owyth to han gostly pouert whych Crist tauȝte f. 263ᵛ
in þe gospel and to forþin þe gospel of Crist þat is þe gospel of
pes boþin in wil and in dede up his power & to techyn þe gospel
ȝif he conne &, ȝif he conne nout, helpyn hem þat connyn and
trauaylyn in techynge of þe gospel and of Goddis lawe & helpyn
hem with his good & ordeynyn so for hem þat þey ben in no nede; 75
and ȝif he mon nout helpyn hem leet hym ben in good wil to
helpyn hem. Also he byddith us takyn to us þe scheld of feith,
for as þe scheld is a triangle and hath þre cornerys, in whyche
triangle ȝif from þe myddis ben drawyn þre lyneys into þe þre
cornerys þer schul ben þre trianglys, whyche þre arn but on 80
triangle, & þou non of hem is oþir. And þerfor þe feith of þe holy
trinite is lykenyd to a scheld, for þer ben þre personys in þe holy
trinite—þe fadir & þe sone and þe holy gost, & iche of hem is God
and non of hem is oþir & þouȝ ben þey alle þre but on God in
maieste. This scheld of feith of þe holy trinite us must takyn to 85
us in gostly fyȝt and leuyn in þe holy trinite & settyn al our feith
and al our trost in on God in trinite and preyyn to þe fadyr al-
myȝty þat he sende us myȝt, to þe sone al witty þat he grante us
wit and wisdam, to þe holy gost al gracious & ful of mercy þat
he grante us grace, so þat we mon han myȝt, wit and grace to 90
withstondyn alle gostly enmyys. Also he byddyth us takyn to us
þe basenet of helþe, þat is to seye hope of helþe & of sauacion,
as seyth þe glose, hope to han þe maystry of our enmyys be þe
helpe of God, and heuene blysse to our mede for our fyȝtynge
& for our trauayl. For þer wil no man puttyn hym to lauful 95
fyȝt but in hope to han þe maystry and mede for hys trauayle.
And as þe basenet wel arayyd is clene furbuschyd from rust &
maad slyk and smoþe þat schot and strokys mon sone glydyn of,
& it is heyest of al armure, goynge & gadryng upward into a smal

67 affeccionys] -cion Y   71 and to . . . gospel³] om. D   72 boþin] om.
P   in²] om. PY   up] to P   þe gospel] it P   73 conne¹] come D
helpyn] and forþer add. al.   73-4 and trauaylyn] om. P   74 of²] om. T
75-7 & ordeynyn . . . helpyn hem] to her medeful sustynaunce ȝyf he may
and þey haue nede al.   78 in] om. R   79 þe²] om. T   80 schul]
shulde PY   81 þou] ȝit PY   þe¹] he saith PY   holy] om. Y   82 þe
holy] om. T   83 &¹] om. P   84 þouȝ] ȝet Y   ben þey] trs. PY
86 us] e add. ins. G   leuyn] bi- PY   90 myȝt wit] trs. T   91 us¹] to add.
PY   92 þat . . . helþe] om. P   95 for] om. R   98 and strokys] om. PY

100 poynt, so must our hope and our trost pryncipaly gon up to God
& nout settyn our hope ne our trost to mychil in mannys myȝt
ne in erdely helpe, which is but rust wastynge þe basenet of hope

f. 264ʳ þat we owyn to God. Ther/for seith þe prophete Ieremye:
Acursyd be þe man þat trostyth in man and in flechly myȝt &
105 letyth his herte gon awey from God, and blyssyd be þat man whiche
settyth hys hope and hys trost in our lord God, Ieremie xvii
[5; 7]. Also Sent Powil byddith þat we schuldyn takyn to us rere-
bras and vaumbras & glouys of plate, þat is to seye goode occu-
pacionys & besynesse in goode warkys, and þerfor he byddith us
110 wakyn in al maner besynesse of goode warkis [Tit. 3: 8]. For,
as Salomon seith, Ecclesiastici xxxiii [29], ydilchepe & slauȝþe
is cause of mychil wyckydnesse, for an ydil man and lustles is
lyk a man handeles & wepynles amongis his enmyys & lyk a man
in bataylye [with] nakyd armys & hondys whyche for nakydhed
115 and for defaute of armure lesyth boþin arm and hond. And also
us must don on abouyn þe iacke or þe aketone of charite, for as
þe iacke is softe & nesche and be his softhed & neschhed softyth
& feyntyth alle strokys þat comyn þer aȝenys, so charite softyth
and feyntyth alle þe dyntis of þe fendis fondynge. Therfor Sent
120 Powil seith þat charite suffryth alle þinge pacientlyche and makyth
euery trauayl softe & berith alle þinge eselyche: Omnia suffert,
omnia sustinet, I ad Corinth. [13: 7]. And þerfor seith þe glose
þer þat c[h]arite and pacience & benygnyte with compassioun
of oþeris myschef ben þe principal armure þat longith to cristene
125 peple. þis iacke of c[h]arite is betokenyd be þe cloþ of Crist
withoutyn seem, al wofyn abouyn into on, whiche in tyme of his
passioun þe knyȝtis woldyn nout cuttyn but keptyn it hool and
castyn lot who schulde han it hool, in tokne þat euery goode
knyȝt of God schulde ben besy to armyn hym with þe cloþ
130 & þe iacke and þe armure of charite & trauaylyyn to sauyn pes
and vnite & [make] non deuicion. For þe ende of euery batalye

---

104 Acursyd] Cursyd PY   107 to] with P   109–10 in goode . . . besy-
nesse] om. D   109 he byddith] trs. Y   111 Salomon] þe wyse man al.
112 lustles] man add. Y   114 with] om. G   nakydhed] -nesse PY
115 for] þe add. T   And] om. PY   116 us] we PY   on] om. PY
or þe] an T   117 þe] acton or add. Y   softhed] -nesse PY   neschhed]
-nesse PY   118 comyn] -meth P   þer aȝenys] ayenst hem Y   119 and
feyntyth] om. T   fondynge] temptacion P; temptacions Y   121 alle]
a D   122 13: 7] xiv al.   123/125 charite] carite G   124–5 cristene
. . . of²] om. D   127 hool] holy Y   130 þe¹] om. RDT   131 make]
om. G   non] no al.

schulde ben pes, & to þat ende and for non oþir men of armys
schuldyn trauaylyyn and fyȝtyn, as seith Sent Austyn. þus, leue
frend, Y preye ȝou þat ȝe armyn ȝou in gostly armure as Goddis
goode knyth, for alþey ȝe be nout able to bodely batalye ȝe ben 135
þou able to gostly fyȝt, and in þat ȝe ben cristene ȝe ben Cristis
knyȝt, ordeynyd to fyȝtyn in gostly batalye ȝif ȝe wil ben sauyd.
And þerfor armyth ȝou / wel, as Y haue now seyd, and girdyth f. 264ᵛ
ȝou with þe swerd of Goddis word be whyche ȝe schul defendyn
ȝou from alle gostly enmyys. For as þe swerd persith and cuttyth 140
& makyth separacion, so Goddis word & prechyng and techynge
& redynge of Goddis word and of Goddis lawe partyth mannys
herte & womannys and makith separacion atwoxsyn synful soulys
and her synne & departyth asundre wyckyd companye and makith
separacion of mannys herte from erdely coueytyse. þerfor Crist 145
seyde þat he cam nout to makyn synful pes but for to sendyn
swerd of separacioun in erde for to destryyn þe wyckyd pes þat
men han in her synne [Mt. 10: 34]. Therfor, leue frend, as Goddis
goode knyȝt, girdith ȝou with þis swerd of Goddis word, þat is
to seye, festyth it wel in ȝour herte be herynge and be redynge, 150
be techynge and be dede doynge, & þan takith to ȝou þe spere of
Cristis passion & þinkith how he was smet to þe herte for ȝour
sake with þat scharpe spere and hys syde openyd & his herte
clofyn in two for to schewyn ȝou how mychil he louede ȝou. And
þan he schadde out of hys herte blood & watyr in tokene þat ȝif 155
he hadde had mor blood mor he wolde a schat for ȝour loue.
¶ Ouyrmor ȝe schul vndirstondyn þat in bodely fyȝt a man must
chesyn hym a good ground and a pleyn place to fyȝtyn yn, for
it is non good fyȝtynge in myrys ne amongis corn ne in sledyr
ground ne in pytty ne in stubby ground, and þerfor Sent Powil 160
byddith us stondyn in trewþe and in equite þat in al our doynge

135 knyth] knyghts Y   alþey] þouȝ al.   nout] no T   136 þou] ȝit PY
and] om. PY   þat] þat add. P   137 in] this add. PY   138 armyth] ye
add. PY   girdyth] ye add. PY   140 and] om. al.   141 word]
-dis T   141–2 & prechyng . . . word] om. Y   141 and] om. P
143 atwoxsyn] be- RD; betwyn TPY   144 &] han DT   asundre] at-
wynne PY   146 seyde] seith PY   for] om. al.   147 for] om. al.   þe]
om. al.   149 girdith] ye add. PY   150 festyth] ye add. PY   and
be] & P; om. Y   151 takith] ye add. PY   152 þe] om. D   154 in
two] atwo PY   for] om. al.   155 þan] þat R   of] om. DTPY   156 schat]
schadde al.   157 Ouyrmor] More ouir PY   in] the add. D   159 non]
no al.   corn] cornes Y   ne²] om. PY   160 ground ne in] and R; weye
& in D; & in T; wey & PY   pytty] grounde add. al.   stubby] stobil RDTP;
stubbly Y   Powil] seith & add. Y   161 in²] om. PY

we lokyn þat our ground & our cause be trewe & ry3tful, cler
and clene & makyn non stryf in vncerteyn [Eph. 6: 14]. Also a
wyse knyth in his fy3t wil takyn with hym þe hyl & þe sonne and
165 þe wynd 3if he mowe, and so must us in gostly fy3t takyn with us
þe hyl of holy lyuynge þat we mon seyn with þe apostele: Nostra
conuersacio in celis est [Phil. 3: 20], Our lyuynge is in heuenys
& in heuenely þingis. And þerfor Sent Powil byddyth us stondyn
perfyth in alle þingis [2 Tim. 3: 17]. Also we must takyn with us
170 in our fy3t þe sonne & þe ly3t of Goddis grace and þe wynd of
holy preyere; and þerfor Sent Powil byddit us preyyn in euery
tyme & alwey, be al maner preyere and besechynge in þe holy
gost, þat is to seye, with þe grace of þe holy gost [1 Thess. 5: 17].
f. 265ʳ In þis maner, leue / frend, armyth 3ou in gostly armure & disposith
175 3ou to gostly batayle a3enys al gostly enmyys and gouernyth wel
3our hors of 3our body, as Y haue seyd. Letyth it nout ben to
feble be ouyrdon abstinence and ouyrdon trauayle ne to wilde
be ese and ouyrdon reste, be glotonye, be lecherye, & be wickyd
desyris of þe flesch and be wickyd willys, for in caas swyche
180 wyckyd desyris and euyl willys ben dedly synnys in Goddys
sy3the & a3enys þis laste precept. Therfor Dauy[d] seith þat God
knowyth and prouyth mannys herte & hys lendis [Ps. 7: 10],
þat is to seye, God knowith mannys wil and hys lust, for he knowith
mor verylyche þe þou3tis of mennys hertys & womennys þan ony
185 man may knowyn oþeris werkys. He seth and knowith alle þinge,
and þerfor swyche as man or woman is in herte & in soule and in
wil, swych he is aforn God þat knowith boþin body & soule.

Cap. vii

Now, leue frend, Y haue in party declaryd to 3ou þe ten comande-
mentis be whyche 3e must gouernyn 3our lyf 3if 3e wil ben sauyd,
for Crist seith to iche man and woman: Si vis vitam ingredi,

---

162 þat] to PY   cler] blurred R   163–4 a wyse] blurred R   167 lyuynge]
& conuersacyon add. al.   168 þingis] þing T   169 Also] And T
174 armyth] ye add. PY   disposith] ye add. PY   175 gouernyth] ye add.
PY   177 ouyrdon²] om. P   178 ese and] om. PY   &] om. P   179 be
wickyd] euyl PY   180 desyris . . . willys] wylles & desires PY   synnys]
synne PY   181 Dauyd] Dauyth G   þat] om. R   182 knowyth . . .
prouyth] trs. PY   185 may] om. Y   knowyn] -withe PY   186 as] a
T   or] & RY   187 aforn] bi- PY   boþin] om. D

1 to] om. DPY   3ou] thou P   3 vis] ad add. PY

serua mandata, 3if þu wil entryn into þe lyf withoutyn ende,
kepe þe comandementis of God, Mathei xix [17]. And þerfor, 5
leue frend, doth as Salomon seith: Deum time et mandata eius
obserua; hoc est enim omnis homo [Eccl. 12: 13], Dredyth God
and kepith his comandementis; þis is euery man & woman.
Forasmychil as man or woman plesith God be kepynge of his
hestis, so mychil he is in Goddis sy3the. And as mychil as man or 10
woman is in Goddis sy3the, so mychil he is and no more, as seith
Sent Austyn, for, as he seith, þer is no man ou3t but þe kepere of
Goddis comandementis. For, as he seith, hoso is nout kepere of
Goddis comandementis he is nout, for he is nout reformyd
a3en to þe lyknesse of trewþe þat he was mad aftir but he dwellith 15
stille in þe lyknesse of vanyte þat he was nout maad to, De
civitate, libro xx, c. iv. Therfor Dauyd seyth: Maledicti qui
declinant a mandatis tuis [Ps. 118: 21], Acursyd be þey þat bowyn
aweye from þin comandementis and wil nout kepyn is. We
redyn in holy writ, Deutero. xxvii [11–26], þat God bad þe / 20
childryn of Israel þat whan þey comyn newly into þe lond of f. 265ᵛ
behest sexe kynredys of Iacob, þat is to seye Symeon, Leuy,
Iudas, Ysaac, Ioseph, and Beniamyn, schuldyn stondyn on þe
hyl of Garysym þer to þankyn God and to blyssyn alle þe keperys
of Goddis lawys, and a3enys hem schuldyn stondyn oþir sexe 25
kynredys of Iacob, þat is to seye Ruben, Gad, Aser, Zabulon, Dan,
and Neptalym, on þe hyl þat hy3te Ebal and cursyn with hey voys
alle þat brokyn Goddis hestis & seyn in þis wise: Acursyd be
þat man & woman þat makith ony grauyn ymage or 3otyn ymage
þat is abhominacioun to God, warc of þe hondys of men of craft, 30
to worchepyn it outward with his body and settyth it in pryue
place, þat is to seye in his herte, to settyn hys feyth and his trost
þerynne so to worchepyn it with hys herte inward. And at Goddis
byddynge al þe peple schulde answeryn & seyn 'Amen, so mote

4 into . . . ende] euerlastyng lyf al.   5 þe . . . God] Goddys commaunde-
mentys al.   Mathei xix] after mandata PY   6 leue frend] om. al.   doth] ye
add. PY   7 enim] om. al.   homo] Ecclesiastes ultimo add. PY, add. marg. T
Dredyth] ye add. PY   9 man or woman] men & wommen Y   be] in R
10 he is] trs. PY   man] a man Y   13 comandementis] -ment Y   hoso]
whos R   nout] þe add. Y   15 a3en] a3ens DT   was] is Y   he²] om. PY
16–17 De civitate libro xx c. iv] after Austyn, l. 12 PY   17 seyth] seyde
al.   18 Acursyd] Cursyd PY   19 from] repeat G   is] hem al.
25 lawys] lawe P   28 alle] repeat T   brokyn] breke P; breken Y
Acursyd] Cursyd PY   29 ymage¹] -ges Y   or 3otyn ymage] om. PY
30 craft] t ins. G   31 it¹] om. Y   34 & seyn] marg. G

35 it be.' ¶ 'Acursyd be he þat nout worchepyth fadyr and moodyr.'
'Amen', seyde þe peple. ¶ 'Acursyd be he þat flyttyth þe boundys
& þe dolys of hys ney3ebore and put hym out of his ry3t.' 'Amen',
seyde al þe peple. ¶ 'Cursyd be he þat makyth þe blynde to wyllyn
in his weye.' 'Amen', seyde alle þe peple. ¶ 'Cursyd be he þat
40 peruertyth þe ry3tful dom of þe comelyng and of þe stranger,
of þe fadyrles child & modyrles child and of þe widue.' 'Amen',
seyde al þe peple. ¶ 'Cursyd be he þat ly3th be hys fadrys wyf
or by ony of hys nyh kynrede or of nyh affynite.' 'Amen', seyde
al þe peple. ¶ 'Cursyd be he þat medelyth flechly with ony
45 vnresonable beste.' 'Amen', seyde al þe peple. ¶ 'Cursyd be he
þat ly3t be hys ney3eborys wyf.' 'Amen', seyde al þe peple.
¶ 'Cursyd be he þat priuely sleth & mord[r]yth hys ney3ebore.'
'Amen', seyde al þe peple. ¶ 'Cursyd be he þat takyth 3iftis to
slen hym þat is nout gylty.' 'Amen', seyde al þe peple. ¶ 'Cursyd
50 be he þat dwellyth nout in þe wordys of Goddis lawe ne doth
hem nouth in dede.' 'Amen', seyde al þe peple. This is þe heye
curs & þe solempne sentence whiche God 3euyth to al þo þat
f. 266ʳ   wil nout kepyn his hestis and hys lawe. And what / curs and myschef
schulde fallyn to hem þat wytyngly or wylynge brekyn hys hestis
55 he schewith in þe same booc, þe nexste chapitele, þer he seyth þus:

Cap. viii

3if þu wil nout heryn þe voys of þin lord God to kepyn and to
don hys comandementis & hese lawys, alle þese cursys and mys-
cheuys schul fallyn to þe and takyn þe. þu schal ben cursyd in
cyte, in town, in feld. þin berne & þin gernere and þin celer
5 schul ben cursyd, and þat leuyth þe ouyr 3er schal ben cursyd.
The frut of þin body schal ben cursyd, and þ[e] frut of þin lond
schal ben cursyd. þin bestis, þin schep schul ben cursyd. Thu

35/36 Acursyd] Cursyd PY   36 seyde] al *add.* D   37 dolys] or termes
add. P; & termes *add.* Y   38 wyllyn] or to erre *add.* PY   41 of¹]
& of *al.*   &] of the *add.* P   þe²] *om.* T   43-4/45 seyde al þe peple]
abbreviated: s. al þ. p. RT   44 flechly] *om.* D   45-6 Cursyd . . . peple]
om. Y   46/48 seyde . . . peple] *abbreviated*: s. al þ. p. R   47 priuely . . .
mordryth] murdreth or sleith priuely Y   mordryth] -dyth G   50 þe
wordys . . . lawe] Goddes lawe ne in his wordes Y   52 curs & þe] cursed
& Y   54 or] and R   55 þer] where PY

2 don] al *add.* PY   4 cyte . . . town] *trs.* R   &] *om.* TPY   5 þat] þat
add. PY   ouyr] the *add.* TPY   6-7 and þe frut . . . cursyd] *follows the*
next sentence T   6 þe] þin G

schal ben cursyd whan þu comyst yn & whan þu wendist out.
God schal sendyn upon þe hungyr and myschef & myshap and
blame to alle þin warkys þat þu dost. He schal smyte þe with 10
pestilence til he schal wastyn þe & destryyn þe. He schal smytyn
þe with harde feuerys boþin cold & hoot and with venemous eyr.
God schal makyn heuene & þe eyr abouen þe brasene and þe
erde beneþyn þe hyrene, þat is to seye, baranye for defaute of
reyn, for þin reyn schal ben poudyr and aschyn & myldew for to 15
dystryyn þe. God schal takyn þe into þin enmyys hondis and
þu schal fallyn aforn þin enmyys. þu schal gon aȝenys hem be
on weye and flen aweye be seuene weyys, and bryddys & bestis
schul etyn þin body in þe feld. God schal smytyn þe with seknesse
þat may nout be helyd. God schal smytyn þe with wodnesse and 20
blyndhed of wit & so besottyn þe þat þu schal nout wityn what
is for to don ne connyn non red ne conseyl. þu schal housyn and
oþere schul dwellyn þerynne. þu schal tylyyn & oþir schul
ynnyn þat þu tylyyst. þin oxe, þin asse, þin hors, þin schep &
þin bestys schul ben takyn from þe and þin wif & þin childryn 25
led awey prisonerys. God schal smytyn þe with seknesse incurable
from þe sole of þe foot into þe top of þe hed, þat is to seye,
God schal punchyn þe peple þat wil nout connyn ne kepyn
hese lawys, from þe lowest stat to þe heyest. And but þu wil 29
kepyn his lawys & amendyn þe he schal ledyn þe & þin / kyng   f. 266ᵛ
þat þu schal makyn upon þe prisonerys into far contre þat þu
neuer knewe ne þin fadris aforn þe. Alle þese cursys and many
mo þerto whyche ben wrytyn in þe same place schul takyn þe
and pursuyn þe til þu be dystryyd, for þu hardist nout þe voys
of þin lord God ne keptyst nout his hestis and his lawys þat he 35
bad þe kepyn. And at þe day of dom he schal ȝeuyn to alle þat
dispysyn Goddis lawe his endeles curs, bitterest of alle, whan he
schal seyn to hem: Discedite a me, maledicti, in ignem eternum,
etc. [Mt. 25: 41], Goth henys from me, ȝe cursyd wrechys, into
þe feer of helle þer to dwellyn with þe fend and hys angelis 40
withoutyn ende. DIUES. þat laste curs is mest for to dredyn,

12 cold . . . hoot] *trs.* T   15 and] of Y   for²] *om. al.*   17 aforn] bi-
PY   hem] hym T   20 wodnesse] seknesse D   21 blyndhed] -nesse
PY   22 non] no RDPY; ne T   24 &] *ins.* G   26 seknesse]
-nessys RD   27 into] vn- PY   31 þe] erde *add.* D   32 aforn] bi-
PY   þe] *om.* Y   35 and] ne Y   36 alle] þo *add. al.*   37 Goddis]
his *al.*   lawe] -wis DPY   39 etc.] Mt. 25 *marg.* T; Mt. xxv PY   Goth]
ye *add.* PY   41 þat] þe Y

for oþir cursys of temporyl myschef fallyn as sone to þe goode
as to þe wycke[d]. PAUPER. Temporyl myschef somtyme fallith
to persone in special, somtyme to þe comounte in general. In
45 special, it fallith somtyme for synne, somtyme withoutyn synne,
to moryng of a mannys mede; but þan þat myschef is no curs
but a loue tek of God. But comoun myschef fallyth nout to þe
comounte but for synne of þe comonte, and of swyche comoun
myscheuys þat schulde fallyn to þe peple ӡif þei dispysedyn
50 Goddis hestis spekyth God in þat place. And swyche comon
myscheuys þat fallyn to þe comonte for comoun synne ben
clepyd cursys. DIUES. Why wern þo sexe kynredys of Iacob
so assignyd of God to cursyn þe brekerys of Goddis lawe and
þe oþir sexe assygnyd to blyssyn þe keperys of Goddis lawe?
55 PAUPER. Hem þat wern mest vngentyl of berþe God assignede
to cursyn, for alle þo sexe sonys of Iacob wern born of hys con-
cubynys & of his secunde wyfys saue Ruben, whyche les hys
worchepe for þat he lay be his fadrys concubyne þat hyӡte Bale
[Gen. 35: 22]. The oþir sexe kynredys wern mor gentyl of
60 berthe, for þey wern born in lauful wedlac of hese lauful wyfis
and pryncipal wyfys, Lye and Rachel, foure of Lye & two of
Rachel. And þerfor God ordeynyd hem to blyssyn in tokene þat
no man schulde ben chosyn to presthod to blyssyn þe peple
but þey ben born of lauful wedlac. Also in tokene þat it is mor
65 kendely to worchypful personys to blyssyn þan to cursyn, and
f. 267ʳ þerfor buschopys & prestys schulde nout / cursyn but for a wol
greuous opyn synne and for gret nede. þerfor Crist seith to
men of perfeccion: Benedicite et nolyte maledicere [Rom. 12:
14], Blyssith ӡe and be ӡe nout in wil ne redy to cursyn but
70 nede cache ӡou þerto, for cursyng is a dede of inperfeccion, and
þerfor God ches hem þat wern mest inperfyt & lest worchypful

42/43 myschef]-chefes Y   43 wycked] wycke G   44 þe] om. al.   46 to
moryng] to encreasyng P; in encreseyng Y   47 tek] tyk PY   48 swyche]
manere add. T   49 þat] þei D   51 to] in- Y   52 þo] þe TY   53 so]
om. Y   lawe] lawes Y   54 assygnyd] om. Y   56 þo] þe T   56–7 concu-
bynys ... wyfys] secundary wyfys þat wern but seruantys to his chef wyfys Lya
and Rachel al.   58 þat¹] om. al.   concubyne] secundary wyf al.   59 mor]
borne PY   60–1 in lauful ... pryncipal] of þe princypale and mor gentyl al.
63–4 to blyssyn ... wedlac] but he were gentyl be wantyng of cursyd condycyons
and al.   65 personys] as alle prestys schuld bene add. al.   66 &] oþer
add. al.   wol] ful PY   67 opyn] om. T   Crist] Poule al.   68 perfeccion]
as alle prestis schuld bene add. al.   70 nede ... þerto] for grete nede and
þat it be done in charyte & (& om. P) to Goddis (Goddis om. PY) worschyp al.
cursyng] in þeself add. al.   71 worchypful] of the birth add. P; of byrth add. Y

to pronuncyn þe curs and þe mest perfyt & worchipful of berþe
to pronuncyn his blyssyng to þe keperys of his lawe, whyche
seydyn þus in Godis name to þe peple:

Cap. ix

3if þu here þe voys of þyn lord God to connyn and to kepyn
alle hese hestis þat Y bydde þe kepyn, þin lord God schal makyn
þe hyere þan alle nacionys þat dwellyn upon erde, and alle þese
blyssyngis schul comyn to þe & takyn þe, so þat þu kepe Godis
hestis. Thu schal ben blyssyd in cite, in town & in feld. The 5
frut of þin body, þe frut of þin lond, þe frut of þin bestys schul
ben blyssyd. þin berne, þin garner, þin celer schul ben blyssyd,
and alle þin leuyngis schul ben blyssyd. þu schal ben blyssyd
comyng yn & goyng out. God schal makyn þin enmyys þat rysyn
a3enys þe to fallyn in fy3t aforn þe. þey schul comyn a3enys þe 10
be on weye and þey schul flen aweye be seuene weyys. God schal
3euyn hys blyssynge, prosperite and sped to al þin warkys, so
þat þu kepe Godis hestis and go in his weyys & in his lawys.
Than alle peplys on erde schul sen and knowyn þat þe name of
our lord is clepyd on þe, and þey schul dredyn þe & worchepyn 15
þe. And our lord schal makyn þe plenteuous in alle goodis.
God schal vndon his beste tresour abouyn from heuene and 3euyn
þe reyn in tyme. Thu schal lendyn to oþir nacionys & þu schal
han non nede to borwyn of oþir nacionys. God schal makyn þe
into þe hefd and nout into þe tayl, for he schal puttyn þe alwey 20
abouyn & nout beneþin, so þat þu kepe his hestis & his lawys
[Deut. 28: 1–13]. And at þe day of dom he schal 3euyn to alle
þe keperys of hys lawys hys endeles blyssyng of euerlestynge
ioye and seyn to hem in þis wise: Venite benedicti patris mei,
possidete paratum uobis regnum a constitucione mundi, Mathei 25
xxv [34], Comyth with me, 3e blyssyd childryn / of myn fadyr, f. 267ᵛ
and takyth in possessyon þe kyngdam of heuene arayyd & ordeynyd

72 to pronuncyn . . . berþe] *om.* D   þe¹] his Y   perfyt . . . worchipful] *trs.*
Y   of] in PY

8 and] *om.* Y   leuyngis] -uyng T   þu . . . blyssyd] *om.* Y   10 to
fallyn . . . a3enys þe] *om.* Y   aforn] bi- P   11 schul] tornyne & *add.*
T   12 blyssynge] -syngys Y   14 Than] þat PY   peplys] peple P
15–16 & worchepyn . . . makyn þe] *om.* D   16 lord] God *add.* PY
18 oþir] anoþer T   18–19 & þu . . . nacionys] *om.* Y   19 non] no *al.*
23 of²] & Y   24 in þis wise] *om.* T   26 Comyth] ye *add.* PY   fadyr]
fadris DTPY   27 takyth] ye *add.* PY

to ȝou from þe settynge of þe world. In whyche kyngdam, as
seith Sent Austyn, schal ben lyȝt withoutyn þerknesse, endeles
30 ioye withoutyn heuynesse, endeles lyf withoutyn wo, endeles
merþe and gladnesse with þe blysful companye of angelys &
þe apostolys and alle sentis. Ther, seyth he, is lyȝt of lyȝt and
welle of lyȝt, bryȝt schynynge. þer is þe cite of sentis þat is clepyd
Ierusalem of heuene. þer is þe grete couent of martyrs and of
35 holy prophetis & partriarchys Abrahm, Isaac & Iacob, & of
alle sentis. Ther is non sorwe, non heuynesse aftir ioye. þer schal
ben no nyȝt, non age, non febilnesse. Ther is charite withoutyn
ende and euerlestynge pes, non debate, non discencion. þer
euery man & woman hat þat he louyth and what he desyryth.
40 þer is al loue withoutyn wo & withoutyn sorwe and care. Ther
schul we ben angelys perys and felawys in blysse with þe hye
potestatys, cherubyn & seraphyn, & with alle nyne ordrys of
angelis. þer schal ben manna, our heuenely fode, withoutyn
corrupcioun. þer schal ben angelis lyf. And for to seyn schortlyche,
45 þer schal ben sown no sorwe, non dishese, non euyl; and what
may ben þout of ony goodnesse, þer schal it ben fondyn.

Cap. x

The kyngdam of heuene is clepyd in holy writ [Mt. 5: 14]
a cite set on a wol heye hyl in stabilite & sekyrnesse, withoutyn
drede and withoutyn peryl, for þer may non enmy, non peryl,
no dishese neyhyn þerto, it stant so hye and in so gret welþe,
5 for men han in þis cite whateuer þey desyryn. þer is nout to sekyn
from withoutyn, it nedith non helpe fro withoutyn, but alle must
sekyn helpe from withynne þis cite. Therfor seith Ysaye þe
prophete, lx [18–21], helþe and sauacion ocupyyn þe wallys of
þis cite & kepyn is & defendyn is, and preysyng of God withoutyn
10 cesynge ocupyyth þe ȝatys & so kepith is þat þer may non sorwe

28 settynge] or making add. PY   29 Sent] om. P   þerknesse] þernesse
D; derke- PY   31 blysful] om. R   31–2 & þe] om. al.   33 lyȝt]
om. P   35 &²] om. Y   36 non¹] noo PY   non²] ne PY   37 no]
non R   non²] no PY   38 non¹] no RPY   non²] no RDPY   40 with-
outyn¹] repeat T   42 potestatys] po [sic] T   43 angelis] -gel T   44 for] om.
al.   45 no sorwe] om. Y   non¹] no RDTP   46 may] om. T   it] om. P
1 of heuene] om. T   2 wol] ful al.   3 and] om. Y   non¹] no Y   non²] no P;
ne Y   4 no] none RDT; ne Y   in] om. R   5 -euer] -soeuer Y   6 non]
noo P   7 þis] þe Y   9 &¹] om. P   is¹ is²] hem al.   10 is] hem al.
non] no al.

entryn. In þis cite, seith he, schal þu nout nedyn to han þe sonne
for to schynyn to þe be day ne þe lyȝt of þe mone schal nout schynyn
to þe be nyȝt, but þin lord, Crist Iesus, þat boute þe so dere
schal ben þin lyȝt withoutyn ende / and þin God schal ben þin f. 268ʳ
ioye. þer þin sonne schal neuer gon doun and þin mone schal 15
neuer wanyen, for þin lord God schal ben þin lyȝt withoutyn
ende, & þe dayys of þin sorwe hyr in þis world þer schul ben
endyt, for þer God schal wypyn away þe terys from þe eyne of
his seyntis. þer schal ben no wepynge, no cryyng, non hungyr,
non þrest, no sorwe, for alle þe wo & dishesys þat wern aforn 20
ben alle pasyd from hem þat comyn to þis cite. Alle þe peple of
þis cite schul ben goode and ryȝtful. þer schal no schrewe, no
brygour, no lechour, no wyckyd lyuer entryn into þis cite. þer
euery man and woman schal schynyn as bryȝt as þe sonne, &
whan so many sonnys ben gaderyd togedere in companye with 25
þe hye sonne of ryȝtfulnesse, Crist Iesus, whiche seith in þe gospel:
Ego sum lux mundi [Io. 8: 12], Y am lyȝt of þe world, þer schal
ben a fayr companye, a blysful companye; God brynge us to
þat companye! þan þe sonne schal ben seuene syþis bryȝtere
þan it is now and þe mone as bryȝt as þe sonne is now. þan þe 30
sonne schal stondyn in þe est alwey stille & þe mone in þe west
alwey schynynge withoutyn wanyynge so þat synful soulys
dampnyd to helle vndyr þe erde schul non confort han neyþer
be sonne ne be mone. In þis kyngdam, in þis cite, is no wynd,
no storm, non tempest, non þondyr, non leuene, no reyn, hayl, 35
frost ne snow, non hete, non cold. þer ben non skyys ne cloudys
to lettyn our lyȝt but alwey mery somer and alwey bryȝt day.
In þis cite alle men & women ben fre. þe kyng of þis cite askyth
non ȝiftis ne presens of man ne woman but her hertis & her loue
& þat þey faryn wel. He puttyth no man ne wooman þer to trauayle, 40

11 In] *ins.* G   12 for] *om. al.*   13 lord] God *add.* DPY   14 þin¹] *om.* P
ende] *om.* D   15 þin¹ þin²] þe Y   18 þer God] *trs.* RDTP   þe²] þi Y
19 no¹] non T   no²] ne Y   20 non] no *al.*   no] nor D   dishesys] -ese
Y   aforn] bi- PY   21 Alle] and T   22 schul] schuld TY   23 no¹]
ne Y   no²] non D; ne Y   lyuer] -ueris D   þer] þat T   25 so] *om.*
PY   27 mundi] Ioh. viii *add.* PY   28–9 to þat companye] þerto
al.   29–31 ben seuene . . . schal] *om.* Y   32 so] slo D   33 non]
no RPY   34 be¹ be²] be þe T   35 non¹] no *al.*   non²] no
RPY   non³] no *al.*   leuene] lightning PY   no²] to Y   36 ne¹] non
TP   non¹] no P   non²] no *al.*   non³] no *al.*   ne²] non RD; no TP
37 lettyn] telle Y   and] *om. al.*   39 non] no *al.*   ȝiftis . . . presens]
trs. al.   ne¹] no R   ne²] of *add.* PY   39–40 but her . . . wooman]
marg. G

but he wil þat alle ben in reste, in pes and in hese, & what ony
man or woman þer desyryth to han he ӡeuyth it to hem onon.
He askyth non rente, no trybuht, no seruyce, non homage but
good loue & good herte & þat we louyn hym with ioye & merþe
45 & gladnesse. He ӡeuyth us al þat he askyth of us; ӡeue þiself to þis
blysse & þu schal han þis blysse; oþir prys askith he non, for
þis blysse may nout ben bout but with loue & charite. In þis
kyngdam, in þis cite, schal euery man & woman han so gret
f. 268ᵛ lordchepe þat al þey schul han place anow / withoutyn enuye
50 & alle ben kyngis & qwenys of as mychil as þey desyryn. þer
schal ben non pletynge for no lordchepe, for non lond. þer schal
ben non enuye, but euery man & woman glad of oþeris welfare.
þer schal ben non wo, non dishese, but endeles ioye, endeles
welþe & endeles helþe. In herynge, swet song & melodye; in
55 syӡte, endeles fayrnesse; in tastynge & smellynge, endeles swet-
nesse; in felynge, endeles lykynge withoutyn wo.

Cap. xi

Of þis cite spekith Sent Ion in þe booc of Goddis priueteis,
[Apoc.] xxi [10–11], & seith þus: þe angil ledde me in spirt
be vision into a wol hey hyl & a [wol] gret, & þer he schewyd
me þe holy cyte of Ierusalem ordeynyd of God & hauynge þe
5 bryӡtnesse & bewte of God. þe lyӡt of þis cite was lyc þe precious
ston, iaspe[r], & cristal, whyche ston betokenyth Crist, sonne of
ryӡtwisnesse, whyche seith in þe gospel: Ego sum lux mundi
[Io. 8: 12], Y am lyӡt of þis world. þis cite hadde a wal, wol gret
& wol hy, & it hadde twelue ӡatis & in iche ӡate twelue angelys,
10 redy porterys, to ledyn in alle goode soulys. And in þe ӡatys
wern wrytyn alle þe namys of þe twelue kynredis of Israel, þat
is to seye, of alle þo þat schul ben sauyd & ben able to sen God
in hys face, for þe namys of alle þat schul ben sauyd be registryd

41 reste . . . pes] trs. RT   in²] & DT   43 non¹] no al.   non²] no Y
46 non] of þe add. Y   47–8 In . . . kyngdam] om. al.   51 non¹] no PY
non²] no al.   52 non] no Y   53 non¹] no al.   non²] no RDTP; ne
Y   endeles²] and al.   54 welþe] weth Y   55 tastynge] castyng D
55–6 swetnesse] witnesse DT

1 Sent] Syent P   2 me] om. D   spirt] -rit al.   3 be] in Y   wol¹] ful PY
a²] om. D   wol²] ful PY; whol G   5 &] the add. PY   þis] þe D
6 iasper] iaspis PY; iaspe G   8 þis] the PY   8/9 wol] ful PY
9 in] om. al.   10 porterys] om. Y   11 þe¹] om. TY   of²] om. R
12 þo] om. PY   sen] om. D   13 hys] þe Y   schul] schulde DT

in þe booc of lyf in heuene & redy wrytyn in þe ȝatis of heuene
aȝenys our comynge, in tokene þat we schul ben wolcome & sekyr 15
of our blysse ȝif we don wel our deuyr. þis cite stood in square
& it hadde þre ȝatis into þe est, þre into þe north, þre into þe
south, þre into þe west, in tokene þat out of four partyys of þe
world, þat is to seye out of euery party of þe world, soulys entryn
into heuene blysse, of ȝonge & elde, ryche and pore, be þe feith 20
of þe holy trinite þat is tokenyd be þe þre ȝatis. Ȝong folc ben
vndirstondyn be þe est þer þe day begynnyth, eld folc be þe west
þer þe day endyth, ryche folc be þe south, pore folc be þe north,
for þat contre is mest scharp & baranye. þe wal of þis cite was
set & grondyt on twelue precious stonys. þe firste was iaspis, þe 25
secunde saphirus, þe þredde calce/donius, þe ferde smaragdus, f. 269ʳ
þe fyuete sardonyx, þe sexte sardius, þe seuete crisolitus, þe eyȝte
beryllus, þe nynete topazius, þe tente crisopassus, þe eleuete iacinc-
tus, þe twelfte amatistus. And in þo stonys wern wrytyn þe
namys of þe twelue apostolys & of Goddis lomb; & al þe wal was 30
mad of precious stonys & þe ȝatis mad of saphirys & smaragdys, as
Tobie seith in his booc, xiii [21; & Apoc. 21: 12–20]. And, as
Sent Ion seith, euery ȝate was a margerye ston, þe stretis of þis
cite wern clene gold, as cler as glas [Apoc. 21: 21]. And, as Tobye
seith, þe stretis of þis cite wern paþyd with wol whyt, clene 35
ston, & alwey in þe stretis is songyn alleluya [xiii: 22], whyche
song coude neuer clerk wel declaryn ne expounyn [to þe utterest],
for þe ioye and þe merþe & melodye and gladnesse þat is þer may
no tunge tellyn, non herte þinkyn, non hond wrytyn, non wit
ne eye deuysyn ne declaryn. In þis cite Sent Ion say no temple, 40
for God almyȝty & Goddis lomb, Crist Iesus, verey God &
man, he is þe temple of þis cite. þis cite, as seith Sent Ion, nedith
neyþer sonne ne mone, for þe bryȝtnesse of God, welle of lyȝt
& þe sonne of ryȝtfulnesse, illumynyth þis cite, & þe lomb,
Crist Iesus, is þe lanterne & þe lyȝt of þis cite. Alle nacionys and 45
peplys schul gon in þe lyȝt of þis cite & bryngyn her nobeleye,

14 þe¹] same add. can. G   in²] of Y   16 wel] om. P   square] sware R
18 south] and add. al.   21 tokenyd] be- PY   22 þe¹] om. D   þer]
þat T   23 folc²] men T   25 set &] om. T   29 þo] too D; þe TY
30 þe¹] om. T   33 was] as a margarite or add. P; as add. Y   þis] þe al.
35 paþyd] pauyd PY   wol] ful PY   37 to þe utterest] om. G   38 and¹]
om. al.   &] þe al.   and²] þe R; þe add. Y   is þer] trs. RDTY   39 non¹ non²]
ne al.   non³] ne RDPY   40 ne eye] om. al.   ne²] and al.   41 God¹]
om. DTPY   42 of þis cite] om. Y   þis cite] om. T   43 neyþer] neuere Y
44 ryȝtfulnesse] -wysenesse RY   &²] om. al.   46 in] -to D   þis] the D

her blysse, her worcheþe into þis cite. þe ʒatis of þis cite schul
neuer ben schet. þer schal ben non nyʒt but alwey day, alwey
somer & neuere wynter. Into þis cite schal comyn non foul
50 þing, non fals lyere ne periurer ne ony þat doth abhominacioun of
dedly synne. þer schal no man entryn but þey þat ben writyn in
þe booc of lyf & in þe booc of þe lomb, Crist Iesus, þat boute us
so dere with his blod [Apoc. 21: 22–7].

Cap. xii

And, as seith a gret clerc, Doctor de Lira [on Apoc. 21: 14],
be þe twelue precious stonys on whyche þis cite is grondit, in
whiche stonys þe namys of þe twelue apostolis ben wrytyn, arn
vndirstondyn þe twelue articulis of þe feith whych þe twelue
5 apostolis gaderyd into on crede, in whiche twelue articulys al our
sauacioun is set & groundyt. And þerfor Sent Powil seith: Fide
statis [2 Cor. 1: 23], ʒe stondyn on feith; for our feith is ground
of our sauacioun. Be þe twelue ʒatis ben vndirstondyn þe ten
f. 269ᵛ coman/dementis & þe two preceptis of charite, of whyche ʒatis
10 Crist seith: Si vis ad vitam ingredi, serua mandata [Mt. 19: 17],
ʒif þu wil entryn into þe lyf of þis blysful cite þer no man deyyth,
kepe þu þe comandementis. þis scripture is wrytyn in euery ʒate
of þis cite in tokene þat into þis cite comyth no man ne woman but
þe keperys of Goddys comandementis, for þe comandementis ben
15 þe ʒatis of heuene be whiche us must entryn, & it arn also þe
weye ledynge to þe ʒatis of heuene. And þerfor Dauyd seyde:
Viam mandatorum tuorum cucurri cum dilatasti cor meum
[Ps. 118: 32], Lord, Y ran þe weye of þin comandementis whan
þu madist myn herte large be charite. For whan men ben to streyt
20 at þe brest be fals coueytyse & nygardchepe þey mon nout wol
rennyn in þe weye of Goddis hestis, for fals coueytise byndith
hem so streyte at þe herte þat þey han non lykynge in Goddis

48 non] no *al.*   alwey²] euer R   49 non] no *al.*   50 non] no RDTP;
ne Y   ne¹] no RP; non DTY   periurer] forswerer *al.*   ony] non *al.*
52 booc of þe] *om.* R; boke of T; lyf of the P   53 blod] blook D

2 on] þe *add.* Y   3 namys of þe] names *after* apostolis Y   7 on] in PY
7–8 ground of] growndyde on T   10 mandata] Mt. xix *add.* PY   11 þis]
þe Y   13 þis¹] þe R   15 us] we R   it] they P; þei *after* also Y
16 ʒatis] ʒate P   seyde] seith DT   17 meum] Psalmorum Cxviii *add.* PY
18 Lord] *om. al.*   19 ben] *om.* R; abou [*sic*] *add.* Y   20 þe] *om.* Y
21 rennyn] ʒeuyn DT   22 non] no *al.*

lawe. þerfor Dauyd seyde: Deduc me, domine, in semita man-
datorum tuorum, quia ipsam uolui, inclina cor meum, Deus,
in testimonia tua et non in auariciam [Ps. 118: 35–6], Lord, lede 25
þu me in þe path of þin comandementis, for it is myn wil & myn
desyr to gon þat weye; bowe myn herte into þin witnessys &
into þin comandementis & nout into auaryce & couetyse. ¶ þus,
leue frend, holy writ, clerkys & holy men declaryn þe blysse
of heuene be þingis visible þat we mon sen at eye so to ledyn us 30
into knowynge of þe blysse þat we mon nout sen with our bodely
eye whil we lyuyn in þe lond of deth. But, leue frend, leuyth it
forsoþe þat þer is an hondryd þousant þousant fold mor blysse
þan ony tunge may tellyn or ony herte þinkyn.

Cap. xiii

DIUES. Ʒif men hadden sad feith to han swiche blisse for her
goode dedys þer wolde no man ne woman don omys for dred
to lesyn þat blysse. PAUPER. It farith be folc born in þe prisoun
of þe wrechid word as it doth be a child born in þe depe þerke
pit of þe prisoun whan it fallith women with child ben put in 5
prisoun. þe moodyr, þat knowith þe welfar þat she hadde out of
prisoun, is in mychil sorwe & care & longith wol mychil to ben
out of prisoun aʒen in her welfare. But þe child born in þe myschef
of þe prisoun & neuere hadde knowyng of betere fare ʒeuyth
lityl tale of þat myschef in þe prisoun, but as longe as he haþ his 10
moodyr / with hym & hys sustynance, þou it be wol feble, he f. 270r
makyth non sorwe ne care. He longith aftir non betere fare, for
he knowith non betere. Ʒif his moodyr telle hym of þe ioye &
of þe welfare out of prisoun, of þe sonne, of þe mone, of þe
sterris, of þe fayre flouris spryngynge up on erde, of þe bryddis 15
syngynge, of merþe, of melodye, of daunsynge & pypinge, of

23 lawe] hestis al.   24 Deus] meus add. Y   25 auariciam] Psalmorum
Cxviii add. PY   26–7 wil . . . desyr] trs. al.   27 bowe] nowe Y   wit-
nessys] -nessingis PY   28 &²] into add. Y   29 writ] & add. R   clerkys]
om. DTPY   31 nout] om. P   32 þe] þis (blurred) T   leuyth] by-
leue ye PY   34 ony²] om. Y   herte] may add. D

1 sad] sayd T   3 folc] men Y   born] om. RDT   þe] om. PY
4 wrechid] wickid RDTP; unkynd Y   5 women] a womman al.   7 wol]
ful PY   9 knowyng] knowyn D   10 lityl] om. D   þe] om. P   11 wol]
ful PY   12 non¹,²] no al.   13 non] no al.   Ʒif] For if PY   14 of
þe¹] om. al.   of þe³] om. P   mone] & add. RDTP   16 of daunsynge &
pypinge] om. al.

þe ryche aray of lordys & ladyys, of men armyd so bryȝt, of
solempne housyng, of þe swetnesse & welfare þat is out of prisoun,
al hyr tale is but a drem to þe child. He leuyth it nout & þerfor he
20 longith nout þeraftir ne wil nout for al þat blysse & welfare þat
she spekith of forsakyn his moodir ne þe feble fare þat he haþ
with his moodir. And why, for he leuyth it nout, and þou is
it as þe moodir tellith þe child. But wer þe child onys out of
prisoun & seye þe merþe & þe welfare whiche his moodir telde
25 hym of he wolde ben wol sory to wendyn aȝen to prisoun þer
to lyuyn with his moodir, for al [h]is lyf in prisoun þat was first
lykynge ynow to hym schulde þan ben to hym wol byttyr, &
he schulde neuer han ioye ne reste in herte til he come aȝen to þat
welfar þat he say out of prisoun. Ryȝt þus folc of þis world, born
30 & brout forth in sorwe & care & mychil trauayl in þe prisoun of
þis world, þei han so mychil loue & lykynge to her erdely moodir
& to hyr companye, þat is to seye in erde & in erdely þingis, for
erde is our aldris moodir, þat þey han no lykynge in heuenely
þingis ne longyn nout þeraftir. And þou her gostly moodir,
35 holy chirche, & her gostly fadir also & God hymself, fadir of
al, telle to hem of þe blysse of heuene it is to hem but a drem, as
þe modris tale is to hir child in prisoun, & þey han non sad feith
þerynne; & þou it is so as our moodir holy chirche tellith us.
þou þe child leue nout þat swych welfar be out [of] prisoun þe
40 welfare is neuer þe lesse, and þou erdly coueytouse men þat
han non lykyng but in erde & in erdely þingis leuyn nout þat
swiche blysse be in heuene ȝit is þer swyche blysse, & neuer þe
lesse for her false beleue. But haddyn þey onys seyn & assayyd
44 a lytil of þat blysse alle þe ioye & lykynge þat þey han in þis world
f. 270ᵛ & in erdely þingis schulde ben to hem wol gret / bittyrnesse,
ful of sorwe and care. Example haue we of Sent Petyr, whom Crist

17 þe] om. al.   &] of PY   17–18 of men . . . welfare] & welþe al.
19/22 leuyth] bi- PY   20 þeraftir . . .] MS D is incomplete after this point,
D 221ᵛ   ne] and PY   þat¹] this PY   &] the add. P   21 moodir] ins. G
22 his moodir] hyr RPY   why] þat is al.   þou] yit PY   24 þe¹]
welþe & add. RP; þe welþe & add. T; welth þe add. Y   25 wol] ful PY
to¹] for to PY   to²] in- Y   26 his²] is G   27 þan ben] trs. Y   to
hym²] om. PY   wol] ful PY   28 þat] þe R   32 hyr] ther P
in²] om. RT   33 our aldris moodir] moder of alle P; moder of us all Y
34 þou] yit PY   35 also] om. al.   36 to¹] om. PY   37 is] after as PY
non] no al.   39 leue] bi- P; be- it Y   of] om. G   41 non]
no al.   leuyn] bi- PY   42 is þer] trs. PY   43 assayyd] asaydyd T
45 in] om. R   wol] ful P; om. Y   46 haue we] trs. PY

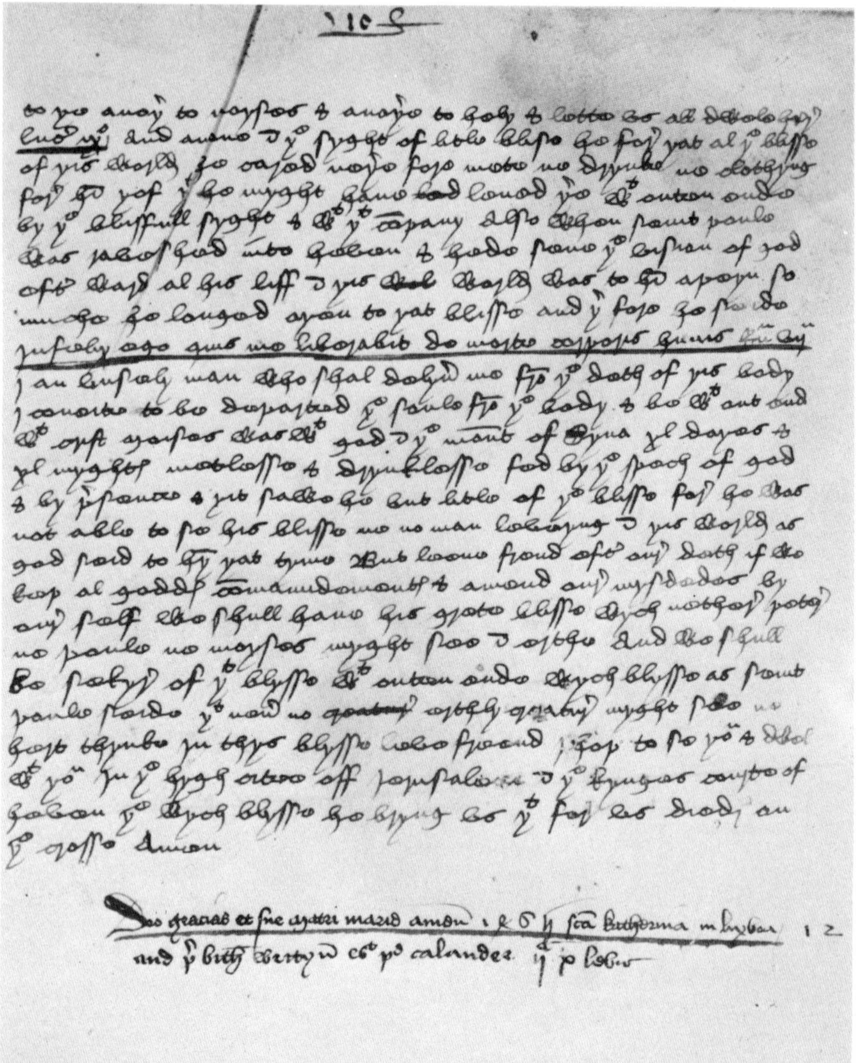

Yale MS. 228, fol. 210^{v}

(Reproduced by permission of the Beinecke Rare Book and Manuscript Library, Yale University)

Iesus ledde up on þe hyl of Tabor with Sent Iamys & Sent Ion
& þer schewyd hem but a lytil of þe blysse of his manhod. Hys
face schon as bryȝt as þe sonne, his cloþis wern as whyt as þe snow,
Moyses & Helye apperyddyn with hym in gret blysse & in gret 50
maieste. þan Sent Petyr seyde to our lord Iesu, 'Lord, it is good
us to ben here. Go we neuere henys but make we hyr þre taber-
naculis, on to þe, anoþir to Moyses, anoþir to Helye, & let us alwey
dwellyn hyr.' And so onon in þe syȝte of þat lytil blysse he
forȝat al þe blysse of þis world. He caryd neyþer for mete ne for 55
drynke ne cloþing, for hym þoute þat he myȝte a lyuyd withoutyn
ende be þat blyssful syȝte & with þat companye, Luce ix [28–33].
Also whan Sent Powyl was rauechid into heuene & hadde seyn
þe visionys of God, aftirward alle hys lyf in þis world was to
hym a peyne, so mychil he longyd aȝen to þat blysse; & þerfor he 60
seyde: Infelix ego, quis me liberabit de morte corporis huius
[Rom. 7: 24], Y, vnsely man, ho schal delyueryn me from deth
of þis body? Y coueyte, seith he, for to ben departyd þe soule
from þe body & ben with Crist withoutyn ende. Moyses was with
God in þe mont of Syna fourty dayys & fourty nyȝtis, meteles & 65
drynkles, fed be þe speche of God & be his presence, & þou
saw he but lytil of his blysse for he was nout able to sen his blysse
ne no man lyuynge in þis world, as God seyde to hym þat tyme
[Ex. 24: 18; 33: 20]. ¶ But, leue frend, aftir our deth ȝif we kepyn
wel Goddis comandementis & amendyn our mysdedis be our 70
lyue we schul sen his grete blisse, whyche blisse neyþer Petir
ne Powil ne Moyses myȝtyn sen in erde, & we schul ben sekyr
of þat blisse withoutyn ende, whiche blisse, as Sent Powil seith,
non erdely eye may sen ne ere heryn ne herte þinkyn ne wit
comprehendyn [1 Cor. 2: 9]. In þis blisse, leue frend, Y hope 75

47 Iesus] *om. al.*   Iamys . . . Ion] Ion and Iamys *al.*   48 þer] he *add. al.*
hem] hym R   49 as²] *om.* PY   þe²] *om.* TPY   50 in gret²] *om.* P
51 Sent] *om. al.*   it is] *trs.* Y   52 us] to us PY   Go . . . henys but] *om.*
al.   53 anoþir²] & anoþer TPY   alwey] al PY   54 so] *om.* PY   þat]
om. PY   55 ne] *om.* P   for²] *om. al.*   56 þoute] þof Y   þat] *om.* RP
lyuyd] þere *add.* Y   57 þat¹] the PY   Luce ix] *after* dwellyn hyr (*line
54*) PY   59 visionys] vision PY   alle . . . lyf] *marg.* G   61 huius]
Ro. vii *add.* PY   62 Y] an *add.* PY   from] the *add.* PY   63 seith he
for] *om. al.*   64 with Crist] *after* ende PY   66 his] *om.* Y   þou]
yitt PY   67 his¹] this P; þe Y   70 wel] al Y   71 lyue] self Y
sen] haue Y   blisse²] *om. al.*   73 seith] þat *add.* P; seide þat neuere
Y   74 non] no Y   eye . . . heryn] creatoure myght see Y   ne¹,²] none
RT   ne³] no R   74–5 ne wit comprehendyn] *om.* Y

326 DIVES AND PAUPER

ȝou to sene & with ȝou to dwellyn in þe heye cite of Ierusalem in
þe kyngis court of heuene.

> To whiche blysse brynge vs he
> þat for ȝou & for me
> Deyyd on tre. Amen.

80

76 ȝou[1] . . . dwellyn] to sen ȝou and dwell with ȝou *al.*   78 To] þe Y
78–80 brynge . . . Deyyd on] he bryng us / þat for us dyid / on þe *al.*   80 tre]
rode tre RTP; crosse Y   Amen] Explicit dialogus inter Diuitem et
Pauperem (scriptus *add.* T) per Henricu[m] Parker qui (qui] Monachum
Doncaster T) Claruit Anno Domini 1470 *add., in the same later hand in both
cases,* RT; Here endith a compendiouse treetise dyalogue . of Diues &
paup[er] . that is to say . the riche & the pore fructuously tretyng vpon the
x. com[m]au[n]dmentes fynisshed the v. day of Iuyl [*sic*] . the yere of oure lord
god . M.CCCC.lxxxxiii. Emprentyd by me Richarde Pynson at the temple barre .
of london. Deo gracias. *add.* P; Deo gracias et sue Matri marie amen 1465
Sancta Katherina in lixboa / 1 2 / and þer bith writyn wᵗ þe calander 5 4 lebir
add., in hand of the second of the two scribes of MS Y

CORRIGENDA TO VOLUME I, Part 1

xii/(6) *for* Yale *read* Y: Yale
xii/(7) *for* Lichfield 5 *read* Lichfield 35 (formerly 5)
1/1 *for* diuiydit *read* diuydit
1/1 *after* pouert *add* [2 Cor. 8: 9]
2/16 *for* Howe *read* How
2/22 *for* more *read* mor
3/43 *for* excusacounys *read* excusaciounys
3/46 *for* diuers *read* dyuers
3/47 *for* desteneye, *read* desteneye &
3/49 *for* repreuyth *read* reprouyth
5/101 *for* folwyng *read* folwynge
7/145 *for* repreuyth *read* reprouyth
10/47 *for* firste *read* first
11/21 *for* -sufferaunce *read* -suffrance
12/64 *for* rebellioun *read* rebellion
13/var. line 15 *for* as *read* as²
14/47 *for* yng *read* ynge
15/22 *for* deuorys *read* deuors
15/23 *for* oþere *read* oþir
16/1 *for* fornicacioun *read* fornicacion
16/41 *for* deffamyn *read* diffamyn
17/8 *for* withowtyn *read* withoutyn
17/9 *for* wytynge *read* witynge
19/60 *for* speritual *read* spiritual
20/84 *for* repreuyth *read* reprouyth
21/28 *omit* in
22/3 *for* boundyn *read* bondyn
26/vii cap. *for* considred *read* considered
27/xvi cap. *for* worschipen *read* worshipen
31/i cap. *after* Crist *add* [in]
33/xviii cap. *for* Englond *read* Inglond
35/i cap. *for* worschippen *read* worchippen
38/i cap. *for* manslaughtyr *read* manslaughter
43/vi cap. *for* weyues *read* wyues
44/xvi cap. *for* resignacoun *read* resignacioun
45/xx cap. *for* personne *read* persone
53/23 *for* quat *read* qhat
55/36 *for* -stondynge *read* -stondyng
55/52 *for* not *read* nought
56/var. line 1 *for* riched *read* riche D
58/59 *for* rychnesse *read* rychesse
60/41 *for* shewed *read* shewyd

60/43　*for* asken *read* askyn
62/52　*for* medeful. Alþey *read* medeful alþey
63/14　*for* temperyl *read* temporyl
64/21　*for* temple *read* tem/ple
66/11　*for* qheche *read* queche
66/var. line 1　*after* Y *add* 12 taughte] thaughte G
69/var. line 3　*for* And T *read* And RDT
69/var. line 4　*after second* 63 *add* þe¹] dai of *add*. BYL
70/var. line 8　*after* togedyr L *add* 5 þis] the Y
70/var. line 8　*after om*. L *add* 17 penurie] poverty Y
70/var. line 8　*for* to² *read* to
72/16　*for* wol *read* wole
72/24　*for* occasion *read* occasioun
72/var. line 1　*for* þat *read* þat²
72/var. line 3　*for* ʒe *read* ʒe¹
73/10　*for* and *read* &
73/var. line 3　*after om*. Y *add* if] *repeat* B
74/5　*for* clothis *read* cloþis
76/var. line 3　*after* 45 *add* chargid¹] dis- *add. can*. B
76/6　*for* vtero *read* utero
78/9　*for* seith *read* seiþ
79/15　*omit comma*
81/var. line 6　*for* tho H *read* onyþing BYL; tho H
81/var. line 9　*after* H *add* is] arn H
81/var. lines 12–13　*for footnotes* 8–11 *substitute* 8–11 And . . . doo] makyn
　　ymagys & worshyp them and it wer straunge to me but if I dede H
81/var. line 14　*for* doo *read* I
81/var. line 15　*for* dede *read* if I dede
81/var. line 16　*after* BYL *add* meen] *om*. H
81/var. line 18　*for* aungell *read* aungellys
82/21　*for* xv *read* xxv
82/24　*for* her *read* here
82/var. line 1　*for* 21 þe *read* 20 þe¹
82/var. line 3　*for* nout *read* nowt
82/var. line 7　*after* RH *add* and¹] *om*. H
82/var. line 9　*after* on- H *add* 31-2 & . . . but] *om*. H
82/var. line 14　*after* H *add* Also] And H
82/var. line 16　*for* as . . . seyʒt *read* as]
82/var. line 17　*for om. read* And þerfore
83/var. line 3　*for* R *read* RH
83/var. line 6　*for*; *read* 49–50 meen . . . ymagys]
83/var. line 7　*after* 3 *add* thynke] thanne thenk H
83/var. line 14　*for* 11 *read* 10
84/var. line 10　*for* to *read* to²
84/var. line 21　*for* hese *read* hese²
86/var. line 5　*for* aʒens *read* aʒens²
86/var. line 9　*for* þe *read* þe¹
87/var. line 5　*for* he *read* he¹

90/2   *for* qheche *read* queche
92/33   *for* qheche *read* queche
92/var. line 1   *for* 12 of *read* 13 of[1]
93/10   *for* qheche *read* queche
94/25   *for* awey *read* away
95/var. line 2   *for* he is *read* he is[1]
95/var. line 8   *for* alwey *read* alwey[2]
96/var. line 2   *for* þey *read* þey[2]
96/var. line 12   *before* of *add* 4
97/var. line 2   *for* þe *read* þe[2]
98/58 *delete* [   ]
98/var. line 5   *for* bestys *read* bestys[1]
98/var. lines 14–15   *delete note to line 58*
99/67   *after* reuerence *add* [Phil. 2: 10]
99/73   *for* qheche *read* queche
100/39   *for* qheche *read* queche
100/var. line 1   *for* othere *read* othere[2]
102/32   *for* worshepe *read* wurshepe
102/var. line 4   *for* vs *read* vs[2]
104/2   *for* qheche *read* queche
104/var. line 6   *for* here[3] *read* 69 here[1]
104/var. line 6   *omit* 69 and[1]] *om*. RDTBYL
104/var. line 6   *omit* and
105/10   *for* Sententiis *read* Senten.
105/21   *for* qheche *read* queche
106/41   *for* qheche *read* queche
106/47   *for* woman *read* womman
109/56   *for* settey3t *read* setty3t
115/57   *after* Englysh *add* [Zach. 6: 12]
118/27   *for* kynge *read* kyng
121/61   *for* qheche *read* queche
125/var. line 5   *for* cuntre *read* cuntre[2]
127/var. line 12   *for* alle *read* alle[1]
129/var. line 3   *for* 3yf *read* 3yf[2]
130/76   *for* and *read* and to
130/var. line 8   *omit*; to þe T
130/var. line 10   *for* medaly3t *read* medely3t
130/var. line 12   *for* in *read* in[2]
133/35   *for* queche *read* qheche
133/var. line 1   *for* soughte *read* 22 soughte[2]
136/25   *for* hey3ist *read* hey3est
137/29   *for* sterrys *read* sterris
140/24   *for* quat *read* qhat
140/var. line 5   *for* folye *read* folye[1]
144/10   *for* þer *read* þere
144/30   *for* 104 *read* 103
146/62   *for* Seuche *read* Sueche
146/68   *for* benethyn *read* benethin

146/70   *for* londe *read* lond
149/56   *for* shert *read* short
155/var. line 12   *for* he *read* he¹
156/var. line 14   *for* his *read* his²
159/2   *for* sauacoun *read* sauacioun
163/var. line 17   *for* here *read* here²
165/var. line 14   *for* 5–6 wil *read* 5–6 wil¹
167/11   *for* dyuynacoun *read* dyuynacioun
167/16   *for* recreacoun *read* recreacioun
168/35   *for* wer *read* were
170/29   *for second* wer *read* were
170/var. line 13   *for* 3 Col. *read* Col. 3
173/26   *for* reuelacoun *read* reuelacioun
175/17–18   *for* disposicoun *read* disposicoun
175/27   *for* ymaginacoun *read* ymaginacioun
175/29   *for* ymaginacoun *read* ymaginacioun
175/var. line 11   *for* be *read* be²
176/32   *for* ymaginacoun *read* ymaginacioun
179/40   *for* reuelacoun *read* reuelacioun
185/var. line 7   *for* to *read* to²
190/15   *for* oþer *read* oþre
190/19   *for* tempel *read* temple
190/var. line 6   *before* of *add* 7
194/33   *for* 1–14 *read* 14
195/10   *for* distraccoun *read* distraccioun
195/22 (*and* var. line 14)   *for* Ascencoun *read* Ascencioun
196/27   *for* good *read* goode
196/33   *for* be *read* ben
202/47   *for* iapyys *read* iaperyys
217/100   *for* sepulture *read* sepultur
226/1   *for* assent *read* asent
228/12 *for* seruant *read* seruaunt
239/var. line 12   *for* þey þe *read* þey] þe
243/47   *for* seyn *read* seyne
244/31   *for* wiȝth *read* wyȝth
247/5 (*and* var. line 3)   *for* kech *read* keche
247/12   *for* her *read* here
249/73   *for* dispensacoun *read* dispensacioun
256/25   *after* buschop *add* abot
256/26   *for* cheuteyn *read* cheueteyn
256/var. line 12   *delete* ony H *add at end of line* þe] ony H
258/9   *after* dispisyd *add* [Eccli. 27: 15]
259/3   *for* rewmys *read* remys
260/19   *for* massasgeris *read* massageris
262/78   *for* Goddis *read* Godis
262/var. line 3   *after* 75 *omit* H
267/64 *for* Goddis *read* Godis
267/68   *for* dampnacoun *read* dampnacioun

281/29   *for* tribulacoun *read* tribulacioun
283/22   *for* new *read* newe
286/27   *after* source *add* [Mt. 13: 43]
292/var. line 1   *for* 38 *read* 38–40
293/7   *after* sacrifice *add* [I Reg. 15: 22]
293/21   *for* decorum *read* decorem
293/var. line 12   *for* ne *read* ne²
295/80   *for* þowr *read* þorw
303/65   *for* halyday *read* holy day
305/40   *for* membrys *read* menbrys
308/var. line 3   *for* grete *read* gret]
311/53   *for* Colcester *read* Colcestre
312/var. line 1   *for* his] *read* his¹]
323/46   *for* he þer *read* her þe
324/5   *for* kyndrede *read* kynrede
327/18   *for* begynnynge *read* begynnyng
338/16   *for* contraire *read* contrarie
339/27   *for* subieccoun *read* subieccioun
341/29   *for* ox *read* oxe
342/67 (*and* var. line 8)   *for* schertlyche *read* sthreytlyche
343/14 (*and* var. line 6)   *for* repreuyn *read* reprouyn
344/33   *for* tence *read* sentence
345/81   *for* whydh *read* whych
345/var. line 6   *for* yndyn *read* byndyn
348/20   *after* gospel *add* [Mt. 18: 10]
353/74   *for* iuris, Patronatus *read* iuris patronatus
353/79   *for* riȝt *read* ryȝt
358/var. line 11   *for* 52 *read* 52–62
358/var. line 12   *after* T *add; passage appears in M 42ᵛ*